El español en contacto con otras lenguas

Georgetown Studies in Spanish Linguistics series
John M. Lipski, Series Editor

El español en contacto con otras lenguas
Carol A. Klee y Andrew Lynch

Sociolingüística y pragmática del español
Carmen Silva-Corvalán

*Sonido y sentido: Teoría y práctica de la pronunciación
del español contemporáneo con audio CD*
Jorge M. Guitart

Spanish Phonology: A Syllabic Perspective
Sonia Colina

Varieties of Spanish in the United States
John M. Lipski

EL ESPAÑOL

en contacto

con otras lenguas

Carol A. Klee y Andrew Lynch

Georgetown University Press
Washington, D.C.

Georgetown University Press, Washington, D.C. www.press.georgetown.edu
© 2009 by Georgetown University Press. All rights reserved. No part of this
book may be reproduced or utilized in any form or by any means, electronic
or mechanical, including photocopying and recording, or by any information
storage and retrieval system, without permission in writing from the publisher.

Library of Congress Cataloging-in-Publication Data

Klee, Carol.
    El español en contacto con otras lenguas / Carol A. Klee y Andrew Lynch.
        p. cm.—(Georgetown studies in Spanish linguistics)
    Includes bibliographical references and index.
    ISBN 978-1-58901-265-3 (pbk. : alk. paper)
    1. Spanish language—Social aspects. 2. Spanish language—Political
aspects. 3. Languages in contact. I. Lynch, Andrew. II. Title.
    PC4074.K54 2009
    460.9—dc22

                                                        2008040730

⊗ This book is printed on acid-free paper meeting the requirements of the
American National Standard for Permanence in Paper for Printed Library Materials.

15 14 13 12 11 10 09   9 8 7 6 5 4 3 2
First printing

Printed in the United States of America

Dedication / Dedicatoria

To my parents, Lewis and Anne Klee,
for their unconditional love and support throughout the years,

and

To my husband, Luis Ramos-García,
and our daughter, Camille Ramos-Klee,
for their love and encouragement,
and the joy they bring to my life.
—Carol A. Klee

Para Armando,
cuyo bilingüismo me acompaña siempre.
—Andrew Lynch

Índice temático

Tablas, figuras y mapas

Figuras

Mapas

Prefacio

Este libro trae a colación los postulados y resultados más importantes de las indagaciones sobre el español en contacto con otras lenguas en todo el mundo. Como sociolingüistas, consideramos que las variables sociales, las influencias políticas y económicas, así como las cuestiones ideológicas y culturales, son concomitantes con la variación y el cambio lingüísticos. A diferencia de los que puedan argumentar que urge estudiar la lengua como objeto aislado de su contexto social, como sistema en sí mismo, creemos, al igual que los intelectuales del Círculo de Bajtín de Rusia hace cien años y los renombrados lingüistas Dell Hymes y William Labov de nuestros días, que al dejar de lado los aspectos sociales se pierde de vista la esencia de la lengua y la fundamental razón por la que se usa.

No buscamos con el presente trabajo plantear nuevos modelos teóricos ni refutar ni ampliar modelos previos. Nuestro propósito ha sido otro: el de hacer síntesis de los centenares de tratados teóricos y descriptivos que se han publicado hasta la fecha sobre el tema del español en contacto con otras lenguas, con el fin de ofrecerle al lector una visión panorámica, en parte crítica, del campo en nuestros momentos. Cabe recordar que el contacto lingüístico y el bilingüismo constituyen áreas de indagación académica relativamente nuevas, pues los primeros trabajos lingüísticos dedicados al tema—los de Einar Haugen y Uriel Weinreich—aparecen hace apenas sesenta años. Por eso, hay mucho que todavía no sabemos en el sentido empírico, muchos fenómenos que siguen indocumentados y muchos interrogantes que quedan pendientes. En verdad, la carencia de datos empíricos aún dificulta la construcción de grandes modelos teóricos referentes al contacto lingüístico y hace imposible que se refuten o se acepten del todo muchos de los postulados ya existentes. Esta es una limitación que hemos reconocido al emprender el presente proyecto y que esperamos que el lector tenga siempre en cuenta.

También es nuestro deseo que este libro sirva como referencia y guía para la realización de futuros estudios sobre el español en contacto con otras lenguas y sobre fenómenos asociados con el habla bilingüe. Está dirigido principalmente a investigadores de sociolingüística y bilingüismo, y a estudiantes avanzados en estas áreas. A este fin, hemos hecho el intento de ser imparciales en nuestra presentación de las cuestiones más polémicas del campo, explicando los argumentos de ambos lados del debate y la evidencia que se ha ofrecido para respaldarlos. En ese sentido, preferimos que el lector llegue a sus propias conclusiones respecto de los interrogantes fundamentales ya que consideramos que tal libertad debe constituir la base de cualquier tratado de índole científica, sea cual sea su objeto de análisis o su aproximación metodológica. Así le dejamos abierto al lector un margen de posibilidades más amplio para futuras propuestas de investigación.

El libro se organiza en general según las lenguas de contacto, excepción hecha del capítulo 2, el cual se limita a España y enfoca el contacto con las principales lenguas regionales de ese país: vasco, catalán, valenciano y gallego. El capítulo 3 abarca el tema de variedades y variantes criollas en el mundo hispánico, las cuales han sido fruto del contacto con lenguas africanas en el Caribe y en Guinea Ecuatorial, y con lenguas asiáticas en Filipinas. El capítulo 4 ofrece un resumen y análisis de la gran multitud de estudios dedicados a cuestiones del contacto con las principales lenguas indígenas de las Américas: náhuatl, maya, quechua, aimara y guaraní. El contacto entre el español y otras lenguas europeas en Sudamérica es el enfoque del capítulo 5, el cual abarca el contexto argentino donde el influjo de italianos, ingleses, alemanes y daneses fue especialmente fuerte durante el siglo pasado, y la zona fronteriza del norte de Uruguay, donde históricamente ha predominado el portugués. Los fenómenos de contacto entre el inglés y el español en los Estados Unidos constituyen la base del capítulo 6. En los capítulos 1 y 7, hacemos consideración de las cuestiones teóricas y tendencias más comunes del español en contacto con otras lenguas.

Agradecemos a Gail Grella y John Lipski, editores de Georgetown University Press, cuyo apoyo y paciencia fueron fundamentales para la realización de este proyecto. También agradecemos a Luis Ramos García, Armin Schwegler, Elena Grau-Lleveria, Alfredo Sosa-Velasco y Vicente Lledo Guillem sus cuidadosas lecturas del manuscrito y las valiosas sugerencias que nos hicieron respecto a su contenido, estilo y organización. Las becas y el tiempo de investigación que nos otorgaron la Universidad de Miami, la Universidad de Florida y la Universidad de Minnesota también fueron fundamentales para la realización de este proyecto. Finalmente, y más importante, agradecemos el apoyo y la compañía de nuestras familias y amistades durante el largo proceso de escribir un libro.

El español en contacto con otras lenguas

CAPÍTULO 1

Introducción

Se dice que dos lenguas están "en contacto" si las dos se usan en una misma sociedad, al menos en un sector de la población. Aunque la mayor parte del mundo refleja una situación de lenguas en contacto, como afirma Romaine (1995), se tiende a tomar el monolingüismo como la norma tanto en las ideologías políticas como en las teorías e indagaciones académicas. El estudio contemporáneo de lenguas en contacto empieza con los trabajos de Weinreich (1953) y Haugen (1950a, 1950b, 1953), quienes subrayan la importancia de analizar los fenómenos de contacto no solo desde una perspectiva lingüística sino también social. Desde entonces, las bases teóricas relacionadas con la investigación del contacto lingüístico se han expandido con el esfuerzo de otros investigadores de nuestros días como Thomason y Kaufman (1988), Coetsem (1988, 2000), Mougeon y Beniak (1991), Silva-Corvalán (1994a, 2008), Thomason (2001, 2008), Clyne (2003), Heine y Kuteva (2003, 2005, 2008), Mougeon, Nadasdi y Rehner (2005), Winford (2003b, 2005, 2007) y Aikhenvald (2006), entre otros, quienes reconocen la importancia de tener en cuenta tanto los factores lingüísticos—internos—como la trayectoria histórica y la situación social de las lenguas en contacto. Se puede afirmar que el desarrollo de la teoría y de la metodología de la sociolingüística contemporánea le debe mucho al estudio de las lenguas en contacto. Similar es el caso de la lingüística histórica, pues estudiando la variación sincrónica de la lengua llegamos a entender mejor los mecanismos y procesos lingüísticos inherentes al cambio diacrónico, así como los factores sociales y políticos que han impactado y, en cierto sentido, determinado su evolución.

No se puede ignorar el hecho de que la gran mayoría de las situaciones de lenguas en contacto implican situaciones de bilingüismo, ya sea local, nacional o regional. Aunque el bilingüismo y el contacto lingüístico son dos fenómenos concomitantes y, en muchos sentidos, sinónimos, representan áreas de indagación un tanto distintas en la lingüística contemporánea, debido principalmente a sus respectivos enfoques. El estudio del contacto de lenguas ha tendido a enfocar la variación y el cambio lingüísticos—con vistas a los factores lingüísticos, sociales, políticos, económicos, históricos y culturales que propulsan estos procesos—mientras que la investigación del bilingüismo, en su mayor parte, se ha concentrado en cuestiones cognoscitivas, psicológicas y neurolingüísticas (cf. de Bot, 1992; Kroll y de Groot,

1997, 2005; Grosjean, 1982, 1998; Paradis, 2004), en temas de procesamiento gramatical (cf. Muysken, 2000; Myers-Scotton, 1993, 2002) y de gramática universal, y, más recientemente, en consideraciones socioculturales (Pavlenko, 2006). Aunque la aparente separación de estas áreas se debe en parte a motivos ideológicos y metodológicos (i.e., de aproximación filosófica y teórica) que se remontan a principios del siglo XX (cf. los planteamientos de Ferdinand de Saussure y los argumentos de los estudiosos del círculo de Mikhail Bajtín), todas tienen la meta general de explicar e interpretar la realidad de los muchos millones de personas que viven con dos— o más—lenguas en todo el mundo.

Como sugiere el título de este libro, partimos de las bases teóricas y metodológicas del estudio del contacto lingüístico. Así nos proponemos enfocar los procesos de variación y cambio que caracterizan el uso del español—una lengua hablada por más de 400 millones de personas en la actualidad—en aquellos contextos y sociedades en los que también se habla otra lengua. Describimos las particularidades lingüísticas del español que tradicionalmente se han atribuido al contacto con otra lengua y examinamos los posibles factores, tanto lingüísticos como sociales e históricos, que condicionan tanto la variación como los posibles cambios resultantes de la situación de contacto. Aunque tenemos como enfoque el eje sincrónico de la lengua, también consideramos la dimensión diacrónica donde y cuando sea relevante. Hacemos síntesis de los principales argumentos y teorías que se han presentado en estudios previos sobre el contacto del español con otras lenguas principales, sin dejar de mencionar la evidencia empírica que se ha utilizado para fundamentarlos. Ofrecemos un examen crítico de los hechos solo en los casos en los que consideramos que hay suficiente información—es decir, datos y análisis de estudios previos—como para hacerlo. Intentamos ser imparciales en nuestra presentación de los fenómenos en cuestión y los análisis que se han hecho previamente de ellos, pues consideramos que el presente trabajo tendrá mayor utilidad intelectual y académica si dejamos a discreción del lector cualquier "juicio" final respecto al estatus de un determinado rasgo lingüístico (i.e., ¿se debe a la influencia de la lengua de contacto o no?).

En un libro como el presente, que tiene el propósito de ofrecerle al lector una visión panorámica—lo más amplia posible—de la situación del español como lengua de contacto, resultaría un tanto difícil llegar a conclusiones generales y hacer críticas teóricas que tuvieran en cuenta la variación de la lengua en todas sus manifestaciones y contextos en todo el mundo. En muchas zonas, como Hispanoamérica y España, el español es la lengua mayoritaria, política y socialmente dominante, mientras que en otros contextos, como en los Estados Unidos, Gibraltar, las Filipinas y Guinea Ecuatorial en África, es considerado lengua minoritaria. Entra en juego una amplia gama de cuestiones de adquisición, uso, prestigio y estigmatización social en todo el mundo, según el tipo de contexto.

En este capítulo describimos brevemente las principales áreas de contacto lingüístico en el mundo hispánico, las cuales serán tratadas en más detalle en los capítulos que constituyen este libro, y luego planteamos las bases teóricas para el estudio de lenguas en contacto y definimos algunos conceptos y términos fundamentales.

1.1.   Zonas de contacto en el mundo hispanoparlante

En el año 201 a.c., los primeros romanos vencieron a los cartagineses en la Península Ibérica e introdujeron diversas variedades del latín vulgar, las cuales reflejarían, en mayor o menor medida, la influencia de otras lenguas habladas en aquel entonces en la Península Itálica. La amplia variación y la relativa inestabilidad sociolingüística del latín vulgar en el territorio que los romanos llamarían *Hispania* terminaron por dar lugar a varias lenguas regionales mayores, constituyendo así un continuo de variedades romances: el gallego-portugués, el asturiano-leonés, el castellano, el aragonés y el catalán (cf. Penny, 1993; Wright, 2002).

En los siglos posteriores, los hablantes de vasco, una lengua no románica originaria del norte de la Península Ibérica y el extremo sur de Francia, fueron probablemente el primer grupo en tener una incidencia lingüística profunda en el castellano, la variedad iberorománica que más tarde vendría a ser considerada como el "español" debido al predominio político de los castellanohablantes en la formación de la nación española (cf. Del Valle, 2005; Wright, 2005). Puesto que ni el vasco, también denominado *euskera*, ni el castellano antiguo eran lenguas escritas, los historiadores de la lengua tienen poca base para afirmar precisamente cuál fue el alcance que en realidad tuvo el contacto de lenguas en esa época. Algunos lingüistas, entre ellos Menéndez Pidal (1964), opinan que uno de los principales cambios fonológicos en la evolución del castellano se puede atribuir al bilingüismo vasco-castellano: $f > h$ en palabras tales como *farina > harina* y *furnus > horno.*

En el año 711 d.C., con la invasión a la península por parte de grupos hablantes de árabe, se puso en movimiento otra serie de importantes procesos de contacto lingüístico. Durante los más de setecientos años de ocupación árabe, se desarrolló en *Al-Andalus* (actualmente llamada Andalucía) un lenguaje híbrido, una variedad de lenguas en contacto reconocida como mozárabe, la cual aportó un gran número de elementos léxicos de origen árabe al español moderno. En el capítulo 2 consideramos estos y otros fenómenos en la evolución del español en la Península Ibérica que se pueden atribuir al contacto con otras lenguas.

Con la toma de Granada en manos de los Reyes Católicos Isabel de Castilla y Fernando de Aragón, y con la expulsión del último de los califas en 1492, la unificación cultural y religiosa, caracterizada por el creciente poder político, daría una aparente uniformidad sociolingüística a la lengua castellana por primera vez en su trayectoria histórica (cf. Tuten, 2003). A pesar de los fervientes esfuerzos de la Corona de Castilla en siglos posteriores por imponer su lengua en toda España, otras lenguas siguieron siendo vitales. Aun durante los años de la ideología política de "una lengua, una nación" impuesta por el general Francisco Franco (1939–1975), cuando el Estado prohibió el uso de cualquier lengua que no fuera el castellano, persistieron las lenguas regionales, principalmente el vasco, el catalán y el gallego. Desde la muerte de Franco en 1975, los sociolingüistas han prestado particular atención a las tres regiones de España de mayor contacto lingüístico que se reflejan en el mapa 1.1: Cataluña y Valencia (con las Islas Baleares y Pitiusas), Galicia y el País Vasco.

3

Mapa 1.1 Lenguas y dialectos de la Península Ibérica

Como veremos en el capítulo 2, cerca del 41% de la actual población de España vive en una de las comunidades autónomas en las que el español es lengua oficial junto con el catalán, el gallego y el vasco, hecho concretado en la Constitución Nacional de 1978. En el capítulo 2, se considerará la influencia lingüística de cada una de estas lenguas en el castellano—hoy sinónimo de *español*—desde un punto de vista sincrónico, destacando las particularidades más comúnmente atribuidas a la situación de bilingüismo en las autonomías respectivas.

En el mismo año en el que cayera el califato de Granada y Antonio de Nebrija publicara la primera gramática de la lengua castellana—*annus mirabilis* en los libros de historia de España—, la flota de Cristóbal Colón, comisionada por Isabel, reina de Castilla, tocó tierra en la isla de la Hispaniola, marcando así el inicio del proceso de contacto del castellano con las lenguas autóctonas de las Américas. En los siglos posteriores, el contacto con lenguas mayores como el náhuatl, el maya, el quechua, el aimara y el guaraní, y con diversas lenguas africanas que llegaron al Caribe por medio del tráfico de esclavos, aportó una amplia suerte de innovaciones léxicas a las variedades del castellano habladas entre los conquistadores, el clero y los primeros colonizadores. De acuerdo con varios expertos en la lingüística hispánica, la influencia de estas otras lenguas trasciende el plano del léxico. Se postula que también dejaron su huella en el español colonial en lo fonológico, morfológico y sintáctico, dando así origen a las distintas variedades regionales del español americano a través de procesos multifacéticos de contacto lingüístico y koineización de los dialectos peninsulares (cf. Fontanella de Weinberg, 1992; Lipski, 1994; Parodi, 2001).

Una de las mayores polémicas en la historia del español en las Américas se refiere a la posible contribución de las lenguas africanas en áreas en las que el tráfico de esclavos fue sustancial: Cuba, República Dominicana, Puerto Rico, Panamá, las costas de Venezuela, Colombia y Ecuador, y aisladas zonas costeras de México y Perú. En todas estas áreas, las cuales se ven reflejadas en el mapa 1.2, gran parte de la población actual es de origen africano. Algunos estudiosos (Granda, 1988a; Otheguy, 1973; Perl, 1998; Schwegler, 1998, para nombrar solo unos pocos) plantean que durante los siglos XVIII y XIX existió entre las poblaciones esclavas originarias de África una lengua criolla panhispánica, o tal vez varias lenguas criollas.

Según esta hipótesis, las particularidades del español del Caribe—considerado uno de los principales dialectos del español contemporáneo—podrían atribuirse a la influencia del sustrato criollo. Otros académicos (Fontanella de Weinberg, 1987a; Goodman, 1987; López Morales, 1980; McWhorter, 2000, entre otros) argumentan que la evidencia a favor de tal noción sustratista es insuficiente y poco convincente. Por ejemplo, Fontanella de Weinberg (1987a) demostró que los rasgos del español caribeño atribuidos por Otheguy (1973) a la influencia criolla en realidad se deben a la preponderancia de hablantes del español andaluz y canario, variedades sumamente parecidas a las que se hablan hoy día en el Caribe. Resumiremos los argumentos de Weinberg y Otheguy en el capítulo 3 y exploraremos otros argumentos que han planteado los estudiosos de ambos lados del debate sobre la posible influencia de previas lenguas criollas en el español de las Américas, así como la evidencia sociohistórica y lingüística que han presentado para respaldar dichos planteamientos. También se describirá la situación de las únicas dos variedades criollas que en la actualidad se pueden atribuir al legado español en el Caribe: el papiamento, lengua oficial en las islas de Aruba, Bonaire y Curazao, y el palenquero, lengua hablada en un pueblo remoto de la provincia de Cartagena, Colombia. También se ofrece en ese mismo capítulo una escueta descripción del zamboangueño, variedad criolla que tiene sus orígenes en la intervención de los españoles en las Islas Filipinas durante la época colonial.

Del contacto entre el castellano y las lenguas indígenas en el Caribe nunca se forjó una situación sociolingüística muy estable o duradera, hecho debido a las altas tasas de suicidio, las enfermedades traídas de los continentes europeo y africano y las arduas condiciones laborales entre los habitantes autóctonos de las islas, tales como los taínos y los siboneyes, hablantes de variedades arahuacas (López Morales, 1998: 18). No obstante, el breve período de contacto en esa zona llevó a la incorporación de múltiples voces de origen arahuaco en el español, algunas mencionadas por López Morales (1998: 30–41): *huracán, canoa, hamaca, iguana, caimán, manatí, barbacoa, tabaco, maíz, ají, maní, guayaba, yuca* y *papaya*, entre otras. A diferencia de los grupos autóctonos caribeños, los aztecas de México y los incas de Perú presentaron un gran reto para la Conquista, pues sus imperios eran vastos, la cantidad de recursos naturales que controlaban era inmensa y su nivel de organización política no tenía par en las Américas. Aunque la conquista política de estos grupos

Mapa 1.2 Localización aproximada de áreas afrohispanas en América (adaptada de Perl, 1998: 3)

fue relativamente rápida, el triunfo sociolingüístico del castellano sobre las lenguas que hablaban fue una meta nunca realizada por la Corona. En verdad, el fervor de la Iglesia por convertir a los pueblos indígenas al catolicismo importó muchísimo más que las intenciones de la Corona por hacer que todos ellos se volvieran castellanoparlantes: la salvación de sus almas fue prioritaria a la enseñanza del castellano y, de esta manera, los misioneros españoles se entregaron afanosamente a la tarea de aprender las lenguas de los reinos precolombinos para alcanzar a las masas lo más pronto posible. López Morales (1998) caracteriza al siglo XVI como una realidad sociolingüística dicotómica: "la Iglesia, preocupada por la evangelización, inclinándose en favor de las lenguas indígenas mayores; el poder civil, con preocupaciones más terrenales, pero comprometido con la catequesis, votaba por el español" (64). La misión evangélica desembocó, paradójicamente, en la difusión del náhuatl y el quechua hacia zonas geográficas que sobrepasaban las fronteras originales de sus respectivos imperios. Rivarola (1989: 154–155) explica que:

> La política de la Corona propició explícitamente desde el inicio la difusión del castellano entre los indios, pues se pensaba que una posible castellanización rápida favorecería el proceso asimilador y permitiría una evangelización también rápida y profunda. Es el fracaso de esta política lo que motivó el estudio y la codificación de las lenguas indígenas para la catequesis, fomentando de este modo, paradójicamente en relación con la ideología asimilacionista de la Corona, su fortalecimiento e inclusive su propagación en época colonial a zonas a las que no habían llegado en época pre-hispánica.

López Morales (1998) afirma lo mismo: "los frailes consiguieron que [el nahua] se hablara desde Zacatecas hasta Centroamérica, es decir, una extensión muy superior a la que esta lengua había logrado durante la época más esplendorosa del Imperio azteca" (64).

Casi cinco siglos después de la llegada de los primeros hispanohablantes al continente sudamericano, la mayoría de la población andina todavía es hablante de variedades del quichua, el quechua y el aimara. La distribución de estas lenguas en Sudamérica se ve reflejada en el mapa 1.3. La zona de contacto entre el español y las lenguas indígenas en Sudamérica se extiende por el interior de Colombia, Ecuador, hacia Perú, Bolivia y Paraguay, país en donde el guaraní mantiene un estatus oficial junto con el español. En términos de su extensión geográfica, número de hablantes y diversidad cultural, esta área puede considerarse como la zona más vital de contacto en el mundo hispánico, enfoque de numerosos y diversos estudios lingüísticos en las últimas décadas.

Se ha documentado un amplio radio de particularidades fonológicas, morfológicas, sintácticas, léxicas y pragmáticas en el español andino, las cuales pueden atribuirse teóricamente a la influencia de las lenguas autóctonas de los Andes. Pero hay quienes ponen en tela de juicio la verdadera índole de tales rasgos lingüísticos del español andino planteando que estos, en algunos casos, constituyen elementos

Mapa 1.3 La esfera incaica: la distribución aproximada de lenguas indígenas a mediados del siglo XX (Adelaar y Muysken, 2004: 169)

Within the map:

COLOMBIA

ECUADOR

Quito

Río Marañón

BRASIL

Chiclayo 4 Cajamarca

PERÚ

Lima 6

5 Huancayo

Cuzco

BOLIVIA

Arequipa 8 La Paz

7

9

Santa Cruz de la Sierra

PARAGUAY

C H I L E

10

Antofagasta

Santiago del Estero

11

ARGENTINA

Lenguas indicadas en el mapa

1 Awa Pit
2 Cha'palaachi
3 Tsafiki
4 Mochica
5 Pacaraos Quechua
6 Jaqaru y Cauqui
7 Callahuaya
8 Uchumataqu
9 Chipaya
10 Atacameño
11 Los dialectos del quechua de Catamarca y la Rioja

Aimara
Quechua I
Quechua II
Aimara y Quechua II: área superpuesta

arcaicos o tendencias evolutivas internas de la lengua española, muy independientes de la condición de bilingüismo. En opinión de López Morales, "al margen del vocabulario, las influencias indígenas no aciertan a explicar ninguno de los fenómenos del español americano" (1998: 78). Otros argumentan a favor de los efectos de la *causación múltiple* en la evolución del español en zonas de contacto de las Américas, concepto de que las particularidades que caracterizan las variedades de contacto no pueden atribuirse a un solo factor, sea interno a externo, sino a varios que operan en conjunto (Malkiel, 1983). Volveremos sobre esta noción más adelante.

En la esfera sociopolítica, los debates en torno a la política y la planificación lingüísticas han llegado a ser, en algunas ocasiones, muy intensos en México, Centroamérica y Sudamérica. Durante la época colonial, el náhuatl—lengua del Imperio azteca—se encontraba en circunstancias sociopolíticas semejantes a las de las lenguas autóctonas de Sudamérica (cf. Heath, 1972a). En 1570, el rey Felipe II decretó que el náhuatl era la lengua oficial de los indios mexicanos y, durante las siguientes dos décadas, insistió en la necesidad de esa lengua como instrumento para la evangelización católica de las masas. Posteriormente, en 1634, Felipe IV dejó de lado dicho empeño y declaró que el español debía ser la principal vía de comunicación en todo el Imperio español. Hidalgo (1994) señala: "[. . . D]urante la época colonial, uno podía observar numerosas contradicciones entre teoría y práctica, legalidad e implementación, fervor religioso e imposición colonial [. . .] Y a la vez que la Corona Española defendía fuertemente el uso del español, las poblaciones indígenas no podían ni aprender ni adquirir la lengua *in toto,* porque vivían segregados"[1] (189).

Celebrada la independencia mexicana en 1821, el español fue declarado lengua oficial de México en 1892. A lo largo del siglo XX, la proporción de la población mexicana que indicaba hablar una lengua autóctona siguió paulatinamente en descenso: de un 14% en 1930 a un escaso 6.2% en 2002, a pesar de un arraigado sentido de orgullo nacional respecto al legado indígena de México en el siglo XX y a pesar de grandes trabajos de recuperación de las culturas indígenas por parte de los arqueólogos, antropólogos e historiadores. Hacia el año 2000, había 1,400,000 hablantes de náhuatl, aproximadamente unos 800,000 hablantes de maya y unos 450,000 hablantes de zapoteca en México, según los números arrojados por el censo de dicho año (Instituto Nacional de Estadística, Geografía e Informática, 2001). En México, igual que en las naciones centroamericanas y andinas, se encuentra en las variedades locales y regionales del español una amplia suerte de voces indígenas, además de aquellas palabras que, con el paso de los siglos, se han incorporado al español general: *aguacate, cacao, chocolate, chicle, tomate,* entre otras. En algunas zonas de México, como Yucatán, la influencia indígena parece haber afectado otros aspectos del español regional además del léxico, como veremos en el capítulo 4.

En Perú se otorgó al quechua estatus de lengua cooficial de la nación junto al castellano, en 1975. Con este decreto se estableció que en todos los ámbitos de la vida pública, inclusive el educativo y el jurídico, se usaría el quechua entre aquellos que lo hablaran. El Ministerio de Educación diseñaría e implementaría en las escuelas el material de instrucción en quechua, según dicho dictamen. Sin embargo, con la derrota del gobierno del General Juan Velasco Alvarado en 1975, el mismo año en el

que se había establecido la oficialidad del quechua, se anuló la política de normalización de las lenguas indígenas y estas, en consecuencia, entraron en declive (cf. Von
Gleich, 1994). De acuerdo con la actual Constitución de Perú, con fecha de 1979, el
español es la lengua oficial a nivel nacional y las lenguas indígenas son también oficiales en las zonas donde predominan. El número de hablantes de lenguas indígenas
ha disminuido drásticamente desde 1960, cuando el 39% de la población hablaba una
lengua indígena. Hacia el año 2005, solo el 19% de la población hablaba una lengua
amerindia y gran parte de estos hablantes eran bilingües en español.

Y en Paraguay, según los datos del censo de 2002, de un total de 4,584,303
habitantes mayores de 4 años, 3,729,111 personas, el 81% de la población, hablaban
el guaraní. De ese mismo grupo, 2,409,334 personas, el 53% de la población total,
eran bilingües en español y guaraní, mientras que un escaso 10% de la población paraguaya indicaba hablar solo español o español y otra lengua europea (v.g., portugués,
alemán, inglés) (Dirección General de Estadística, Encuestas y Censos, 2002). En
términos históricos, a diferencia de los grandes virreinatos de Nueva España y Perú,
muy ricos en recursos naturales, Paraguay no fue de mucho interés para la Corona,
debido principalmente a la falta de metales preciosos en la región. Este hecho, sumado
a la difícil comunicación geográfica entre zonas de Paraguay y los centros coloniales
de Lima y el Río de la Plata, aseguró que Paraguay quedara relativamente aislado
en su evolución sociocultural. Choi (2000) cita una serie de factores históricos que
actuaron en conjunto para hacer de Paraguay un fenómeno sociolingüístico único:
la casi total ausencia de mujeres hispanas durante la colonización, la contribución
lingüística de los misioneros jesuitas dedicados a la normalización del guaraní y el
restringido sistema de comunicaciones, tanto dentro como fuera del país. Es más,
cuando el incipiente país cayó bajo la extrema opresión política y social de la dictadura de José Gaspar de Francia (1814–1840), se produjo un ulterior aislamiento
cultural y lingüístico, y el país fue afectado posteriormente por dos conflictos milita-
res significativos: la Guerra Grande (1865–1870) y la Guerra del Chaco (1932–1935).
Según Choi (2000), estas guerras tuvieron un gran impacto sociolingüístico en el país
en dos aspectos: primero, un gran número de paraguayos de habla castellana pereció
en dichas contiendas; segundo, las migraciones y desplazamientos humanos entre
Paraguay y la vecina Argentina, como resultado de los conflictos, trajo influencias
lingüísticas y culturales del exterior. En un trabajo pionero, Rubin (1968) documentó
que los paraguayos bilingües tendían a usar el guaraní para funciones íntimas, como
conversar con familiares o amigos o bromear, y a reservar el castellano para funciones
formales relacionadas a la educación o el gobierno. Esta aparente división funcional
de las dos lenguas podría constituir, en teoría, una relación diglósica (Fishman, 1967),
cuestión que consideraremos en el capítulo 4.

Otra lengua importante en Paraguay es el portugués, que se usaba en el
hogar en un 6.3% de la población total hacia el año 2002 (Dirección General de
Estadística, Encuestas y Censos, 2002). La influencia del portugués es una preocupación central de los estudios sociolingüísticos en todo el norte del Uruguay, junto
a la frontera con Brasil, donde el contacto portugués-español engendra un dialecto

denominado *fronterizo*. Dicho dialecto comprende un continuo de variedades lingüísticas, consideradas generalmente como variedades del portugués, el cual integra rasgos fonológicos, morfosintácticos y léxicos del español en el lado uruguayo de la frontera, y características más aproximadas al portugués en la ribera brasileña (Rona, 1965). En 1972, Hensey observó que: (1) el bilingüismo español-portugués era mucho más común en la franja uruguaya que en la brasileña; (2) en Uruguay, el bilingüismo era mucho más común en las clases sociales medias y bajas que en las clases más altas; (3) en la clase trabajadora, tanto urbana como rural, el monolingüismo portugués se veía en un proceso de disminución paulatina, mientras que el bilingüismo iba en aumento. Hensey atribuyó el predominio del portugués en áreas septentrionales de Uruguay al hecho de que el actual territorio al norte del río Negro perteneciera a Brasil durante el siglo XIX. Consideraremos los rasgos de contacto en el español *fronterizo* y las actitudes hacia ese dialecto en general en el capítulo 5.

También en el capítulo 5 destacaremos el impacto de otras lenguas europeas en el Cono Sur. Durante los siglos XIX y XX, Argentina recibió un flujo masivo de inmigrantes procedentes de diversas naciones europeas. La inmigración europea en Argentina alcanzó su máximo durante los últimos años del siglo XIX y a principios del XX, al igual que en los Estados Unidos, Canadá y Brasil. Cabe notar que Buenos Aires fue bastión de la inmigración italiana en Latinoamérica, a la par de Nueva York en los Estados Unidos para el mismo período. En las comunidades ítalo-argentinas, el íntimo contacto social y cultural entre hablantes del español rioplatense e inmigrantes portadores de diversas variedades del italiano engendró un lenguaje mixto popularmente denominado *cocoliche*. Otra fuerte oleada de inmigración italiana en los años posteriores a la Segunda Guerra Mundial reforzó el uso del cocoliche. Sin embargo, los inmigrantes de esa última oleada tenían niveles de educación formal más altos y, por consiguiente, hablaban variedades de italiano más normativas que las que se usaban entre los inmigrantes de la primera oleada. Los inmigrantes de posguerra tendían a diferenciar el español del italiano de modo más consciente, evitando así la suerte de mezcla lingüística que había caracterizado a los grupos anteriores, preponderantemente procedentes de la clase obrera y hablantes de variedades de italiano no estándares y de otros dialectos del sur de Italia. Aunque el cocoliche ya no se habla en la actualidad, a medida que sucesivas generaciones de ítalo-argentinos se educan exclusivamente en español, su legado cultural sigue siendo palpable, particularmente en el léxico local.

La influencia británica también desempeñó un papel vital en la sociedad bonaerense desde la época de la independencia en 1810. Monacci (1979) observa que a principios del siglo XX, cerca del 80% del capital extranjero en Argentina procedía de Gran Bretaña, a pesar del hecho de que la mayoría de los inmigrantes que llegaban al país en aquel entonces procedían de España e Italia. Cortés-Conde (1996) explica que se asociaba la comunidad anglo-argentina de Buenos Aires con el poder económico y el prestigio lingüístico y cultural del Imperio británico. Luego de la Segunda Guerra Mundial, una crisis económica en el Reino Unido precipitó la merma del capital británico en la Argentina y, por consiguiente, el éxodo de muchos miembros de esa comunidad. En las décadas recientes, el uso del inglés se ha visto desplazado por el español en sucesivas generaciones de británicos en Argentina, pero como afirma Cortés-Conde, el inglés sigue siendo una segunda lengua con alto valor instrumental para los anglo-argentinos (1996: 114). El español también desplazó las lenguas maternas de inmigrantes daneses y alemanes en Argentina a lo largo del siglo XX (Hipperdinger y Rigatuso, 1996), aunque en los enclaves alemanes más hacia el sur de la nación la continuidad del alemán es más notoria. El desplazamiento del alemán y del danés se considerará en el capítulo 5, así como las particularidades del llamado *fronterizo*, el cocoliche y la situación de las comunidades británicas.

Igual que en el caso argentino, la inmigración europea a los Estados Unidos aumentó drásticamente a principios del siglo XX. En términos estadísticos, el período entre 1901 y 1910 representa el arribo del mayor número de inmigrantes en la historia del país, seguido por la década de 1980 (Ricento, 1995). Durante las décadas de los ochenta y los noventa, las condiciones económicas adversas de México y las crisis políticas y económicas sufridas en Guatemala, El Salvador, Honduras, Nicaragua, Cuba, República Dominicana, Colombia, Ecuador y Perú impulsaron grandes emigraciones de esos países con destino a los Estados Unidos. Los puertorriqueños, ciudadanos de los Estados Unidos desde el Acta de Forraker en 1917, también se desplazaron en grand número hacia el continente. Según el censo del año 2000, más del 60% de la población que se identificaba como "hispana" o "latina" en los Estados Unidos era de origen mexicano. En el año 2000, la mayor parte de la población del suroeste de los Estados Unidos se identificaba como mexicana o mexicanoamericana, hecho que no debe sorprender dada su proximidad a México y su legado colonial. Mediante los acuerdos del Tratado de Guadalupe Hidalgo al final de la Guerra entre México y los Estados Unidos en 1848, se anexó todo el suroeste a los Estados Unidos, con excepción de Texas. Antes de las inmigraciones puertorriqueñas hacia la ciudad de Nueva York y la temprana fundación de asentamientos cubanos en Tampa y Cayo Hueso en la Florida a finales del siglo XIX, el Suroeste era la única región de los Estados Unidos donde la lengua española tenía particular importancia social. Con más de 35 millones de "hispanos" contabilizados en el censo del año 2000, entre quienes la mayoría se considera bilingüe en mayor o menor medida (Oficina de Censos de Estados Unidos, 2001), y unos nueve millones de latinoamericanos indocumentados en el 2005 (Pew Hispanic Center, 2006), muchos de los cuales son monolingües o bilingües dominantes del español, los Estados Unidos constituyen actualmente la quinta nación hispanoparlante más grande del mundo en términos poblacionales, siguiendo en ese orden únicamente a México, Colombia, España y Argentina. Entre los temas más destacados en la sociolingüística hispánica en los Estados Unidos está la continuidad del español en las sucesivas generaciones de aquellos que se identifican como hispanos o latinos frente a la hegemonía social y política del inglés, lengua que puede considerarse "oficial" *de facto* aunque el gobierno federal jamás la haya decretado como "oficial" *de jure*. Este último hecho se puede atribuir a los llamados fundadores del país durante el siglo XVIII, quienes insistieron en excluir de la Constitución estadounidense el tema de una lengua oficial debido al hecho de que la base de la nueva nación era inmigrante y la libertad de expresión (*freedom of speech*) era uno de los principales derechos asegurados por el gobierno. A pesar del estatus no oficial del inglés, las lenguas de los grandes grupos de inmigrantes no angloparlantes siempre han sido desplazadas para la tercera generación; así sucedió con alemanes, franceses, holandeses, polacos, italianos, irlandeses y judíos procedentes de países europeos. El consenso de los estudios referentes a la población hispanoparlante es contundente: aunque se dan notables indicios de conocimiento y uso del español en algunos contextos, en la tercera y cuarta generación el dominio del inglés es absoluto (cf. Rumbaut, Massey y Bean, 2006). En aquellos hispanohablantes que han nacido en los Estados Unidos y que han adquirido la lengua parcialmente, los procesos de simplificación morfosintáctica son generales y la influencia léxica, semántica y pragmático-discursiva del inglés es muy evidente. Exploraremos dichos fenómenos en las comunidades hispanohablantes de los Estados Unidos en el capítulo 6.

Nuestro próximo objetivo es elucidar las bases teóricas del estudio de lenguas en contacto y definir, a grandes rasgos, algunos conceptos y términos que emplearemos en los capítulos que siguen.

1.2. El estudio de lenguas en contacto: bases teóricas

Son muy variadas las premisas teóricas que subyacen a la formulación tanto de las preguntas que se plantean los investigadores del contacto lingüístico como de la metodología que siguen para responderlas. Como en otros campos de la lingüística, y de las ciencias sociales en general, son muchos los tipos de estudios que se realizan y muy diversos los propósitos que tienen. Igual que en psicolingüística, neurolingüística o adquisición de lenguas, sería imposible identificar una única base conceptual o teórica sobre la cual se hicieran síntesis de todos los estudios realizados en sociolingüística. El estudio de lenguas en contacto se sigue forjando un marco teórico lo suficientemente amplio y general para abarcar los principales hallazgos documentados hasta la fecha. Hay que tener en cuenta que el estudio del contacto lingüístico es muy reciente—han pasado poco más de cincuenta años desde que Weinreich y Haugen publicaron sus respectivos tratados sobre el tema—y aún seguimos en una etapa de exploración de los fenómenos que debe abarcar el campo, como disciplina intelectual y académica.

A pesar de que el campo del contacto de lenguas en la esfera académica existe desde no hace mucho, ha surgido un gran número de hipótesis referentes a lo que sucede en tales situaciones y, en concomitancia, un gran número de términos y conceptos que sirven para aceptar o rechazar esas hipótesis. Los investigadores aún no han llegado a un consenso respecto a la precisa definición de los términos más importantes y la clasificación tipológica de las situaciones en estudio. El propósito de esta sección es explorar los términos, conceptos y clasificaciones más comunes en el campo hoy día. Empezamos con lo que se puede considerar el concepto teórico más fundamental del campo: *interferencia* o *transferencia*.

1.2.1. Interferencia / Transferencia

Aunque el principal enfoque de Weinreich (1953), uno de los primeros en intentar definir el campo de estudio del contacto de lenguas, era el comportamiento y el repertorio lingüístico del individuo bilingüe, él advirtió que era imprescindible la consideración de factores extralingüísticos—tales como el tamaño del grupo bilingüe, su homogeneidad o diferenciación sociocultural y las actitudes hacia las lenguas y culturas de cada comunidad lingüística—al analizar el efecto del contacto y la difusión, persistencia o desaparición de fenómenos de interferencia. Según Weinreich, varios factores pueden influir en el tipo y la cantidad de interferencias que ocurren en el habla del individuo, a saber: su competencia relativa en las dos lenguas, su nivel de alfabetismo en las dos, la lengua que aprendió primero, el apego emocional que siente hacia las lenguas en cuestión, el papel de las lenguas en el avance social, el valor literario-cultural de las dos y su utilidad comunicativa (1953: 80). Los determinantes socioculturales, especialmente el papel social que desempeña cada una de las lenguas, afectan al individuo bilingüe y pueden provocar en mayor o menor grado interferencias en su habla. Sin embargo, Weinreich hizo hincapié en la distinción entre interferencias que pueden manifestarse en el habla del individuo bilingüe y las formas de otra lengua que pueden incorporarse al habla monolingüe. Este último fenómeno es mucho menos frecuente, dada la resistencia selectiva de la gramática recipiente (36). Weinreich apoya la hipótesis de Jakobson (1938, 1962: 241), la cual sostiene que una lengua "incorpora elementos estructurales ajenos solo cuando corresponden a sus propias tendencias de desarrollo"[2] y señala, a su vez, que algunos cambios se dan incluso cuando no hay contacto con otra lengua.[3] Por lo tanto, el mayor efecto del bilingüismo sería el de desencadenar o acelerar cambios lingüísticos que hubieran podido ocurrir independientemente, de modo más paulatino. No obstante, admite que los elementos gramaticales de una lengua pueden transferirse a otra (30), pero estipula que cuanto más ligado sea un morfema, tanto menor es la posibilidad de que se transfiera (35). De ahí que la mayoría de los estudiosos del contacto de lenguas, así como de la adquisición de una segunda lengua en la actualidad, tiendan a usar el término *transferencia* para hablar de procesos y resultados sinónimos de la interferencia.

Aunque Weinreich definió interferencia o transferencia simplemente como la incorporación de características lingüísticas de una lengua a otra (y la subsiguiente reestructuración de los subsistemas correspondientes), en su examen del español hablado entre tres generaciones de mexicanos en el este de Los Ángeles (Estados Unidos), Silva-Corvalán distinguió entre dos tipos de transferencia: directa e indirecta. Identificó los siguientes fenómenos al distinguir entre los dos tipos:

1. la sustitución de una forma en la lengua S con una forma de la lengua F, o la incorporación en la lengua S de una forma que se da en la lengua F pero que está ausente en S;
2. la incorporación del significado de una forma R de la lengua F en una forma ya existente en S;
3. el uso más frecuente de una forma en la lengua S en contextos en los que el uso de una forma correspondiente en la lengua F es categórico o preferencial;
4. la pérdida de una categoría o forma en la lengua S cuando no hay una categoría o forma paralela en la lengua F.

Las primeras dos categorías representan fenómenos de transferencia directa de una lengua a otra, mientras que las categorías (3) y (4) representan casos de transferencia indirecta.

En este libro usamos el término *transferencia* para describir cualquier tipo de influencia interlingüística de índole estructural, la cual puede abarcar elementos fonético-fonológicos, prosódicos, morfológicos, sintácticos, léxicos, semántico-pragmáticos o cualquier combinación de ellos. Sin embargo, al atribuir un determinado rasgo lingüístico al "contacto" con otra lengua, no aludimos necesariamente a la transferencia estructural. Como veremos en los capítulos que siguen, las situaciones de contacto de lenguas presentan procesos sociolingüísticos, así como variaciones y cambios lingüísticos, sumamente complejos, los cuales no se pueden reducir fácilmente a causas simples. La transferencia estructural constituye solo uno de muchos posibles resultados del contacto de lenguas y, sin lugar a dudas, las variaciones y los cambios lingüísticos evidentes en dichas situaciones son, en mayor parte, el producto de múltiples causas, tal como argumentara Malkiel (1983) desde la perspectiva de la lingüística diacrónica. En síntesis, el contacto lingüístico no se puede considerar como sinónimo de transferencia lingüística, pues este último fenómeno es solo una de las diversas posibilidades presentes del primero. Otro proceso común en las situaciones de lenguas en contacto es la simplificación, la cual se describe a continuación.

1.2.2. Simplificación

Como notan Silva-Corvalán (1994a), Winford (2005) y McWhorter (2007), entre otros, uno de los procesos que caracteriza el contacto lingüístico es la simplificación. Según Ferguson (1982: 59), la simplificación incluye (1) la reducción del inventario de formas lingüísticas, (2) la reducción de la extensión semántica o las funciones lingüísticas y (3) la eliminación de estructuras alternativas. En una situación de interferencia lingüística, cuando un grupo muy numeroso adquiere una lengua secundaria de manera incompleta, las formas que se adquieren y que se tienden a usar son las más básicas y las menos marcadas. Si no hay suficiente acceso a la lengua en términos de exposición social, es posible que el grupo nunca adquiera algunas de las formas más complejas y que sobregeneralice formas menos complejas, como veremos al describir el sistema de clíticos del español andino en el capítulo 4. La primera lengua también puede sufrir un proceso de simplificación como resultado del desplazamiento lingüístico o de la adquisición incompleta, como es el caso del español en los Estados Unidos, como explicaremos en el capítulo 6.

1.2.3. Tipos de situaciones de contacto lingüístico

Thomason y Kaufman (1988) postulan que hay dos tipos de situaciones, a grandes rasgos, en las que se da la transferencia lingüística: una de préstamo y otra de interferencia lingüística. Explican que estas situaciones determinan los tipos de cambios lingüísticos que pueden ocurrir. En una situación de préstamo, normalmente la lengua nativa se ve modificada por la incorporación de elementos transferidos de la lengua de contacto. En circunstancias normales, las primeras transferencias son léxicas y pueden generalizarse en relativamente poco tiempo sin que el bilingüismo sea extenso entre la población. Si el bilingüismo es más extenso en la población general, los otros préstamos estructurales (fonológicos, morfológicos y sintácticos) en este tipo de situación pueden ocurrir, pero se integran a la lengua receptora mucho más paulatinamente que las innovaciones léxicas (37). En el mundo hispanoparlante, el caso de las zonas fronterizas del suroeste de los Estados Unidos podría constituir un posible ejemplo de este tipo de situación puesto que los préstamos afectan el español como lengua nativa.[4] Consideraremos los resultados del contacto entre el español y el inglés con bastante detalle en el capítulo 6. Otra situación de préstamo se encuentra en las zonas fronterizas del Uruguay donde se hablan variedades del portugués denominadas *fronterizo*, las cuales han sido influidas por el español. Los resultados del contacto entre el español y el portugués en el Uruguay se especificarán en el capítulo 5.

A diferencia de las situaciones de préstamo, las situaciones de interferencia lingüística se caracterizan, en principio, por la adquisición incompleta de una lengua meta entre miembros de un grupo muy numeroso, debido a factores como la distancia social entre los dos grupos o la falta de instrucción o una instrucción restringida en la lengua meta. Algunas de las particularidades, incluso "errores" según la gramática prescriptiva, del hablante al aprender la lengua meta se transmiten a generaciones sucesivas y se difunden por la comunidad, lo que lleva paulatinamente a alteraciones o cambios lingüísticos. Según Thomason y Kaufman (1988), los cambios que caracterizan las situaciones de interferencia tienden a darse principalmente en los planos fonológicos y sintácticos de la lengua, con pocas innovaciones léxicas. Esta pauta es la opuesta a la que encontramos en una situación de préstamo, donde los primeros cambios principales son léxicos.

Las regiones de Latinoamérica donde el español ha estado en contacto con varias lenguas indígenas como el maya, el quechua y el guaraní, y donde la exposición social y formal al español ha sido bastante limitada desde la época colonial, también constituyen situaciones de interferencia. Analizamos los fenómenos de contacto que caracterizan estas regiones en el capítulo 4. Las situaciones en las que grandes grupos de inmigrantes aprenden el español como segunda lengua, como fue el caso de los italianos en Buenos Aires durante la primera mitad del siglo XX, también se pueden considerar como situaciones de interferencia de acuerdo con el esquema de Thomason y Kaufman (1988). Describimos algunos casos de posible interferencia del italiano en el español porteño en el capítulo 5.

Otra diferencia entre las situaciones de préstamo e interferencia lingüística es la cantidad de tiempo que se requiere para que haya modificaciones estructurales (i.e. fonológicas, morfológicas y sintácticas) extensivas. En la mayoría de las situaciones de préstamo se pueden requerir varios siglos de contacto íntimo entre las dos lenguas, mientras que en las situaciones de interferencia lingüística las modificaciones pueden manifestarse en una sola generación. En situaciones de interferencia cuando el desplazamiento lingüístico es rápido, es probable que los hablantes no aprendan completamente la lengua meta (frente a las normas de variedades monolingües), provocando así cambios en el sistema. Tanto en una situación de préstamo como en una de interferencia, el grado y la difusión de fenómenos de transferencia lingüística dependen de la intensidad del contacto en términos sociales: cuanto más intenso sea, más transferencia habrá.

Otra situación de contacto que describen Thomason y Kaufman (1988) es la de la criollización abrupta que ocurrió en el contexto del tráfico europeo de esclavos en África, el Caribe y varias islas del océano Índico. En estos contextos, por lo menos una lengua europea llegó a estar en contacto con dos o más lenguas no europeas. Como resultado de las condiciones sociales de la época, los esclavos abandonaron las lenguas africanas pero no adquirieron las lenguas europeas de forma completa. Por esta razón, Thomason y Kaufman (1988: 152) opinan que las lenguas criollas que se formaron de manera abrupta tienen un origen no genético; es decir, no son el resultado de la transmisión directa de un grupo de hablantes a otro, sino que resultaron de la creación de las primeras generaciones de esclavos. Por lo tanto, las situaciones de criollización se diferencian de los casos de transmisión normal que se dan en situaciones de préstamo y de interferencia lingüística. McWhorter (2007) está de acuerdo con que las lenguas criollas son producto de un proceso de transmisión anormal, pero afirma que muchas lenguas que no se consideran lenguas criollas, como el inglés, también son resultado de lo que él llama "un desarrollo anormal"; las lenguas criollas solo representan un extremo de un continuo de reducción estructural. McWhorter observa que los procesos de simplificación que afectan a las lenguas criollas son parecidos a los que afectan a otras lenguas adquiridas de manera no nativa en situaciones de interferencia lingüística. Para Winford (2003: 355) tampoco existen criterios absolutos, ni estructurales ni sociolingüísticos, que definan las lenguas criollas en términos tipológicos. Para él, su formación se debe principalmente a los procesos de adquisición de una segunda lengua, aunque en circunstancias sociales anormales. Su formación es resultado de la adaptación selectiva del input de la lengua europea y de las lenguas africanas, guiada por principios universales de adquisición, incluyendo el proceso de simplificación al que se refiere McWhorter. Examinaremos varias teorías sobre el desarrollo de las lenguas criollas en más detalle en el capítulo 3, seguido por un análisis de las principales lenguas criollas hispánicas.

La clasificación general de Thomason y Kaufman (1988) ha sido reformulada en trabajos recientes de Winford (2005, 2007). Winford analiza la distinción entre préstamo e interferencia y trata de aclarar tanto los procesos que subyacen al contacto de lenguas como los resultados característicos de los dos tipos de influencia interlingüística o lo que él denomina *transferencia* (para referirse a los dos).[5] Se basa en un marco teórico desarrollado por Coetsem (1988, 2000) que distingue dos tipos de transferencia, el préstamo y la imposición, la cual define como la transferencia de una primera lengua que ocurre al adquirir una segunda. La dirección de la transferencia siempre es de una lengua fuente a una lengua receptora, y el agente de la transferencia puede ser o los hablantes dominantes en la lengua receptora o los hablantes dominantes en la lengua fuente. En el primer caso, cuando los hablantes dominantes en la lengua receptora introducen elementos lingüísticos de otra lengua fuente, hay *agentividad* de la lengua receptora y surge el préstamo como resultado. Las transferencias que ocurren tienden a ser los elementos menos estables, principalmente el léxico, aunque también puede haber transferencia de elementos más estables, como la fonología y la gramática. En el segundo caso, la imposición ocurre cuando la lengua fuente es la lengua dominante del hablante y se transfieren elementos de esa lengua a una lengua receptora en la que el hablante tiene menos competencia lingüística; la agentividad corresponde a la lengua fuente. En este caso, las transferencias tienden a ser rasgos fonológicos y gramaticales, aunque puede haber imposición de vocabulario también. En los dos casos, el de préstamo y el de imposición, los hablantes tienden a mantener los componentes más estables de la lengua en la que tienen más competencia lingüística. Aunque estas distinciones son muy parecidas a las que hacen Thomason y Kaufman (1988) entre situaciones de préstamo e interferencia lingüística, Coetsem y Winford hacen énfasis en la necesidad de distinguir entre los agentes de cambio y los tipos de agentividad inherentes a la introducción de cambios en una lengua receptora. Según estos autores, los mismos agentes pueden emplear cualquiera de los dos tipos de agentividad, y de esa manera diferentes tipos de transferencia, en una misma situación de contacto. En el esquema de Winford, muchas de las particularidades del español en los Estados Unidos, las cuales se describirán en el capítulo 6, constituirían principalmente casos de préstamo.

Sin embargo, como observa Silva-Corvalán (2008: 213), existe una situación fluida en la que los mismos agentes podrán introducir transferencias que reflejen tanto el préstamo como la imposición, dependiendo de cuál de las dos lenguas es la dominante en cierto período de su vida. En España, las influencias de las lenguas regionales en el castellano se considerarían principalmente como casos de imposición, y los agentes serían los hablantes cuya lengua dominante es una lengua fuente (el vasco, el catalán o el gallego). El contacto entre las lenguas indígenas y el español en Latinoamérica sería, en teoría, un caso de imposición, y los agentes serían los hablantes cuya lengua dominante es la lengua fuente (una de las lenguas indígenas). Según Winford, la formación de las lenguas criollas sería fruto de la imposición y los agentes de cambio serían los hablantes de la(s) lengua(s) fuente(s), quienes impusieron características fonológicas, morfosintácticas y léxico-semánticas de su(s) lengua(s) nativa(s) a la lengua europea. Sin embargo, Winford nota que la imposición no es el único mecanismo presente en la evolución de las lenguas criollas, sino que otros procesos también juegan un papel fundamental, por ejemplo la simplificación y el desarrollo interno que son propios de la adquisición de una segunda lengua.

Un problema con el esquema de Coetsem y Winford es la cuestión de cómo determinar cuál es la lengua dominante de un hablante. Aunque el uso de los términos *lengua dominante* o primera y *lengua subordinada* o secundaria es general entre lingüistas, psicólogos y educadores, dichos términos son sumamente problemáticos en el sentido de que no existen criterios muy claros para determinar cuál de las lenguas del repertorio bilingüe debe considerarse como la dominante y cuál constituye la subordinada. Para Weinreich (1953: 74–80), la noción de la lengua dominante se basa en criterios muy complejos. Valdés y Figueroa (1994) señalan que los lingüistas nunca han respondido adecuadamente a las inquietudes de Weinreich sobre la falta de claridad en el uso del término *dominante* y observan que "la mayoría de los investigadores ha dado por sentado que el concepto de 'lengua dominante' no requiere de una definición precisa"[6] (54). Valdés y Figueroa sugieren que hay dos maneras posibles de determinar la lengua dominante de un individuo bilingüe: (1) medir el rendimiento del individuo a través de varias tareas, contextos, marcos, modalidades y funciones en cada lengua, independientemente, para luego comparar las dos medidas; (2) medir el rendimiento del individuo en un conjunto de tareas en cada lengua, para luego compararlo con el rendimiento de hablantes monolingües de cada lengua en las mismas tareas. Con esta última técnica, la lengua dominante sería aquella en la que el rendimiento del sujeto bilingüe se aproximara más al rendimiento del monolingüe (Valdés y Figueroa, 1994: 55). No obstante, estos autores concluyen que:

> No hay procedimiento que se pueda seguir para determinar precisamente el grado de bilingüismo de un individuo en diversos contextos, y tampoco hay estrategias o instrumentos que se puedan emplear para medir de manera económica y fácil las capacidades lingüísticas o el dominio lingüístico de grandes grupos de personas.[7] (66)

Puesto que no hay modelos establecidos que sirvan para medir la suficiencia lingüística de los bilingües, ni se ha intentado determinar empíricamente cuál es la lengua dominante de los bilingües en los estudios previos de lenguas en contacto, nos parece algo arriesgado tratar de precisar los tipos de agentividad propuestos por Coetsem y Winford. Sin embargo, la distinción que hacen entre agentes de cambio y tipos de agentividad nos ayuda a esclarecer y delimitar los procesos que llevan al cambio lingüístico en situaciones de contacto.

1.2.4. Factores que condicionan la variación y el cambio lingüísticos en situaciones de contacto

A continuación, describimos algunos de los factores que, en teoría, condicionan la variación y el cambio lingüísticos en situaciones de contacto. Estos factores aparecen en muchas de las investigaciones centradas en rasgos de contacto en la lengua española, las cuales consideraremos en este libro.

1.2.4.1. Distancia tipológica

Según Thomason y Kaufman (1988), uno de los principales factores que condicionan el cambio lingüístico en situaciones de contacto es el grado de integración de un elemento en el sistema lingüístico. Según este postulado, cuanto más integrado esté un elemento o un rasgo determinado, menos probable es que se transfiera a la otra lengua. De ahí que los elementos menos propensos a transferirse sean los elementos de la morfología flexional. Sin embargo, si las dos lenguas en contacto son tipológicamente muy parecidas, como lo son el español y el portugués, será mucho más probable que se transfieran elementos, incluso los que están altamente integrados en el sistema lingüístico. Por consiguiente, la distancia tipológica puede determinar en cierta medida el grado y tipo de interferencias que se dan en una situación de contacto. Si las lenguas son tipológicamente parecidas, hay más posibilidad de que compartan estructuras paralelas que puedan influirse mutuamente. Cuando existen estructuras paralelas en las dos lenguas, es mucho más probable que haya transferencia o convergencia lingüística entre ellas. Así y todo, el factor de distancia tipológica sugiere que se dará más interferencia entre lenguas tipológicamente menos distantes que entre lenguas estructuralmente muy diferentes.

Efectivamente, la convergencia lingüística[8] se da cuando uno o más aspectos de los sistemas gramaticales de las lenguas en contacto se asemejan más, como en el caso de los mandatos con gerundios en el español andino de Ecuador que se basan en una estructura equivalente en quichua (ver capítulo 4).[9] La convergencia puede afectar solo a una de las lenguas en contacto o a todas. Muchas veces es resultado de la transferencia lingüística, pero también puede ser fruto de cambios lingüísticos internos, acelerados en condiciones de contacto, como es el caso de la extensión de *estar* en Los Ángeles (Silva-Corvalán, 1994a: 5).

En los contextos en los que el español ha estado en contacto con lenguas tipológicamente similares—en Cataluña y Valencia (catalán y valenciano), en Galicia (gallego), a lo largo del norte de Uruguay y el noreste de Argentina (portugués) y en diversas comunidades del Río de la Plata (italiano)—, la labor de deslindar fenómenos de contacto puede resultar más tediosa que en situaciones en las que el contacto se ha dado con otra lengua estructuralmente muy ajena, como lo son el vasco, el quechua y, en cierto sentido, el inglés. En estos primeros casos, a veces no se sabe precisamente qué particularidades lingüísticas del español se deben a la transferencia lingüística y cuáles son meros rasgos dialectales comunes a las dos lenguas, ambas derivadas del latín vulgar. De ahí que sean muchas las sutilezas que son fruto del paralelismo estructural. Al tratar la situación de contacto español-valenciano en Valencia, Blas Arroyo (1999) advierte que:

> [. . .] la consecuencia del contacto interlingüístico puede ser distinta a la simple influencia unilateral de una lengua sobre otra. Puede ocurrir, y la proximidad estructural de las lenguas invita a ello, que éstas, en su evolución histórica, alcancen grados de desarrollo gramatical parejos y que la interferencia se convierta en tales casos en un potente factor de aceleración de cambios que de otra manera podrían no tener el mismo éxito [. . .] Curiosamente, los procesos de convergencia se han tratado con mayor atención en los casos de contacto entre lenguas muy diferentes, pero mucho menos entre lenguas semejantes. (13)

A esto, Blas Arroyo agrega que, en las situaciones de contacto de lenguas tipológicamente próximas, "la intensidad y la duración del contacto deben ser investigadas cuidadosamente, ya que pueden ser la causa fundamental no solo de la difusión de los cambios, sino también de su origen" (1999: 40). Dicha problemática es entramada por los estudios diacrónicos, los cuales han demostrado contundentemente que la distinción entre variedades aparentemente "independientes" a lo largo de su evolución es sumamente difícil—y a veces imposible—de hacer. De ahí que se plantee la noción de un continuo geolingüístico de variedades iberorromances en el norte de la península, con el gallego-portugués en el extremo occidental y el catalán en la franja oriental. Entre estos dos se situarían, de occidente a oriente, el asturiano o *bable*, el leonés, el castellano, y el aragonés. Tuten (2003) demuestra que el castellano surge como resultado de un proceso de koineización entre diversas variedades romances habladas en la Península Ibérica durante la época de la Reconquista y describe la multiplicidad de estructuras lingüísticas y factores sociales inherentes a este proceso. Penny (2004) aborda la problemática de la diferenciación de las variedades romances de la siguiente manera, tomando como ejemplo el castellano, el aragonés y el catalán:

> ¿[S]e parece más el aragonés al castellano o al catalán? Esta pregunta inmediatamente da lugar a otra: ¿qué variedad del aragonés y qué variedad del catalán? Y suponiendo que la pregunta pueda responderse (lo que es mucho suponer), ¿cómo se debe medir el grado de diferencia entre el aragonés y el castellano por un lado y entre el aragonés y el catalán por otro? Sería teóricamente posible (aunque en realidad no lo es) enumerar todos los rasgos en los que difiere cada par de variedades, pero si descubriéramos que hubiera más rasgos diferentes entre el aragonés y el castellano que entre el aragonés y el catalán (o viceversa), ¿se resolvería el problema? o ¿desearíamos dar mayor peso a ciertos rasgos que a otros, ya que ciertas características nos llaman más la atención por ser más "importantes" o "sobresalientes" que otras? Ante la falta de cualquier procedimiento científico de asignar diferente peso o importancia a características dadas, tal empresa está condenada al fracaso. (46)

Desde la perspectiva diacrónica, pues, la diferenciación entre las lenguas derivadas del latín sigue criterios más sociopolíticos que propiamente lingüísticos, y es interesante observar que en la actualidad los remanentes del asturiano y del aragonés son considerados como "modalidades locales" y no "lenguas" en las respectivas zonas donde se hablan, ya de modo muy restringido (cf. Alvar, 1986).

1.2.4.2. Marcadez

Otro de los principales factores que condicionan el cambio lingüístico en situaciones de contacto, sobre todo en las de interferencia, según Thomason y Kaufman (1988), es la *marcadez*, término que se refiere a la noción de que en las lenguas hay estructuras más simples o básicas que otras, las cuales suelen ser más frecuentes en el habla.[10] Por ejemplo, en la oposición gramatical de número, el plural se considera como más marcado, ya que en muchas lenguas se requiere un afijo especial. En cuanto a los marcadores de género, el género gramatical masculino se considera como menos marcado que el género gramatical femenino, pues los niños tienden a controlarlo antes de las formas femeninas al adquirir su primera lengua y los aprendices de segunda lengua lo producen más frecuente y sistemáticamente que las formas femeninas en las primeras etapas de adquisición. En situaciones de interferencia lingüística, es menos probable que se transfieran formas más marcadas porque éstas se adquieren más tardíamente. Por lo tanto, se puede decir que son más difíciles de controlar. Por ejemplo, en el caso del español andino, en Perú se da un uso extenso del archimorfema *lo* como objeto directo, ya que las formas *la, las* y *los* son más marcadas. El contacto de lenguas, en este caso, ha resultado en la simplificación de los clíticos acusativos y en una sobregeneralización de la forma menos marcada.

1.3. Argumentos hacia una polémica: ¿son más importantes los factores lingüísticos o sociales en una teoría de contacto lingüístico?

Para algunos estudiosos, los factores sociales son primordiales en las situaciones de contacto de lenguas. Thomason y Kaufman (1988), desde la mira diacrónica, postulan que cualquier elemento lingüístico puede transferirse de una lengua a otra si las condiciones sociales son propicias. Para ellos, el contexto social es lo que determina la dirección y el grado de la influencia interlingüística, relegando así los factores lingüísticos a un plano secundario. Según ellos, "la historia sociolingüística de los hablantes, y no la estructura de su lengua, es el principal factor determinante del resultado lingüístico del contacto de lenguas."[11] (35). Aunque estos autores admiten que los factores lingüísticos—como la marcadez, el grado de integración lingüística y la distancia tipológica—ejercen cierta influencia, argumentan que los factores sociales los pueden anular, desempeñando así el papel decisorio en el proceso. Uno de los factores sociales que más afecta el grado de interferencia en situaciones de préstamo son las actitudes de los hablantes: las actitudes positivas hacia el otro grupo fomentan la adopción e integración de elementos de su lengua, mientras que las actitudes negativas desfavorecen dicho proceso. De igual modo, la incorporación de formas en la lengua receptora—sean éstas fonológicas, morfosintácticas o léxicas—dependerá en parte del relativo prestigio del que goza la lengua fuente. Más adelante, veremos cómo la estigmatización social de ciertos rasgos de contacto puede afectar el proceso de cambio lingüístico.

Hay quienes rechazan la idea de que los factores sociales tengan mayor peso en los resultados lingüísticos de una situación de contacto. Weinreich (1953), por ejemplo, nota que no todos los fenómenos de interferencia que caracterizan el habla bilingüe se incorporan en la lengua como código y, por lo tanto, se puede suponer que hay cierta resistencia selectiva a la interferencia, atribuible en parte a la gramática recipiente. Silva-Corvalán (1994a: 6) modifica la hipótesis de Thomason y Kaufman de la siguiente manera: "[. . .] aun en intensas condiciones de contacto y fuerte presión cultural, los hablantes de la lengua que está en retroceso simplifican o sobregeneralizan las reglas gramaticales, pero no introducen elementos que puedan causar cambios radicales en la estructura de la lengua".[12] Para esta autora, la estructura de la lengua determina la introducción y difusión de elementos innovadores, mientras que la historia sociolingüística de los hablantes determina la dirección del cambio y el grado de difusión de las innovaciones (1994a: 6). La hipótesis de Thomason y Kaufman (1988), la cual relega a un segundo plano cualquier influencia de la estructura interna de la lengua en los procesos de cambio evidenciados en una situación de contacto, también es criticada por Sankoff (2002), quien afirma que las restricciones internas actúan en conjunto con las restricciones externas para determinar los resultados lingüísticos del contacto (640). En estudios recientes, Labov (2007: 349) y Heine y Kuteva (2008) también aseveran que hay restricciones en los tipos de patrones lingüísticos que se pueden transmitir de una lengua a otra.

Thomason (2001) a su vez advierte que en muchos casos existen causas múltiples del cambio lingüístico y que tanto los factores internos como los externos pueden propulsar el mismo cambio, como ya hemos mencionado. El contacto lingüístico puede ser solo uno de varios factores que llevan a alteraciones del sistema. Lope Blanch (1986: 72) afirma que: "La multiplicidad de posibilidades, la variedad de principios metodológicos y la diversidad de consideraciones teóricas guarda cierta relación—al menos a mí me la evoca—con la idea de la causalidad múltiple explicada por Yakov Malkiel y que, evidentemente, corresponde a la complejidad misma del hecho lingüístico. Buscar explicación única para los casos de interferencia puede ser sumamente simplista y alejado de la realidad". De modo semejante, Blas Arroyo (1999: 67) mantiene que:

> Contrariamente a la opinión de aquellos lingüistas que advierten sobre la necesidad de acudir a la influencia interlingüística como factor explicativo tan sólo cuando no puede hallarse una explicación al cambio por medio de los hechos inherentes a la propia lengua, consideramos que la posibilidad de la causación múltiple no puede ser descartada nunca de antemano.

Y para ello, un conocimiento etnográfico y sociolingüístico lo más completo posible de la sociedad resulta indispensable.

Como veremos a lo largo de este libro, resulta ser sumamente difícil determinar si un cambio lingüístico es el simple fruto de una situación de contacto de lenguas. En muchos casos, los cambios se deben tanto a procesos internos a la lengua receptora como al contacto con otra lengua.

1.4. Conclusiones

¿Cómo se puede determinar si una situación de lenguas en contacto habrá llevado a un cambio lingüístico en una de las lenguas? Según Thomason (2001), se puede atribuir a la situación de contacto cualquier cambio lingüístico que no hubiera sido probable en una situación monolingüe. Esto incluiría préstamos directos de léxico, morfemas y/o estructuras sintácticas y también efectos indirectos como la simplificación, una elevada frecuencia de estructuras paralelas en ambas lenguas e incluso procesos de pérdida lingüística. Para determinar si en realidad una característica x ha surgido como resultado del contacto con otra lengua, según Thomason y Kaufman (1988: 61), hay que demostrar que las características a, b, c y z—algunas de las cuales forman parte de un subsistema diferente del de x—también se deben a la influencia de la misma lengua. Por ejemplo, si se plantea que alguna particularidad fonológica puede atribuirse al contacto con otra lengua, también se debe poder observar la influencia en otros subsistemas lingüísticos, como en la sintaxis, el léxico y la pragmática.

Como se observará a lo largo de este libro, en los distintos contextos geográficos, las particularidades lingüísticas de las comunidades bilingües pueden tener diversas explicaciones, tanto internas como externas, y no todo lo que aparenta ser un caso de transferencia realmente lo es. Puesto que el contexto sociohistórico determina, hasta cierto punto, las consecuencias del contacto lingüístico, examinaremos los resultados del contacto de lenguas según el contexto sociohistórico que ha contribuido a su desarrollo. Estamos de acuerdo con Heine y Kuteva (2005: 14) en que "el cambio lingüístico ocasionado por el contacto de lenguas [. . .] es un proceso regionalmente restringido que resulta de eventos históricos específicos".[13] Por lo tanto, empezamos con una exploración del contacto de lenguas en la Península Ibérica, donde las principales lenguas regionales—el vasco, el catalán y el gallego—han estado en contacto con el castellano durante muchos siglos.

Notas

1. "[. . . D]uring the colonial era one can observe numerous contradictions between theory and practice, legality and implementation, religious fervor and colonial imposition. . . . And while the Spanish Crown strongly advocated the use of Spanish, the indigenous

populations could neither learn nor acquire the language *in toto,* because they lived in segregation" (Hidalgo, 1994: 189).

2. [A language] "accepts foreign structural elements only when they correspond to its tendencies of development" (Jakobson, 1938/1962: 241).

3. Heine y Kuteva (2005), al analizar uno de los tipos de transferencia gramatical descritos por Weinreich, la de la replicación de funciones o significados gramaticales, también observan que lo más común en situaciones de contacto es que un modelo adquiere mayor frecuencia y se extiende a contextos nuevos; es decir, los nuevos modelos resultantes del contacto tienden a basarse en modelos ya existentes en la lengua receptora (77).

4. La situación del inglés en los Estados Unidos es en realidad mucho más compleja, pues los hablantes de la segunda y tercera generación tienden a adquirir el español como lengua secundaria durante la niñez y la adolescencia, y luego algunos lo estudian formalmente como segunda lengua o lengua "de herencia" en las escuelas y las universidades (cf. Lynch 2003b, 2008). Según Silva-Corvalán (2001, 276), "el bilingüismo cíclico abre las puertas a una situación poco clara en cuanto a la taxonomía *interferencia* versus *préstamo* propuesta por Thomason y Kaufman (1988), ya que podemos considerar que el español se convierte en algún momento en lengua meta, que puede ser readquirida de manera incompleta y ser, por tanto, susceptible a interferencias del inglés. En una situación de este tipo, de acuerdo a la hipótesis de Thomason y Kaufman, se esperaría encontrar tanto préstamos como interferencias estructurales en la lengua nativa, el español en nuestro caso. [. . .] Sin embargo, mis estudios y otros similares de contacto actual indican que aun en condiciones de intenso contacto y fuertes presiones culturales e ideológicas, los hablantes de una lengua minoritaria simplifican o generalizan ciertas reglas gramaticales, pero no introducen elementos que causen cambios radicales en la estructura de esta lengua".

5. Winford critica la clasificación general de Thomason y Kaufman (1988) por no hacer suficientemente explícita la distinción entre las situaciones de préstamo y las de interferencia, y por usar la misma terminología para referirse tanto a los productos como a los procesos del cambio lingüístico (2007, 25).

6. "most researchers have assumed that the concept of dominance does not need to be defined precisely" (Valdés y Figueroa, 1994: 54).

7. "There is no exact set of procedures that can be used to determine how bilingual an individual is across a broad range of contexts and settings, and there are no strategies or instruments that can economically and easily assess either the language proficiency or the language dominance of large groups of individuals" (Valdés y Figueroa, 1994: 66).

8. Ver Heine y Kuteva (2005, 9–11) para una discusión sobre otras definiciones del término *convergencia* en los estudios de lenguas en contacto.

9. Como en "Déme cerrando la puerta." ("Por favor, cierre la puerta.") (Bustamante-López y Niño-Murcia, 1995: 891).

10. Una amplia revisión de las múltiples definiciones de la marcadez en los estudios sobre la adquisición de una segunda lengua se encuentra en Ellis (1994). Aquí nos limitamos a la definición formulada por Thomason y Kaufman (1988) y Thomason (2001).

11. "It is the sociolinguistic history of the speakers, and not the structure of their language, that is the primary determinant of the linguistic outcome of language contact" (Thomason y Kaufman, 1988: 35).

12. ". . . [E]ven under conditions of intense contact and strong cultural pressure, speakers of the receding language simplify or overgeneralize grammatical rules but do not introduce elements which would cause radical changes in the structure of the language" (Silva-Corvalán, 1994a: 6).

13. "Contact induced change [. . .] is a regionally confined process resulting from specific historic events" (Heine y Kuteva, 2005: 14).

CAPÍTULO 2

Contacto del castellano con el vasco, el catalán y el gallego en España

2.1. Antecedentes históricos

Desde sus orígenes en el latín vulgar, el castellano ha sido influenciado por el contacto con numerosas y diversas variedades lingüísticas, algunas emparentadas y otras muy ajenas al latín en términos tipológicos. Las variedades románicas habladas en Hispania se influyeron mutuamente a lo largo de su evolución y, como observamos en el capítulo 1, la precisa delimitación entre ellas constituye una ardua tarea para la lingüística histórica. Como muestra de la influencia mutua entre las variedades románicas, consideremos la aspiración de la sibilante en el castellano andaluz, fenómeno que también se ve extendido actualmente por el Caribe y el Cono Sur. Algunos lingüistas conjeturan que dicho proceso tiene sus raíces en la influencia del leonés sobre el castellano. Lloyd (1987: 349–350) observa que la Reconquista de Andalucía fue una empresa común entre castellanos y leoneses, y que el influjo de hablantes del leonés en Andalucía fue sustancial. Varias particularidades actuales del español andaluz son también rasgos generales del leonés, tales como el cierre de /e/ y /o/ en posición final, la lateralización esporádica de /r/ en grupos consonánticos iniciales y la velarización de la /n/ final. No es de extrañar, pues, que la palatalización de la /s/ implosiva—proceso que se cree puede haber dado lugar a realizaciones velares y de ahí aspiradas—también sea rasgo del leonés, ya que existe evidencia de este fenómeno en textos del siglo XVI (Walsh, 1985).

Cabe señalar que el mismo cambio se documenta para otras variedades derivadas del leonés, lejos de Andalucía: en el habla de Tudanca en Cantabria y en la variedad de Andiñuela en el suroeste de León, donde la aspiración de /s/ final se constata entre personas ancianas (Walsh, 1985). De modo semejante, cabe destacar la influencia del aragonés en la evolución histórica de la variedad del catalán hablada en el País Valenciano. Porcar Miralles (2002) observa que: "Catalanes y aragoneses se asentaron en el Reino de Valencia, lo que ha supuesto desde el inicio la convivencia de dos modalidades lingüísticas, la segunda de ellas, el aragonés, inmersa en un proceso de castellanización cada vez más acusado" (191). Esta misma autora (2002: 191) atribuye a la influencia del aragonés ciertas particularidades del valenciano frente al catalán oriental, variedad hablada en la zona de Barcelona. De ahí que lo que algunos consideran como "castellanismos" en el catalán valenciano sean en realidad "aragonesismos" de origen, adoptados en las dos lenguas (castellano y catalán).

El contacto con lenguas no romances, por ejemplo el vasco y el árabe, también repercutió en la evolución del castellano. La principal tesis de López García (1985a) en *El rumor de los desarraigados*—tratado de índole fundamentalmente política e ideológica—es que el primitivo castellano surge como una lengua mixta basada en la interacción entre hablantes del romance y del vasco. Escribe que: "El español no fue un simple dialecto de transición—algo imposible entre el euskera y el latín, como es obvio [. . .] sino que nació con voluntad de constituirse en lengua mixta que podrían adoptar también quienes no hablaban ni vasco, ni la variedad romance del Alto Ebro" (López García, 1985a: 54). Pero muchos están de acuerdo en que los argumentos de López García (1985a, b) respecto a la influencia del vasco en la evolución del primitivo castellano carecen de fundamento lingüístico pues, como explica Tuten (2003: 109), el autor identifica numerosas concordancias gramaticales entre esta lengua y el romance que en realidad no son motoras de cambio en el castellano, además de que confunde seriamente los conceptos de criollización y koineización. En cuanto a este último, Posner (1996: 208) ha afirmado que, en términos fonológicos y morfológicos, el castellano no representa un "compromiso koineizado" entre variedades ibéricas (cf. Tuten, 2003).

En principio, se podría atribuir al influjo vascuence tres grandes rasgos fonológicos que singularizan el español frente a otras lenguas romances en el plano diacrónico: 1) el cambio de /f/ a /h/, 2) el ensordecimiento de las sibilantes sonoras y 3) la fusión de /b/ y /v/ (Iribarren-Argaiz, 1998). Hacemos breve consideración de cada uno de estos fenómenos diacrónicos a continuación. El cambio de /f/ a /h/, el cual caracteriza las primeras etapas de la evolución del castellano, representa uno de los cambios más discutidos en el estudio diacrónico de la lengua. Menéndez Pidal (1962) plantea que la extensión social de la /h/ sería concomitante con la expansión de Castilla, y que al principio era característica del habla de las personas menos cultas. Este autor mantiene que, antiguamente, la Península se dividía en dos zonas con respecto a dicho fenómeno: una que comprendía la mayor parte de la Península—Portugal, León, Toledo, Aragón, Cataluña—y que seguía las normas de la /f/ latina, y otra que incluía Cantabria y sus alrededores, "región la más tardíamente romanizada" y donde "[. . .] se originó la tendencia de sustituir la *f* latina por *h*, tendencia que se mantuvo oculta, extraña a la escritura oficial y sólo propia de la lengua hablada, pero que con la influencia castellana se fue propagando por todo lo que conquistó la primitiva Castilla, hasta que a finales del siglo XV triunfó en la lengua escrita" (Menéndez Pidal, 1962: 69–70). Los orígenes del proceso tendrían su base en el hecho de que el lenguaje de los habitantes de Cantabria careciera de /f/ debido al influjo vasco, y también posiblemente por el amplio uso de una variante fricativa bilabial sorda [φ] en el romance del centro-norte de Hispania, muy parecida a la oclusiva bilabial aspirada [pʰ] existente en euskera y fácilmente precursora de la aspirada [h] (Penny, 1972). El fonema fricativo glotal /h/ luego daría lugar a la variante elidida [Ø] que hoy día rige el habla normativa (por ejemplo, *ficus* > higo; *fácere* > hacer).

Aunque el cambio de /f/ a /h/ ha ocurrido en algunas partes de Cerdeña y Calabria, y de modo esporádico en el norte de Italia y en Rumania también (Wagner, 1941: 90–91; Rohlfs, 1966: 206), las únicas variedades románicas en las que su grado y extensión han sido significativos son el castellano y el gascón, hablado en el antiguo ducado de Gascuña en el suroeste de Francia. No puede ser de pura casualidad que la situación geográfica de Gascuña—junto a la vertiente septentrional de los Pirineos, vecina a la zona vascófona de Francia—coincida con la presencia de dicho cambio fónico. Cuando los vascones conquistaron la antigua Novempopulania a los aquitanos en el año 587, cambiaron su nombre a Vasconia, derivándose así el topónimo Gascuña (*Gascogne*, en francés), pero no se sabe mucho sobre la extensión y duración del bilingüismo vasco-romance en esta zona (Iribarren-Argaiz, 1998: 10). Jungemann (1955) hace interesantes observaciones respecto a la situación de las variedades hispanorromances y gasconas frente al influjo vasco.

Lloyd (1987: 222) concluye que es "completamente plausible" que la innovación /f/ > /h/ en la evolución del castellano fuera favorecida por el influjo del vascuence si tenemos en cuenta que un gran número de personas vascoparlantes participaron en la temprana organización de Castilla y que estas también intervinieron en el desarrollo de las sibilantes, como observamos abajo. No obstante, Lloyd también señala en este caso que "la influencia de sustrato nunca puede ser la única causa de un cambio fonético, sino uno de varios factores que lo condicionan" (46).[1] Tuten (2003: 132–136) también atribuye el cambio de /f/ a /h/ tanto a la estructura interna del romance como a la influencia del bilingüismo vasco, postulando que durante las primeras etapas de evolución del castellano los hablantes del vasco, enfrentados con varias realizaciones alofónicas del fonema /f/ (entre ellas, la redondeada [ʍ], la bilabial [φ] y la aspirada [h]), "tal vez tenderían a reproducir con más facilidad y frecuencia el alófono (percibido) que existía en su lengua nativa: [h]", aumentando la relativa frecuencia de la aspirada en las comunidades en cuestión y contribuyendo así al futuro éxito de esta variante a largo plazo.[2]

Si en el euskera faltaba un sonido labiodental fricativo [f], se entiende bien por qué se plantea que la fusión de /b/ y /v/, este último fonema la pareja sonora de /f/, también se podría deber al influjo vasco (por ejemplo *vinum* > vino /bino/). El hecho de que la oposición de la /b/ oclusiva y /v/ fricativa se neutralizara a expensas de esta última, y que la primera diera luego dos realizaciones alofónicas [b] y [β] en castellano, parece evidencia contundente de que el proceso fuera impulsado por el bilingüismo vasco, pues en vascuence no existía la labiodental, como ya hemos señalado, y la /b/ cuenta con variantes oclusiva y fricativa. Iribarren-Argaiz (1998) mantiene que ya para el siglo XVII, "[. . .] *b* y *v* en posición inicial se habrán fusionado definitivamente, y la intervocálica *b*, procedente de *p*, se hace *b* con alófonos oclusivo [b] y fricativo [β]. [. . .] Este sería el resultado de la extensión de aquellos patrones de influencia euskera, inicialmente limitados a las áreas de Castilla la Vieja y Rioja, pero más tarde extendidos, en virtud de los fenómenos migratorios [. . .]" (19). Dámaso Alonso (1962) atribuye la ausencia de la labiodental en las variedades romances de las zonas septentrionales de la Península y de las regiones de Gascuña y Languedoc en Francia a la incapacidad de hablantes del vasco de producir este sonido.

La hipótesis referente al influjo vascófono en este caso no se ha visto exenta de críticas, sin embargo. Lloyd (1987: 241) nota que muchos estudiosos del tema atribuyen la fusión de /b/ y /v/ principalmente a arcaísmo románico, pues la bilabialización de /v/ en latín parece ser un antiguo rasgo conservador de la lengua, del cual se dan indicios en zonas ajenas al influjo vasco: Galicia, el norte de Portugal, León, Extremadura, Aragón, Cataluña, Valencia y Cerdeña (Penny, 1976). No obstante, la ausencia de la variante labiodental en vascuence puede haber favorecido el uso de la variante arcaica del latín—bilabial—en las regiones vascófonas, pues en todas las áreas de influjo vasco, tanto en la Península Ibérica como en Gascuña, Languedoc y Guyena, se documenta el uso de la variante bilabial para la /v/ latina (Penny, 1976). Así y todo, nos parece sensato concluir que la fonética del euskera puede haber desempeñado un papel decisivo, aunque sea secundario, en el cambio. Es interesante notar que la variación entre [b] y [v] persistió durante muchos siglos; Lapesa (1980) escribe que la [v] aparecía todavía en el siglo XVI en áreas de Andalucía y que desde ahí se difundió por las Américas. Se puede observar en algunos dialectos, como el chileno, aún hoy día.

La pérdida de sonoridad de las sibilantes vigentes en el latín tardío dio como resultado la reducción de seis fonemas—los africados /ts/ y /dz/, los alveolares /s/ y /z/, y los palatales /ʃ/ y /ʒ/—en tres únicos fonemas sordos. Posteriormente, /ts/ se hizo interdental /θ/ o dorsodental, y la palatal /ʃ/ se velarizó para dar /x/ hacia el siglo XVII. Tanto Martinet (1951) como Jungemann (1956) afirmaron que el prolongado bilingüismo vasco-castellano fue un factor clave en este proceso de ensordecimiento en el desarrollo del castellano antiguo, ya que el inventario fonético vasco carecía de sibilantes sonoras y, según Lloyd (1987), para el bilingüe dominante de vasco la cualidad de sonora podría parecer irrelevante para efectos comunicativos (270). La convivencia entre gentes de habla romance y vasca y la relativa fluidez de clases sociales que caracterizaba la temprana sociedad de Castilla crearon condiciones sociolingüísticas propicias para la generalización paulatina del sistema reducido de sibilantes, carente de variantes sonoras. Lloyd postula que la fusión de las sibilantes sordas y sonoras sería al principio un rasgo de la pronunciación de personas de las clases sociales más bajas y menos prestigiosas pero, junto con la expansión del reino de Castilla y León hacia el sur, este fenómeno se habría extendido en la escala social. Así, cuando el reino de Castilla pasó la frontera del Tajo, el ensordecimiento de las sibilantes se encontraba ya extendido y se convirtió en rasgo distintivo de estos dialectos (273). El *seseo*—proceso que implica la fusión de los cuatro fonemas sibilantes /ts/, /dz/, /s/ y /z/ vigentes en el español medieval en un solo fonema /s/ y que caracteriza el habla contemporánea del sur de España, las Islas Canarias y toda América—parece haber surgido de otro tipo de proceso sociolingüístico. Tuten (2003) argumenta que el seseo es producto de una koineización simultánea propulsada por los grandes movimientos demográficos que se dieron en Andalucía y a través de América a partir del siglo XVI, después de la caída del califato de Granada y el comienzo de la colonización del Nuevo Mundo en 1492 (263–264). Este autor rechaza la hipótesis de que el seseo tenga sus orígenes en la repoblación de Andalucía durante el siglo XIII y niega que ya estuviera presente cuando Colón llegó a la isla Hispaniola (255). En cambio, Tuten sugiere que "para finales del siglo XV la diferencia entre los fonemas en cuestión se había reducido al mínimo (manifestándose tan solo en una ligera diferencia del lugar de articulación), y el seseo puede haber existido en algunas comunidades como una neutralización incipiente a final de sílaba", rasgos que los colonos llevarían a todas partes de América (2003: 263–264).[3]

Respecto al posible influjo del céltico, lengua hablada por los pobladores del centro, el oeste y el noroeste de la Península Ibérica durante la época prerromana, Obediente Sosa (2007: 41) señala dos procesos fonológicos: la sonorización y lenición de las oclusivas sordas latinas en posición interna (por ejemplo *capra* > cabra [káβra]; *caténa* > cadena [kaðéna] y *ficus* > higo [íɣo]), y la transformación del grupo consonántico /kt/ en africada palatal /tʃ/ como en *nocte* > noche [nótʃe] y *lacte* > leche [létʃe]. En cuanto a este primero, Penny (1993: 74) observa que se da "una correspondencia considerable (aunque no total) entre las zonas de población originariamente celta y las áreas ocupadas por lenguas románicas donde la lenición ha actuado (Galia, los Alpes, norte de Italia, occidente de España)". No obstante, Penny señala que otros estudiosos, Alarcos Llorach (1965) entre ellos, atribuyen este mismo cambio fónico a procesos internos del propio latín. En el plano léxico se observan algunos préstamos integrados del lenguaje original de los celtas, entre ellos *berro, colmena, gancho, garza, pico, tarugo, vasallo* (Obediente Sosa, 2007: 42).

El aporte léxico del árabe al castellano fue muy significativo. Resnick (1981) afirma que, después del latín, la lengua que más palabras ha proporcionado al español es la arábiga (14). Como fruto lingüístico de los siete siglos de ocupación musulmana de la Península, contamos con más de cuatro mil vocablos procedentes del árabe, muchos de los cuales comienzan con *al-*, el artículo definido en árabe, y su reducción *a-*. A continuación, en la tabla 2.1, aparecen algunos ejemplos de préstamos del árabe en el castellano moderno.

También se da el caso de muchas otras palabras de origen no arábigo que llegaron al castellano a través del árabe, por ejemplo: *ajedrez, alcanfor* (del sánscrito), *acelga, alquimia, arroz* (del griego), *albaricoque, alcázar, almud* (del latín), *alfalfa, almíbar, azul,* y *naranja* (del persa) (Penny, 1993: 242). Lleal (1990) considera que el mozárabe—el conjunto de las variedades románicas habladas hasta el siglo XIII por los cristianos que convivieron con los musulmanes en los dos tercios meridionales de la Península (Penny, 1993: 245)—sirvió como puente de transmisión para dichos

Tabla 2.1 Algunas palabras del castellano moderno procedentes del árabe

agricultura y alimentación	casa y vestimenta	construcción	ciencia y matemática	comercio y gobierno
aceite	alamar	albañil	álcali	aduana
aceituna	alfiler	alcantarilla	alcohol	ahorrar
ajonjolí	alfombra	alcoba	álgebra	alcalde
alcachofa	algodón	almacén	almanaque	aldea
azafrán	almohada	alquitrán	alquimia	alguacil
azúcar	alquiler	andamio	auge	arancel
jarabe	gabán	azotea	cenit	tarea
sandía	jarra	azulejo	cero	tarifa
zanahoria	taza	zaguán	cifra	zoco

préstamos léxicos en el castellano: "Esos arabismos se introdujeron, fundamentalmente, por vía oral, a menudo a través de los mozárabes ya intensamente arabizados, y reflejan los rasgos del árabe hispánico" (189). Penny (1993) razona que la gran aportación de vocablos del árabe al castellano se debe a "la necesidad de designar los muchos conceptos nuevos (materiales y no materiales) que llegaron a Castilla desde Al-Andalus" y también al alto prestigio que tenía el árabe a principios de la Edad Media, "debido a que era el vehículo de una cultura mucho más 'adelantada' que la de la España cristiana, y en definitiva, que la del resto de Europa" (240).

Se puede afirmar que, aparte del plano léxico-semántico, la influencia del árabe sobre el castellano fue casi nula. En cuanto al plano fonético-fonológico, Obediente Sosa (2007: 147) observa que: "El habla hispana no incorporó ningún fonema de aquella lengua. Lo que hicieron los hispanos al incorporar vocablos procedentes del habla de los musulmanes fue acomodar lo que oían a su propio patrón fonológico". Explica que, una vez integrados los préstamos de origen arábigo, estos sufrieron los mismos cambios fonéticos que regían la evolución del romance, a modo de ejemplo: *al-qotˁon* > algodón, vocablo en el que las oclusivas sordas /q/ (percibida como [k]) y /tˁ/ (percibida como [t]) se sonorizaron, dando lugar a los fonemas /g/ y /d/ respectivamente, los cuales luego se hicieron fricativos [alɣoðón] (ejemplo de Obediente Sosa, 2007: 148). Vale la pena notar, sin embargo, que Penny (1993: 100) hace mención parentética de la posibilidad de que el *ceceo* evidente en algunos textos producidos en zonas meridionales de la Península durante los siglos XV y XVI pueda deberse a la ausencia en el habla andaluza medieval de las alveolares /s/ y /z/ "quizá debido a la influencia del mozárabe o del árabe", lo cual provocó su confusión con los fonemas sibilantes dentales (derivados de los originales sonidos africados /ts/ y /dz/). Respecto del nivel sintáctico, Obediente Sosa afirma que "no ha habido préstamo de estructuras sino, a lo sumo, contribución al arraigo de ciertas estructuras romances que se desarrollaron más en la Península Ibérica que en el resto de Romania, gracias precisamente al paralelo existente en árabe" (2007: 152). Como ejemplo de dichas estructuras, Lapesa (1980) considera el uso preferente de *de* + pronombre personal en lugar de posesivo, por ejemplo *la casa de nosotros* por *nuestra casa* y *las pisadas de ellos* por *sus pisadas*, y explica que: "No se trata, pues, de sintagmas prestados por el árabe; pero el arabismo, innegable en las traducciones medievales, hubo de contribuir a que tuvieran en la Península mayor arraigo que en francés o en italiano" (152).

Podemos concluir que, desde la perspectiva diacrónica, el castellano es producto no solo de cambios internos del sistema original del latín vulgar *in situ*, sino también de cambios externos impulsados, al menos en parte, por el contacto lingüístico con otras variedades romances (v.g., leonés y aragonés), el vasco y el árabe (y, en concomitancia, el mozárabe). En el eje sincrónico, el inglés es la lengua extranjera que actualmente ejerce mayor influencia sobre el léxico del español peninsular (cf. Gómez Capuz, 2000; Gimeno Menéndez y Gimeno Menéndez, 2003), fenómeno que consideramos en las variedades del español habladas en los Estados Unidos en el capítulo 6. No analizamos la influencia léxica del inglés en el castellano en España puesto que el enfoque del presente capítulo es el contacto con las otras principales lenguas peninsulares. Ahora, dirigimos nuestra atención a la situación contemporánea de España para luego considerar los efectos sincrónicos del contacto del castellano con las tres principales lenguas minoritarias del actual Estado: el vasco, el catalán y el gallego.

2.2.   La España plurilingüe

Durante la época de la dictadura de Francisco Franco (1939–1975), se prohibió en todo el Estado español el uso de cualquier lengua que no fuera castellano, política que tuvo graves consecuencias sociolingüísticas para las otras lenguas de España. Monteagudo y Santamarina (1993) consideran que el triunfo de Franco "aniquiló el galleguismo, forzando a sus protagonistas a exiliarse o callarse" (126);[4] Benet (1978) explica que hablar catalán en público llevaba a multas y aun la pérdida de empleo bajo el régimen franquista; Cenoz y Perales (2001) observan que más de 150,000 vascos fueron desterrados y se exiliaron en Francia y las Américas como consecuencia de la Guerra Civil (1936–1939). Tras la muerte de Franco en 1975 y la aprobación de una nueva Constitución democrática en 1978, entró en vigor una política de aceptación de otras lenguas, declarada explícitamente en el Artículo 3:

1. El castellano es la lengua española oficial del Estado. Todos los españoles tienen el deber de conocerla y el derecho a usarla.
2. Las demás lenguas españolas serán también oficiales en las respectivas Comunidades Autónomas de acuerdo con sus Estatutos.
3. La riqueza de las distintas modalidades lingüísticas de España es un patrimonio cultural que será objeto de especial respeto y protección.

En las tres décadas que han pasado desde que se estableció la cooficialidad de "las demás lenguas españolas" en las respectivas Comunidades Autónomas, el uso de catalán, gallego y euskera ha aumentado considerablemente. Silva-Corvalán (2001) afirma que: ". . . [L]a situación diglósica en España ha ido desapareciendo en los últimos veinte años. Las lenguas de las comunidades autonómicas comparten funciones públicas con el español, se usan en la televisión, en el gobierno, en las escuelas y universidades y en diarios, revistas y libros. Es una consecuencia natural, nos parece, de los procesos de desarrollo de una variedad estándar de cada una de estas lenguas regionales" (280). Pero hay que señalar que, en lo que atañe a la política lingüística, han sido relativamente dispares los frutos de las campañas de normalización en cada comunidad. Como sería de esperar, cada situación ha traído consecuencias sociales un tanto distintas, no solo respecto a extensión de uso lingüístico sino también de prestigio social.

Se desprende de las cifras poblacionales del año 2007, calculadas por el Instituto Nacional de Estadística y reflejadas en la tabla 2.2, que las variedades del catalán representan el mayor número de hablantes de las lenguas minoritarias del Estado. Si se incluye el valenciano junto con el catalán, se suman más de 13 millones de personas que residen en territorios catalanófonos (Cataluña, las Islas Baleares y la

Tabla 2.2 Población de las comunidades autónomas con más de una lengua oficial en 2007 (Instituto Nacional de Estadística, 2007)

Comunidad autónoma	Población	respecto de España %
Cataluña	7,166,031	16.0
Islas Baleares	1,028,635	2.3
Comunidad Valenciana	4,824,568	10.7
Galicia	2,728,772	6.1
País Vasco	2,130,375	4.7
Navarra	600,646	1.3
TOTAL	18,479,027	41.2
TOTAL NACIONAL	44,873,567	100

Comunidad Valenciana), cifra que representa el 29% de la población total de España. Aunque el número de residentes en comunidades vascófonas (País Vasco y Navarra) y gallegas (Galicia) es inferior, los hablantes de esas lenguas también constituyen segmentos muy sustanciales del Estado.

2.2.1. Usos y actitudes lingüísticos en la Comunidad Autónoma Vasca

Uno de los retos más difíciles para la normalización de la lengua vasca ha sido la gran variación dialectal que esta presenta y la artificialidad de la variedad estándar, denominada *batua*, que se usa en los ámbitos formales. Cenoz y Perales (2001) mencionan la existencia de al menos seis variedades distintas del euskera: *bizkaiera* (de Vizcaya), *gipuzkera* (de Guipúzcoa), *nafarrera* (hablada en partes de Navarra) y otras tres que corresponden a la zona vascófona de Francia. Por otro lado, Echeverria (2005) afirma que hay ocho variedades de la lengua, sin contar el batua, el cual se enseña en las escuelas. Según el estudio de Echeverria (2005), realizado en once escuelas secundarias de San Sebastián (capital de Guipúzcoa), la influencia del lenguaje vernáculo es patente en el ámbito educativo, a pesar de que no se usa para la instrucción formal. A través de una prueba de pares ocultos (*matched guise test*), basada en la metodología pionera de Lambert et ál. (1960), Echeverria analizó las actitudes de 288 educandos hacia el castellano estándar, el euskera batua y el euskera vernáculo, este último basado en la variedad de la región cercana de Goierri. Echeverria observó que, al contrario de lo que había postulado, aun los estudiantes que procedían de casas hispanoparlantes y que estaban inscritos en escuelas donde la instrucción se imparte en lengua castellana evaluaron el euskera vernáculo mucho más positivamente que el castellano o el euskera estándares, lo mismo que los estudiantes inscritos en escuelas de lengua vasca (2005: 259). De ahí que la autora llegue a dos conclusiones principales: primero, que el grado de solidaridad que demuestran los jóvenes hacia las tres variedades en cuestión depende directamente de la exposición extracurricular que tienen al euskera vernáculo y, segundo, que es menester que se haga más uso del euskera vernáculo dentro del ámbito educativo si se espera lograr que el vasco funcione como medio de comunicación de la vida cotidiana en un mayor segmento de la población (260–261).

La importancia de este último reto se refleja en datos recientes sobre competencia y uso lingüísticos del euskera en la Comunidad Autónoma Vasca de España, la cual comprende las provincias de Guipúzcoa, Vizcaya y Álava. Los datos, recogidos en 2001 y publicados por Aizpurua y Aizpurua (2005), sugieren tendencias un tanto contradictorias. Por un lado, para la campaña de revitalización del vasco, es alentador que la tasa de bilingüismo en vasco y castellano en la generación joven (de 16 a 24 años de edad) haya aumentado de modo significativo en los últimos años, situándose en un 48.5% de hablantes bilingües con capacidades productivas en 2001 y un 20.2% de bilingües pasivos (41). Es más, según los datos del censo de 2001, dos de cada tres personas menores de 16 años se consideraban bilingües. Por otro lado, las crecientes tasas de bilingüismo parecen ser concomitantes con el dominio del castellano, pues el número de hablantes bilingües que indicaban poder comunicarse más fácilmente en vasco que en castellano en el año 2001 alcanzaba tan solo el 7.5% de la población joven (de 16 a 35 años de edad) y los que decían que hablaban las dos lenguas con igual facilidad constituían tan solo un 10.4% del mismo segmento de la población (42–43). Como observa Echeverria (2003), aun los estudiantes que han hecho toda su educación formal en vasco tienden a hablar en castellano entre sí fuera del aula de clase, e incluso dentro del aula de clase si creen que la maestra no los oye. Entre estudiantes universitarios, Amorrortu (2000) documenta la misma tendencia.

Los datos referentes a la transmisión del euskera en el ámbito familiar proyectan un futuro precario: solo el 13% de la población menor de 35 años adquirió el vasco como primera lengua, frente al 21.7% de personas mayores de 35 años (Aizpurua y Aizpurua, 2005: 43). A modo de explicación de esto último, Aizpurua y Aizpurua observan que la proporción de parejas menores de 35 años de edad en las que los dos son bilingües es significativamente más baja que la proporción de parejas mayores de 35 años: el 14%, frente al 24.8%, respectivamente (44). Así y todo, hay que afirmar que el vasco es una lengua bastante restringida en términos sociales. Cenoz y Perales (2001) concluyen que, aunque el conocimiento del vasco va en aumento en la generación joven, gracias a los esfuerzos que se han hecho en el ámbito educativo, el futuro de la lengua sigue siendo incierto y dependerá del comportamiento de los jóvenes que ahora tienen el vasco como lengua de instrucción (Cenoz y Perales, 2001: 107–108). Como veremos más adelante, la cuestión de actitudes y motivaciones también es crucial en Galicia, donde en décadas recientes se han hecho intensos esfuerzos políticos y académicos por normalizar y, en un sentido más fundamental, resucitar el uso de la lengua gallega.

2.2.2.   Usos y actitudes lingüísticos en Cataluña, Comunidad Valenciana e Islas Baleares

El catalán se divide a grandes rasgos en dos zonas dialectales: occidental y oriental (Veny, 1978). La primera zona está constituida por las variedades *valencià*, hablada en la Comunidad Valenciana, y *lleidatà*, hablada en Lérida y en el Principado de Andorra. Las variedades habladas en el sur de Francia (*rossellonès*), las Islas Baleares (*baleàric*) y en Barcelona, Tarragona y Gerona (*central*) conforman el *català oriental*. Es esta última variedad central la que más prestigio social tiene tanto histórica como actualmente, quizá por ser representativa del habla de las urbes de Cataluña, especialmente Barcelona. De las tres comunidades autónomas que tienen el catalán como lengua oficial, denominada *valenciano* en la Comunidad Valenciana, se puede decir que es en Cataluña donde han tenido más éxito las políticas de normalización lingüística.

El alto nivel de prestigio social del que goza el catalán en Cataluña se debe no solo a condiciones históricas sino también a la fuerza y a la continuidad de la presión política para normalizar el uso de la lengua durante la última mitad del siglo XX, particularmente después de la muerte de Franco. Pradilla señala, en 2001, que la *Generalitat de Catalunya* "siempre se ha empeñado en hacer realidad la 'normalización' lingüística en todos los ámbitos sociales, debido principalmente al hecho de que el mismo partido nacionalista ha estado en el poder desde finales de los años 1970" (87).[5] En los casos de la Comunidad Valenciana y las Islas Baleares, sin embargo, no se ha dado el mismo grado de apoyo político para la normalización. Pradilla argumenta que estas dos regiones presentan el mismo problema: "el fracaso de su propio gobierno al enfrentarse a su responsabilidad de poner en práctica la política lingüística necesaria" (2001: 67).[6] En Valencia, el poder que ha ejercido el Partido Popular en los últimos años ha perjudicado el uso del valenciano, según Pradilla. A modo de ilustración, los miembros de dicho partido se abstuvieron del voto sobre la *Llei d'Ús i Ensenyament del Valencià* (Ley de Uso y Enseñanza del Valenciano), aprobada en 1983.

Un estudio empírico sobre actitudes entre 234 informantes valencianos realizado por Gómez Molina (2002) reveló que el 48.3% no consideraba que el valenciano fuera útil para la promoción social; el 64.1% indicaba que la lengua no es símbolo de identidad regional o territorial y casi el 30% no creía que el valenciano se haría más vital en el futuro (80). No obstante, Gómez Molina concluye, a grandes rasgos, que "ha mejorado notablemente la evaluación del valenciano respecto del castellano en el período 1983–1997 tanto en su valor instrumental [. . .] como en su valor integrativo; esta doble motivación, instrumental e integradora, colabora en la evolución positiva hacia la normalización" (2002: 78). Se notan actitudes generalmente más positivas hacia el valenciano en la generación joven, indicio de que la lengua va adquiriendo prestigio con el paso de los años. No obstante, Casesnoves Ferrer y Sankoff (2004) constatan que el uso del valenciano en la generación joven en Valencia no ha aumentado a la par de los niveles de competencia adquiridos a través de la escolarización, y afirman que la aparente revitalización de la lengua no se hace evidente en niveles de uso entre estudiantes de escuelas secundarias de la ciudad de Valencia y el pueblo de Xàtiva (2004: 28). En cuanto a la situación de las Islas Baleares, Pradilla (2001) destaca tres factores que han contribuido a la relativa inestabilidad del catalán en la época contemporánea: (1) la falta de algún reconocimiento oficial de la lengua desde el siglo XVIII y la concomitante escolarización de toda la población en castellano; (2) una gran oleada de inmigrantes no catalanoparlantes durante la década de 1960; (3) y la introducción de medios de comunicación principalmente en castellano (66). También cabe destacar la repercusión sociolingüística del gran número de turistas castellanoparlantes, además de anglo y alemanohablantes, que llegan anualmente a las Islas Baleares.

2.2.3.   Usos y actitudes lingüísticos en Galicia

El gallego y el portugués contemporáneos provienen de una misma raíz iberorrománica, la cual los lingüistas denominan gallego-portugués. Algunos estudiosos como Hermida (2001) argumentan que dicha variedad original en realidad debería denominarse gallego porque la "reconquista" de Lusitania—territorio que luego vendría a constituir el Reino de Portugal hacia el siglo XII—fue llevada a cabo por gallegos oriundos de la Galicia moderna (113). Aún en nuestros días siguen en pie los debates sobre la unidad gráfica entre el gallego y el portugués. Álvarez Cáccamo (1999), por ejemplo, argumenta que: "En la práctica, la grafía portuguesa es instrumental para el reconocimiento del gallego por otros lusófonos y lusógrafos precisamente como *galego-português*, no como español de Galicia" (45). En cuanto a las diferencias lingüísticas entre el gallego y el portugués en nuestros días, Fernández Rodríguez (2000: 98) observa que: "Para los reintegracionistas, las diferencias actuales no son lo suficientemente grandes como para prescindir del estándar portugués y estandarizar una nueva lengua. Creen que entre el portugués y el castellano no hay sitio para un nuevo estándar, a no ser que ese nuevo estándar se aproxime peligrosamente al castellano, con lo que terminaría por ser absorbido por éste". Hermida (2001: 113–114) nota la existencia de tres principales zonas dialectales del gallego en la Galicia actual, delimitadas sobre la base de cómo se realiza la pluralización de sustantivos que terminan en *-n*. Para la occidental, se agrega una *-s* (*can, cans*); en la central, se elimina la *-n* final antes de agregar *-s* (*can, cas*) y en la oriental, se agrega la terminación *-is* después de eliminar la *-n* final (*can, cais*). Otro rasgo de la variedad occidental, y también de áreas occidentales de la variedad central, es la *gheada,* un fenómeno que describiremos más adelante en el apartado 2.5.3 debido a las repercusiones que tiene en el castellano regional. Monteagudo y Santamarina (1993) destacan que el castellano regional es mucho más usual que el castellano estándar en Galicia, y notan que esta primera variedad es caracterizada por interferencias del gallego, particularmente en los planos fonológico, morfosintáctico y léxico. En cuanto al gallego estándar, Monteagudo y Santamarina observan que su uso llama la atención ya que tiende a traer connotaciones ideológicas y se propaga dentro de una élite educada, principalmente de las zonas urbanas (1993: 146–147).

El aparente consenso de los estudios sociolingüísticos dedicados al tema es que el gallego es favorecido por la generación mayor y que es más usual entre personas de procedencia rural. En un estudio sobre actitudes y usos lingüísticos entre 73 personas residentes de áreas rurales y semiurbanas del interior de la provincia de Pontevedra (Galicia), Soto Andión y Vidal Meixón (2005) comprobaron que "se pasa de una población monolingüe en gallego, constituida por individuos de la generación mayor, tanto del área semiurbana como del medio rural, la generación intermedia rural y la semiurbana de más de 45 años, a otra población bilingüe en gallego y castellano, integrada por la generación intermedia semiurbana y rural así como por los jóvenes" (194). A través de entrevistas grabadas y cuestionarios con los informantes, los cuales estaban divididos en tres grupos etarios (joven, intermedio y mayor), Soto Andión y Vidal Meixón revelaron que las personas mayores de 35 años de edad usaban el gallego con muchísima más frecuencia que los jóvenes: los de la generación mayor (de 60 o más años de edad) indicaban expresarse habitualmente en gallego en el 98% de las ocasiones, y los de la generación intermedia (de entre 35 y 59 años de edad) decían que se comunicaban en gallego en el 81% de los contextos. Los jóvenes (menores de 35 años de edad), por otro lado, afirmaban que se expresaban en gallego en solo el 23% de las ocasiones, y que usaban las dos lenguas—gallego y castellano—en casi el 60% de los contextos (179). Encontramos clara evidencia de una dicotomía rural vs. urbana en las respuestas a la pregunta ¿Qué lengua utiliza para relacionarse con amigos y vecinos?, para la cual el 40% de los jóvenes de áreas semiurbanas indicaban que usaban más castellano, mientras que solo el 8% de los jóvenes de áreas rurales afirmaban lo mismo (183).

Soto Andión y Vidal Meixón (2005) comentan que "el crecimiento del castellano está determinado por los informantes más jóvenes del entorno semiurbano, que tienen a menudo esta lengua como materna" y que "el aumento del uso bilingüe se justifica, en primer lugar, por el dominio académico de las dos lenguas a medida que descendemos en la escala de edad, debido a las materias escolares impartidas en gallego a los más jóvenes" (181). Respecto de esto último, se pueden apreciar los efectos de la política lingüística a favor de la normalización del gallego en las últimas décadas: solo el 22% de los informantes de las generaciones mayor e intermedia decían que habían usado más gallego que castellano en la escuela, y casi el 67% de los mismos indicaban que habían usado castellano con el maestro y gallego entre sus amigos. Por otro lado, solo el 23% de los jóvenes indicaban usar castellano con el maestro y el 45% observaban que el gallego era la lengua que más frecuentemente empleaban en el ámbito escolar (185).

Pero los autores destacan que el uso del gallego en interacciones con los maestros es más frecuente en áreas rurales que en zonas semiurbanas y urbanas, y afirman que a pesar de que los jóvenes demuestran capacidades muy superiores a las del grupo de los mayores en la comunicación escrita, el predominio del castellano en el modo oral es patente ya que, según ellos, "la escuela no ha sabido acrecentar el uso del gallego entre los jóvenes castellanohablantes [. . .] y los más castellanizados sólo se sirven del idioma propio en clases que se imparten en gallego" (Soto Andión y Vidal Meixón: 186). Esta situación es parecida a la del euskera en el País Vasco, donde la lengua predilecta en la comunicación oral en el ámbito escolar es el castellano, a pesar de que se ha logrado aumentar muy sustancialmente las capacidades académicas en esa lengua en la población joven. Del Valle (2000) cuestiona la aplicación del marco de estudio sociolingüístico tradicional basado en comunidades monolingües—frente a bilingües—en el contexto gallego, argumentando que Galicia representa una comunidad de habla "difusa", en la cual existen no dos (castellano y gallego), sino varias normas de comportamiento lingüístico (castellano estándar, castellano regional, gallego estándar, gallego local, mezcla de códigos y cambio de código). Para él, esta multiplicidad de normas es precisamente lo que caracteriza la identidad gallega como institución cultural y puede impulsar el movimiento pro-gallego en el siglo XXI (2000: 128). Del Valle afirma que "la modernidad no ha llevado a la convergencia de comportamientos lingüísticos, sino que ha ampliado en efecto el repertorio lingüístico de los gallegos" (128).[7]

Respecto de las actitudes hacia el gallego, Soto Andión y Vidal Meixón (2005) observan tendencias bastante positivas en personas de todas las edades. A la mayoría de los hablantes mayores, intermedios y jóvenes le gustaba más el gallego que el castellano: en los dos primeros grupos, casi el 65% indicaba que le gustaba el gallego más que el castellano, y en el último grupo casi el 55% respondía de igual manera (187). En cuanto a la normalización del gallego, casi el 77% de la generación joven se mostraba "totalmente de acuerdo" con la propuesta de potenciar el gallego en la enseñanza, frente al 69% de personas de las generaciones mayor e intermedia (191). No obstante, los autores observan cierta actitud negativa en los jóvenes de menos de 25 años de las zonas semiurbanas hacia las variedades locales del gallego, comen-tando que estos "desaprueban el llamado 'acento gallego tradicional' y aproximan su fonética a la del castellano, o en su caso son partidarios del gallego estándar" (188). Los autores sostienen que las actitudes positivas hacia el gallego no son siempre con-comitantes con su uso efectivo, y señalan que tal disparidad entre actitudes y usos se ha documentado también en el País Vasco, donde Urrutia Cárdenas (2002) observó que aunque el 62% de la población encuestada mantenía actitudes positivas hacia el euskera, solo el 7% afirmaba que hablaba siempre o casi siempre en esa lengua, y el 14%, en ambas lenguas (Soto Andión y Vidal Meixón, 2005: 196).

2.3. Contacto lingüístico con el vasco

En el contexto del País Vasco, se usa el término *euskaldunzarras* para refe-rirse a los que tienen el euskera como primera lengua, *euskaldunberris* para los que aprenden el euskera durante la juventud o la madurez, y *erdaldunes* para los que son castellanohablantes (Fernández Ulloa, 1996). La palabra *Euzkadi*, ampliamente conocida en España, se usa para referirse a la unidad política de las tierras vascas. Respecto del "español del País Vasco", Fernández Ulloa afirma que "aunque bien es cierto que tal variedad no es homogénea sí se han advertido en diversos estudios una serie de rasgos predominantes [. . .] que permiten la utilización de tal marchamo" (97). Entre los rasgos más predominantes del español del País Vasco, Fernández Ulloa destaca la repetición de adjetivos, la anteposición del objeto al verbo, el leísmo, la omisión del pronombre átono y algunos usos verbales, observando que todos estos "están muy extendidos sin que se den apenas diferencias diatópicas, diastrá-ticas ni diafásicas" (119). A continuación, describimos estos elementos lingüísticos y consideramos explicaciones relacionadas con posibles influencias del sistema gramatical vasco en el caso de cado uno.

2.3.1. Compuestos iterativos

Fernández Ulloa (1996) observa una "acusada tendencia" al uso de compuestos iterativos para efectos enfáticos o intensificadores en el español del País Vasco, mientras en el español estándar es más común el uso de sufijos (p. ej. *-ísimo*), prefijos (*re-*, *requete-* o *súper-*) o el adverbio *muy*. Ofrece los siguientes ejemplos (103):

> *solamente los pobres pobres*
> *porque no se arregla muy muy bien*
> *muy mal, muy mal*
> *no soy tampoco de las que quieren todo en euskera y euskera*
> *entras a un almacén, o al Corte Inglés, a donde sea, gente y gente y gente*
> *los típicos radicales radicales*

Urrutia Cárdenas (1995) cita algunos ejemplos del mismo fenómeno (244):

> *Ellos eran grandes, grandes.*
> *Esos valles son verdes, verdes.*
> *Año, año siempre estoy.* . . . (vs. *Todos los años estoy.* . . .)

No obstante, se observa este proceso lingüístico en latín y en otras lenguas romances (francés e italiano, por ejemplo), según Zárate (1976: 46), lo cual nos lleva a pensar que su uso en el español contemporáneo del País Vasco no se vincula directamente con el vasco, sino que su elevada frecuencia en esta variedad del español se debe al paralelismo entre una estructura común en vasco y una estructura ya presente en latín, inherente a las lenguas romances y evidenciada incluso en otras variedades del español que nunca han entrado en contacto con el vascuence.

2.3.2. Orden de los elementos oracionales

Fernández Ulloa (1996) observa que el orden de los elementos oracionales en vasco "parece tener funciones pragmáticas y textuales presentando, por lo tanto, gran libertad" (116). En vascuence, el orden de palabras no marcado es SOV (sujeto-objeto-verbo), a diferencia del canónico orden castellano SVO. Respecto de este último, Silva-Corvalán (2001) afirma que en castellano "la función pragmática marcada que cumple el orden marcado [anteposición del verbo o del objeto] es la de indicar que el elemento inicial es un centro de atención, ya sea porque es contrario a lo esperado [. . .] o porque es foco de contraste" (172). En la oración vasca, según Zárate (1976: 52–53), "el elemento que se siente como más importante, el elemento inquirido, ocupa el mismo lugar que las palabras interrogativas, que a su vez están regidas por el verbo, eje alrededor del cual giran todos los elementos oracionales". Cualquier variación del orden SOV en vasco aparentemente cambia el foco del discurso y da más énfasis al elemento que precede al verbo. Incluso el verbo en sí puede focalizarse si ocurre en posición inicial de la cláusula (Urrutia Cárdenas, 1995: 245). Dado el paralelismo estructural entre el vasco y el castellano en este caso, se puede postular que se produzca una elevada frecuencia de uso de estructuras no SVO en el castellano del País Vasco, tal como se refleja en los siguientes ejemplos de los datos de Urrutia Cárdenas (1995: 246):

Tres sobresalientes tiene Juan.
Con el mogollón, la policía vino.

Según este autor, aunque en el castellano estándar se pueden dar estas dos oraciones, la frecuencia de uso del tipo que vemos en el primer ejemplo es mayor en el País Vasco, y se articula con una distintiva pauta entonacional en esta región (246). Respecto al segundo ejemplo, Urrutia Cárdenas comenta que el orden se desvía de la norma castellana para la expresión de acciones repentinas, como sería *vino la policía,* con el verbo antepuesto al sujeto (246). En cuanto a la colocación del elemento verbal, Fernández Ulloa (1996: 116) ofrece los siguientes ejemplos de lo que se podría considerar una peculiar anteposición del verbo en el castellano de vascohablantes:

Alternar no alterno.
Casi tampoco no me haría, ¿eh?, arrimar.

Según esta autora, el primer ejemplo es producto de la transferencia de la tendencia en vasco de anteponer el infinitivo a su propia flexión verbal, tal como en *etorri dator aita,* 'venir ha venido el padre' (1996: 116). El segundo se origina de la normal anteposición de la perífrasis verbal a una flexión de *egin,* 'hacer' en lengua vasca, tal como en *etorri egin da aita,* 'venir ha hecho' (116).

Aunque tanto Fernández Ulloa como Urrutia Cárdenas afirman que tales desviaciones del orden canónico del castellano, SVO, se dan entre hablantes del País Vasco en la frecuencia de su uso, ninguno de estos autores ofrece análisis cuantitativos de sus respectivos corpus de datos, cosa que, en nuestra opinión, sería fundamental para determinar cuáles han sido los efectos de la sintaxis vasca sobre el castellano de la región en un sentido general. En este caso, es útil comparar los resultados del estudio cuantitativo de Ocampo y Klee (1995) sobre la variación del orden OV/VO en el español peruano de hablantes bilingües del quechua, lengua para la cual rige un orden canónico SOV, igual que en vasco. Como veremos más adelante, en el capítulo 4, estos autores observan una elevada frecuencia de estructuras del orden OV en ocho hablantes de español en contacto con quechua, debido a la extensión de este orden a nuevas situaciones discursivas. En lo que atañe a esta variación, Ocampo y Klee citan a Thomason (comunicación personal) quien propone que, al entrar en contacto dos lenguas con distintos órdenes de palabra canónicos, el uso del orden sintáctico de la primera lengua para la expresión de nuevas situaciones discursivas en la segunda lengua (el español en nuestro caso) puede representar el paso inicial hacia el cambio total del sistema sintáctico (1995: 80). Respecto a las ideas de Thomason, son interesantes las observaciones de Hammond (1996) referentes a la influencia del orden sintáctico del castellano sobre el sistema vasco. Hammond nota que se puede atribuir el orden de sustantivo y adjetivo en el vascuence moderno a la influencia que el castellano ha ejercido sobre esta lengua a lo largo de un período que ya lleva 1200 años. Explica que, según la taxonomía de Greenberg (1960, 1966), el vascuence se clasifica de "tipo tres", junto a las otras lenguas que siguen un típico orden SOV, tales como el georgiano, el húngaro, el finlandés y, como ya se mencionó, el quechua. En las lenguas de "tipo tres" de Greenberg, el adjetivo descriptivo generalmente precede al sustantivo, pero en vasco el orden adjetivo + sustantivo no rige. Al contrario, lo que se da en esta lengua es el orden típico del español (sustantivo + adjetivo), pauta sintáctica característica de las lenguas de "tipo dos" según la taxonomía de Greenberg. De acuerdo con Etxenique Elizondo (1987), la posposición del adjetivo en el vascuence puede ser evidencia de la repercusión de la sintaxis del castellano en la evolución diacrónica de esta primera lengua. La cuestión de la frecuencia de estructuras SOV en el castellano hablado en el País Vasco debe ser objeto de futuros estudios cuantitativos que tengan en cuenta la situación de bilingüismo y el uso del vasco. La poca evidencia que tenemos hasta la fecha no nos permite llegar a conclusiones muy firmes acerca del posible influjo sintáctico del vasco en este caso.

2.3.3. Condicional por imperfecto de subjuntivo en la prótasis de oraciones condicionales

Algunos han comentado la sustitución del imperfecto de subjuntivo por el condicional en la prótasis de oraciones condicionales en el español del País Vasco, como en el siguiente ejemplo:

> *Si me iría a Galicia creo que lo primero que haría es aprender gallego.*
> (Fernández Ulloa, 1996: 109)

Urrutia Cárdenas (1995) presenta un análisis cuantitativo de dicho fenómeno en el uso de ocho personas de Bilbao (Vizcaya), divididas en dos grupos sociales: alto (dos mujeres y dos hombres con estudios universitarios) y bajo (dos mujeres y dos hombres sin estudios secundarios). El investigador se valió de encuestas y tests con frases que se debían completar con una forma verbal, los cuales arrojaron los resultados expuestos en la tabla 2.3.

Como se puede ver, el uso de formas condicionales en *-ría* en la prótasis se da más comúnmente en los hablantes de niveles de educación formal más bajos (73%). Aunque los hablantes de niveles altos de educación formal en este estudio también tendían a usar verbos condicionales en la prótasis (42%), la forma preferida en dicho contexto semántico era el imperfecto de subjuntivo (50%). En la apódosis, son

Tabla 2.3 Porcentaje de formas de indicativo y subjuntivo en las oraciones condicionales producidas por ocho hablantes bilbaínos (Urrutia Cárdenas, 1995: 255)

Forma verbal	Nivel sociocultural alto			Nivel sociocultural bajo		
	-ra/-se	-ría	-ba	-ra/-se	-ría	-ba
Frecuencia porcentual en prótasis (%)	50	42	8	18	73	9
Frecuencia porcentual en apódosis (%)	0	77	23	0	72	28

poco divergentes los usos del condicional en los dos grupos encuestados (77% en el grupo de nivel alto y 72% en el de nivel bajo). Es interesante observar en estos ocho hablantes la total ausencia de formas del imperfecto de subjuntivo en la apódosis, tendencia que se da comúnmente en otras variedades del español—particularmente las de Andalucía y del Caribe—y que se generaliza en las variedades habladas por sucesivas generaciones de hispanos en los Estados Unidos (ver capítulo 6).

En un estudio llevado a cabo con estudiantes universitarios en Santander (Universidad de Cantabria) y Bilbao (Universidad del País Vasco y Universidad de Deusto), Portillo Mayorga y Fernández Ulloa (2003) analizaron la sustitución del subjuntivo por otras formas verbales. El análisis parte de los datos de tests que hicieron 103 estudiantes del primer curso de la carrera de letras (49 santanderinos y 54 bilbaínos), en los que se les pedía rellenar un espacio en blanco con la forma verbal adecuada. Los tests se componían de 38 frases, de las cuales 23 requerían una forma del imperfecto de subjuntivo y constituían el objeto de estudio. Estas 23 frases se dividían así: 4 oraciones independientes (ej. *Le pedí que me (AYUDAR)_____, pero se mostró impasible*); 4 subordinadas sustantivas (ej. *A su madre le disgustó mucho que (SUSPENDER)_____ el examen de inglés*); 4 subordinadas adjetivas (ej. *No faltaba gente que (DECIR)_____ que la culpa era mía*); y 12 subordinadas adverbiales (ej. *Antes de que (SALIR)_____ el sol, ya habíamos llegado a casa*), para una de las cuales se requerían dos verbos (*(HACER)_____ lo que (HACER)_____, no le íbamos a perdonar*). Suponiendo un total de 2,472 casos que requerían una forma del imperfecto de subjuntivo, los tests arrojaron la distribución de formas que se encuentra en la tabla 2.4.

Tabla 2.4 Distribución de formas verbales en un test de 23 frases que requieren el imperfecto de subjuntivo, completado por 103 estudiantes de Santander y Bilbao (Portillo Mayorga y Fernández Ulloa, 2003: 196)

Forma verbal	Frecuencia real	Frecuencia porcentual (%)
-ra	1367	55.3
-se	849	34.3
-ra y -se (alternancia)	23	0.9
-ría	42	1.7
Otras formas	191	7.7

Tabla 2.5 Frecuencia de formas verbales en un test de 23 frases que requieren el imperfecto de subjuntivo, completado por 103 estudiantes de Santander y Bilbao, según lugar (Portillo Mayorga y Fernández Ulloa, 2003: 200)

Forma verbal	Santander (N=49) (%)	Bilbao (N=54) (%)
-ra/-se	1,057 (89.9)	1,182 (91.2)
-ría	14 (1.2)	28 (2.2)
Otras formas	105 (8.9)	86 (6.6)

Como se puede observar, el uso de formas terminadas en -*ría* fue realmente poco: menos del 2% de los datos. Fue muchísimo más común el uso del imperfecto de subjuntivo en estos casos (89% de los datos), de acuerdo con las normas de la gramática preceptiva. Más interesante aún es la distribución de formas según lugar (Santander vs. Bilbao) y lengua (monolingüe vs. bilingüe). Aunque las frecuencias de uso no reflejaron grandes diferencias entre los grupos, como señalan las autoras, fueron los estudiantes monolingües de Santander los que se ciñeron menos a los usos normativos, lo cual se ve reflejado en las tablas 2.5 y 2.6.

En el mismo estudio, Portillo Mayorga y Fernández Ulloa (2003) analizaron 45 redacciones de la misma muestra (en Santander, 15 hablantes monolingües de castellano y, en Bilbao, 10 hablantes monolingües de castellano, 10 bilingües con el vasco como primera lengua y 10 bilingües con el vasco como segunda lengua). Para esta redacción, todos respondieron la siguiente pregunta: *Si te tocase la loto, ¿cómo cambiaría tu vida? ¿Qué harías con el dinero?* Se reveló en estas redacciones un uso mayor de formas denominadas "erróneas" en los estudiantes de Santander (7%, frente a 4% en Bilbao). En cuanto a la sustitución no normativa del imperfecto de subjuntivo por el condicional, los santanderinos superaron a los bilbaínos (203–204). A la luz de los resultados de las dos fases de su estudio, Portillo Mayorga y Fernández Ulloa concluyen que:

> [. . .] afirmar que se da influjo del euskera al castellano, transferencias de una lengua a otra, resulta un tanto arriesgado, no sólo porque la estructura más similar en euskera (y sólo en las condicionales) no lo es tanto . . . sino porque observamos la existencia de dicho fenómeno [sustitución del imperfecto de subjuntivo por el condicional] en Santander . . . y en otras zonas de España e Hispanoamérica. . . . La cautela nos lleva, en todo caso, a enmarcar este influjo dentro de una 'causación múltiple' [. . .], tomando entonces al euskera no como un factor causal único sino coadyuvante. (205)

Como afirman Portillo Mayorga y Fernández Ulloa, el uso de condicional por subjuntivo se constata en otras zonas del mundo hispanoparlante. Señala Hernández Alonso (1996: 204) en lo referente a este fenómeno: "[n]o creemos que su origen tenga nada que ver con el eusquera, pues en él no existe construcción semejante; y por si esto fuera poco, conviene recordar que el fenómeno se ha extendido a algunas

Tabla 2.6 Frecuencia de formas verbales en un test de 23 frases que requieren el imperfecto de subjuntivo, completado por 103 estudiantes de Santander y Bilbao, según lengua (Portillo Mayorga y Fernández Ulloa, 2003: 200)

Forma verbal	Monolingües de castellano (%)	Bilingües con castellano L1 (%)	Bilingües con vasco L1 (%)
-ra/-se	1,706 (90)	202 (93.5)	331 (91.9)
-ría	36 (1.9)	3 (1.4)	3 (0.8)
Otras formas	154 (8.1)	11 (5.1)	26 (7.2)

zonas de Hispanoamérica (Rosario, Argentina, Ecuador, Guatemala, etc.)". Tal afirmación va contra los planteamientos de Silva-Corvalán (1984), en parte, pues esta autora, además de atribuir dicho fenómeno en el habla de Covarrubias (provincia de Burgos) a motivos semánticos internos de la lengua española, busca una posible explicación de influencia estructural externa. Citando la cercanía de Covarrubias— zona monolingüe castellana—al País Vasco, Silva-Corvalán señala que existen en el vascuence estructuras condicionales de futuro que se valen de la repetición del afijo -ke en prótasis y en apódosis de la oración condicional. Según ella, esta repetición podría condicionar la repetición de la forma del condicional en la oración condicional en castellano, dado el paralelismo de estructuras. Pero de modo semejante a Hernández Alonso, Fernández Ulloa (2004) descarta tal posibilidad de transferencia estructural del vascuence, explicando que la repetición del afijo -ke citada por Silva-Corvalán se puede dar en el dialecto vizcaíno del vasco, pero en euskera batua—la variedad oficial—no es así, y en otros dialectos del vasco la estructura bajo análisis es variable: "El afijo –ke sólo suele aparecer en la apódosis, y muchas veces ni siquiera en esa posición" (7). Ridruejo (1975) observa lo mismo: "En la oración condicional [. . .] se utiliza en la prótasis una forma con el prefijo ba–y en la apódosis otra forma con el sufijo –ke" (127) y afirma que la repetición de una misma forma verbal "no es condición suficiente para explicar un cambio que supone la pérdida de una oposición en el paradigma del modo, tal como tiene lugar en Burgos o en La Rioja" (Ridruejo 1991: 1197, nota 2).

En resumidas cuentas, nos parece sensato rechazar cualquier hipótesis de influencia estructural del vascuence en el caso de la sustitución del imperfecto de subjuntivo por el condicional, reconociendo la presencia del mismo proceso en otras partes del mundo. Por ejemplo, en Perú, Caravedo (1996a: 116) observa que se da "con mucha frecuencia" el uso del condicional en vez del subjuntivo en la prótasis de oraciones condicionales, "incluso en el español costeño de hablantes con escolaridad superior", variedad monolingüe en dicho país, ofreciéndonos el siguiente ejemplo: *Hablaríamos mejor si iría a tu oficina.* En Argentina, Lavandera (1984) atribuye el mismo proceso en el español monolingüe de Buenos Aires (por ejemplo, *Saben que también si ellos estarían en peligro, también nosotros ayudaríamos*, p. 28) a dos principales razones: (1) la inherente inestabilidad del subjuntivo en las lenguas romances y su tendencia a ser reemplazado por formas del indicativo a lo largo de su evolución y (2) la capacidad de expresar mejor los matices de posibilidad en el plano del discurso hipotético empleando la variación entre el imperfecto de subjuntivo (algo contrario a la realidad), el condicional (algo posible en la realidad) y el presente de indicativo (hecho real) (28). A través de un análisis cuantitativo, Lavandera encontró que el uso del condicional en la prótasis de oraciones condicionales es una variable socialmente estratificada en Buenos Aires: se da mucho más en mujeres, personas jóvenes y personas de bajos niveles de educación formal (1984: 33). Lavandera también vio que el uso del presente de indicativo en el mismo contexto discursivo estaba socialmente estratificado. Observó una acusada tendencia a usar dicha forma en personas jóvenes, mujeres con educación universitaria y hombres en general, lo que la llevó a concluir que esta es una forma más terminante, apropiada por los grupos que más aspiran a superarse en la sociedad porteña (36).

Ahora bien, si Lavandera nos da razones para pensar que el proceso en cuestión es general en el español, dado que parte de una tendencia universal en las lenguas romances y va adquiriendo valor social en un contexto monolingüe tal como es el de Buenos Aires, nos queda pendiente el siguiente interrogante: ¿se ve favorecida la sustitución del subjuntivo por situaciones de contacto lingüístico? Aunque no lo sea hoy en día, el área de Buenos Aires constituye una zona de contacto en términos históricos debido a las grandes inmigraciones de todas partes de Europa durante los siglos XIX y XX, particularmente de Italia. La llegada en masa de italianos a Buenos Aires a principios del siglo XX dio lugar a una variedad de contacto denominado *cocoliche*, la cual describiremos en más detalle en el capítulo 5. Bien podría ser que esta condición de bilingüismo italiano-español produjera mayor inestabilidad en el sistema gramatical del español de la zona, particularmente entre ciertos grupos sociales, promoviendo así las variaciones que se encuentran en la actualidad. Lo mismo puede decirse del español peruano que es, en mayor o menor medida, producto de la convivencia de grupos hispano y quechuahablantes desde sus principios como colonia española (cf. Rivarola, 1989).

Tal vez más contundente aún es la evidencia sincrónica del español en los Estados Unidos. Aun en las variedades del español habladas por inmigrantes adultos monolingües en las cuales no se da el uso del condicional en prótasis, se comienzan a intercalar usos de esta forma en dicho entorno discursivo en sus hijos y nietos, bilingües de segunda y tercera generación. En el español hablado entre tres generaciones de cubanos en Miami, por ejemplo, Lynch (1999) documentó la ocurrencia del condicional en prótasis en la segunda y la tercera generación, cosa que no se constató en ningún hablante de la primera generación. Así y todo, habría que concluir que la evidencia que tenemos hasta el momento nos sugiere que la sustitución del imperfecto de subjuntivo por el condicional en la prótasis de oraciones condicionales es un proceso enmarcado dentro de la simplificación general del sistema modal en español, igual que en otras lenguas romances, que viene reforzado por la condición de bilingüismo, sea cual sea la lengua de contacto. Volveremos sobre este punto en el capítulo 7.

A efectos del presente capítulo, basta afirmar que dicho fenómeno en el País Vasco no parece ser producto—por muy parcial que sea—de la influencia de la gramática vasca, sino más bien de la evolución interna del español en la condición de extenso bilingüismo social. Llegamos a una conclusión semejante en cuanto al leísmo en el País Vasco, fenómeno que consideramos a continuación.

2.3.4. Leísmo

Respecto del leísmo en el español del País Vasco, se podría plantear, en principio, que la distinción entre entes humanos y no humanos, gramaticalmente funcional en la lengua vasca, llevara al intento de parte del hablante bilingüe de hacer la misma distinción en castellano. De ahí ejemplos del País Vasco como los siguientes:

> *A las chicas les vi.* (Urrutia Cárdenas, 1995: 246)
> *A la niña le vi en la piscina.* (Fernández Ulloa, 1996: 105)
> *Vino el padre Villasante . . . por poco le echan al agua.* (Fernández Ulloa, 1996: 105)

En los datos del estudio de Urrutia Cárdenas (1995) que ya mencionamos, de ocho hablantes bilbaínos, esta hipótesis parece concretarse, pues se observa una fuerte delimitación de usos según el rasgo semántico [+humano], lo cual se ve reflejado en la tabla 2.7. Para referentes humanos en el caso acusativo, se dan frecuencias de leísmo altas, que llegan al 100% para el masculino singular (*le* en lugar de *lo*), tanto en los hablantes de nivel sociocultural alto como los de nivel sociocultural bajo. Para referentes humanos femeninos en el caso acusativo, también se observan frecuencias de uso altas de alrededor del 70% para los dos grupos en el caso del singular (*le* en lugar de *la*). En el caso del femenino plural (*les* en vez de *las*), la frecuencia varía entre un 45% de leísmo para los hablantes del grupo alto y el 60% para los del grupo bajo. En los casos de un referente no humano, por otro lado, las frecuencias de uso de *le* disminuyen notablemente. Como se desprende de la tabla 2.7, el leísmo con referentes no humanos es casi inexistente en los hablantes de nivel sociocultural alto y, en los de nivel bajo, muy poco frecuente: alcanza el 20% solo en el caso del masculino singular.

El análisis de una prueba de evaluación subjetiva realizada en el mismo estudio (252), con 24 personas de nivel sociocultural alto y 24 de nivel sociocultural bajo de Bilbao, mostró que el leísmo para referentes humanos era ampliamente

Tabla 2.7 Porcentaje de usos leístas en ocho hablantes bilbaínos (adaptada de Urrutia Cárdenas, 1995: 251, figura 1)

Nivel social	Referente humano				Referente no humano			
	masc sg	*masc pl*	*fem sg*	*fem pl*	*masc sg*	*masc pl*	*fem sg*	*fem pl*
ALTO	100	72	67	45	2	0	0	0
BAJO	100	75	69	60	20	8	5	0

aceptado en los dos segmentos de la población (67% de aceptación en hablantes de nivel alto y 70% en hablantes de nivel bajo), mientras que el leísmo para referentes no humanos era desaprobado por la gran mayoría, más contundentemente por hablantes de nivel sociocultural alto (12% de aceptación en estos últimos y 27% en hablantes de nivel sociocultural bajo). Si bien el leísmo con referentes no humanos es un rasgo socialmente estigmatizado en el español del País Vasco, no por ello deja de usarse en la realidad. Fernández Ulloa (1996) observó el *leísmo total* en algunos hablantes (104), y Urrutia Cárdenas (1995) notó que los bilingües que no dominaban bien el castellano tendieron a distinguir solo el número y no el género en su uso de los pronombres átonos, lo que él caracteriza como "forma más avanzada de leísmo" (254). Algunos ejemplos de Urrutia Cárdenas (1995: 254) son:

> *Yo le veo.* (vs. *yo la veo*, refiriéndose a la casa)
> *Les hay en el Corte Inglés.* (vs. *los hay en el Corte Inglés*, refiriéndose a ganchos)

Estos últimos ejemplos de leísmo total entre algunos hablantes bilingües dominantes del vasco podrían ser, a nuestro parecer, parcial evidencia en contra de la hipótesis de que el leísmo refleja la influencia del sistema gramatical vasco, en el cual la distinción entre personas y cosas "es muy importante ya que en euskera la declinación lo diferencia" (Fernández Ulloa, 1996: 104). Nos inclinamos a pensar que, si constara tal hipótesis, el uso de *le* referente a entes no humanos o inanimados se evitaría por completo, y más aún en los bilingües cuya lengua dominante es el vasco, fenómeno contrario al que observa Urrutia Cárdenas (1995: 254).

Lo que parece distinguir el leísmo evidente en el País Vasco del leísmo que se da hoy día en otras zonas septentrionales y centrales de España es el uso de *le* para referirse no solo a referentes personales masculinos sino también femeninos, fenómeno que se puede observar en la tabla 2.8 al comparar los datos de Urrutia Cárdenas (1995) de Bilbao con los del estudio de Quilis et ál. (1985) de Madrid. En el caso de los objetos animados femeninos, las cifras de leísmo alcanzaron el 57% entre hablantes de la clase alta bilbaína, mientras que en el habla culta de Madrid las mismas fueron de solo 8%.

Fernández Ordóñez (1994, 2001) observa esta diferencia en sus extensos estudios sobre el leísmo a través de España y destaca los siguientes ejemplos (1994: 111), tan característicos del País Vasco, que pueden resultar un tanto sorprendentes para hablantes de otras variedades del castellano:

> *. . . para que a la hija no le violen*
> *¿La hija le va a dejar a la madre?*
> *Pocas [chicas] les veo yo [que coman cocido]*

Tuten (2003) atribuye este fenómeno al proceso de adquisición del castellano como segunda lengua, explicando que cuando los aprendices vascófonos comienzan

Tabla 2.8 Frecuencias porcentuales de leísmo en cuatro ciudades españolas (cifras adaptadas de Urrutia Cárdenas, 1995: 251; Quilis et ál., 1985: 46–64; y Klein, 1979: 51, 58)

OBJETO	BILBAO				MADRID		VALLADOLID		SORIA
	Nivel alto		Nivel bajo		Habla culta		Clase alta	Clase baja	Clase baja
	masc	fem	masc	fem	masc	fem			
animado	86	57	88	65	67	8	90	90	15
inanimado	2	0	14	2	8	12	18	55	8

a expresar el caso acusativo, primero extienden el uso de *le(s)* tanto a referentes femeninos como masculinos sin distinguir el género.

Tuten (2003) señala que: "Dado que este sistema claramente tiene sus orígenes en la situación de contacto entre el vasco y el romance, definitivamente tiene que haber existido durante la época medieval" (179).[8] De ahí que afirme, igual que Fernández Ordóñez (2001), que el primer "reanálisis" de *le* puede haber sido producto del contacto lingüístico entre cántabros y vascos: "Los hablantes cántabros tomaron prestado el uso extensivo de *le* que encontraron en el sistema vasco (i.e., el uso de *le(s)* para masculino y femenino, singular y plural, dativo y acusativo, referentes animados). Dicho préstamo se vio favorecido por un factor interno: la ambigüedad de las estructuras oracionales empleadas en los vascos aprendices del romance como segunda lengua" (Tuten, 2003: 191).[9] Se ofrece como ejemplo de este proceso el siguiente:

> —¿Devolviste el libro a Juan?
> —Ya le devolví. (Tuten, 2003: 191)

Tuten explica que la respuesta en este caso se habría interpretado de manera diferente en la población cántabra que en la vasca. Para el vascohablante, el referente de *le* sería *Juan* y se elidiría cualquier referencia al libro, de acuerdo con la estructura del vasco en la que no se expresa el pronombre de objeto en el caso acusativo (fenómeno que describimos a continuación en la sección 2.3.5.). Para el cántabro, hablante de romance, el referente de *le* sería el libro, puesto que el objeto directo se expresaba obligatoriamente en este tipo de estructura. El autor afirma que la ambigüedad en la superficie de oraciones como esta favoreció el reanálisis de *le* dentro del original sistema cántabro (Tuten, 2003: 191–192).

Ahora bien, hay que recalcar que el leísmo comienza como fenómeno inherente de las variedades romances, independientemente del vasco, y su evolución, según Tuten (2003: 193–203), tiene mucho más que ver con el proceso de koineización y con factores estructurales internos del romance (v.g., la distinción entre nombres contables y no contables en el castellano primitivo y la apócope de *le, lu* y *lo* en *l'*) que con el contacto con el vasco. Tuten argumenta que: "la temprana apócope de *lu* [referente masculino singular del caso acusativo derivado del latín *ILLUM*] y *le/li* en la Castilla primitiva fue de hecho el fenómeno clave en el desarrollo del temprano leísmo. Tal apócope habría resultado en la realización de *lu* y *lo* como *l'* [. . .] Conforme los primitivos castellanos avanzaban hacia el sur, entrando en el valle del Duero, habrían llevado con ellos este sistema, uno muy susceptible al reanálisis una vez allí" (2003: 195).[10] Aunque se podría postular que el bilingüismo vasco hubiera servido para acrecentar la frecuencia de *le* en ciertos contextos y que su producción hubiera influido en el eventual resultado del cambio (a favor de *le*), no es posible atribuir dicho cambio a influencias morfosintácticas del vasco. Tuten concluye lo siguiente:

> . . . hay muy poca evidencia (y poca probabilidad en un contexto de koineización) de que el vasco o el vascorromance haya tenido un efecto primario y directo sobre el habla de los cántabros. De hecho, este argumento presenta las mismas debilidades que todos aquellos argumentos que citan el contacto con el vasco como la simple causa de cambios en el castellano (o el cántabro): ¿por qué una mayoría de hablantes nativos del romance reproduciría un rasgo altamente marcado del habla de una minoría de hablantes vascos?; ¿por qué no encontramos semejantes tipos de influencia en otras zonas de habla romance que lindan con el País Vasco (e.g., el sur de Navarra y La Rioja)? No obstante, tampoco quisiera proponer que el impacto del uso de los vascófonos haya sido nulo. Al grado que existió, su efecto habría sido secundario, pues el leísmo radical produciría aún más variación en el previo sistema lingüístico del koiné, debilitando así las normas tradicionales.[11] (2003: 193)

Hoy día, de hecho, encontramos tasas de leísmo más altas en algunas variedades de zonas monolingües de España que las que se dan en variedades de castellano habladas en el País Vasco. Por ejemplo, el estudio cuantitativo del castellano de Valladolid realizado por Klein (1979) reveló que el leísmo con seres vivos era de alrededor del 90% en las tres clases socioeconómicas estudiadas (alta, media y baja), mientras que el leísmo con referentes inanimados subía del 18% en la clase alta a casi el 50% en la clase media y al 57% en la clase baja (51). Como se observa en la tabla 2.8 más arriba, al calcular la media de uso para referentes singulares y plurales del estudio cuantitativo de Urrutia Cárdenas (1995), realizado en Bilbao, y compararla con los datos del estudio de Klein (1979), encontramos una frecuencia de leísmo muy inferior a la de Valladolid, tanto para objetos animados como inanimados. Respecto de estos últimos, la frecuencia de leísmo en hablantes bilbaínos de nivel alto (2% para referentes masculinos y 0% para femeninos) es incluso muy inferior a las cifras del habla culta de Madrid (8% para referentes masculinos y 12% para femeninos), variedad que sirve de modelo de prestigio y que queda lejos de cualquier influencia vasca. Aun en Soria, región que Klein (1979) considera como más conservadora respecto a los usos etimológicos de *le/s, lo/s* y *la/s*, se detecta en la clase social baja una frecuencia de leísmo con referentes inanimados a la par de la de hablantes de nivel sociocultural bajo en Bilbao (media del 8% en los dos estudios).

Como punto final, no obstante, muy importante, destacamos otra indagación realizada por Urrutia Cárdenas y Fernández Ulloa (1997), la cual nos lleva a sugerir que el leísmo en el País Vasco tal vez no es tan extenso como algunos tienden a pensar. Los resultados del estudio, basado en los datos de grabaciones realizadas con 20 hablantes de Bermeo—un pueblo vizcaíno de unos 17,000 habitantes, "fundamentalmente vascohablante" según los autores (311)—, arrojaron un total de 265 pronombres expresados en función de objeto directo. De estos 256 pronombres, se dieron 50 ocurrencias de *le*, lo que reflejó una frecuencia porcentual de tan solo el 19% de leísmo entre los hablantes bermeanos (329). De estos resultados se desprende que hay un índice de leísmo en Bermeo aparentemente mucho más bajo que en Bilbao, si nos aferramos a los datos expuestos más arriba en la tabla 2.7, del estudio de Urrutia Cárdenas (1995). Según nuestra perspectiva, este hecho pone en tela de juicio la hipótesis de que el bilingüismo en el País Vasco repercuta de modo significativo en las tasas de leísmo en el castellano hablado en esa región hoy día, pues creemos que si fuera así se esperaría encontrar en un pueblo "fundamentalmente vascohablante" frecuencias más elevadas del fenómeno que en Bilbao, ciudad donde predomina el castellano.

Es este último hecho el que nos lleva a plantear una hipótesis alterna respecto al leísmo en el País Vasco, la cual creemos que es menester explorar en futuros estudios, a saber: como rasgo sociolingüístico general de las variedades de castellano del centro y norte de España (cf. Klein, 1979; Klein-Andreu, 2000; Fernández Ordóñez, 1994, 2001), el leísmo puede estar más difundido en áreas del País Vasco donde es más extenso el uso del castellano. En lugar de verse necesariamente reforzado por el contacto con el vascuence, el índice de leísmo podría depender tal vez del grado de conocimiento y uso del castellano. Cabe notar que los ocho hablantes incluidos en el estudio de Urrutia Cárdenas en Bilbao tenían el castellano como lengua materna (1995: 250). En nuestro argumento incidirían otros tres hechos: primero, el leísmo con referentes humanos es ampliamente aceptado entre castellanohablantes de Bilbao (Urrutia Cárdenas, 1995); segundo, su uso en el caso de referentes masculinos es mayoritario en partes de la meseta septentrional, como es el caso en Valladolid, capital de Castilla y León; y por último, se considera que, históricamente, el leísmo como norma se difundió de la primitiva Castilla hacia el norte, proceso que parece seguir en pie en nuestros días en la zona occidental de Cantabria (Tuten, 2003: 198).

A la vez que planteamos la posibilidad de que el leísmo en el País Vasco constituya un rasgo sociolingüístico propio del español peninsular y que no dependa directamente de la condición de bilingüismo, reconocemos que la situación del español en Hispanoamérica puede ser un tanto distinta. En las diversas variedades hispanoamericanas en las que el leísmo se da, principalmente las sudamericanas—en la sierra ecuatoriana (Yépez, 1986), en Perú (Klee y Caravedo, 2005), en Paraguay (Granda, 1988c) y en el norte de Argentina (Fontanella de Weinberg, 1992)—el español está en contacto con lenguas indígenas. A estos efectos, volveremos sobre el tema en el capítulo 4. En lo que sigue del presente capítulo, consideramos otro fenómeno relativo al uso de los pronombres átonos, el cual sí parece estar más concretamente vinculado a la influencia estructural del vasco.

2.3.5. Omisión del pronombre clítico

La omisión del clítico acusativo de tercera persona (*lo, los, la, las, le, les*)— el llamado objeto nulo—es fenómeno ampliamente comentado en el español del País Vasco (Korkostegi, 1992; Landa, 1993a, 1993b; Landa y Franco, 1996; Urrutia Cárdenas, 1995; Urrutia Cárdenas y Fernández Ulloa, 1997; Zárate, 1976), al igual que en las variedades de la zona andina: Ecuador (Suñer y Yépez, 1988), Perú (Caravedo, 1996a; A. M. Escobar, 1990, 2000; Klee, 1989; Sánchez, 2003), Bolivia (Stratford, 1989), Paraguay y el norte de Argentina (Choi, 1998, 2000; Granda 1996; Lipski, 1996a; Palacios Alcaine, 1998; Symeonidis, 2005a). Dentro de las variedades peninsulares, dicho fenómeno caracteriza exclusivamente al castellano del País Vasco (Landa y Franco, 1996: 160). Algunos ejemplos son:

> *Yo ya Ø he leído.* (*Yo ya lo he leído.*) (Urrutia Cárdenas, 1995: 247)
> *¿Compraste el regalo? –Sí, Ø compré.* (Landa y Franco, 1996: 160)
> *Las revistas y así pues Ø tienes que leer en castellano.* (Fernández Ulloa, 1996: 107)
> *Ese coche fue dejado aquí para que Ø laves.* (Landa, 1993b: 138)

En principio, Zárate (1976) plantea que la elipsis pronominal en el español del País Vasco está relacionada con la estructura del vascuence, lengua aglutinante. Explica que: "Las formas átonas de los pronombres se omiten con mucha frecuencia. Ello se debe a que en vascuence [. . .] los morfemas de objeto directo, indirecto, etc., se aglutinan con los morfemas y raíces verbales" (58). Urrutia Cárdenas (1995) propone lo mismo: "El carácter aglutinante del verbo vasco puede haber influido en el español de esta zona, donde las formas pronominales átonas del acusativo [. . .], clasificadas como [-humano, +tercera persona], a menudo no se expresan" (247).

El principal enfoque del estudio de Urrutia Cárdenas y Fernández Ulloa (1997), el cual se citó en la sección anterior, era la supresión del clítico acusativo de tercera persona (*lo, los, la, las, le, les*) en el castellano de 20 hablantes bilingües de Bermeo, pueblo vizcaíno del País Vasco. Su análisis abarcaba un riguroso examen estadístico de una serie de variables lingüísticas y sociales que pudieran condicionar dicho proceso, entre ellas el sexo, la edad, el nivel sociocultural y la lengua (vasco como L1 vs. vasco como L2 vs. hablantes monolingües de castellano). Basándose en coeficientes de asociación, i.e. pruebas de correlación, entre dichas variables y la presencia o ausencia del pronombre clítico acusativo en 471 casos (206 nulos frente a 265 expresados), los investigadores encontraron varias pautas significativas y, en nuestra opinión, interesantes. Entre todas las variables analizadas, las que más significativamente condicionaron la omisión del pronombre acusativo fueron, según orden descendente de relevancia:

- El dominio lingüístico del hablante. La supresión del clítico se veía favorecida por la condición de tener el vasco como primera lengua (326). En estos hablantes, denominados *euskaldunzarras*, se dio una frecuencia de ausencia del pronombre del 60% (112/186). Pero en los otros dos grupos, se reveló una pauta un tanto contradictoria respecto de la hipótesis de la influencia del bilingüismo, a saber: la frecuencia de supresión del clítico fue más alta en los hablantes monolingües de castellano (40%) que en los hablantes que tenían el vasco como segunda lengua (23%). De hecho, la asociación entre ser *euskaldunberri* (hablante del vasco como segunda lengua) y expresar el pronombre—en vez de omitirlo—fue estadísticamente significativa. Este último resultado podría poner en tela de juicio la hipótesis de que el ser vascófono ejerce una influencia sobre la supresión del clítico en español. No obstante, los autores sugieren que dicho resultado podría deberse a que los *euskaldunberris* entrevistados eran, en su mayor parte, de nivel sociocultural alto (327), lo cual nos lleva a la siguiente variable que se mostró fructífera en el análisis: el nivel sociocultural del hablante.

- El nivel sociocultural del hablante. En personas consideradas como de nivel sociocultural bajo, la frecuencia de omisión del clítico fue del 59% (77/131 ocurrencias), frente a una tasa del 27% (49/182) de omisión para los hablantes de nivel sociocultural alto (326). Para el grupo medio, se dio la supresión del pronombre en el 51% (80/158) de los casos. La diferencia de frecuencia de uso en los grupos alto y bajo dio resultados estadísticamente significativos.

- El rasgo semántico [-animado]. La probabilidad de que se suprimiera el pronombre era mucho más alta en los casos de un referente inanimado. Se dio una frecuencia de supresión del 48% (199/414 ocurrencias) para los objetos inanimados y de solo el 12% (7/57) para los objetos animados (316). En el caso de los objetos animados, incluso existe la tendencia de duplicar el clítico, dando ejemplos como *Le veo a Juan en el parque* (Urrutia Cárdenas, 1995: 248). Tal duplicación se observó en el 28% de los casos de referente animado analizados por Urrutia Cárdenas y Fernández Ulloa (1997: 328). Cabe notar además que en los datos no se encontró ninguna asociación significativa entre la duplicación del clítico y el leísmo, tal como había planteado Landa (1993a). Luego los autores ponen a prueba la escala semántica propuesta por Landa (1993a, 1993b), la cual sugiere que en el español del País Vasco la caída de clítico se verá más favorecida por referentes inanimados, moderadamente favorecida por referentes animados con verbos que no implican cambio (v.g., *ver, decir, conocer, hablar*) y menos propiciada por referentes animados con verbos que implican cambio (v.g., *obligar, convencer, motivar*). Para resumir, de acuerdo con Landa (1993a, 1993b), la ausencia del clítico se dará variablemente según:

[-animado] > [+animado, -cambio] > [+animado, +cambio]

Urrutia Cárdenas y Fernández Ulloa (1997) descubrieron una asociación significativa (0.24) entre la ausencia del clítico y los rasgos semánticos propuestos por Landa, y así concluyeron que "parece productiva" su escala

(317). De hecho, no encontraron ninguna ocurrencia de clítico nulo con un referente [+animado, +cambio] en su corpus. Algunos ejemplos de sus datos son (317):

> [-animado]: *algunas palabras sí utilizo*
> [+animado, -cambio]: *el que quería igual tenía que sacar fuera* (i.e.
> *sacar a los hijos fuera del pueblo para que estudiaran*)
> [+animado, +cambio]: ningún caso de ausencia: *sólo los críos*
> *porque, como quien dice, les obligan a estarse a ellos*

- La estructura de la frase. Se reveló una tasa significativa de supresión del clítico en estructuras transitivas, en las cuales el objeto directo iba solo, como en el ya citado ejemplo *algunas palabras sí utilizo* (324).
- La naturaleza del verbo. Con verbos que usualmente rigen objetos no humanos se dio una tasa significativa de caída del pronombre, mientras que se produjo más presencia del clítico con verbos que pueden regir objetos tanto humanos como no humanos (319).

Urrutia Cárdenas y Fernández Ulloa (1997) concluyen su estudio con la propuesta de que la elisión del pronombre clítico puede atribuirse al dominio lingüístico del hablante (ser bilingüe del vasco o no), unido a su nivel sociocultural (alto vs. bajo) y a la influencia del sistema gramatical del vasco (332). Los autores afirman que:

> Si bien es verdad que en otras zonas que no se hallan en contacto con el vasco también se produce la caída del clítico, lo cierto es que en esta zona hay menos restricciones (Landa 1993). Este hecho podría estar motivado por la influencia del euskera, ya que, en esta lengua, no funciona ninguna restricción sobre el tipo de OD [objeto directo] que puede ser elidido. En el caso de algunas zonas de Hispanoamérica, habría que buscar también rasgos de la lengua indígena en contacto con el español (quechua, guaraní, etc.) que quizá podrían explicar, como en el caso vasco, tal supresión [. . .] (1997: 332)

Volveremos sobre este último punto de Urrutia Cárdenas y Fernández Ulloa en el capítulo 4, al considerar el mismo fenómeno en los dialectos del español andino.

En lo que atañe a la cuestión vasca, encontramos bastante convincentes las conclusiones de Landa y Franco (1996) sobre la supresión del clítico acusativo. Ellos argumentan que esta tendencia se da en el español del País Vasco no debido a la transferencia directa (de tipo "negativo") del vascuence, sino a la presencia de estructuras paralelas con distintas restricciones de uso en el vasco y el español. Landa y Franco explican que la supresión del objeto directo sí se da en el español estándar, pero en usos semánticamente mucho más restringidos que los que se pueden dar en hablantes del País Vasco. En el español estándar, panhispánico, una pregunta como *¿Compraste regalos?* puede provocar la respuesta *Sí, compré*, en la cual no se espera que se exprese el objeto *regalos*. Por otro lado, la misma respuesta resultaría sumamente rara si la pregunta fuera *¿Compraste los regalos?* En este último caso, la expresión del pronombre acusativo *los* (*Sí, los compré*) es obligatoria en el español normativo, a diferencia del español del País Vasco, donde la respuesta *Sí, compré* podría ser adecuada tanto para la primera pregunta como para la segunda (1996: 160). Landa y Franco se valen de una explicación de paralelismo estructural entre lo que ellos denominan *bloques verbales* (*verbal chunks*), los cuales en lengua vasca no incorporan obligatoriamente el objeto acusativo en la desinencia morfológica en algunos usos (163–164). Según estos autores, las restricciones sobre la supresión del objeto no son siempre iguales entre el vascuence y el castellano del País Vasco y, más importante aún, lo elidido no es siempre igual en términos gramaticales: en el caso de la estructura vasca, el elemento elidido es un objeto de argumento pronominal mientras que, en la estructura del español del País Vasco, el elemento suprimido es un objeto clítico (1996: 165). Así y todo, es difícil proponer que se dé transferencia directa entre las dos variedades lingüísticas en cuestión. Más bien lo que se da, según Landa y Franco, es la identificación de parte del hablante de las estructuras aglutinantes [verbo + todo morfema verbal] del vasco con las estructuras [verbo + morfemas de tiempo/aspecto/modo y sujeto] del español, proceso que deja fuera el clítico de objeto directo en la variante española al establecer un paralelo entre las dos lenguas. Al establecer mentalmente dicho paralelo, el hablante percibe como redundante el objeto directo en español (1996: 166) y lo deja sin expresar. De esta manera, podemos decir que es la presencia de estructuras paralelas—y no la transferencia estructural directa—entre el vasco y el español lo que lleva al uso de estructuras como las que se ven ejemplificadas al principio de esta sección en el País Vasco.

2.3.6.   Otras particularidades

Otras particularidades del español del País Vasco que, a nuestro parecer, podrían reflejar la posible influencia estructural del vascuence, las cuales deben ser el objeto de futuros estudios, son las siguientes:

- Uso de la sibilante [s] en vez de la fricativa interdental sorda [θ], debido a la ausencia de la interdental en vasco. Este proceso es característico de vascófonos mayores de edad. Ejemplos: [disen], [sapateros]. (Fernández Ulloa, 1996: 100)
- Uso del pronombre demostrativo en vez del personal en función de sujeto, sin significado despectivo, siguiendo la estructura vasca. Ejemplos: *Ese también va a la mar; Se le perdieron las lentillas a esta.* (Fernández Ulloa, 1996: 104)
- Uso de los verbos *echar* y *hacer* en lugar de *pasar* en expresiones de duración de tiempo, "seguramente por copia del euskera 'eman' (*dar*) y 'egin' (*hacer*)". Ejemplos: *Tres días igual te hacen en casa, cuando vienen las fiestas también hacen más; Ahora en septiembre . . . haré dos años estudiando.* (Fernández Ulloa, 1996: 112)

- Refuerzo de los adverbios y pronombres negativos con *no*, i.e., doble negación, debido a que en vascuence "la negación suele ir reforzada por un indefinido que toma entonces valor negativo". Ejemplos: *Ninguno no pago; Ahí tampoco no voy* (Fernández Ulloa, 1996: 113). No obstante, este fenómeno ha sido constatado en otras variedades del español. Granda (1991b) atribuye su uso en el español de Paraguay a la causación múltiple, explicando que tales construcciones eran típicas del español medieval y que su uso persistió hasta principios del siglo XVII. Pese a la eventual eliminación de construcciones con *no* expresado tras formas léxicas portadoras de contenido negativo (del tipo *nadie no me dijo que habías llegado*) en la evolución del español moderno general, mantuvieron vigencia tales construcciones de doble negación en el español en zonas de contacto con el guaraní, debido a su paralelismo con estructuras negativas en esa lengua (50–53). Así concluye Granda:

  > [L]a lengua guaraní . . . mediante su contacto profundo, intenso y prolongado con el castellano, no sólo reforzó la tendencia simpli-ficadora que [. . .] actuaba en dicho código sino que, al presentarle un determinado modelo de sintagma verbal negativo (coincidente, además con uno de los dos que competían aún para esta función en el castellano) determinó la definitiva adopción de su calco estructural entre los hispanohablantes paraguayos . . . (1991b: 53)

  Nos inclinamos a pensar que lo mismo puede haber ocurrido en el País Vasco, dadas las similitudes estructurales entre la negación en vasco y la negación en el español medieval. En tal caso, estaríamos otra vez ante un fenómeno atribuido, en términos diacrónicos, a la causación múltiple.
- Préstamos léxicos. A través de los datos de un cuestionario recogidos en la ciudad de Bilbao, Etxebarria (1985) descubrió una relación entre ser vascohablante y emplear en el castellano vocablos derivados del vascuence: los vascohablantes en su estudio utilizaban vocablos de origen vasco con una frecuencia mucho más elevada que los hablantes monolingües del castellano.

2.4. Contacto lingüístico con el catalán y el valenciano

Galindo Solé (2003) mantiene que la influencia interlingüística de catalán y castellano en Cataluña no ha sido simétrica a lo largo de los últimos siglos, a pesar del continuo y constante contacto entre las dos lenguas. El impacto estructural que ha tenido el castellano en el catalán ha sido mucho más profundo e intenso que la influen-cia que este último ha ejercido sobre el primero (18). A continuación, comentamos algunos de los rasgos del castellano hablado en Cataluña y la Comunidad Valenciana que más comúnmente se asocian con la posible influencia del catalán.

2.4.1. Usos deícticos

Las variaciones deícticas están entre las particularidades más destacadas del castellano de Cataluña. Hay varios deícticos que no tienen correspondencia semántico-pragmática entre el catalán y el castellano: (1) los verbos *ir* y *venir*; (2) los verbos *llevar* y *traer*; (3) los demostrativos *este*, *ese* y *aquel*; y (4) los locativos *aquí* y *allí*. Respecto a los demostrativos y locativos, el sistema tripartito del castellano se traduce en una distinción dicotómica en catalán. En la tabla 2.9 (adaptada de Vann, 1995) se ven reflejadas estas diferencias deícticas entre las dos lenguas.

El siguiente ejemplo (Vann, 1995: 259) demuestra que el verbo *venir* asume la función de *ir* en el castellano de la zona catalana al expresar movimiento hacia el interlocutor (cuando alguien toca el timbre):

> *Castellano estándar*: Ya voy (*ir*).
> *Catalán*: Ja vinc (*venir*).
> *Castellano de la zona catalana*: Ya vengo (*venir*).

Otro ejemplo de este uso diferencial de *venir* lo tomamos del estudio de Galindo Solé (2003: 23) llevado a cabo con niños de edad escolar en Cataluña:

> AKS: *¿qué estás haciendo?*
> ANA: *aquí- jugando- en el parque*
> AKS: *ahora vengo*[12]

Debido al hecho de que *portar* en catalán corresponde tanto a las funciones semántico-pragmáticas de *traer* como las de *llevar* en castellano, *traer* tiende a sobregeneralizarse en el castellano de las regiones catalanoparlantes. En el siguiente

Tabla 2.9 Formas deícticas en catalán y castellano (adaptada de Vann, 1995: 258) H=hablante, I=interlocutor

Catalán	Castellano
venir: movimiento hacia H o I	*venir*: solo movimiento hacia H
anar: movimiento no hacia H o I	*ir*: movimiento no hacia H
portar: movimiento de objeto	*traer*: solo movimiento de objeto hacia H
	llevar: movimiento de objeto no hacia H
aquest: objeto cerca de H o I	*este*: objeto cerca de H
	ese: objeto no muy lejos de H
aquell: objeto lejos de H o I	*aquel*: objeto bastante lejos de H
aquí: punto cerca de H o I	*aquí*: punto cerca de H
	ahí: punto no muy lejos de H
allà: punto lejos de H o I	*allí*: punto bastante lejos de H

ejemplo (Vann, 1995: 260), el interlocutor le ha pedido unos libros prestados al hablante, quien responde:

> *Castellano estándar*: Ya te los llevo a tu casa (*llevar*).
> *Catalán*: Ja te'ls porto a casa teva (*portar*).
> *Castellano de la zona catalana*: Ya te los traigo a tu casa (*traer*).

Los demostrativos *este/esto* y *ese/eso* en el castellano de Cataluña se funden en una sola categoría, la cual se expresa mediante *este/esto*, forma estructuralmente más parecida a *aquest* del catalán. Observa Badia (1962: 217) que ". . . confirma plenamente la inexistencia del demostrativo *aqueix* en el hablante catalán moderno, el mal uso que hacen los catalanes, cuando hablan castellano, del demostrativo castellano, especialmente por la sustitución sistemática de 'ese' por 'este' [. . .] En catalán hablado, *aquesta corbata* tanto es 'esta corbata, la que llevo yo' como 'esta corbata, la que llevas tú'". Otros ejemplos de dicho fenómeno los extraemos del estudio de Galindo Solé (2003: 22):

1. El hablante (JOS) usa la forma *esto* en su respuesta a una afirmación hecha por el interlocutor (CAR):
   CAR: *nunca la lleva, ¿eh?*
   JOS: *bueno, pero esto es normal* [en vez de *'eso es normal'*]
2. La hablante (MAR) usa la forma *este* para referirse a una persona que no está presente:
   ANN: *¿qué te pasa?*
   MAR: *el niño este- que es tonto*
   ANN: *¿quién? ¿el Roger?*

En el sistema catalán, el locativo *aquí* incluye el espacio referente tanto a la primera persona como a la segunda, mientras que en el sistema castellano, *aquí* abarca exclusivamente el espacio de la primera persona. En el castellano de la zona catalana, la forma *aquí* se puede referir tanto a la primera persona como a la segunda, igual que en catalán. A modo de ejemplo, ofrecemos a continuación el fragmento de una conversación telefónica en castellano que tuvo quien escribe (AL) con una amiga catalanoparlante (EG), estando cada uno en su casa respectiva:

> AL: *No pienso ir a la universidad hoy porque con el lío que tengo aquí en*
>   *casa voy a estar todo el día.*
> EG: *No no no, nos vemos mañana. Hoy tienes que quedarte aquí a*
>   *trabajar, desde luego.*

Vann (1995) sugiere que tales usos diferenciales de los deícticos son emblemáticos de una identidad catalana, fenómeno que él denomina *construcción del catalanismo*. Basándose en observaciones de los miembros de dos redes sociales en Barcelona—uno principalmente castellanohablante y otro principalmente catalanoparlante—, Vann analizó la correlación entre los usos deícticos y las preferencias y creencias lingüísticas de los hablantes que conformaban cada red. Concluye que el concepto de una identidad y una ideología catalanas, frente a castellanas, no parecía estar basado en la preferencia lingüística del hablante ya que en ambas redes sociales el hablar catalán no servía como factor distintivo del catalanismo (264). También nota que cada grupo parecía tener ideas un tanto distintas en cuanto a lo que significaba ser catalán: el consenso de los miembros de la red social castellanoparlante era que, para considerarse uno como catalán, lo más fundamental era haber nacido en Cataluña, mientras que entre los miembros del grupo catalanoparlante el principal criterio era el "sentirse catalán" (265). Vann afirma que el uso de las variantes deícticas catalanizadas, como las que hemos visto arriba, no se hacía "a propósito", aunque podía ser una táctica que servía para que uno identificara a otro como catalanoparlante (1995: 267). Esta tendencia se hace evidente en la siguiente observación de uno de los miembros del grupo castellanoparlante que participó en el estudio de Vann (1995: 268):

> X: ¿Sabes qué pasa? que- es difícil porque a veces según con la persona
> que estés hablando, hablas de una manera o de otra. Si- si un amigo
> te dice: "¿Me traes los apuntes?," "Sí, ahora te los traigo." Pero, si te
> dice: "¿Me vienes a buscar?," "Sí, ahora voy." Mhm no sé. ¿Sabes? . . .
> Si estás hablando con un interlocutor que utiliza ese- ese código . . .
> posiblemente, pues, muchas veces lo- lo sigues tú también.

Otro miembro (X) de la red social catalanoparlante del estudio de Vann notó que el uso de las variantes deícticas catalanizadas sirve a veces para marcar la identidad de uno, valorándose negativamente si se da en el habla de alguien que no es catalán:

> X: Lo primero que me sugiere es que está hablando en castellano
> forzadamente; es decir que es catalana. Y després [*sic*] si yo ya lo noto
> en el acento . . . que no es catalana, me sugiere que, queda un poco así,
> pero . . . me sugiere que no tiene un nivel eh- un nivel intelectual muy
> alto, o sea que no ha estudiado suficientemente. (Vann, 1995: 268–269)

Vann concluye que algunos catalanes pueden usar ciertas expresiones lingüísticas en castellano (v.g., los deícticos y la transferencia de las normas pragmáticas del catalán) para reflejar una identidad e ideología etnolingüísticas particulares de Cataluña (271). Sin embargo, un análisis estadístico de los mismos datos realizado posteriormente por Vann (1998) reveló que ni el grado de integración en una red social predominantemente catalana ni la expresión de una ideología pro catalana tuvieron un efecto significativo en los usos deícticos. Por otro lado, el grado de exposición al catalán sí arrojó resultados significativos: cuanto más catalán usaban los participantes en los ámbitos social, familiar y educativo, más se daba la tendencia a seguir las normas pragmáticas del catalán al expresar los deícticos en castellano (275). Aunque en este caso habría que descartar la hipótesis de base ideológica que plantea

Vann (1995, 1998), es menester que se sigan explorando los posibles vínculos entre los elementos lingüísticos que caracterizan el habla bilingüe y los factores políticos y culturales que puedan condicionar su uso en el contexto catalán.

Blas Arroyo (2000) nota que el uso particular del demostrativo *este* en lugar de *ese* que caracteriza el castellano de Cataluña no se da en la región de Valencia, debido al hecho de que se mantiene el paradigma tripartito en valenciano. Mientras en las variedades septentrionales del catalán los demostrativos se reducen a un paradigma dicotómico—eliminando así las formas *aqueix/aqueixa* correspondientes a *ese/esa* en castellano, tal como se ve en la tabla 2.9 más arriba—, en las variedades meridionales se dan las formas *este/esta* y *eixe/eixa*, las cuales parecen reflejar la influencia de los equivalentes castellanos *ese/esa* en la evolución del catalán de esa región. Afirma Blas Arroyo que en el habla de Valencia "[. . .] comprobamos que las diferencias con el español se reducen formal y funcionalmente. En efecto, al esquema triádico . . . se añade la presencia de formas idénticas en las dos variedades de contacto (*este, estos, esta, aquella*), frente a los lexemas de otros dialectos del catalán (*aquest, aquesta . . .*)" (84).

2.4.2. *Bajo* adverbial

En Valencia, Blas Arroyo (1999) hace un análisis variacionista del uso de la forma *bajo* con valor adverbial, la cual viene a desplazar las formas *abajo* y *debajo* del español normativo. El autor toma dicho fenómeno como ejemplo de la simplificación gramatical, pues, según él, los usos normativos de los adverbios *abajo* y *debajo* se funden con la preposición *bajo* siguiendo el modelo de *baix,* forma que en catalán ha venido a desplazar el adverbio *avall* del catalán estándar, "probablemente a causa de la presión del castellano, cuya forma *abajo* es muy semejante formalmente" (Blas Arroyo, 1999: 22–23). Dicha simplificación nos parece un ejemplo perfecto de la convergencia lingüística debido a la bidireccionalidad del proceso. En la reducción del inventario de formas correspondientes en las dos lenguas (*baix, avall* y *sota* del catalán y *debajo, abajo* y *bajo* del castellano), se expanden en cada lengua los usos de las formas más parecidas (*baix* y *bajo*) a expensas de las otras formas estructuralmente menos parejas. En el castellano de la región, este proceso da lugar a ejemplos como los siguientes: (1) *Los policías están ahí bajo* y (2) *Está bajo de este piso* (18). Blas Arroyo recogió datos del uso de *bajo* en tres almacenes de El Corte Inglés en Valencia: uno en el centro de la ciudad, adonde iban a comprar habitantes urbanos, la mayoría nacidos en la ciudad; otro, denominado Campanar, en un barrio limítrofe de la ciudad donde convivían valencianohablantes e inmigrantes oriundos de otras zonas de España no catalanoparlantes; y otro, llamado Saler, en otro extremo de la ciudad, frecuentado por personas de los pueblos del extrarradio de habla valenciana. Siguiendo la metodología de los estudios pioneros de Labov (1972) sobre la estratificación de /r/ en los grandes almacenes de Nueva York, Blas Arroyo quiso observar la frecuencia de la forma *bajo* en las respuestas a una pregunta referente a algún departamento que estuviera situado en una planta inferior.

El observador se le acercaba a una persona al azar y le preguntaba por determinado departamento, tal como en el ejemplo *Por favor, ¿la sección de ferretería?* (31). A esta interrogante seguían varios posibles contextos lingüísticos para la expresión de *bajo*, todos considerados por el autor: (a) adyacente de un adverbio (*ahí* o *aquí* . . .); (b) núcleo (respuesta directa, *bajo/abajo/debajo*); (c) complemento preposicional (*la planta de* o *la de* . . .); (d) complemento circunstancial con el verbo *estar*; (e) complemento circunstancial con el verbo *bajar*; y (f) núcleo + sintagma preposicional (*bajo* o *debajo de ésta*). Se obtuvieron respuestas de 219 personas, teniendo en cuenta su sexo y su edad.

Sometidos los datos al programa GoldVarb 2.0, Blas Arroyo (1999) observó diferencias significativas respecto al lugar (Centro, Campanar, Saler) y al contexto lingüístico. Resultó ser mucho menos probable el uso de *bajo* en Campanar (peso de .386), sitio donde se encontraban más hablantes procedentes de barrios con altos índices de inmigración de otras zonas de España, no catalanoparlantes. En los almacenes de Saler y el Centro, donde era más concentrado el elemento valencianohablante, se dio mayor posibilidad de que ocurriera la forma *bajo* (peso de .562 en los dos sitios). En cuanto al contexto lingüístico, fue mucho más común esta forma en núcleo + sintagma preposicional (.883), complemento circunstancial con *bajar* (.728), como adyacente de adverbio (.644) y como respuesta directa (.623). Por otro lado, fue relativamente poco frecuente la ocurrencia de *bajo* en complemento preposicional (v.g., *la planta de bajo*).

También se dieron resultados notables respecto a la edad de los hablantes, aunque esta variable no fue significativa. Blas Arroyo señaló que las frecuencias más bajas de uso de la variante no normativa *bajo* se dieron en hablantes jóvenes (de 15 a 30 años de edad) en los tres ámbitos estudiados (un 42% en términos globales, frente al 62% entre adultos y el 53% entre ancianos). Aun más interesante es el hecho de que la menor frecuencia de uso de *bajo* ocurrió en los jóvenes del Centro (38%) y la mayor frecuencia se dio en los ancianos (hablantes mayores de 55 años de edad) en Saler, sitio de raigambre valenciana más fuerte. Así y todo, habría que concluir que el contacto lingüístico desempeña un papel decisivo en el uso de *bajo* adverbial y que la educación formal, de niveles más elevados en la población joven, parece contrarrestar hasta cierto punto este uso. Blas Arroyo afirma que se está ante un caso de interferencia lingüística "porque en la propia generación del proceso interferencial se ha producido una especie de camino de ida y vuelta por el cual el español interfiere sobre el catalán para generalizar la forma *baix* [. . .] y es finalmente ésta, como contrapartida, la que acaba penetrando en la gramática del español" (1999: 40).

2.4.3.   La pluralización de *haber*

Otro caso de posible convergencia gramatical investigado por Blas Arroyo (1999) entre el castellano y el catalán hablados en Valencia es el de la concordancia entre el verbo *haber* y el subsiguiente sintagma nominal, tal como se da en los ejemplos a continuación (44):

Habían flores en el jardín.
Hubieron fiestas en el pueblo.
Han habido muchos disturbios en la calle.

El autor argumenta que aunque dicho fenómeno se da a través de la historia del español y, sincrónicamente, en muchas partes del mundo, su grado de extensión en las zonas catalanoparlantes es mayor debido a la influencia de la gramática catalana. Blas Arroyo advierte que ". . . el mismo rasgo sintáctico es sumamente característico del catalán, y aunque tampoco normativo como en español, se ha llegado a plantear como variante categórica en algunos lugares" (1999: 44–45). La gramática catalana de Solà (1987) ya afirmaba que para la variedad barcelonesa—la que más prestigio parece tener en el ámbito catalanoparlante—la concordancia gramatical de *haver* es de uso general. Blas Arroyo (1999) recogió datos de dos fuentes: un test de interferencias y un test de aceptabilidad. Para el primero, los hablantes respondían a una serie de preguntas diseñadas con el propósito de estimular la producción de la forma en cuestión en una conversación casual, tal como: *¿Cuántos médicos cree que puede haber en la FE (hospital de Valencia, situado en el distrito de Campanar)?* (59). Para el segundo, los participantes tenían que emitir un juicio sobre una serie de frases que reflejaban el fenómeno de análisis, a modo de ejemplo: *En el cuartel habían muchos soldados* (forma simple) y *Deben de haber cerca de mil alumnos en ese colegio* (forma perifrástica) (59). Para cada una de tales frases, el participante determinaba si era aceptable, inaceptable o dudosa. Se recogieron datos de 196 hablantes, divididos según las siguientes variables sociales: lengua materna (castellano, valenciano), lengua habitual (bilingüe valencianoparlante, bilingüe castellanohablante, monolingüe), lugar de origen (de Valencia, de otras comarcas de habla catalana o de otra área de España no catalanoparlante), sexo, grupo etario, nivel de estudios y clase socioeconómica (baja, media y alta).

El análisis de Blas Arroyo (1999) arrojó resultados contundentes respecto a la condición de bilingüismo: los hablantes procedentes de zonas de España que no eran de habla catalana hacían la concordancia entre *haber* y el sintagma nominal en tan solo el 27% de los casos de uso de la forma simple y el 32% de los casos de uso de la forma perifrástica, frente al 84% y el 67%, respectivamente, en personas procedentes de la región catalanoparlante; los bilingües cuya lengua más habitual era el valenciano hacían la concordancia en el 82% de los casos para ambos usos (simple y perifrástico), mientras que los hablantes monolingües de castellano lo hacían en el 35% de los casos de la forma simple y el 41% de la perifrástica (tabla 2.10). También se dieron diferencias sustanciales según el nivel de estudios (menor uso de *habían* en hablantes con estudios universitarios) y la clase socioeconómica (mayor uso de *habían* en las clases media y baja). Estos datos se exponen en la tabla 2.10.

El test de aceptabilidad arrojó resultados paralelos: se observaron mayores índices de aceptación de *habían* en ambos contextos estudiados (frase simple y frase perifrástica) en valencianoparlantes, en personas originarias de Valencia o de comarcas de habla catalana y en las clases socioeconómicas más bajas. Las diferencias según el nivel de estudios fueron tajantes: la aceptación de *habían* fue categórica

Tabla 2.10 Frecuencia porcentual de uso de *habían* en un test de interferencias en personas radicadas en Valencia (adaptada de Blas Arroyo, 1999: 61)

Variable social	habían *en frase simple*	habían *en frase perifrástica*
Lugar de origen		
Valencia	68	70
Zona de habla catalana	84	67
Zona no catalana	27	32
Lengua habitual		
Bilingüe castellano	63	54
Bilingüe valenciano	82	82
Monolingüe castellano	35	41
Nivel de estudios		
Primaria incompleta	78	70
Primaria completa	63	67
Secundaria	61	50
Universidad	27	25
Clase socioeconómica		
Baja	70	66
Media	63	61
Alta	40	44

(100%) en personas con estudios primarios incompletos, pero alcanzó tan solo el 20% para la forma simple y el 27% para la forma perifrástica en personas con estudios universitarios (63). Estos resultados llevan a Blas Arroyo a concluir que la extensión y distribución de *habían* en el castellano de Valencia se explica no solo a partir de factores internos de la lengua, sino también recurriendo a factores externos, o sea, la influencia del catalán. En las palabras del autor, dicho fenómeno constituye "un caso de convergencia sintáctica en cuyo origen y difusión social intervienen factores estructurales y no estructurales y entre éstos, la interferencia lingüística como el más importante" (1999: 67). En fin, la muy elevada frecuencia de pluralización de *haber* en el castellano de zonas catalano y valencianoparlantes parece ser otro ejemplo de causación múltiple, ya que existen motivos tanto intra como extralingüísticos para su ocurrencia.

2.4.4. Otros rasgos de posible convergencia gramatical

Otras particularidades que observa Galindo Solé (2003) en el castellano hablado en Cataluña son las siguientes:

- El uso del artículo definido ante nombres propios, como en los ejemplos *profe, el Albert ha cola(d)o la pelota* y *después de la Desi yo* (21). Galindo Solé afirma que, aunque tal uso es frecuente en el habla informal de otras variedades del español peninsular, especialmente en las clases socioeconómicas bajas, goza de mayor extensión en Cataluña debido al paralelismo de uso en catalán del artículo definido ante nombres propios. En el habla de los 45 niños estudiados por Galindo Solé, el artículo apareció ante nombre propio en el 94% de los casos (552/586 ocurrencias).

- El uso de la forma *ves*, en lugar de *ve*, para la segunda persona singular del imperativo del verbo *ir*, como en el ejemplo *sí, sí, tú ves detrás del Raúl* (22). Seco (1986) documenta el uso general de esta forma en el habla coloquial en toda España, pero Galindo Solé argumenta que es muy probable que la existencia de una forma equivalente *vés* en catalán haya aumentado su uso y extensión en el castellano de Cataluña. En las grabaciones de habla espontánea que analizó, Galindo Solé encontró un uso preferencial de *ves* (7/8 ocurrencias, o el 88% de los casos).

- El uso diferencial de preposiciones cuyos usos no coinciden entre catalán y castellano. A modo de ejemplo: uso de *a* en lugar de *en* para indicar lugar (*que no vamos a meternos al agua*); desplazamiento de *en* por *con* para expresar modo de transporte (*por las tardes iremos a la xxx con las motos*); sobreextensión de *por* en contextos que rigen el uso de *para* en el castellano normativo, debido a que en tales contextos en catalán ocurre una sola forma *per* (26).

- La introducción de *que* expletivo en la segunda parte de frases exclamativas, como en *qué pesa(d)os que sois* (27).

- La elisión de la preposición *a* ante objeto directo humano: *voy a ver Ø mi niño* (27). Galindo Solé observa que tal elisión es obligatoria en el catalán estándar y de ahí que, posiblemente, se transfiera al castellano de la zona catalana. Cabe notar que este mismo fenómeno es muy común en el español de hablantes bilingües dominantes de inglés en los Estados Unidos, ya que en inglés no se da ningún equivalente del *a* personal del castellano.

- La expresión de *no* después del adverbio *tampoco*, como en el siguiente ejemplo: *pero tampoco no encontraron* (27). Como observamos en la sección 2.3.6, este mismo fenómeno se ha constatado en el castellano del País Vasco y en variedades del español paraguayo, por lo que hay que concluir que no es rasgo exclusivo del castellano de la zona catalanoparlante.

En suma, Galindo Solé (2003) encontró una frecuencia muy baja de fenómenos que se podían considerar como casos de interferencia de estructuras o formas catalanas en el castellano hablado por niños de 11 a 12 años de edad en Cataluña. Lo más común en sus datos eran las transferencias léxicas, tales como *va* (para *vamos*), *ara* (para *ahora*), *nen* (para *chico*) y *amagar* (para *esconder*). De las 39,941 palabras que constituían su corpus de datos, la investigadora vio que solo 710 de ellas (o sea el 1.8% del corpus) podían reflejar posiblemente la influencia morfosintáctica o léxica del catalán (28). Galindo Solé concluye que "la influencia del catalán sobre el castellano hablado en Cataluña es mínima" y que "el aumento en el uso del catalán en el ámbito educativo no ha alterado el castellano hablado entre niños" (28).[13]

Sinner (2004) llega a una conclusión semejante tras un examen exhaustivo de fenómenos morfosintácticos y léxicos popularmente atribuidos a la interferencia del catalán en el castellano de Cataluña y afirmó que:

> La comprobación de la disponibilidad de algunas de las supuestas particularidades del castellano de Cataluña también en personas no catalanohablantes de fuera de Cataluña conduce a la conclusión de que muchos de los supuestos catalanismos o no lo son (es decir, que no pueden explicarse con el contacto del castellano con el catalán o pueden atribuirse también a convergencia) o constituyen elementos ya generalizados en zonas castellanohablantes monolingües [. . .] (621–622).

Sinner advierte que el término *catalanismo* debería emplearse con más cuidado al referirse a las particularidades del castellano de la región, con lo cual se fomentaría un "bilingüismo armónico" en Cataluña (2004: 625).

2.4.5. Alternancia lingüística y cambio de código

Sin lugar a dudas, el estatus oficial del catalán en Cataluña, la Comunidad Valenciana y las Islas Baleares ha brindado mucho más prestigio a la lengua en las últimas décadas. Pero diversos estudios que han abarcado los temas de preferencia y acomodación lingüísticas en las regiones catalanófonas a partir de 1980 indican que la lengua de uso no marcado sigue siendo el castellano, probablemente debido a su condición de lengua común de todo el Estado español y a la fuerte prohibición del uso del catalán durante las casi cuatro décadas del régimen franquista. Woolard (1989) explica que bajo la dictadura de Franco se concretó en Cataluña la práctica de usar el catalán solo entre catalanes, tradición que, en términos generales, parecía seguir en pie a finales de la década de los ochenta (69). Según esta tradición, el catalanohablante se ve obligado a acomodarse al castellanoparlante, dirigiéndose a su interlocutor en castellano desde el momento en que puede determinar que este no es catalán. Según Woolard (70–71), en una interacción con una persona desconocida, la elección de lengua se basa en lo siguiente: si el interlocutor inicia la conversación en catalán, se responde primero en catalán. Si la interacción ocurre en una zona catalana de la provincia o de la ciudad, lo más normal es proseguir en catalán. Se dirige uno a alguien en catalán si esa persona parece ser catalana en lo físico: si *fa cara de català* (hace cara de catalán), se le habla en catalán. Si después de comenzar una conversación en castellano, uno se da cuenta de que su interlocutor tiene un acento catalán, se puede cambiar al catalán, a veces a partir de alguna pregunta como *Ets català?* o *Ets del país?* De igual modo, si se inicia una conversación en catalán y uno percibe un acento castellano o extranjero, o algún tipo de error de índole gramatical o léxica en el catalán de su interlocutor, se cambia al castellano. En cuanto a esto último, Woolard, hablante nativa del inglés que tiene el castellano y el catalán como segundas lenguas, relata una experiencia personal en Barcelona:

[. . .] Acompañé a una pareja casada en una visita a una modista catalanoparlante. Aunque hablo castellano individualmente con las dos personas de esta pareja, la relación entre ellos se desenvuelve en catalán, y a menudo hablamos todos juntos en catalán si estamos con otros catalanes. De ahí que se confundiera la modista ante los numerosos cambios de lengua que hacíamos, aunque yo me dirigía a ella siempre en catalán. Ella cambió al castellano conmigo cuando me oyó hablar en castellano con la esposa, y se confundió con mis respuestas en catalán. Finalmente [la modista] le preguntó a la pareja, a quien conocía muy bien, "¿Ella qué es? ¿catalana o castellana?" Cuando se le explicó que yo era extranjera, y que no era hablante nativa de ninguna de las dos lenguas, la modista se conformó con hablarme en catalán. Comentó que había pensado que yo podría ser "uno de esos castellanos que está intentando aprender catalán", y esto lo ofreció como justificación por haberme hablado en castellano.[14] (Woolard, 1989: 74)

Woolard hace hincapié en la barrera lingüística impuesta por el criterio de identidad catalana: "Para los que se aferran a las normas tradicionales, nadie excepto un catalán habla catalán" (74).[15] Esta autora también nota que el uso del catalán se convierte en fenómeno de clase social: fuera de la escuela, los niños de las clases obreras tienden a hablarlo menos que los de las clases más acomodadas (Woolard, 2003).

Como afirman Nussbaum y Tuson Valls (1995), en situaciones informales, la norma de acomodación en interacciones mixtas o con personas desconocidas es a favor del castellano. Sin embargo, no son poco comunes los casos de acomodación divergente en interacciones mixtas—fenómeno que Woolard denomina la norma bilingüe (1989: 77–80)—cuando cada individuo sigue usando su lengua preferida, dando lugar a conversaciones bilaterales. Nussbaum y Tuson Valls (1995: 205–206) nos ofrecen un ejemplo de este tipo de interacción, extraído de una conversación grabada en una estación de trenes en Barcelona (U=pasajera, I=empleado):

U: Escolta'm, per anar a Paris, quines opcions hi ha amb el tren?
I: *Depende. ¿Cuántos vais?*
U: Jo
I: *Tú sola. ¿Cómo quieres viajar?- que te salga barato*
U: Lo més econòmic que surti
I: *Lo más económico*
U: Escolta'm et dic els dies perquè em penso que no sé si hi ha-
I: *No, esto no te afecta. ¿Quieres viajar durante todo el día o durante la noche?*
U: Si pot ser durant la nit millor. És que em van comentar que hi havien. Si els que dormies al tren i els altres que sorties al migdia i arribaves allà a l'endemà al matí, el preu preu canviava bastant.
I: *No, lo que cambia es si coges el directo de la noche, ese es de camas. Ese sí- ah- pero la otra posibilidad es salir por la tarde para viajar toda la noche que ese es más barato.*

U: La tarda i la nit eh- i arribes al dematí- ah- i ja no hi ha cap altra opció?
I: *Pues por la mañana- viajar todo el día.*

Las investigadoras explican que en esta conversación las identidades lingüísticas se expresan en el hecho de que I adopta el castellano y U mantiene su uso del catalán, lo que a su vez refleja cierto grado de conflicto lingüístico. Según Nussbaum y Tuson Valls, dicho conflicto puede manifestarse "de manera violenta" en otras ocasiones en las que el empleado de servicio público (v.g., transporte, telefónica o correos) insiste en no poder entender catalán (1995: 207). En este ejemplo, sin embargo, el potencial de conflicto es obviado por la cortesía del empleado (I), quien responde siempre a las preguntas de U expresadas en catalán, traduciendo partes de ellas en sus propias respuestas en castellano y, al principio, ofreciendo buscar la opción más económica para U sin que ella tenga que pedírselo.

En un estudio realizado con jóvenes de un barrio de Barcelona, Calsamiglia y Tuson (1984) indican que en conversaciones de grupos de hablantes monolingües de castellano y bilingües de castellano y catalán, el uso de las dos lenguas resulta aceptable en la mayoría de las ocasiones, pero cuando surgen conflictos a raíz del catalán se cambia al castellano. Kerbrat-Orecchioni (1992) observa que, en interacciones mixtas en Barcelona, lo más normal es comenzar en catalán, con lo que se reconoce el estatus dominante de esa lengua en Cataluña, pero poco después cambiar al español para facilitar la clara comunicación entre todos. Blas Arroyo (2002) señala que en Valencia, igual que en Barcelona, los hablantes nativos de valenciano suelen cambiar al español en interacciones con castellanohablantes. Sin embargo, afirma a la vez que en el contexto valenciano "no hay lugar para [las] sutilezas" que caracterizan la alternancia y acomodación lingüísticas en el contexto de Barcelona pues, según este autor, el cambio al castellano por parte de los valencianos se considera un "gesto de cortesía" hacia el interlocutor no catalanoparlante (164).

Según Blas Arroyo (165), en las comunidades de habla valenciana de Castellón y Valencia, el cambio de código en un mismo discurso "no adquiere el grado de intensidad y la difusión que se ha advertido en otros dominios etnolingüísticos" tales como Nueva York (Poplack, 1982) y el suroeste de los Estados Unidos (Sánchez, 1983), situaciones que comentamos más adelante en el capítulo 6. Woolard (1989: 65) afirma lo mismo para el contexto de Barcelona. No obstante, tanto Woolard como Blas Arroyo documentan el importantísimo papel que desempeña el cambio de código en las respectivas comunidades catalanófonas que estudian. A modo de ejemplo, Blas Arroyo (1999) identifica diversas estrategias comunicativas realizadas con el cambio de código en los medios de comunicación castellonenses y valencianos, entre las cuales se destaca el humor. Un análisis del discurso empleado en un popular programa televisivo emitido desde la ciudad de Castellón llevó a Blas Arroyo (1998) a concluir que el cambio de código entre español y catalán "constituye una técnica hábilmente utilizada por el locutor principal para adornar humorísticamente su discurso [. . .] a menudo por el uso de variedades bajas de catalán, así como por la presentación en dicha lengua de las situaciones más sorprendentes e hilarantes" (63). Otro uso del cambio de código señalado por Blas

Arroyo (2002) en las comunidades valencianoparlantes es el de la cita directa, circunstancia en la que el hablante bilingüe relata el enunciado de una tercera persona, ausente en el momento de la interacción, en la lengua en que esta originalmente lo produjo. A modo de ilustración, una mujer valencianoparlante cambia al español para reproducir las palabras de otra persona (Blas Arroyo, 2002: 163): *La tia desgraciada va i me diu l'atre dia: A ver si limpiamos el portal, ¿eh?* En Barcelona, Woolard (1989) documenta un fenómeno parecido: el cambio de código para citarse a uno mismo, relatando los pensamientos personales del propio hablante, como en el siguiente ejemplo de una mujer catalana que habla sobre su intento de dejar de fumar:

> El tercer dia es el pitjor. El primer està bé, perquè ets màrtir. El segon, aguantes perque ho vas fer el primer. Però, el tercer, et dius, *"No puedo más!! Me da igual!!"* (67)

Woolard explica que el cambio al castellano en este ejemplo no viene motivado por factores emotivos, es decir, no es que el castellano tenga connotaciones más íntimas o personales que el catalán para la mujer bilingüe que produce estas frases. Más bien, el cambio al castellano tiene propósitos enfáticos y humorísticos, tal como destaca Blas Arroyo en sus ya mencionados estudios (1998, 1999), y, según Woolard, se habría creado el mismo efecto pragmático si el cambio se hubiera dado en la otra dirección, del castellano al catalán (1989: 67). Zentella (1997) documenta el mismo fenómeno entre inglés y español en el habla de los bilingües puertorriqueños de Nueva York, como veremos en el capítulo 6.

Como nota final, cabe señalar que los estudios de Woolard y de Nussbaum y Tuson Valls sobre el contexto barcelonés salieron publicados hace ya dos décadas—de hecho la investigación de Woolard (1989) fue realizada en Barcelona en 1980. Desde entonces, se aprobó en Cataluña en 1997 una nueva *Llei de Política Lingüística*, la cual promueve los usos y las funciones del catalán en la vida pública. Afirma Pradilla (2001) que si dicha política se llegaba a implementar de modo adecuado, el catalán se haría más dominante en las comarcas donde tenía entonces estatus de lengua comunitaria (66). En un intento de reducir el peso que parece tener el criterio de identidad catalana en la selección idiomática, la *Generalitat de Catalunya* lanzó en el año 2005 una campaña publicitaria para fomentar el uso del catalán en la población general. La campaña tiene como portavoz de su página web (http://www6.gencat .net/llengcat/corda) una dentadura postiza de juguete llamada la Queta (forma truncada de la *boqueta*, que significa 'la boquita') que exclama: *Dóna corda al català* (Dale cuerda al catalán), *Pots parlar català* (Puedes hablar catalán) y *El català va amb tu* (El catalán va contigo). En la publicidad televisiva de 2005, la Queta cantaba en catalán con un acento no nativo exclamando que lo hablaba "sin pena" (*Parlo sense vergonya*) y que si comete errores, vuelve a comenzar, animando a los demás—particularmente los niños y adolescentes—que no son de origen catalán a que lo hablen "en libertad" (*en llibertat*).

Existe evidencia anecdótica de que la presencia del catalán en todos los ámbitos de la vida pública de Cataluña se ha hecho más patente en los últimos años. Nos comentan amistades catalanas y también colegas no catalanes que viven en Barcelona que, al parecer, la lengua de uso más general que se oye ahora en la calle es el catalán, sin importar que uno sea catalán, castellanoparlante o extanjero. Parece, además, que ha aumentado la norma bilingüe, fenómeno que Woolard comenta desde hace ya veinte años y que se ve ilustrado en el ejemplo previo de Nussbaum y Tuson Valls (1995), el cual se grabó en la estación de trenes en Barcelona. Una amiga catalana del presente autor (A. L.) relata, por ejemplo, que las mujeres de su barrio siempre tienen conversaciones trilaterales en catalán, castellano y gallego: cada una habla en su respectiva lengua nativa, sin aparentes problemas de comprensión. Según este grupo de vecinas, entenderse y comunicarse entre ellas es "simple cuestión de querer hacerlo", lo cual nos lleva a subrayar la necesidad de realizar futuros estudios referentes a motivaciones y actitudes ante el uso de catalán, castellano—en todas sus manifestaciones dialectales—y otras lenguas en las regiones catalanófonas, particularmente en las grandes urbes de Barcelona y Valencia (cf. Doyle, 1995). Lingüísticamente hablando, el grado de inteligibilidad mutua entre catalán y castellano es bastante alto, circunstancia que no se da en la región vascófona. De ahí que se destaque entre los factores sociolingüísticos más merecedores de nuestra atención la orientación psicosocial y política de grupos e individuos hacia el catalán y el castellano en Cataluña y Valencia (cf. Bastardas, 1989; Blas Arroyo, 2005), no solo entre los migrantes procedentes de zonas no catalanoparlantes sino también entre los nacidos en tierras catalanófonas que se consideran hablantes monolingües de castellano o con mayor dominio de una u otra lengua. Con esto último volvemos sobre la necesidad de más estudios del tipo que realizó Vann (1995, 1998).

2.5. Contacto lingüístico con el gallego

Entre los rasgos más comúnmente citados del español *agallegado* o *castrapo* se encuentran la entonación, la variación vocálica, la *gheada,* la diferenciación de las formas verbales en la expresión del pasado indicativo, y el uso de la preposición *en* para construcciones dinámicas, rasgos que comentamos a continuación. Es preciso señalar que, aunque han sido muy numerosos los estudios sociolingüísticos sobre la lengua gallega en los últimos años (entre ellos, Álvarez-Cáccamo, 1989, 2000; Beswick, 1998, 2007; Del Valle, 2000; Fernández-Ferreiro y Ramallo, 2002; Monteagudo, 1995, 1999; Rodríguez, 1998), la investigación de fenómenos de contacto en el castellano de Galicia ha sido muy escasa. Nuestros comentarios en esta sección son más limitados porque, en la mayoría de los casos, las particularidades lingüísticas que observamos no han sido exploradas en mucho detalle—es decir, faltan estudios. Para el futuro, urge explorar más a fondo los fenómenos mencionados aquí, especialmente desde perspectivas sociolingüísticas.

Figura 2.1 Representación gráfica de la entonación característica del castellano hablado por gallegos (García, 1976: 331)

2.5.1. Entonación

Blas Arroyo (2005) nota que en la fonología del español de Galicia "quizá el rasgo más sobresaliente sea la interferencia suprasegmental, caracterizada por la sucesión rápida de líneas melódicas típica del gallego, en lugar de los grupos entonacionales más extensos del español general" (568). García (1976) ofrece el siguiente ejemplo de la entonación tan típica del español agallegado, reproduciendo la frase *Pasado mañana, por la tarde, estudiaremos la lección.*

En figura 2.1, se observa cómo sube lentamente el tono al principio de cada grupo fónico y desciende súbitamente hacia el final. En otras variedades de castellano habladas en España y en la mayor parte de América Latina, dicha subida no ocurre al principio del grupo fónico.

2.5.2. Variación vocálica

Un rasgo típico del castellano de Galicia es la apertura de las vocales medias /e/ y /o/, proceso que también afecta la /e/ final en diptongos y da lugar a pronunciaciones como [bwɛno] y [tjɛne]. De modo paralelo, los diptongos crecientes del castellano tienden a realizarse como hiatos en el habla de Galicia, como en el ejemplo [bi-u-ða]. Tales variaciones parecen estar ligadas a las normas fonológicas del gallego, lengua que siguió una trayectoria evolutiva más parecida a la del portugués en cuanto a diptongación se refiere. Dicho fenómeno se ve reflejado en la tabla 2.11, en la cual se comparan algunas palabras del gallego, el portugués y el español estándares.

El cierre de la /o/ átona que da [u] en posición final de palabra, también rasgo de la fonología gallega, es común en castellanohablantes de Galicia (147).

En cuanto al grado de apertura de la /o/ tónica en el español de Galicia, Faginas Souto (2001) afirma que el gallego ejerce cierta influencia en la pronunciación de esta vocal. En un estudio acústico experimental basado en datos del habla espontánea, se midieron los primeros dos formantes de la vocal /o/ tónica en sílaba inicial de palabra en ocho hablantes masculinos de La Coruña, divididos según clase social (alta vs. baja) y edad (joven vs. mayor). En concreto, se analizó la realización de /o/ en las palabras *bloque, bota, coche, copa, hora, nota, odio, obra, pobre, solo* y *sólo,* que se pronuncian con /o/ abierta en gallego y /o/ más cerrada en el castellano estándar, y en las palabras *lona, zona* y *todo,* que se pronuncian con /o/ cerrada tanto en gallego como en español estándar. En el castellano de los hablantes mayores de clase

Tabla 2.11 Semejanzas y divergencias en algunos procesos de diptongación en gallego, portugués y español (ejemplos extraídos de Hermida, 2001: 135)

Proceso	Gallego	Portugués	Español
/e/ > /ie/	dera, pedra, dez	dera, pedra, dez	diera, piedra, diez
/o/ > /ue/	podo, porto, roda	posso, porto, roda	puedo, puerto, rueda
/o/ > /ou/	ou, cantou	ou, cantou	o, cantó
/e/ > /ei/	feira, deixar, lei	feira, deixar, lei	feria, dejar, ley

social baja, se descubrieron diferencias notables en las realizaciones de [o], abiertas o cerradas, según su timbre en contextos correspondientes del gallego, mientras que en los jóvenes de ambas clases sociales (tanto alta como baja) no se hacía ninguna distinción del timbre de la vocal. Faginas Souto postula que la pérdida de la diferenciación entre las variantes abiertas y cerradas de la [o] en muchos hablantes del gallego, particularmente de las nuevas variedades urbanas de la lengua, se debe en parte a la disminución del uso del gallego como lengua habitual en los jóvenes de La Coruña. No obstante, Faginas Souto observó un alto grado de apertura de [o] en todos los hablantes, timbre que puede atribuirse al gallego, con lo cual concluye que "esta apertura vocálica encontrada entre los hablantes mayores igual que los jóvenes confirma que, en la actualidad, esta peculiaridad del timbre constituye una característica intrínseca a la variedad de español hablado en La Coruña" (697–698).

2.5.3. La *gheada*

En el inventario consonántico se destaca la *gheada*, proceso típico de las variedades occidentales del gallego, particularmente de las zonas rurales, que se transfiere al castellano regional. El resultado de esta transferencia es el desplazamiento de la /g/ oclusiva velar sonora del castellano por variantes fricativas: la faringal sorda [ħ] y la velar sorda [x]. De este modo, la palabra *gato* se puede realizar como [gato], [ħato] o [xato]. Rabanal (1967) observó hace ya más de cuarenta años que el gallegohablante de las zonas rurales "geantes" articulaba "como 'j' toda 'g' castellana: '*ajua*' (agua), '*luejo*' (luego), '*jordo*' (gordo), '*lujar*' (lugar)", y que "como fenómeno rústico, que merece burla, el '*geante*' que habla castellano trata frecuentemente de corregirse y, en su afán de corrección, incurre en ultracorrección", a saber: *Gosé* por *José, mogar* por *mojar, reloguería* por *relojería* y *cagón* por *cajón* (31). Aun en la lengua gallega la gheada tiende a ser un rasgo socialmente estigmatizado. En el estudio de Soto Andión y Vidal Meixón (2005) sobre actitudes lingüísticas en Galicia, el cual ya mencionamos, se documentó que entre los gallegohablantes de las áreas interiores solo el 37% de los encuestados de edad mayor o intermedia pensaba que dicho proceso "estaba bien", mientras que el 73% de los jóvenes consideraba que "estaba mal" (191). Si bien estos autores afirman que "para los entrevistados que rechazan la gheada [. . .] representa una forma de hablar considerada zafia, poco refinada y nada elegante" (191), no sorprende que al transferirse al castellano de la región también sea un rasgo altamente estigmatizado. No obstante, Álvarez-Cáccamo y Prego-Vázquez (2003) sostienen que el uso de la gheada en discursos políticos en Galicia puede servir para crear solidaridad entre el político y su público. Estos autores afirman que la gheada funciona como marcador de identidad para los granjeros y campesinos y para las redes sociales tradicionales, y que el uso del término *ghalheghos* tiene el efecto de alinear al hablante con estos grupos (5). Según ellos, la pronunciación de *os ghalheghos* con gheada es índice de la "alianza de afiliación" que el político desea establecer con su público.

2.5.4. Otros rasgos consonánticos

También se da el seseo en algunas partes de Galicia ([aser] por *hacer*, a diferencia de [aθer] en el castellano estándar del norte y centro de España), igual que en áreas del País Vasco y Cataluña. Alonso Zamora (citado en Rabanal, 1967: 27) observó que dicho fenómeno correspondía a las mismas zonas gheantes, pero que era mucho más reducido que la gheada. Álvarez Cáccamo (1989: 264) notó la presencia del seseo en el gallego hablado entre las clases populares de los principales centros urbanos de Galicia, tendencia que suponemos que se podría transferir al español de los mismos hablantes. Rabanal (1967) caracterizaba el seseo en el español de Galicia como rasgo típico del occidente marinero, de Pontevedra y La Coruña, y observó que "los, más o menos numerosos y más o menos cultos y vulgares, gallegos que todavía sesean al hablar su lengua propia, o idioma regional gallego, sesean y por lo mismo al hablar el español común: *'dose', 'lus', 'disir', 'conoser', 'rasión', 'empesar'*" (27). También cabe mencionar la velarización de la /n/ final en el castellano de Galicia, rasgo que comparte históricamente con el leonés y con las actuales variedades del castellano en Andalucía (Lloyd, 1987: 349) y que ocurre invariablemente en posición final en todas las variedades del gallego (Beswick, 2007: 153).

2.5.5. Expresión del pasado indicativo

Quizá el rasgo más destacado del llamado español agallegado o castrapo es la expresión del pasado indicativo. Rabanal (1967: 36) detectó el uso del pretérito simple (*canté*) en contextos en los que se emplea el pretérito compuesto (*he cantado*) en otras variedades del castellano peninsular, lo que produce casos de ultracorrección como el siguiente:

> Castellano general: *El año pasado llovió mucho, pero este año no ha llovido casi nada.*
> Castellano regional: *El año pasado llovió mucho, pero este año no llovió casi nada.*

Ultracorrección: *El año pasado ha llovido mucho, pero este año no ha llovido casi nada.*

Rabanal comentó, en su momento, que este fenómeno "asciende a los púlpitos y a las cátedras, [y] asoma en las columnas de los periódicos y aun de los libros" (1967: 36). También observó que en el castellano agallegado se conserva "en su sitio el verdadero pluscuamperfecto latino, *amá(ve)ram, légeram,* etc., que el castellano dislocó y suplió con la perífrasis *había amado,* etc." (39), uso que se refleja en el ejemplo a continuación:

> Castellano general: *Cuando llegué a la estación el tren ya había marchado.*
> Castellano regional: *Cuando llegué a la estación el tren ya marchara.*

Pollán (2001) analizó la expresión del pasado indicativo en conversaciones grabadas en gallego (25 entrevistas) y en castellano de Galicia (44 entrevistas), cada una de 45 a 60 minutos de extensión, enfocando las formas *cantei* y *cantara* en las primeras y las formas *canté, cantara* y *había cantado* en las últimas. Explicó que los gallegohablantes incorporaban las variantes del gallego en el castellano de la región, extendiendo así la función de *cantara* tanto al pretérito simple como al pluscuamperfecto. Pollán sostiene que la coexistencia e interferencia mutua de gallego y castellano en territorio gallego llevó a dicha variación y que, en sus respectivas evoluciones del latín, el gallego conservó el uso de *cantara* en el modo indicativo para expresar el pluscuamperfecto, mientras que el castellano pasó a vincular esta forma exclusivamente con el modo subjuntivo (60). Afirma que "hay evidencia de que el origen del fenómeno está en el gallego, desde donde se habría transferido al español gallego. Este fenómeno no se encuentra en variedades del español que no entran en contacto con el gallego, y tampoco se encuentra en antiguos textos en español" (60).[16] En los siguientes ejemplos extraídos de Pollán (2001), vemos que los hablantes emplean formas correspondientes al imperfecto de subjuntivo del castellano normativo (*reunificara, llegaran, estuviera* en el primer ejemplo y *pronunciara* en el segundo) para expresar el pasado indicativo:

> Yo sí, en, estuve en la cárcel cuando le aplicaron garrote vil a otro, a uno que era . . . , que le habían . . . Él era de Lugo, era de Lugo, y había tomado . . . , era de un partido comunista que se estaba extendiendo por aquí, incluso se *reunificara* por Astano, de Ferrol. Eh, *llegaran* a emplear, pues, explosivos, y entonces, eh, a consecuencia de eso, pues le aplicaron la pena de muerte. Y yo *estuviera* en la cárcel cuando sucedió eso. (62, ejemplo 5)
> Sí, debió ser el cuarenta y seis, o cuarenta y siete, o . . . Porque yo soy de la quinta del cuarenta y cinco, eh, y en fin, eh, por ahí, finales del cuarenta y cinco, o cuarenta y seis, no recuerdo ya, no recuerdo. Aún tengo por

> ahí, me parece que una . . . , tengo por ahí la senten-, una copia de la
> sentencia que se *pronunciara*, pero no sé localizarla. (62, ejemplo 6a)

La estigmatización de este uso, ilustrado arriba, lleva a casos de ultracorrección en los que el hablante intenta evitar el potencial problema a través del pluscuamperfecto, *había cantado*, debido a que *cantara* también tiene función de pluscuamperfecto en la lengua gallega. Pollán explica el proceso de la siguiente manera:

> *Cantara* en el pasado simple en Galicia se traduce en español como *había cantado*, y el origen gallego de la forma simple queda ocultado, aunque retiene su interpretación gallega. El hablante no está consciente de este hecho, y piensa que habla el español estándar al hacer dicho reemplazo [. . .] Como el gallego tiene menos prestigio que el español, muchos pretenden demostrar su dominio del español evitando el uso de formas que pueden asociarse con la influencia del gallego. Por consiguiente, el uso de *había cantado* puede considerarse como un caso de ultracorrección.[17] (2001: 61–62)

A continuación, tomamos dos ejemplos de Pollán (2001) en los cuales se extiende el uso del pluscuamperfecto de indicativo del castellano estándar a contextos que rigen el pasado simple:

> Se lo *compré* en una exposición, que se celebró en las, en la, en la
> Asociación de Artistas, en la calle Riego de Agua; se lo *había
> comprado* por la asombrosa cifra de tres mil pesetas. (62, ejemplo 7)
> ¿Alguna excursión? Sí, me acuerdo que *habíamos ido* una vez a los Picos
> de Europa, hace tiempo, y había otra, hubo . . . , ¡ah, sí!, hubo una en
> tercero de BUP, ya cuando acababas BUP. (62, ejemplo 8a)

2.5.6. Otras particularidades morfosintácticas

Se observan las siguientes variaciones sintácticas en el castellano de la zona gallegohablante:

- El uso de la preposición *en* en construcciones dinámicas, las cuales rigen el uso de *a* en el español normativo, como en los ejemplos *vamos en Vigo*, *vamos en el cine* (Rabanal, 1967: 44). Este mismo fenómeno lo observan García (1982) en el español mexicanoamericano en los Estados Unidos (como comentamos en el capítulo 6) y Choi (2001) en el español paraguayo (capítulo 4), lo cual nos lleva a pensar que su uso debe clasificarse primariamente como arcaísmo que ha sido reforzado por la situación de contacto con otra lengua. Choi (2001) llega a una conclusión parecida, aduciendo que la causación múltiple es la explicación más adecuada para este fenómeno en Paraguay.

- El uso de la preposición *por* en construcciones del tipo *llaman por ti, llaman por papá*, en las cuales se usa la preposición *a* en el español estándar (Rabanal, 1967: 44; Hermida, 2001: 132), proceso debido al paralelismo entre la construcción *preguntan por papá* en español estándar y el uso más generalizado de *por* en gallego, según Rabanal.
- La expresión de acciones próximas o inminentes con la construcción *haber + de* + infinitivo de verbo, la cual tiene significado de obligatoriedad y forzosidad en el español estándar. En el castellano regional de Galicia, en vez de expresar obligatoriedad, las construcciones del tipo *hube de caer, hubiste de salir* y *hubo de quedarse en casa* son "simple indicación de lo que está a punto de realizarse y no se realiza", de modo que su significado es, respectivamente, 'estuve a punto de caer' (pero no caí), 'faltó poco para que salieras' (pero no saliste) y 'por poco se queda en casa' (Rabanal, 1967: 42).
- Perífrasis con los verbos *tener* y *dar*, como en los siguientes ejemplos: *Nunca lo vimos ni dimos contactado* ('no pudimos contactar'), *Señala que ya se tiene pronunciado* ('se pronunció varias veces') (Hermida, 2001: 132).
- La transferencia directa del sufijo *-inho* del gallego, del género de algunos sustantivos (*el sal, la puente*, por ejemplo) y de las formas plurales de los pronombres demostrativos (*estes, eses*) (Álvarez Cáccamo, 1989: 280).

2.6.   Conclusiones

En este capítulo, hemos visto cómo las tres principales lenguas minoritarias del Estado español han repercutido lingüísticamente en la pronunciación, gramática, sintaxis y pragmática del castellano de las respectivas zonas en las que se hablan. Destacamos la importancia de discernir entre los rasgos que pueden atribuirse estructuralmente al contacto del español con la lengua cooficial y los que pueden representar procesos puramente internos del castellano pero que han venido a caracterizar, por diversos motivos, una particular variedad regional del castellano. Planteamos que es imprescindible la noción de causación múltiple, ya que los rasgos de contacto pueden ser el producto de aspectos variables, o elementos arcaicos, inherentes al castellano, propagados a la vez por su semejanza estructural con aspectos o elementos paralelos de la lengua de contacto, como en los casos de los compuestos iterativos, la sustitución del imperfecto del subjuntivo por el condicional en oraciones condicionales y la doble negación en el País Vasco, la pluralización de *haber* en Valencia, el uso del artículo definido ante nombres propios en Cataluña, tanto como el uso de construcciones del tipo *vamos en el cine* en Galicia.

Se observó que las campañas de normalización social y política del catalán en Cataluña han tenido bastante éxito en las últimas décadas, mucho más que en los casos del valenciano en la Comunidad Valenciana, el euskera en el País Vasco y el gallego en Galicia. Aunque se constatan actitudes positivas hacia estas lenguas en la población general en las respectivas autonomías, el uso del valenciano, el vasco y el gallego se ve más reducido en la generación joven. En el futuro, serán muy importantes los estudios sobre usos y actitudes lingüísticos en cada región, ya que nos pueden ayudar a postular hipótesis respecto al grado y la dirección de la influencia interlingüística en la evolución del castellano en la España contemporánea.

Notas

1. "[. . .] [S]ubstratum influence can never be the *sole* cause of a phonetic change. It will be simply one of the factors influencing a change" (Lloyd, 1987: 46).
2. "Presented with varying realizations of the phoneme /f/, Basque speakers may have tended to reproduce more easily and more frequently the one (perceived) allophone which existed in their native language: [h]. Basque learners of Romance may thus have contributed to 'tipping the scales' in favor of the [h] allophone" (Tuten, 2003: 136).
3. "[. . .] at the end of the 15th century the difference between the phones in question had been reduced to a minimum (based only on a small difference in place of articulation), and *seseo* may have existed in some communities as an incipient syllable-final neutralization. These features would have been carried by colonists to all parts of the Americas" (Tuten, 2003: 263–264).
4. "[. . .] annihilated Galicianism, forcing its protagonists into exile or silence" (Monteagudo y Santamarina, 1993: 126).
5. "The *Generalitat de Catalunya* has always been committed to carrying out real linguistic 'normalisation' in all social domains, particularly because the same political nationalist party has been in power continuously since the end of the 1970s" (Pradilla, 2001: 87).
6. "The sociolinguistic situation in the Valencian Country has a major factor in common with the Balearic Islands and Pitius Islands, which is the failure of its autonomous government to face its responsibilities regarding the linguistic policy that needs to be put into practice" (Pradilla, 2001: 67).
7. "Modernity has not caused the convergence of linguistic behavior, it has in fact broadened the linguistic repertoire of Galicians" (Del Valle, 2000: 128).
8. "Given its clear origins in Basque/Romance language contact and language learning, this system must certainly have existed in the medieval period" (Tuten, 2003: 179).
9. "[. . .] [T]he Cantabrian speakers borrowed the extensive use of *le* that they encountered in the Basques' system I (i.e., use of *le(s)* for masculine and feminine, singular and plural, dative and accusative, animate referents). This borrowing was favored by an internal factor: the ambiguity of sentence structures employed by Basque speaker-learners of Romance" (Tuten, 2003: 191).
10. "[. . .] [A]n early apocope of *lu* and *le/li* in primitive Castile was in fact the key phenomenon in the development of early *leísmo*. Such apocope would have resulted in surface output in which both *lu* and *lo* were realized as *l'* [. . .] As early Castilians moved south into the Duero Valley, they would have carried this system with them, and there it would have been especially susceptible to reanalysis" (Tuten, 2003: 195).
11. "[. . .] there is very little evidence (and little likelihood in a koineizing context) of Basque or Basque Romance having such a primary and direct effect on the speech of

Cantabrians. Indeed, this argument suffers from the same weaknesses as all arguments which claim contact with Basque as the simple cause of changes in Castilian (or Cantabrian): why would a majority of native Romance speakers copy a highly marked feature produced by a minority of Basque Romance speakers?; why do we not find similar sorts of influence in other Romance-speaking areas which border the Basque Country (e.g., southern Navarre and La Rioja)? Nevertheless, I would not want to argue that Basque usage had no effect at all. To the extent that it existed, it was probably only secondary, in that radical *leísmo* would have introduced further variation into the prekoine linguistic pool and thereby weakened traditional norms" (Tuten, 2003: 193).

12. Todos los ejemplos de Galindo Solé (2003) han sido adaptados y no reflejan las convenciones de transcripción usadas por esa autora.

13. "[. . .] [T]he influence of Catalan on the Castilian spoken in Catalonia is minimal. Considering the composition of the sample (pupils from a range of elementary schools around Catalonia), it can be said that the increase in the use of Catalan in education has not modified the Castilian spoken by children" (Galindo Solé, 2003: 28).

14. "[. . .] I accompanied a married couple on a visit to a Catalan-speaking dressmaker. Although I speak Castilian with each member of the couple individually, their own relationship is conducted in Catalan, and we often speak Catalan together when in a Catalan-speaking group. Thus the dressmaker was puzzled by our numerous language switches, although I consistently addressed her directly in Catalan. She switched to Castilian with me when she heard me speaking Castilian to the wife, and was confused by my Catalan responses. Finally, she asked the couple, whom she knew well, 'What is she, Catalan or Castilian?' When it was explained that I was a foreigner, a native speaker of neither language, the dressmaker settled into Catalan with me. She commented that she had thought I might be 'one of those Castilians who is trying to learn Catalan', and offered this as justification for speaking Castilian to me" (Woolard, 1989: 74).

15. "For traditionalists, no one but a Catalan speaks Catalan" (Woolard, 1989: 74).

16. "[. . .] [W]e have evidence that the origin of the phenomenon is in Galician, from where it would have spread to Galician Spanish. This phenomenon is found neither in Spanish varieties that are not in contact with Galician nor in old Spanish texts" (Pollán, 2001: 60).

17. "*Cantara* in the simple past in Galicia is translated into Spanish as *había cantado*, and the Galician origin of the simple form is obscured, although it retains its Galician interpretation. Speakers are not conscious of this fact, and they think they are speaking standard Spanish when making this replacement. [. . .] Because Galician is a language with lower prestige than Spanish, many speakers try to show a good command of Spanish by avoiding forms perceived to be influenced by Galician. The use of *había cantado* can thus be considered as an instance of hypercorrection" (Pollán, 2001: 61–62).

CAPÍTULO 3

Contacto del español con lenguas africanas

3.1. El tráfico de esclavos en la colonización del Nuevo Mundo

En el siglo XV, se inició la era de exploración del Nuevo Mundo y expansión del Imperio español, lo que llevó a la difusión del castellano hacia nuevos continentes—las Américas, África y Asia—y lo puso en contacto con diversas lenguas no europeas. Un hecho significativo para el contacto entre el español y las lenguas africanas fue el establecimiento de asentamientos portugueses en el siglo XV en las islas de São Tomé, Annobón, Príncipe y Fernão do Póo que luego servirían para la exportación de esclavos a las Américas. Es importante notar que la gran mayoría de los esclavos que llegaron a las Américas hasta mediados del siglo XVII salieron de bases portuguesas de África. Perl (1998) observa que la influencia portuguesa es esencial para cualquier teoría de criollización, pues, según él, "en los asentimientos utilizaban un portugués simplificado que, debido al intenso tráfico comercial, pudo extenderse con tal facilidad que luego dificultaría notablemente la implantación de lenguas europeas traídas a África colonial por comerciantes subsiguientes [. . .] Este portugués comercial simplificado llegó, a través del comercio de esclavos dominado por portugueses, a muchos lugares del mundo" (Perl, 1998: 13). Como veremos más adelante, es muy probable que el portugués simplificado formara la base de varias lenguas criollas que hoy en día se hablan en Latinoamérica. Al mismo tiempo, los traficantes portugueses de esclavos que se establecieron en algunas ciudades clave para la trata negrera, como Cartagena de Indias, también podrían haber influido en la formación de las lenguas criollas y del habla de las primeras generaciones de africanos en Hispanoamérica (Schwegler, 2007b).

A comienzos del siglo XVI, la Corona de España autorizó la primera importación de esclavos africanos a las colonias hispanoamericanas (Lipski, 2005a: 43). Aunque es imposible calcular el número exacto de esclavos que se despacharon hacia las colonias entre el siglo XVI y el XIX, Curtin (1969: 88–89) estima que unos 4 millones habrían llegado al Caribe y 4.7 millones a Sudamérica. Según él, los números que se distribuyeron en cada país hispanoamericano fueron los siguientes:

República Dominicana	30,000
Cuba	702,000
Puerto Rico	77,000

México	200,000
Centroamérica	24,000
Argentina, Uruguay, Paraguay y Bolivia	100,000
Chile	6,000
Perú	95,000
Colombia, Panamá y Ecuador	200,000
Venezuela	121,000

Los africanos llegaron de diferentes zonas del continente y, por lo tanto, hablaban lenguas muy diversas, entre ellas mandinga/fula, varias lenguas kwa (ewe/fon, igbo, efik, ijo), yoruba y las lenguas bantú (kikongo y kimbundu, por ejemplo). Falta información demográfica adecuada sobre la distribución de estos diferentes grupos en Hispanoamérica, lo cual complica el análisis del contacto entre las lenguas africanas y el español. No obstante, en años recientes, varios estudios han demostrado que el kikongo y, en menor medida, el kimbundu, jugaron un papel clave en el desarrollo de la "lengua" ritual de Palo Monte en Cuba (Fuentes Guerra y Schwegler, 2005; Schwegler, 2006) y de una lengua criolla de Colombia, el palenquero (Schwegler,1998, 2002a) (ver sección 3.7.1). Asimismo, Lipski (2005a: 44) nota que, a pesar de que cientos de lenguas africanas llegaron a Hispanoamérica, solo unas pocas hicieron aportes duraderos a la lengua afrohispana.

La contribución africana al desarrollo del español latinoamericano, sobre todo del español caribeño, sigue siendo tema de debate. En las próximas secciones analizaremos pormenorizadamente la situación del contacto del español con las lenguas africanas desde un punto de vista principalmente diacrónico. Hay una gran especulación sobre los frutos de ese contacto puesto que la documentación histórica es relativamente limitada. Consiste fundamentalmente en representaciones literarias del habla *bozal* (Lipski, 2005a), es decir, el habla de los esclavos nacidos en África, quienes habían aprendido el español como segunda lengua y lo hablaban con dificultad.

3.2.   Los orígenes del español caribeño

Los orígenes del *español caribeño* constituyen una de las polémicas más candentes de la dialectología hispánica. El Caribe es una zona dialectal que abarca las islas de Cuba, la República Dominicana, Puerto Rico, las costas de Venezuela y Colombia, la parte oriental de Panamá y algunas áreas de las costas del Golfo de México (Zamora y Guitart, 1982). En el período colonial, el Caribe fue receptor de grandes poblaciones de hablantes nativos provenientes de la zona occidental y central de África que fueron desplazadas principalmente hacia los ingenios azucareros durante la trata negrera (Lipski, 2005a). En el mapa 1.2 se ven reflejadas las zonas de Hispanoamérica, destacadas por Perl (1998), en las que se encuentra una población de raza negra de considerable importancia demográfica.

Algunos investigadores, entre ellos Perl (1998), sostienen que el habla bozal repercutió seriamente en la evolución del español caribeño, no solo a nivel léxico sino también en la fonología y la sintaxis. Según los que abogan por la *hipótesis sustra-tista*,[1] el influjo de los esclavos africanos, lingüística y culturalmente heterogéneos, llevó a la formación de un código *pidgin* que habría facilitado la comunicación no solo con sus amos de habla europea sino también entre ellos mismos. Este rudimentario sistema de comunicación, transmitido a sucesivas generaciones de esclavos nacidos en territorios coloniales, habría asentado las bases de una *lengua criolla*, o varias lenguas criollas, las cuales evolucionarían independientemente en años posteriores. Algunos estudiosos (v.g., Granda, 1978, 1985, 1988a, 1991b, 1994; Megenney, 1993; Otheguy, 1973; Perl, 1990; Schwegler, 1996b, 1996c, 1999) afirman que esas varie-dades criollas habrían influenciado al español de tal forma que se habría convertido en el actual dialecto caribeño, el cual se diferencia notablemente de los dialectos de otras regiones latinoamericanas.

Otra perspectiva es que las originarias lenguas africanas de los esclavos no tuvieron mucha importancia en la evolución del español en las Américas, a pesar de que los negros representaban la mayoría de la población en muchas áreas de la cuenca caribeña. Respecto de esto, existen dos teorías principales: la *andalucista* y la del *desarrollo paralelo*. La primera hipótesis propone que las variedades del español habladas en el Caribe reflejan la preponderancia de los colonos andaluces y canarios en la región, y los íntimos lazos marítimos, comerciales y culturales que ellos mantuvieron con varias zonas del Caribe en siglos posteriores (ver Wagner, 1927; Boyd-Bowman, 1956, 1963, 1964, 1968a, 1968b, 1972). Cabe recordar que Cuba y Puerto Rico siguieron bajo el control de la Corona española hasta 1898, y la emigración de zonas de Andalucía y las Islas Canarias al Caribe—principalmente a Cuba y Venezuela—se daba todavía a principios del siglo XX. En resumidas cuentas, según la teoría andalucista, los rasgos del dialecto caribeño son el resultado natural de la extensión y subsecuente evolución de las variedades del español andaluz y canario en esta parte del Nuevo Mundo. Por otra parte, aquellos (v.g., Henríquez Ureña, 1921, 1932; Alonso, 1953) que encuentran inconsistencia en la teoría sustratista y en la andalucista sostienen la idea de que el dialecto caribeño es resultado de una evolución autónoma e independiente. En su argumentación, las semejanzas superficiales entre el español andaluz y el caribeño, generalmente hablando, se dan por casualidad. En tal caso, se habría dado en Andalucía y en el Caribe un desarrollo paralelo de las variedades en cuestión, libre de mutua influencia entre ellas y sin apreciable impacto de las lenguas de sustrato africano.

Otra posible explicación para el origen de los principales rasgos fonológi-cos del español americano es el proceso de *koineización* que se habría dado cuando distintos dialectos peninsulares se pusieron en contacto durante la conquista y la colonización de Hispanoamérica (ver Tuten, 2003). Fontanella de Weinberg (1992) explica la koinización, que normalmente causa reducción y simplificación de rasgos, de la siguiente manera:

> En la koinización americana resulta muy fácilmente explicable el triunfo de
> los rasgos simplificadores del andaluz, si tenemos en cuenta, por una parte,
> el peso demográfico y social de los hablantes de ese origen y, por otra parte,

que en un proceso de koinización, es decir, de conformación de una nueva variedad a partir de las diferentes en contacto, resultaba mucho más factible el avance de procesos simplificadores que lo contrario; es decir, era más fácil para los hablantes que poseían determinadas oposiciones perderlas que para quienes no las tenían adquirirlas [. . .] A ello debemos agregar que en las regiones en las que la población indígena o africana tenía un volumen significativo, también para ellos, en la alternativa de aprender una variedad con mayor número de oposiciones o una variedad simplificada, les resultaba mucho más sencilla la segunda posibilidad. (47)

Aunque la mayoría de los lingüistas reconoce la importancia del andaluz en el desarrollo del español caribeño, no se ha resuelto todavía cuánta influencia tuvieron las lenguas africanas en el español de América. Antes de analizar esa cuestión, es menester aclarar el concepto de *lengua criolla*, ya que es fundamental para nuestras consideraciones de contacto lingüístico en el Caribe.

3.3.   Bases teóricas: lenguas *pidgin* y *criollas*

Una lengua *criolla* generalmente se define como una lengua híbrida que evoluciona muchas veces de un *pidgin*. Las lenguas *pidgin* son sistemas de comunicación extremadamente rudimentarios creados por hablantes que no comparten una lengua en común y que entran en interacción habitual, pero con propósitos muy limitados. Históricamente, esta situación ocurría en la época temprana de exploración y comercio, sobre todo en las empresas marítimas. Thomason (2001) atribuye el proceso de *pidginización* a una serie de variables sociales, económicas y políticas que se entrecruzan, con el resultado de que determinados segmentos de la sociedad "[. . .] no aprenden la lengua del otro grupo, sino que crean un pidgin, típicamente (aunque no siempre) con vocabulario de una de las lenguas en contacto. La gramática del nuevo pidgin no viene de sólo una lengua; al contrario, es un tipo de compromiso interlingüístico de las gramáticas de las lenguas en contacto, con más o menos (normalmente más) influencia de los universales en la adquisición de una segunda lengua [. . .]"[2] (159).

En situaciones de contacto lingüístico relativamente estables y prolongadas, algunas lenguas pidgin se han convertido en el idioma principal de una comunidad de habla y, a la larga, los niños las adquieren como primera lengua. La formación de una lengua criolla surge de tres fuentes principales de *input*, según Winford (2003a: 3): (1) input de las variedades nativas y no nativas de la lengua, normalmente europea, que provee gran parte del léxico; (2) influencia de la primera lengua; y (3) cambios activados internamente que regularizan y expanden la gramática. Para Winford (2003a: 10), lo que distingue la formación de una lengua criolla de otros tipos de adquisición de una segunda lengua son la naturaleza y la accesibilidad de input continuo de la lengua del superestrato, es decir, la lengua que provee el léxico. Varios lingüistas, entre ellos Hall (1966) y Holm (2000), equiparan la criollización con la nativización, o el proceso que ocurre cuando la lengua pidgin se adquiere como lengua nativa entre sucesivas generaciones. Sin embargo, se ha demostrado que la transformación de un pidgin en una lengua criolla se logra a veces vía una expansión general del ámbito social en cuanto al número de contextos en que se usa; si esto es así, tanto los adultos como los niños desempeñan papeles necesarios en su evolución. Otro aspecto importante de las lenguas criollas es que tienden a agruparse en lugares en los que los países europeos establecieron colonias con plantaciones entre los siglos XV y XIX (Rickford y McWhorter, 1997). En la actualidad, las lenguas pidgin y criollas se encuentran por todo el mundo donde históricamente circulaban rutas marítimas comerciales y en naciones y territorios colonizados por los portugueses, holandeses, ingleses y franceses. En todas estas situaciones, la lengua europea se considera la lengua del superestrato—la que ejerce más poder social y dominio político y económico—mientras que las lenguas habladas por las poblaciones locales, subyugadas o esclavizadas, son reconocidas como lenguas del sustrato. La lengua del superestrato es también conocida como lengua lexicalizadora, puesto que algunos lingüistas, entre ellos Lefebvre y Lumsden (1994), creen que las lenguas criollas se basan en el léxico de la lengua socialmente dominante y reflejan la sintaxis de las lenguas del sustrato.

Definir las lenguas criollas en términos teóricos es una tarea sumamente difícil, puesto que sus conceptualizaciones tanto como las aproximaciones lingüísticas e ideológicas a su análisis varían indefectiblemente. Los estudiosos (Bickerton, 1984; Thomason y Kaufman, 1988) han distinguido entre lenguas criollas que han sido criollizadas rápidamente[3] y las que demoraron más tiempo en desarrollarse. Las primeras, que son las más comunes, llegaron a ser las lenguas primarias en su comunidad de habla al cabo de una generación, después del contacto lingüístico inicial. En términos de su estructura lingüística, las lenguas criollas son caracterizadas por tres rasgos esenciales, según McWhorter (1998): (1) el uso mínimo de afijos inflexionales; (2) el uso mínimo de tono para contrastar monosílabas léxicamente o para codificar la sintaxis; y (3) el tener afijos derivativos semánticamente regulares. Estos rasgos son el producto de una transmisión intergeneracional forzosa y repentinamente interrumpida, lo cual resulta en un sistema simplificado de afijos flexionales o tonos.

Una de las polémicas no resueltas en el estudio de las lenguas pidgin y criollas se relaciona con el origen de esas lenguas y la razón de sus semejanzas. Originalmente, los estudiosos estaban divididos con respecto a dos teorías básicas: la monogénesis y la poligénesis. Los que apoyaban la teoría de la poligénesis afirmaban que las diferentes lenguas criollas se desarrollaron independientemente en distintos contextos sociales pero con funciones paralelas; es decir, experimentaron un desarrollo paralelo independiente (Hall, 1966). Algunos investigadores, entre ellos Bloomfield (1933), Hall (1966) y Ferguson (1971), plantearon que un factor importante en el desarrollo de las lenguas criollas había sido la simplificación de la lengua por parte de los hablantes del superestrato para facilitar su adquisición por parte de los miembros del sustrato, fenómeno designado como *foreigner talk* (habla de extranjeros). Sin embargo, muchas veces son los hablantes del sustrato los que crean y usan las variedades criollas y no los hablantes del superestrato (Rickford y

McWhorter, 1997: 249). Según Thomason y Kaufman (1988: 174–194), la formación de las lenguas pidgin y criollas implica una acomodación mutua por parte de los hablantes del superestrato y del sustrato; solo de esa manera se pueden explicar tanto las similitudes, que parecen ser resultado de universales lingüísticos en su evolución, como las diferencias, que parecen ser fruto de variables sociolingüísticas *in situ*, existentes entre ellas.

Por otra parte, los antiguos proponentes de la monogénesis (cf. Whinnom, 1965) sugirieron que un pidgin muy temprano basado en el portugués, que luego evolucionaría en una lengua protocriolla, se desarrolló en las costas occidentales de África durante la época del comercio de esclavos y a lo largo de las rutas marítimas portuguesas en el hemisferio oriental. Puesto que los portugueses eran muy activos y ejercían un gran control sobre el comercio mundial y la exportación de esclavos africanos durante el temprano período colonial, los proponentes de esta teoría creían que una incipiente lengua protocriolla portuguesa podría haber proveído la base para la evolución posterior de todas las lenguas criollas. Posteriormente, las lenguas criollas habrían experimentado un paulatino proceso de *relexificación*, en el cual se habría reemplazado el vocabulario portugués con el léxico de otras lenguas europeas con las que estaban en contacto. Tal relexificación de un pidgin de base afroportuguesa habría ocurrido, por ejemplo, en la formación de las lenguas criollas de base léxica hispana: el palenquero, el papiamento y el chabacano. Según Schwegler (1998: 231), "[e]n el caso específico del palenquero [ver la sección 3.7.1], esta supuesta relexificación habría afectado fonéticamente prácticamente la totalidad del vocabulario pidgin afroportugués, acercando así con relativa rapidez palabras afroportuguesas a una articulación afroespañolizante". No obstante, dicha teoría no se acepta categóricamente, ya que existen varias lenguas criollas, tales como el inglés pidgin de Hawai o el *chinook jargon* del actual noroeste de los Estados Unidos, que evolucionaron sin ningún tipo de contacto con los portugueses.

Otra teoría que explica las similitudes entre las lenguas criollas es la hipótesis del *bioprograma* de Bickerton (1981, 1984, 1988), la cual se basa en la gramática universal de Chomsky y postula que las lenguas criollas son creadas por los hijos de los hablantes de un pidgin. Según esta hipótesis, los niños reciben un input tan simplificado e inadecuado que recurren a un bioprograma innato, común a todos los seres humanos, para desarrollar una lengua plenamente criolla con todas las funciones lingüísticas necesarias para la comunicación diaria. Esta teoría también ha sido criticada en parte, porque postula un papel demasiado limitado para los adultos en la comunidad y porque no tiene en cuenta la influencia de las lenguas del sustrato. Rickford y McWhorter (1997: 252) concluyen que "se puede decir que la mayoría de los criollistas encuentran algún papel tanto para los universales como para la influencia del sustrato en la génesis de las lenguas criollas [. . .]. Pero todos permanecen tajantemente divididos sobre la cuestión de si los universales son evidencia de un 'bioprograma' innato y sobre el preciso papel de cada uno de estos elementos claves del proceso".[4] Si hay universales en la creación de una lengua criolla, según Singler (1996: 218), estos "incluyen universales en la adquisición de una segunda lengua (pero no están limitados a ellos), y también universales situacionales/pragmáticos creados cuando, después de desplazamientos masivos de poblaciones, aquellos hablantes que no tienen una lengua común tratan de comunicarse los unos con los otros".[5]

Algunos sostienen que, después del contacto extensivo con una lengua europea a través de varias generaciones, algunas lenguas criollas sufren un proceso de *descriollización* durante el cual las formas de la lengua del superestrato se integran más extensivamente en todos los niveles: el fonológico, el morfosintáctico, el léxico y el pragmático. De esta manera, la descriollización se puede concebir como el intento del hablante de la lengua criolla de aproximarse más a las normas de la lengua de prestigio. Las lenguas criollas se pueden clasificar según un *continuo poscriollo*, desde el basilecto, que es la forma más "esencial" del criollo, hasta el acrolecto, que es la variedad del superestrato que goza de mayor prestigio. McWhorter (2000: 209) nota que adquirir el criollo era una forma de adquirir la lengua lexicalizadora entre la población originaria de África y que en la mente del hablante del criollo la distinción entre la lengua lexicalizadora y la lengua criolla era muy fluida, a tal extremo que se veía al criollo como una variante de la lengua lexicalizadora y no como una segunda lengua.

Aunque hoy en día en el Caribe siguen vigentes varias lenguas criollas derivadas del francés (en Haití, Martinica y Guadalupe, por ejemplo) y el inglés (en Jamaica y en las costas centroamericanas, por ejemplo), prácticamente no existen criollos derivados del español. Las únicas excepciones posibles, que describiremos más adelante en este capítulo, son el papiamento, lengua oficial de las islas de Aruba, Bonaire y Curazao, y el palenquero, variedad hablada en una comunidad aislada en Colombia. Resulta sorprendente la ausencia de criollos en Hispanoamérica si tenemos en cuenta que las condiciones sociohistóricas de las colonias españolas eran sumamente parecidas a las de las francesas y las inglesas, en donde florecieron los sistemas de comunicación criollos. Este tema es tomado por McWhorter (2000) en un libro controversial titulado *The Missing Spanish Creoles*, cuyo argumento principal examinamos a continuación.

3.4. La ausencia de lenguas criollas en Hispanoamérica

McWhorter (2000) observa que, entre la mayoría de los criollistas, se da por sentado que las lenguas criollas tengan su base en lo que él denomina *modelo de acceso limitado*. Según él, los principales modelos teóricos que se han elaborado hasta el momento se fundamentan en la noción de que las lenguas criollas de las plantaciones del Caribe fueran forjadas por los esclavos en su intento de adquirir una lengua europea a la cual no tenían total acceso, hecho debido en parte a la gran desproporción entre negros y blancos y a la fuerte estratificación sociocultural entre las razas. Para McWhorter (2000: 196), todos los investigadores que abogan por explicaciones basadas en el modelo de acceso limitado—"dilución" según Bickerton (1981, 1984), "aproximación" en las propuestas de Chaudenson (1979, 1992) y Mufwene (1994, 2001), "relexificación" para Alleyne (1980) y Lefebvre (1986,

1993), "creación" ante la falta de un constante contacto con la lengua lexificadora en el trato de Baker (1990)—caen en el mismo error: el de asumir que los códigos criollos son fruto de las restricciones sociales impuestas a los esclavos en las sociedades coloniales. En vista de tal cuestionamiento, McWhorter plantea una revisión de la teoría criolla, la cual él denomina *hipótesis de afrogénesis*. Esta hipótesis sostiene que la pidginización de las lenguas criollas no empezó en las plantaciones del Caribe, sino en las interacciones que ocurrían entre europeos y africanos que trabajaban en los asentamientos comerciales del oeste de África. Como las necesidades de comunicación eran bastante limitadas y muy específicas en esos asentamientos, el resultado fue la creación de una lengua pidgin, la cual servía para propósitos comerciales. Para los africanos, el pidgin era una lengua secundaria usada solamente para comunicarse con los europeos, puesto que seguían usando su lengua nativa para comunicarse entre sí. McWhorter (2000: 199) aclara que:

> [. . .] este tipo de pidginización no puede considerarse como una tentativa de desarrollar una nueva lengua primaria frustrada por el input inadecuado [. . .] La presencia de lenguas criollas en las antiguas colonias europeas es el resultado de la importación de estas variedades pidgin [. . .] a las tempranas colonias europeas donde se implantaron como vernáculos que expresaban la identidad negra y se expandieron en lenguas criollas. Estas se distribuyeron a las colonias establecidas posteriormente por medio del tráfico intercolonial.[6]

Entre los argumentos y hechos ofrecidos por McWhorter (2000: 197) para respaldar su hipótesis figura la ausencia de lenguas criollas en Hispanoamérica, hecho que, según él, es el más convincente y el que mayor reto presenta para los modelos basados en la noción de acceso limitado. McWhorter afirma que "algo único" de la colonización española nos provee una explicación contundente para la ausencia de criollos en Hispanoamérica: la Corona española, en ningún momento de su historia, controló asentamientos por la costa occidental de África, a diferencia de los ingleses, franceses, portugueses y holandeses. Si existen criollos en las zonas del Caribe colonizadas por estos últimos grupos pero no se les encuentra en las áreas de colonización hispánica, y si estos grupos tuvieron asentamientos en el oeste de África pero los españoles no, la conclusión más lógica sería que las lenguas criollas nacieron en los asentamientos africanos y no en las plantaciones del Caribe (198).

El trabajo histórico de Washabaugh y Greenfield (1983) podría servir de apoyo a los argumentos de McWhorter. Ellos señalaron que fueron los portugueses los primeros europeos en controlar islas alrededor de la costa de África y en establecer allí plantaciones azucareras con poblaciones de esclavos extraídos del continente. Los esclavos se veían en una situación social bastante precaria en los asentamientos pues, aunque estaban obligados a asimilar hasta cierto punto la cultura portuguesa y expresarse en la lengua portuguesa, siempre eran excluidos de la vida social y de las instituciones oficiales del poder metropolitano. Las consecuencias de las restricciones sobre la plena participación de los esclavos en la sociedad dieron lugar a lo que Washabaugh y Greenfield caracterizan como una situación de *doble obligación* (*double binding*) (116), la cual llevó a la creación de una identidad nueva y, concomitantemente, una nueva lengua criolla. Estos autores explican que:

> Aunque [. . .] constreñidos a asimilar normas de vida portuguesas, los esclavos, como respuesta a la doble obligación, introdujeron aspectos de sus vernáculos africanos. Las lenguas criollas que resultaron de esta mezcla y su compleja derivación sirvieron para (1) identificarlos como portugueses por su léxico y (2) crear de ellos una identidad distintiva dentro del mundo lusófono [. . .] Todo esto sucedió casi inmediatamente después de la colonización de las islas a fines del siglo XV.[7] (Washabaugh y Greenfield, 1983: 117)

Los sistemas criollos de comunicación que surgieron en las sociedades de Cabo Verde, São Tomé y Príncipe, bajo la soberanía de los portugueses, fueron trasladados posteriormente al Caribe, sentando las futuras bases de las diversas lenguas criollas de esa zona. Washabaugh y Greenfield formulan una crítica explícita a las principales corrientes teóricas de la criollística, tomando una posición muy semejante a la de McWhorter: "El fracaso de considerar los factores sociales e históricos que han dado vida a las lenguas criollas ha dejado al estudiante del proceso de criollización sólo con explicaciones ad hoc que requieren la postulación de procesos lingüísticos extraordinarios".[8] (Washabaugh y Greenfield, 1983: 119). Washabaugh y Greenfield (1983) atribuyen el principal mecanismo de derivación de las lenguas criollas en las sociedades portuguesas de la época colonial a un grupo intermediario de empresarios. La función de los empresarios era la de organizar y supervisar la producción en las plantaciones, constituyendo así un grupo intercesor entre la población esclava y la élite portuguesa. En su capacidad mediadora entre esos dos grupos, hubieran impedido en mayor o menor grado la plena adquisición del portugués por parte de los esclavos, presentándoles una versión no estándar de la lengua metropolitana como meta sociolingüística (117).

Ahora bien, McWhorter (2000: 200) afirma que, al examinar las condiciones de vida en las grandes plantaciones del Caribe a través de la mira de la teoría sociolingüística contemporánea, no se revela ningún aspecto de la estructura social que hubiera impedido la adquisición de las lenguas europeas como segunda lengua entre los integrantes de la población esclava. Notamos que Lipski hace un planteamiento muy parecido en su evaluación de la evidencia a favor de no considerar el habla de los negros de Cuba y Puerto Rico como código criollo: "la mayor parte de los rasgos recurrentes de lengua afrohispana son comunes entre aprendices de una segunda lengua"[9] (Lipski, 1993a: 1). Pero si en la población esclava de las plantaciones no se veía socialmente obstaculizado el proceso de adquirir la lengua europea, hay que preguntar por qué ocurrió la criollización en las colonias portuguesas, francesas e inglesas y por qué las lenguas criollas se han perpetuado en el Caribe hasta nuestros días. Según McWhorter, la respuesta a este interrogante radica en la identidad social, ya que el pidgin hablado por los esclavos originarios de los asentamientos africanos se habría mantenido como registro vernáculo de la comunicación para luego expandirse y fortalecerse como criollo, vehículo de la expresión de la identidad negra en las comunidades esclavas. Algo similar ocurre con el uso del inglés vernáculo africano-americano en los Estados Unidos hoy en día (denominado AAVE en inglés) frente al estándar, al cual la gran mayoría de los afroamericanos estadounidenses tiene pleno acceso (2000: 202–203). Según McWhorter, se desarrolló un código criollo, cuya principal función social era la de expresar una identidad negra en las comunidades esclavas, únicamente en las zonas donde se ofrecía una base pidgin importada de los asentamientos africanos, base que no se tenía en las zonas hispánicas debido al hecho de que la importación de esclavos bajo los españoles se hizo por contratación de los otros grandes poderes, principalmente los portugueses y los ingleses. En las colonias españolas, entonces, la única posible lengua meta que se daba era el estándar local del español: "[. . .] en las plantaciones españolas, no había dos lenguas meta—la estándar local y la criolla—sino sólo una: la estándar local. Por consiguiente, los esclavos españoles simplemente transmitían esa a las generaciones sucesivas. No había un polo 'pidgin' mediante el cual se podía expresar la identidad. [. . .] La transmisión de la lengua estándar, sobre todo a los niños, era un proceso relativamente continuo, a pesar de la gran desproporción entre negros y blancos"[10] (McWhorter, 2000: 203). McWhorter señala que las dos lenguas criollas de base léxica hispana en el Caribe, el papiamento y el palenquero, se originaron de una lengua pidgin o criolla portuguesa, no española, y por lo tanto no presentan evidencia contradictoria a la hipótesis de la afrogénesis. Además, tanto McWhorter (2000: 7–10) como Schwegler (2002b: 114) observan que en el Chocó de Colombia, el establecimiento de la minería en gran escala en el siglo XVII llevó a una situación en la que la proporción de blancos y negros nunca pasó de 1:20. Dadas las condiciones de trabajo, los esclavos tenían poco contacto sostenido con los blancos, pero a pesar del acceso limitado a hablantes nativos del español por parte de la población de origen africano, nunca se desarrolló una lengua pidgin afrohispana ni una lengua criolla en esa región.

El papel que desempeñó la desproporción racial en las sociedades caribeñas sí fue importante según los planteamientos de McWhorter, pero no en el sentido genético. Aunque el pensamiento mayoritario en la criollística atribuye la creación de códigos criollos fundamentalmente a la desproporción entre blancos y negros en las plantaciones, McWhorter argumenta que la desproporción sirvió para preservar y cultivar dichos códigos, con lo cual se perpetuó y expandió su uso en el ámbito social, pero no para crear el pidgin originario desde un principio. En las palabras de McWhorter, si el papel de los hechos demográficos hubiera sido el de engendrar el proceso de pidginización y criollización, hoy los chocoanos de Colombia hablarían una lengua criolla. A pesar de la abrumadora mayoría negra en muchas zonas hispánicas, tal como en el Chocó, nunca surgió ningún código criollo (McWhorter, 2000: 205–206). No obstante, Lipski (2005a: 284–285) observa que las poblaciones de ascendencia africana que viven en zonas muy alejadas como el valle de Chota en Ecuador, el Chocó colombiano, la costa de Barlovento de Venezuela y algunos pueblos afrodominicanos y afrocubanos aislados, llegaron a ser integradas lingüísticamente en las comunidades de habla regionales y nacionales hace ya por lo menos 50 años; es decir, ha pasado suficiente tiempo como para que los rasgos de un pidgin o una lengua criolla, sustancialmente divergentes del español normativo, hayan desaparecido. Lipski (2005a: 286) resume la crítica principal a los argumentos de McWhorter sobre la escasez de lenguas criollas de base española en las siguientes palabras:

> [. . .] [McWhorter] no da ninguna razón por la que un pidgin en vías de desarrollo, el cual tiene base en el español, inglés o portugués y se forma dentro del contexto de una plantación en las Américas, no podría servir como marcador de identidad negra y, a ese propósito, ser retenida entre esclavos negros a la vez que adquirían una versión más completa de la lengua de sus amos; no hay razón convincente por la que solo un pidgin previamente usado en el África occidental tendría tal poder regenerativo.[11]

El hecho de que en la actualidad solo se hayan encontrado dos lenguas criollas con base española en el Caribe—el palenquero y el papiamento—no quiere decir que no hubiera otras que se desarrollaran durante la época colonial y que luego desaparecieran sin dejar rastros muy evidentes en el español de la zona. Schwegler y Morton (2003), por ejemplo, han observado que el español que se habla en El Palenque de San Basilio, donde ha estado en contacto con el palenquero por más de tres siglos, casi no muestra huella de haber estado en contacto con una lengua criolla. Dado ese hecho, es muy posible que en otros lugares aislados también hayan existido lenguas criollas que luego desaparecieron sin dejar vestigios en los dialectos locales del español.

Como ya mencionamos, es muy probable que las bases del palenquero y del papiamento—las únicas dos variedades criollas que encontramos hoy en día en todo el Caribe hispánico—sean portuguesas (Schwegler, 1999, 2003). McWhorter (2000: 31) señala que:

> Las existentes lenguas criollas españolas no parecen haberse desarrollado a través de la pidginización del español mismo: el palenquero y el papiamento empezaron como variedades pidgin de base portuguesa, a las cuales se sobrepuso el léxico español más tardíamente. [. . .] El argumento de que hubiera una anterior lengua criolla española que se hablara en toda Hispanoamérica resulta forzado desde el punto de vista sociolingüístico, y la poca evidencia empírica que lo apoya (los vestigios de un pidgin portugués) es fácilmente atribuible a simples fenómenos de adstrato.[12]

Incluso muchos estudiosos que abogan por la hipótesis sustratista en la dialectología hispánica reconocen explícitamente la base afroportuguesa tanto del palenquero como del papiamento. Schwegler (1998) afirma que "un número creciente de especialistas concuerda en que el habla palenquera [. . .] [es] el producto de contactos lingüísticos con raíces en un pidgin *afroportugués*, traído a Cartagena y otras áreas del Caribe afrohispano por esclavos africanos arrojados de las vastas zonas del litoral occidental africano [. . .], donde los portugueses mantuvieron [. . .] un prolongado monopolio sobre el flujo de esclavos hacia América" (230).

Lipski (1994) afirma que la noción de una temprana variedad criolla panhispánica que se hubiera hablado entre las poblaciones negras de todo el Caribe tiene el potencial de cambiar drásticamente nuestros conocimientos de la evolución del español en esa zona, si es que esto puede ser corroborado (113). Álvarez y Obediente (1998) opinan que:

> La existencia en la zona del Caribe de lenguas como el palenquero y variedades como el habla bozal cubana no constituyen necesariamente pruebas fehacientes de que el español, tal como se habla hoy en día en estos territorios, lleve marcas de criollización. El que las hablas del Caribe hispánico puedan considerarse como variedades semicriollas dependerá, claramente, de que pueda demostrarse el origen criollo de por lo menos algunos de sus rasgos. Estos podrán ser entonces el resultado de un criollo anterior o del préstamo de lenguas de ese origen. (41)

En el intento de encontrar huellas o restos de alguna antigua variedad criolla panhispánica en el español caribeño, varios investigadores han analizado textos del pasado y, en otros casos, grabaciones del habla popular contemporánea de la región. El propósito de estos análisis parece ser siempre el mismo: comprobar o no la hipótesis sustratista en base a la presencia o ausencia de elementos discutiblemente criollos en el habla bozal.

3.5. El debate en torno al español *bozal*

El término *bozal* se refiere al esclavo procedente de África, quien hablaba una lengua europea con suma dificultad (Lipski, 1993a: 1). Otheguy (1973) refuerza los argumentos de Granda (1968, 1971) de que el lenguaje de la población bozal desempeñó un papel muy importante en el desarrollo del español caribeño. Como apoyo a la hipótesis de que el español bozal constituía una lengua criolla, ambos investigadores ofrecen evidencia morfosintáctica del texto *El monte* (1969), de la conocida antropóloga cubana Lydia Cabrera, en el que se documenta el habla de varias personas de la vieja población bozal en Cuba a mediados del siglo XX; a esta obra Otheguy añade otra publicada por Cabrera en 1970. Entre los ejemplos de los textos ofrecidos por Otheguy como evidencia de la naturaleza criolla del español bozal en Cuba figuran los siguientes, los cuales consideraremos a continuación (las traducciones al español son nuestras).

1. *¿Cómo va sé máno branco, si ta afé, tá prieto yo? ¡Tá jugá!*
   ¿Cómo voy a ser [puedo ser] el hermano de un blanco, si estoy [soy] oscuro, estoy [soy] negro yo? ¡Estás jugando!
2. *Ya branco tá debaratá cosa.*
   Ya el blanco está desbaratando la cosa.

3. *¡Pera un poco muchacho! ¿No ta mirá palangana allí con vela prendía?*
   ¡Espera un poco, muchacho! ¿No estás mirando [ves] la palangana allí con
   la vela prendida?

Otheguy (1973) concluye que estas oraciones, en las cuales aparece el verbo *ta*, no
son oraciones de la lengua española (327). Afirma que en estos ejemplos (1, 2 y 3)
la función sintáctico-semántica de *ta* es distinta que en otros dialectos del español, y
que no es la reducción fonológica de *estar* ni un morfema del español (327). Afirma lo
mismo respecto al uso de *ta* en la construcción *ta creá* del ejemplo 4 de abajo, rechazando la posibilidad de que sea una reducción fonológica del presente progresivo *está
creando* del español normativo (328):

4. *Uté mira, tó mundo, ripiá, facitó, tó mundo camina sobre tiera. Y cuando
   uté quié ensuciá, uté ensucia la tiera. Y son deuda que uté ta creá con
   tiera. . . .*
   Usted mira, todo el mundo, rico, pobre, todo el mundo camina sobre la
   tierra. Y cuando usted quiere ensuciar [defecar], usted ensucia la tierra. Y
   son deudas que usted está creando con la tierra . . .

En un artículo que refuta plenamente los argumentos de Otheguy, Fontanella
de Weinberg (1980) mantiene que el uso de *ta* en construcciones como *ta desbaratá*
(ejemplo 2), *ta mirá* (ejemplo 3) y *ta creá* (ejemplo 4) sí es una reducción fonológica
del presente progresivo y declara que en estos ejemplos "su uso es absolutamente
normal" frente a otras variedades del español (192). Respecto al ejemplo 3, Otheguy
dice que *ta mirá* no es equivalente a 'estás mirando' por dos razones: primero, que el
uso de *mirar* resulta semánticamente inapropiado en el contexto de dicha oración, y
segundo, que la construcción *estar* + gerundio no podría darse en tal contexto (327).
A estas afirmaciones, Fontanella de Weinberg responde que ninguna es correcta y
explica que "el uso de *mirar* por *ver* es común en muchas zonas del español de América y constituye una mera ampliación del uso de una forma semánticamente similar,
mientras que la frase verbal resulta perfectamente gramatical en ese contexto, aun en
mi variedad de español . . ." (192). Sin embargo, otros investigadores, como Lipski
(1993a, 2005a), no creen que esta construcción sea una reducción del presente progresivo (aunque lo podría ser en algunos casos), sino evidencia del contacto con una
lengua criolla. Según Lipski (1993a, 2005a), la fuente más probable es el papiamento,
que llegó a Cuba y Puerto Rico en el siglo XIX cuando se trasladaron obreros de
Curazao para cortar caña de azúcar.

Otra evidencia dada por Otheguy (1973) a favor de sus argumentos es la
fuerza fonológica que recae en las terminaciones verbales en algunos ejemplos. Para
Otheguy, el proceso de descriollización del español bozal en Cuba llevó a la pérdida
de marcadores preverbales—rasgo común de las lenguas criollas—y a la introducción del uso de la fuerza fonológica para distinguir tiempo y aspecto, sistema más
parecido al del español normativo (331). Otheguy postula que en esta variedad del
español bozal, cuando la fuerza recae en la penúltima sílaba, se expresa el aspecto

no completivo, y cuando recae sobre la última sílaba, se relata el aspecto completivo. Según Otheguy, esto se ve contrastando el ejemplo 5, en que *coge* tiene función imperativa, con el ejemplo 6, en el cual se relata un suceso en el pretérito.

5. *Pa nkamá* COGE *huevo ese, pasa cara, pasa cuerpo, limpia bien . . .*
Pa nkamá coge ese huevo y pásalo por la cara, pásalo por el cuerpo, límpiate bien . . .
6. *. . . y píritu di é bobé pecao que mué* COGÉ, *né contrá lo río . . .*
. . . y el espíritu de él [se] volvió pescado que la mujer cogió; ella lo encontró en el río . . .

A nivel fonológico, Otheguy propone que los siguientes rasgos del español caribeño contemporáneo sirven como prueba de la preexistente influencia de una lengua criolla en la zona: (a) neutralización de /r/ y /l/ y la posible aspiración o elisión de estos segmentos en posición final de sílaba; (b) elisión de /s/ en posición final de sílaba, especialmente en el habla popular; (c) debilitamiento general de la consonante en posición final de sílaba; y (d) velarización de la /n/ a final de palabra (1973: 333). Otheguy observa que el mayor desarrollo de la sílaba abierta en el español caribeño frente a otros dialectos del español y la ocurrencia de (a) y (d) como rasgos distintivos concuerda con la fonología de lenguas criollas en general (334). Sin embargo, Fontanella de Weinberg (1980) señala la existencia de cada uno de estos fenómenos (a-d) en otras partes del mundo hispanoparlante donde no vivió en ningún momento de la historia una numerosa población de personas de origen africano, como en Chile, Perú y Andalucía. Fontanella de Weinberg afirma que "la difusión tan amplia de estos rasgos lleva a pensar en una explicación monogenética, pues, pese a la insistencia de Otheguy en mostrar las afinidades de estos fenómenos con características del habla bozal, resulta bastante poco convincente que en esa región tales rasgos tengan una explicación totalmente aparte de todo el resto del mundo hispánico en que aparecen" (1980: 194). La explicación monogenética ofrecida por Fontanella de Weinberg es la andalucista pues, según ella, valiéndose de los estudios de Boyd-Bowman (1975), todos estos rasgos se daban en el español andaluz de la época colonial.

López Morales (1971) toma una postura parecida a la de Fontanella de Weinberg, al afirmar que:

> [L]a fonética del español de Cuba no tiene influencias africanas; por el contrario, fueron los negros criollos los que aprendieron un español con rasgos fonéticos de origen andaluz, asentados ya en la isla por lo menos desde el siglo XVII [. . .] en cuanto al léxico [. . .] los afronegrismos que la integran son 40, prescindiendo de las derivaciones (bemba: bembón, bembona, bembita, bembetear, bembeteo), que en realidad son siempre fenómenos de estructura hispánica. (71)

De modo semejante, McWhorter (2000) opina que "[. . .] el español bozal no era un fenómeno más extraordinario que el inglés de Ellis Island"[13] (28), y Lipski (1993a) concluye que se dan tan solo dos o tres rasgos que sirven de conexión entre el español afrocaribeño y las lenguas criollas, pues los rasgos más prominentes de esta variedad se pueden atribuir a procesos de adquisición del español como segunda lengua (1). A esto, Lipski (1993a: 31) agrega que muy pocos bozales que llegaron a Cuba y Puerto Rico a fines del siglo XVIII y comienzos del siglo XIX habían pasado mucho tiempo en asentamientos portugueses como São Tomé o Cabo Verde donde hubieran adquirido un pidgin de base portuguesa, ya que el modo de capturarlos y trasladarlos al Caribe fue generalmente súbito. Esta observación apoyaría plenamente los argumentos de McWhorter (2000), explicados previamente.

Lipski (1993a) solo encuentra base para atribuir dos rasgos del español bozal, tal como se manifiesta en textos de Cuba y Puerto Rico del siglo XIX, a procesos de criollización: (1) el uso de una sola forma de pronombre de tercera persona, la cual no indica género (*elle* o *nelle*), y (2) lo que Lipski caracteriza como el elemento más inequívocamente criollo de los textos de análisis: las construcciones verbales con *ta*, discutidas por Otheguy (1973) y Fontanella de Weinberg (1980). Todos los demás rasgos del español afrocaribeño previamente atribuidos por otros investigadores a la influencia de una antigua lengua criolla son descartados por Lipski, dado el hecho de que se encuentran en el español hablado como segunda lengua o en otras variedades del español en las cuales no entra ninguna posible influencia criolla (1993a: 12–14). Estos son:

1. frases interrogativas sin inversión de sujeto y verbo (*¿qué tú quieres?*), comunes en las Islas Canarias y en Galicia;
2. uso categórico del pronombre de sujeto, característico del español como segunda lengua;
3. uso de infinitivos personalizados con sujetos léxicos en lugar de construcciones con un verbo conjugado en subjuntivo (*para tú hacer eso* vs. *para que hagas eso*), rasgo del español canario y andaluz, y también del gallego y el portugués;
4. omisión de las preposiciones *a* y *de*, muy común en variedades vestigiales del español y en casos del español como segunda lengua;
5. omisión del verbo copulativo, común en el habla vestigial;
6. omisión de artículos, rasgo del español vestigial y el español como segunda lengua;
7. posposición de pronombres demostrativos (*la piedra esa* vs. *esa piedra*), encontrada en varios dialectos del español de todo el mundo;
8. falta de *que* en cláusulas subordinadas, debido a la simplificación sintáctica que se da en el español como segunda lengua;
9. uso del pronombre de sujeto *vos*, característico del español vestigial del siglo XIX en Cuba;
10. uso de la preposición híbrida *na/ne* (de *en + la/ en + el*, *na cosina*, *ne pueblo*), muy limitado en textos afrocaribeños, encontrado también en criollos derivados del portugués;

11. uso de *tener* en lugar de *haber* como verbo existencial (*en botica tien de tó*, 'en la botica hay de todo'), encontrado en el español vestigial de otras regiones y en el portugués vernáculo de Brasil;

12. anteposición de *más* en frases negativas (*más nada, más nunca*), común en el español de las Islas Canarias, debido posiblemente al previo contacto de marineros canarios con gallegos y portugueses.

Para los dos rasgos que Lipski (1993a) atribuye a una posible influencia criolla—uso del pronombre *elle* y construcciones verbales con *ta*—se plantea el contacto de esclavos en Cuba y Puerto Rico con esclavos papiamentohablantes importados de Curazao durante el siglo XIX. A estos dos rasgos lingüísticos, Lipski agrega toda una serie de otros elementos relacionados con el contacto directo entre el papiamento y el español bozal de Cuba y Puerto Rico (1993a: 26–30). Se explica que, a finales del siglo XVIII, se dio un gran aumento en la producción azucarera en el Caribe. Como solución al dilema de la creciente demanda para la mano de obra en las azucareras y los fuertes movimientos antiesclavistas en Europa a principios del siglo XIX, muchos esclavos fueron importados clandestinamente de Curazao, territorio holandés. Según explica Lipski, el tráfico clandestino de esclavos de Curazao a Cuba y Puerto Rico perduró por casi dos siglos e influyó considerablemente el habla bozal de estas dos últimas islas para darle un aparente carácter criollo. Así y todo, los rasgos aparentemente criollos evidenciados en los textos de Cuba y Puerto Rico del siglo XIX son, para Lipski, superficiales, pues se deben a la influencia directa de la importación de una población hablante de papiamento desde Curazao y no a la criollización *in situ*. Lipski (1993a: 33) resume dicho proceso en las siguientes palabras:

> El español caribeño bozal siempre representaba una versión pidginizada del español regional vernáculo, con estas variedades ya caracterizadas por una considerable reducción fonética y morfológica. Sobrepuesta a esta lengua bozal común se dio una infusión de verdadero criollo afro-hispano, en la forma de estructuras papiamentas usadas por los obreros importados de Curazao [. . .] Los hablantes de bozal en contacto con el papiamento pueden haber adoptado elementos de esa lengua para extender su propio español pidginizado, y en algunos casos una reestructuración del bozal en la dirección de un criollo más parecido al papiamento puede haber ocurrido. En general, sin embargo, la influencia criolla en el español caribeño parece haber sido discreta, aportando palabras y algunas combinaciones verbales pero nunca remodelando por completo los auténticos dialectos bozales del área.[14]

Lipski (1993a) concluye su análisis aduciendo que no pretende descartar por completo la posibilidad de que el español bozal del Caribe haya evolucionado de una previa lengua criolla, sino que urge proceder con más cautela en la busca de evidencia a favor de la hipótesis sustratista (33).

Más recientemente Lipski (2007, 2008) provee evidencia de una lengua afrohispana semicriolla[15] totalmente desconocida en una zona muy aislada de Bolivia ubicada en las provincias de Nor Yungas y Sud Yungas en el departamento de La Paz. Las características morfosintácticas del dialecto afroyungueño parcialmente reestructurado incluyen (1) formas plurales invariables (*lu(s) peón* [los peones]); (2) el artículo plural invariable *lo/lu* (*lo mujé* [las mujeres]); (3) la retención del marcador de plural /s/ solo en el primer elemento del sintagma nominal (*recordando esos fiesta*); (4) la eliminación de artículos definidos, sobre todo en posición de sujeto (*mujé murió*); (5) la ausencia de concordancia de género gramatical (*las mujeres altos*); (6) la eliminación de las preposiciones *de, en* y *a*: (*[yo] nació [en] Mururata*); (7) formación de preguntas sin el desplazamiento del elemento interrogativo al comienzo de la cláusula (*¿Ote wuawuay quién pues?* [¿De quién eres hijo?]); (8) el empleo de la tercera persona del singular como verbo invariable (*nojotro tiene jrutita*); (9) "subida de clíticos" con combinaciones no canónicas (*están me charlando*); y (10) erosión fonética de formas verbales que generan combinaciones que parecen contener una partícula + verbo invariable (*carro ta subí*) (Lipski, 2007: 21–24). Históricamente, este dialecto no se produjo mediante el cimarronaje, como el palenquero, sino que se formó en una situación de contacto constante con la lengua española. Teniendo en cuenta los datos históricos y demográficos, además de las características del sintagma nominal y la morfología verbal, Lipski concluye que los datos afrobolivianos reflejan la reestructuración parcial del español originalmente aprendido como segunda lengua y, aunque "no sirven para refutar las teorías sobre la posible criollización del habla *bozal* en otras áreas de Hispanoamérica, [. . .] tampoco apoyan la hipótesis de un protocriollo de base afroportuguesa" (33). A continuación, examinaremos algunos de los argumentos que apoyan la hipótesis sustratista y la posible existencia de una lengua criolla pancaribeña.

3.6. El argumento a favor de la hipótesis sustratista en el Caribe hispánico

La crítica principal de Perl (1998: 5) a los estudiosos que descartan la posibilidad de influencia del sustrato africano en el Caribe es que basan sus estudios únicamente en variedades formales (como las que se manifiestan entre las clases media y alta) y no consideran la posible influencia indirecta de las lenguas africanas, tal vez introducida en el español local por medio de lenguas criollas caribeñas más tempranas. Nota, por ejemplo, que las conclusiones de López Morales (1971), las cuales citamos más arriba, se basan en datos de inmigrantes cubanos en Miami, todos pertenecientes a la clase media o alta. Perl (5) sostiene que en el español de tales hablantes, la influencia del sustrato africano no se manifestaría, sino que se hallaría en las variedades habladas entre las clases socioeconómicas más bajas y, en particular, en el habla informal y coloquial. Holm (2004), basándose en estudios previos de Granda (1975, 1987, 1998), Green (1997), Otheguy (1973), Schwegler (1996a), entre otros, considera que el español caribeño no estándar de las clases socioeconómicas más bajas refleja la reestructuración parcial del español y atribuye su formación al desequilibrio demográfico entre hablantes nativos vs. no nativos del español, situación que restringió el acceso a la lengua europea durante el primer siglo de desarrollo de la nueva variedad vernácula.

Schwegler (1996a: 247) encuentra evidencia para una lengua criolla pancaribeña en una particular construcción de doble negación del tipo "no sé dónde queda la calle no" (sin pausa entre el *no* final y el resto de la frase) que él ha documentado en la República Dominicana. Según Schwegler, es una construcción que se usa "para contradecir o refutar información o presuposiciones afirmativas contenidas en el discurso previo" (252), como en el siguiente ejemplo:

> Situación: Francisco, un guardia de seguridad de un hotel quisqueyano llega con toda rapidez a su puesto de trabajo, donde tiene que empezar su turno de noche. Pretende llegar a la hora justa, pero su colega se da cuenta del atraso.
> FRANCISCO: ¡Ay qué bien! ¡NO llegué tarde!
> [Articulado en forma de soliloquio, a unos cinco metros de su colega quien todavía no mira a Francisco pero sí lo oye. Propósito principal del soliloquio: sugerirle al colega que todavía no son las ocho [=hora del cambio de turno entre los guardias de seguridad].
> COLEGA: ¡Ud. me está llegando tarde!
> [Articulado al mirar a Francisco por primera vez.]
> GUARDIA: ¡Yo NO estoy llegando tarde NO! (254)

En el primer enunciado, *¡No llegué tarde!*, Francisco trata de convencer a su colega de que ha cumplido al presentar la información de una manera objetiva con la negación preverbal. Sin embargo, cuando su colega rechaza su afirmación, Francisco niega la aserción de que ha llegado tarde, contestando con doble negación: *¡Yo NO estoy llegando tarde NO!* Es claro que la negación doble sirve para subrayar su reacción negativa hacia la afirmación previa del otro guardia.

Schwegler señala que esta construcción se encuentra no solo en el habla informal de los estratos socioculturales bajos en la República Dominicana, sino también en ciertas hablas populares afrolatinoamericanas, tales como el portugués brasileño (Schwegler, 1991c), el español de las Tierras Bajas de Colombia (Granda, 1978, 1988b; Schwegler, 1991b), el palenquero de Colombia (Schwegler, 1991a, 1998) y como resto arcaico en el español de Cuba y Cartagena, Colombia. El hecho de que este fenómeno se encuentre solamente en zonas donde hay una presencia africana significativa y que no se pueda explicar con factores evolutivos internos da cierta evidencia en apoyo a la hipótesis de que "habría llegado a América como parte de un temprano diasistema pidgin o criollo afroportugués, subsistente hoy, de modo parcial, en varias zonas del África occidental y centro-occidental (por ej., Cabo Verde o São Tomé)" (Schwegler, 1996a: 276–277). Según Schwegler (1998: 220), es probable que un pidgin o criollo afroportugués circulara en el Caribe hispano entre los siglos XVI y XVII y funcionara como lengua franca entre esclavos bozales y sus descendientes inmediatos.[16]

Perl (1998: 6) observa que, además de la doble negación, aparecen de manera uniforme otros fenómenos lingüísticos en áreas con considerable población negra, los cuales pueden ser atribuidos a influencias del sustrato africano, a saber: la reducción de marcadores del plural de frases nominales, como en *las hija eta* [las hijas estas]; una elevada frecuencia de expresión de sujetos pronominales en contextos no enfáticos, como en *tú tiene[s] hambre,* y una falta de inversión del sujeto pronominal en preguntas como en *¿qué tú quieres?* Perl nota que cada uno de estos rasgos lingüísticos se encuentra también en el portugués brasileño popular, con lo que se crea una conexión histórica entre el español popular caribeño, el portugués popular del noreste de Brasil, las lenguas criollas basadas en el español y el portugués y las lenguas del África occidental. Schwegler y Morton (2003: 126) observan que algunos elementos africanos (y tal vez también algunos criollos) pueden haber sido prestados por hablantes negros o mulatos en proporción directa a su similitud estructural con un koiné andaluz. De esta manera, múltiples factores sustratistas podrían acelerar la evolución de ciertas variantes andaluzas en el Caribe sin introducir elementos realmente foráneos.

Aún no se resuelve el dilema referente a procesos de criollización y adquisición de segundas lenguas: hay quienes sostienen que los fenómenos que hemos considerado constituyen evidencia de una previa lengua criolla que se extendía por todo el Caribe hispano durante la época colonial, mientras otros defienden la noción de que los mismos fenómenos son simples características de la adquisición del español como segunda lengua. De los fenómenos que señala Perl, todos se pueden atribuir a rasgos dialectales del Caribe, menos uno: la doble negación. Es probable que este fenómeno y la existencia de *tá* en expresiones como *tá creá* se deban a la influencia de una anterior lengua pidgin o criolla, en el primer caso un pidgin afroportugués y, en el segundo caso, por el posterior contacto con el papiamento en el siglo XIX, tal como explica Lipski. No obstante, con las excepciones de Curazao y Palenque, no hay evidencia clara de que existiera un pidgin afroportugués relexificado por el español, el cual se hubiera extendido por todo el Caribe y se hubiera descriollizado posteriormente bajo la influencia del español estándar. A lo mejor la evidencia apunta hacia la previa existencia de una lengua semicriolla (Ortiz López, 1998), resultante de ligeros cambios impulsados por procesos de adquisición del español como segunda lengua. Como ha notado Lipski (2005a), si el castellano de Palenque—variedad que ha estado en continuo contacto con una lengua criolla durante tres siglos—muestra poquísimos indicios de contacto con el criollo palenquero (Schwegler y Morton, 2003), lo mismo puede haber ocurrido en otras áreas de Hispanoamérica. Es decir, si existiera una lengua criolla extendida por todo el Caribe, esta no habría influido en las variedades del español habladas en la región. Tal vez futuras investigaciones en el Caribe descubran vestigios de otras lenguas criollas de base española, a pesar de que McWhorter (2000) afirme que, si tales variedades existieran, ya se habrían encontrado.

3.7.   Los criollos hispánicos

En los apartados que siguen, ofrecemos una breve descripción de las tres lenguas criollas atribuidas al contacto con el español: el palenquero y el papiamento en el Caribe, y el chabacano en las Islas Filipinas.

3.7.1.   El palenquero

Pueblo fundado en el siglo XVII por esclavos cimarrones, El Palenque de San Basilio queda a unos 80 kilómetros de Cartagena, Colombia, y tiene una actual población de alrededor de 4,000 habitantes, entre quienes se habla el palenquero, variedad criolla propiamente reconocida como "lengua". López Morales (1998: 83) observa la previa existencia de comunidades "palenqueras" en Ecuador y Panamá, y Gutiérrez Arzopardo (1980) documenta otros "palenques" en Colombia entre 1529 y 1799, los cuales eran "'fortificaciones primitivas', a menudo cercadas por palos" (Schwegler, 1998: 220) en donde esclavos cimarrones "vivían de manera autónoma, independientes de la Corona española, y desde los cuales ofrecían resistencia armada a las milicias que pretendían recapturarlos" (Dieck, 2000: 14). Aunque se desconoce la fecha exacta en que se fundó San Basilio de Palenque, consta que en 1713 se celebró un acuerdo de paz entre ese palenque y el gobierno de Cartagena, mediado por el fray Antonio María Casiano. Ya para 1772 se documentó que la población de El Palenque hablaba "un particular idioma en que a sus solas instruyen a los muchachos, sin embargo de que cortan con mucha expedición el castellano, de que generalmente usan" (Diego de Peredo, obispo de Cartagena, en Noticia historial, en Poemas, cit. por Gutiérrez Arzopardo, 1980: 34). El idioma a que se refiere en el documento es el idioma criollo que hoy habla casi la mitad de los habitantes y que ha sobrevivido más de tres siglos.

El pueblo palenquero vivió aislado por varios siglos, lo cual favoreció el mantenimiento de la lengua criolla. Sin embargo, Schwegler (1998) notó que incluso antes de que se abriera una carretera que conecta El Palenque con el pueblo vecino de Malagana y de ahí a Cartagena en 1956, los palenqueros viajaban a Cartagena con cierta frecuencia. Friedemann y Patiño Rosselli (1983: 184–186) describieron la situación sociolingüística de Palenque entre los años 1975 y 1980 como una situación diglósica:

> [. . .] San Basilio es una comunidad completamente bilingüe: la totalidad de sus miembros emplean tanto el español como el vernáculo criollo (así se trate más de un saber pasivo que de un uso activo en el caso de los niños frente al criollo) [. . .]
> Por otra parte, vernáculo y español son sentidos por los palenqueros como dos códigos diferentes. Ellos saben cuándo están hablando *lengua* y cuándo *kateyano* [. . .] A la separación sicológica entre los dos códigos corresponde cierta—no mucha—diferenciación funcional. Además de

la función obvia de servir para el trato con los no palenqueros, la lengua nacional se emplea entre palenqueros en situaciones de carácter formal o semiformal (reuniones de acción comunal, de grupos deportivos, de negocios, etc.) [. . .] El vernáculo se utiliza preferentemente, como es natural, en contextos informales y familiares (en el monte, en el baño, en la mesa, etc.), pero también en estos puede inmiscuirse la lengua de superestrato. Es decir, ante la creciente presión del español hoy día no queda sino un resto de diferenciación funcional entre los dos códigos [. . .]

Como resultado del bilingüismo, los actos lingüísticos entre palenqueros se caracterizan tanto por el continuo cambio de código—el hablante pasa del criollo al español y viceversa—como por la frecuente interferencia intraoracional de un idioma sobre el otro. Esta interferencia es mucho más notoria en la dirección del español hacia el palenquero. [. . .]

A partir de 1980, con la importación de televisores y otros productos de consumo, Palenque se ha abierto más al mundo moderno. Ese contacto más intenso con el exterior ha generado el abandono del palenquero en las generaciones más jóvenes. Varios lingüistas (Friedemann y Patiño Rosselli, 1983; Del Castillo, 1984; Schwegler, 1998) han notado que "el criollo palenquero no parece estar desplazándose hacia el español, sino que, pura y simplemente, está desapareciendo entre las nuevas generaciones que ya no desean usarlo o lo saben sólo de manera pasiva" (Schwegler, 1998: 241). Es decir, el criollo no está pasando por una etapa de descriollización, sino que el castellano de la zona está sustituyendo al criollo, que puede desaparecer en las próximas dos o tres generaciones.

No se sabe precisamente cuáles son los orígenes del palenquero, pero parece haber derivado de un pidgin afroportugués anterior, con mucha influencia de la lengua bantúe kikongo, del grupo que predominaba en El Palenque (Schwegler, 1998: 225). Más tarde, el vocabulario pidgin afroportugués fue relexificado y llegó a aproximarse fonológicamente al español. Barrutia y Schwegler (1994: 248) demuestran la evolución fonológica de algunas palabras.

Portugués		Afroportugués		Palenquero		Español
corpo	>	*(n)koppu	→	(n)kueppo	<	cuerpo
casa ['kazə]	>	*(n)kaza ['kazə]	→	(n)kasa	<	casa ['kasa]
muito	>	*muito	→	mucho	<	mucho
chorar [ʃoʻrar]	>	*chora [ʃoʻra]	→	yoʻra ~ yoʻla	<	llorar [joʻrar]
sala	>	*(n)sala ~ (n)sara	→	(n)sala ~ (n)sara	<	sala

En términos fonéticos, el criollo palenquero comparte la gran mayoría de los rasgos con el dialecto caribeño del español hablado en Cartagena. Sin embargo, hay ciertas características que reflejan influencia africana, entre ellas: (1) las consonantes iniciales prenasales (nkasa < kasa, ndoló < dolor); (2) la estructura silábica CV (consonante+vocal) que se da en la gran mayoría de las lenguas africanas; y (3) lambdacismo general, es decir,

Tabla 3.1 Los pronombres en palenquero (adaptada de Schwegler, 1998: 260 y 2002a: 279)

| | Pronombres en palenquero | | |
	Libre	Clítico	Etimología
1ª persona singular	yo	yo, i, yª	ESPAÑOL: yo
			KIKONGO: i, y
2ª persona singular	bo	bo, o	PORTUGUÉS: vos (posiblemente con *vos* del español como elemento contribuyente)
	(u) té	(u) té	KIKONGO: o
			ESPAÑOL: usted
3ª persona singular	ele~eli	ele, el', e	PORTUGUÉS: ele
		(ma) hende	KIKONGO: e
1ª persona plural	No hay distinción entre mor-		ESPAÑOL: nosotros (talvez con kikongo *-to* 'noso-
	femas libres y clíticos en los		*tros*' como elemento contribuyente)
	plurales		ESPAÑOL: gente
	suto~uto		KIKONGO: ma 'marcador de pluralidad'
	(ma) hende		
2ª persona plural	utere~utée		ESPAÑOL: ustedes
	enú		KIKONGO: enú
3ª persona plural	ané		KIKONGO: ane 'aquellos'
	ele~eli (arcáico)		PORTUGUÉS: eles

a. Se encuentra reiteración, siguiendo los patrones de Kikongo, como en "*Yo I ta ablá*" = yo yo estar hablar 'estoy hablando' (Schwegler, comunicación personal, 2007).

el uso de [l] en lugar de [r] y [r̄] (aló < arroz) (Granda, 1994). En cuanto al léxico, la gran mayoría de los vocablos son derivados del español; menos del 1% de los vocablos en el habla diaria son africanismos aunque, en el lenguaje ritual del lumbalú, el porcentaje es mucho más alto (Schwegler, 1996b, 1998: 268). También hay algunos vestigios del afroportugués, sobre todo en el sistema pronominal.

El sistema pronominal del palenquero deja ver el carácter etimológicamente mixto de la lengua, puesto que tiene influencia tanto del español y del portugués como de las lenguas africanas, en particular del kikongo, como se ve en la tabla 3.1 (adaptada de Schwegler, 2002a: 323):

El sistema verbal está caracterizado por el uso de marcadores de tiempo, modo y aspecto, como en otras lenguas criollas. La raíz del verbo, que es invariable, está derivada del infinitivo español. La tabla 3.2 presenta un resumen simplificado de los marcadores de tiempo, modo y aspecto en el palenquero.

La gramática del palenquero refleja su designación como lengua criolla, sobre todo en "la invariabilidad de toda una serie de construcciones pronominales, verbales y nominales que en español sufren cambios flexivos" (Schwegler, 1998: 254), como se nota en los siguientes ejemplos de Schwegler (1998: 254):

7. *I ta yebá planda i aló.*
   Yo llevo plátano y arroz.

Tabla 3.2 Marcadores de tiempo/modo/aspecto en palenquero[a] (adaptada de Schwegler, 1998: 256, Tabla 2b, y Schwegler y Green, 2007)

P/N	TMA	Verbo	Función	Traducción
bo	Ø	kaminá	marcador cero	caminas/estás caminando
bo	ta	kaminá	progresivo	estás caminando
bo	tan	kaminá	*irrealis* (futuro)	caminarás/vas a caminar
bo	tan-ba	kaminá	*irrealis (futuro del pasado)*	ibas a caminar
bo	a	kaminá	completivo	caminaste/has caminado
bo	asé	kaminá	habitual	sueles caminar
bo	sabé	kaminá	habitual	sueles caminar
bo	asé-ba	kaminá	habitual + anterior	solías caminar
bo	ta-ba	kaminá	progresivo + anterior	estabas caminando
bo	aké	kaminá	condicional (hipotético)	caminarías

a. El sistema verbal es más complejo de lo que la Tabla indica; para más detalles le referimos al lector a Schwegler (1998).

8. *¿Kumu usté tan dehá mi yo solo?*
¿Cómo va Ud. a dejarme sola?
9. *¿Ele nu a miní akí nunka nu?*
¿Él no ha venido aquí nunca?
10. *¿Bo asé kuchá-lo?*
¿Ud. suele escucharlo? = ¿Ud. suele entenderlo?

En el palenquero no se dan oposiciones morfológicas de género (ejemplo 11 de abajo, de Friedemann y Patiño Rosselli, 1983: 139) y los morfemas de número son mayormente analíticos, como es el caso del artículo plural *ma*[17] derivado del kikongo (ejemplos 12, 13 y 14 de abajo, extraídos de Friedemann y Patiño Rosselli, 1983: 143):

11. *Lengua afrikano ané kolá má un.*
De la lengua africana ellos no se acuerdan ya.
12. Ayá í á semblá *un ma palo* koko.
Allá yo sembré unos palos de coco.
13. Pepe á ta mandá suto *un ma kata* . . .
Pepe nos está mandando unas cartas . . .
14. I á tené *un ma* ndo baka.
Yo tengo unas dos vacas.

La negación en palenquero sigue tres estructuras básicas: negación posverbal, negación preverbal y doble negación, como se ve en los ejemplos 15, 16 y 17 respectivamente (Friedemann y Patiño Rosselli, 1983: 171–172):

15. I kelé traje mu prieto *nu*.
No quiero un traje demasiado negro.

16. Pero kumo *nu* ta yobé, ¡uy!, sé[18] morí toíto.
 Pero si no llueve, ¡uy!, se muere todito.
17. *Nu* kandá *nu*.
 No cante.

Según Schwegler (1991a, 1996a), la selección entre estas tres estructuras de negación está determinada por factores pragmáticos.

3.7.2. El papiamento

La otra lengua criolla en el Caribe que tiene una base iberorromance es el papiamento, la primera lengua de más del 80% de la población de las islas de Aruba, Bonaire y Curazao, las cuales se encuentran al norte de la costa venezolana. Se empezó a usar el papiamento primero en la isla de Curazao a fines del siglo XVII, fruto del contacto entre esclavos africanos e inmigrantes de Holanda, otros países del norte y centro de Europa, y también los judíos sefarditas que hablaban portugués o español. Mientras que la mayoría de los investigadores atribuye una base española al papiamento, otros afirman que sus orígenes son portugueses. En cualquier caso, la influencia posterior de los holandeses, que han controlado las islas desde 1630, fue tan extensa que gran parte del actual léxico del papiamento proviene del holandés. Efectivamente, Maurer (1998) define el papiamento como "una lengua criolla con base léxica mixta—ibérica y holandesa" (140). El inglés también ha tenido un impacto importante en el papiamento en los últimos dos siglos (Sánchez, 2002).

Maurer (1998: 201) explica cómo llegó a tener un carácter iberorromance esta lengua criolla:

> A nuestro juicio, el papiamentu tiene un carácter iberorromance tan pronunciado porque la clase dominante no era homogénea cultural y lingüísticamente; de ahí que los holandeses no pudieron imponer su idioma ni como base del idioma criollo naciente ni a los sefardíes. Además, parece que una parte de la población holandesa tenía algunos conocimientos de una variedad iberorromance, sea europea, brasileña, africana o eventualmente asiática. También es probable que una parte de los esclavos llegados en la época de formación del papiamentu hayan tenido algunas nociones de variedades afroportuguesas. En otros términos, todos los grupos que tuvieron un papel importante en la formación del papiamentu—los africanos, los holandeses y los sefardíes—tuvieron algún conocimiento de una o más variedades iberorromances.

Hoy en día el papiamento, al contrario del palenquero, sigue muy vigente y en contacto con las otras lenguas que se hablan en Curazao, Bonaire y Aruba: el holandés, el español y el inglés. Aunque hay debate sobre el grado de hispanización aparente en el papiamento, no encontramos evidencia de que esta lengua criolla esté sufriendo un proceso de descriollización en dirección del español estándar. No obstante, cabe notar que Sánchez (2002: 12) observa que, a pesar de que no se da un continuo de lectos entre criollo y español en Curazao, Bonaire y Aruba, como el que se da en muchas zonas francófonas del Caribe, puede haber variedades regionales, sociales y/o estilísticas del papiamento que reflejan en mayor y menor medida la influencia del español normativo.

Según Maduro (1953) en un análisis de 2,426 palabras de papiamento, el 66% de las palabras eran de origen iberorromance, el 28% eran de origen holandés y el 6% eran de otro origen, principalmente inglés y francés. Maurer (1998: 183) observa que, aunque son menos frecuentes que las palabras de origen iberorromance, las palabras de origen holandés tienden a denotar objetos de necesidad diaria. Aunque hay muy pocas palabras de origen africano, es importante notar que las lenguas africanas han influido en la semántica de ciertas palabras de origen ibérico en el papiamento, extendiendo el significado original de las palabras para que coincida con las categorías semánticas de las lenguas africanas, como se ve en los siguientes ejemplos (Maurer, 1998: 184):

Papiamiento	Lenguas africanas	Español
man[19]	kongo *kôko*	mano, brazo
	ewe *alo*	mano, antebrazo
luna	kongo *ngònda*	luna, mes
	ewe *dzinú*	luna, mes
drumi	kongo *lâla*	dormir, estar echado

Maurer (1998: 143) aclara que: "El papiamentu está conformado por diferentes variedades diatópicas y diastráticas. Por una parte, existen diferencias en el habla de las tres islas; por otra parte, existe cierta variación tanto social como regional en cada una de las islas. La variación concierne sobre todo la fonética y el léxico y en un grado menor la sintaxis [. . .]". Maurer señala, sin embargo, que estas diferencias no impiden la inteligibilidad mutua entre los hablantes de diferentes variedades de la lengua.

Igual que en palenquero, en papiamento los sustantivos y generalmente los adjetivos son invariables en cuanto a número y género. Los pronombres personales de sujeto se parecen mucho a los del palenquero, como se observa en la tabla 3.3.

También, igual que en palenquero, en papiamento hay una serie de marcadores preverbales que sirven para indicar tiempo, modo y aspecto. Para las dos lenguas, el marcador *ta* indica el tiempo presente y *a* marca el perfecto, como se ve en los ejemplos 18 y 19 del papiamento, a continuación:

18. Mi *ta lesa* tur dia.
   Yo leo todos los días. (Maurer, 1998: 162)
19. Mi *a bisa*bo—mi no ta keda kas.
   Yo te he dicho que no me quedo en casa. (Maurer, 1998: 180)

Tabla 3.3 Los pronombres personales en papiamento

	sujeto
1ª persona singular	mi
2ª persona singular	bo ~ bu
3ª persona singular	e ~ ele
1ª persona plural	nos
2ª persona plural	boso ~ bosonan ~bosnan
3ª persona plural	nan

El pasado imperfecto se marca en posición preverbal en papiamento con *tabata* (ejemplo 20 de abajo) y en posición posverbal en palenquero con *ba*. Se nota en el ejemplo 21 de abajo que en papiamento se puede usar la forma del presente (*ta bebe*) para referirse a una acción simultánea en el pasado, si ha sido previamente establecido ese marco temporal:

20. Bo *tabata kanta.*
   Tú cantabas. (Maurer, 1998: 161)
21. Nan *tabata bisa* ku e *ta bebe* hopi.
   Ellos decían que él bebía mucho. (Maurer, 1998: 163)

En papiamento se usa *lo,* del portugués *logo* 'luego, enseguida', antes del verbo para marcar el futuro (ejemplo 22), mientras que en palenquero se usa el marcador *tan*.

22. a. Maria *lo kanta.*   (papiamento) (Maurer, 1998: 161)
   b. María *tan kandá.*   (palenquero) (Schwegler, com. pers.)
      María cantará.

También hay un marcador Ø en papiamento para el subjuntivo, como en el siguiente ejemplo:

23. Tin rekompensa pa esun ku Ø haña mi tas.
   Hay una recompensa para el que encuentre mi bolsa. (Maurer, 1998: 166)

Según Maurer (1998: 201), la divergencia entre el papiamento y el palenquero en cuanto al sistema de tiempo, modo y aspecto presenta evidencia clara en contra de la teoría de un pidgin o criollo pancaribeño con raíces hispánicas. Si hubiera existido tal lengua, según él, habría más correspondencia en los sistemas verbales de papiamento y palenquero en la actualidad.

La negación en papiamento se forma siempre con *no* en posición preverbal, aunque "en el habla familiar se realiza con frecuencia *n* después de vocal y *un* en posición absoluta o después de consonante" (Maurer, 1998: 173). Maurer observa que, incluso cuando hay otras palabras negativas en la oración, la palabra *no* tiene que aparecer antes del verbo, como en el siguiente ejemplo:

24. Nunca niun hende *no* a bai niun kaminda.
    Nunca nadie fue a ninguna parte.

En papiamento no se dan estructuras de doble negación como las del palenquero (ejemplo 17 de más arriba) y las documentadas por Schwegler (1996a) en el español hablado en la República Dominicana.

3.7.3. El chabacano

Con la expedición de Magallanes en 1531, los españoles llegaron a las Islas Filipinas y las Islas Malayas, aunque no tomaron posesión de esos territorios hasta 1564. El hecho de que dichas islas se encontraran en la mitad del mundo asignada a Portugal por la bula papal de 1493 causó que España solo pudiera llegar a ellas por el océano Pacífico, lo cual era inconveniente y costoso. La resultante lejanía causó su aislamiento y abandono por España hasta fines del siglo XVIII. Como resultado, el uso del español nunca se extendió a la población general, sino que se limitó a unos pocos colonos españoles y sus hijos mestizos (cf. Sueiro Justel, 2007). Otros factores que contribuyeron al fracaso del español para establecerse en las Filipinas fueron: (1) la política del gobierno español de usar las lenguas vernáculas, sobre todo en funciones religiosas; (2) el número pequeño de colonos españoles frente a la mayoritaria población indígena; y (3) la falta de grandes desplazamientos de la población autóctona que posiblemente hubieran creado la necesidad de usar el español como *lingua franca* (Lipski, 2001: 5). Con la toma de posesión de Filipinas por el gobierno norteamericano y la implementación de programas escolares en inglés en 1898, el tradicional uso del español en el currículo fue cuestionado. Lipski (2005b) comenta que, aunque el español sigue siendo hoy día una de las tres lenguas oficiales de Filipinas, "[l]os tres siglos de ocupación española no bastaron para arraigar el idioma castellano entre los idiomas indígenas de Filipinas [. . .] y ni siquiera se empleaba la lengua española como idioma vehicular o de comercio entre la población mestiza euroasiática que surgió a raíz de contactos multiculturales" (34). Los hispanohablantes que permanecen en Filipinas hoy en día tienden a ser mayores de 40 años y pertenecer a la clase socioeconómica más alta, lo cual hace pensar que es dudoso que el español sobreviva otra generación como lengua nativa. Lipski (2005b: 35) caracteriza el español de Filipinas como "netamente aristocrático, conservador y preciso, sin las variantes populares, regionales, arcaicas y rústicas que caracterizan a los dialectos chabacanos, y que prevalecen en los dialectos hispanoamericanos". Lipski describe el español filipino como variedad que refleja los rasgos particulares del castellano hablado en el centro y norte de España, fenómeno debido principalmente a la influencia de maestros, religiosos y funcionarios gubernamentales procedentes de España y el impacto de la producción literaria y periodística en lengua española que perduró en Filipinas hasta después de la Segunda Guerra Mundial.

Además del español, encontramos en Filipinas una lengua criolla con base española que se formó en los siglos XVI y XVII y que se hablaba en varias regiones,

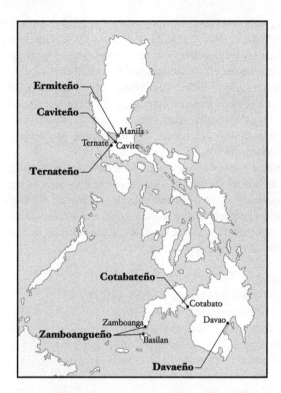

Mapa 3.1 Variedades del chabacano en las Islas Filipinas (Fernández, 2001: ii)

la cual comprendía algunos dialectos ya difuntos de Cavite y Ternate, Ermita, Davao y Cotabato, como se ve en el mapa 3.1. Whinnom (1956) postuló que dichos dialectos se originaron en la isla indonesia de Ternate durante el siglo XVII, de una lengua criolla basada en el portugués; cuando los hablantes de esa lengua fueron expulsados de Indonesia, emigraron a la Bahía de Manila.

El único dialecto de la lengua criolla basada en el español en Filipinas que sigue vigente hoy en día es el chabacano de Zamboanga—también conocido como zamboangueño—con casi 300,000 hablantes. Es la lengua principal de un centro cultural, político y comercial importante de la zona. Debido a que se han encontrado pocos documentos históricos escritos en chabacano, hay mucha especulación sobre sus orígenes. Whinnom (1956) postuló que se desarrolló como resultado del mestizaje cultural y lingüístico entre los soldados rasos de la guarnición en Zamboanga y los hablantes de malayo. Según él, "sólo la convivencia, y efectivamente la exogamia entre español y malayo pueden explicar el hecho de que una lengua criolla surgiera en el espacio de dos generaciones"[20] (Whinnom, 1956: 3). Whinnom (1956), Frake (1971, 1980) y Forman (1972) han afirmado que el chabacano de Zamboanga se basó originalmente en la lengua criolla que se hablaba en la Bahía de Manila, fruto de las semejanzas estructurales entre los dialectos. Sin embargo, hay evidencia de que el zamboangueño no evolucionó simplemente del dialecto criollo transplantado de la Bahía de Manila (Lipksi, 2001: 28) y que no es una verdadera lengua criolla, sino que surgió de las lenguas filipinas, gramaticalmente cognadas, que ya habían incorporado un núcleo léxico de préstamos del español (Lipski, 1992: 220). Lipski nota que, durante un siglo y medio, el zamboangueño se relexificó debido a cambios demográficos y sociales en la zona. En el siglo XVIII se introdujeron vocablos de iloncano y aun más palabras del español por la creciente presencia de hablantes nativos de España, y en el siglo XX hubo influencia primero del cebuano—la segunda lengua más importante de la zona—y más tarde del inglés.

El zamboangueño comparte algunas de las características del palenquero y el papiamento, incluyendo el uso de la partícula *ta* para marcar tiempos progresivos y acciones habituales, y el uso de la partícula *ya* para marcar el pasado (excepto con verbos locativos) y el aspecto perfectivo, como se puede observar en los ejemplos 25, 26 y 27 respectivamente. También se da el uso de una partícula *ay* para marcar futuro o irrealidad, como se ve en el ejemplo 28.

25. *Ta* anda yo.
    Normalmente voy./ Me voy. (Forman, 1972: 160)
26. *Ya* anda sila na Lamitan.
    Se fueron a Lamitan. (Forman, 1972: 158)
27. Cuando *ya* subi el chongo arriba, *ya* olvida *ya* ele con el tortuga.
    Cuando había subido el mono, ya se había olvidado de la tortuga. (Forman, 1972: 148)
28. *Ay* man lumus ila todo . . .
    Todos se habrían ahogado. . . . (Forman, 1972: 46)

El zamboangueño tiene los artículos definidos e indefinidos invariables *el* y *un*, respectivamente. El plural se forma mediante el marcador *maga* o *mana*, como en el siguiente ejemplo:

29. *maga* criminal
    criminales (Forman, 1972: 112)

Como se puede observar en la tabla 3.4, los pronombres personales de sujeto de zamboangueño se parecen a los del palenquero y del papiamento en las formas singulares, pero las formas plurales revelan influencia del sistema cebuano.

Al comparar 97 características gramaticales del zamboangueño con las gramáticas del palenquero y el papiamento, Holm (2001: 90) afirmó que las correspondencias entre el zamboangueño y el palenquero eran del 59%, y entre el zamboangueño y el papiamento, del 64%. También identificó una correspondencia relativamente alta, del 49%, entre el zamboangueño y otra lengua criolla, el *tok pisin* de Papúa y Nueva Guinea, con la que comparte un sustrato austronesiano, aunque esta última fue reestructurada por el inglés, lengua de superestrato en Papúa y Nueva Guinea. Así y todo, Holm concluye que tanto el superestrato como el sustrato desempeñan

Tabla 3.4 Los pronombres personales en zamboangueño

	sujeto
1ª persona singular	yo
2ª persona singular	tú, vos
3ª persona singular	ele
1ª persona plural	kitá (inclusivo kamí (exclusivo)
2ª persona plural	kamó
3ª persona plural	silá

papeles muy importantes en la formación de las gramáticas de lenguas criollas y afirma que es imposible separar la influencia del superestrato y el sustrato de otros aspectos importantes en la formación de una lengua criolla, como los universales de adquisición de una segunda lengua. No se ha logrado explicar completamente la razón por la que hay tantas correspondencias estructurales en las lenguas criollas a nivel mundial pero, en el caso del español en contacto con otras lenguas, es evidente que las circunstancias históricas, demográficas, culturales y sociales han determinado en gran parte las características de esas lenguas y sus posibilidades de supervivencia en el siglo XXI.

3.8.   El caso del español en Guinea Ecuatorial: aportes a la teoría criolla

En esta sección consideramos una situación muy particular del español en contacto con lenguas africanas en la que no se ha dado criollización. Guinea Ecuatorial, anteriormente conocida como Guinea Española, incluye cinco islas por la costa occidental de África, entre ellas Annobón y Bioko (antes Fernando Poo) con la capital, Malabo (antes Santa Isabel), y en el continente africano Río Muni, que queda entre Camerún y Gabón. El explorador portugués Fernão do Pó llegó a las islas de Annobón y Bioko en 1472, las cuales fueron cedidas por los portugueses a los españoles en 1778, junto con la costa continental entre los ríos Ogooué y Níger. A cambio, España le concedió a Portugal los derechos al oeste del meridiano 50" oeste de lo que es hoy Brasil. La fiebre amarilla aniquiló a los primeros colonos españoles, y los que sobrevivieron se retiraron en 1781. Hasta 1844, los españoles no volvieron a Guinea; Fernando Poo fue colonizado a partir de 1850, Annobón en 1885 y, Río Muni después de 1900. En 1968, Guinea Ecuatorial logró su independencia y, en los años 80 del siglo XX, empezó a alinearse más con las naciones francófonas del continente africano.

Los colonizadores españoles insistieron en el uso exclusivo del español para funciones oficiales y en las escuelas de Guinea Ecuatorial, aunque los religiosos y los funcionarios tuvieron que aprender el inglés pidgin y las lenguas indígenas para realizar sus trabajos. Aunque resulta imposible precisar el número de personas que en la actualidad tienen un nivel de competencia funcional en español, Lipski (2000c: 12) calcula que aproximadamente el 90% de la población de Fernando Poo y las zonas urbanas de Río Muni habla español, y entre el 60% y 70% de la población rural de

Río Muni lo habla. Cabe destacar que muy pocos habitantes son hablantes nativos de español y nadie que haya sido criado en Guinea Ecuatorial es hablante monolingüe de español. Los principales grupos étnicos incluyen los fang, el grupo más importante de Río Muni, los grupos playeros (ndowé/combe, bujeba, benga, bapuko, etc.) en la costa de Río Muni, los bubi en Bioko y los fernandinos, descendientes de esclavos liberados de Sierra Leona y Liberia que hablaban el inglés pidgin. La lengua franca para la comunicación interétnica en Fernando Poo es el inglés pidgin (Lipski, 1992), conocido como *pichi*, *pichinglis* o *broken-inglis*. En Río Muni la lengua franca es el español en teoría, aunque se usa también el fang, debido a la hegemonía política y social de ese grupo (Lipski, 2000c: 12).

Como el español no es la primera lengua de la gran mayoría de los ecuato-guineanos, hay mucha variación idiolectal, pero a la vez hay ciertas características comunes, entre ellas (Lipski, s.f.: 5–6):

1. Se pronuncia el fonema /s/ en posición final de sílaba o final de palabra como sibilante. No hay aspiración como en el Caribe, aunque en posición final a veces hay elisión. Lipski (2005b: 32) atribuye este hecho a la preponderancia de colonos procedentes de Madrid y de Levante, zonas caracterizadas por la resistencia de la sibilante en posición final.
2. La /d/ intervocálica tiene una pronunciación oclusiva [d] o se pronuncia como [r] simple; casi nunca es fricativa.
3. Los fonemas /l/ y /r/ en posición final de sílaba se diferencian, a pesar de que no se distinguen en las lenguas de bantú.
4. La mayoría de los ecuatoguineanos no distinguen entre /r/ simple y /r̄/ múltiple, fenómeno atribuido por Granda (1984) a la interferencia del fang, variedad bantú.
5. La /n/ en posición final de palabra no se velariza, como en el Caribe.
6. La asignación de un tono diferente a cada sílaba debido a la influencia de las lenguas autóctonas de la zona.

Como segunda lengua de la mayoría de la población, el español de Guinea Ecuatorial es altamente variable en cuanto a la gramática, fenómeno debido a la gran disparidad de niveles de competencia en general. A pesar de ello, Lipski (s.f.: 7) identifica los siguientes rasgos comunes de esa variedad:

1. Se da el uso del sujeto *usted* con las terminaciones verbales correspondientes a *tú*, como en *usted sabes*. Lipski atribuye esta combinación al hecho de que durante el período colonial los españoles trataban de *tú* a los guineanos, mientras que esperaban que los guineanos les trataran de *usted*.
2. Hay ciertas fluctuaciones en la concordancia de sujeto y verbo; se usa la tercera persona del singular por defecto, tal como ocurre en muchas len-guas criollas (*yo tiene*). También, a veces se usa *son* como verbo invariable.

3. Se dan errores o elisión de las preposiciones *de, a, en,* como en *Voy en Bata* ('Voy a Bata').
4. A veces hay falta de concordancia de adjetivos con sustantivos en género y/o número.

Lo que se infiere de esta breve descripción de las características del español de Guinea Ecuatorial es que no se asemeja a las lenguas criollas del Caribe ni comparte muchas características con las lenguas afrohispanas. Las diferencias entre las dos situaciones (Guinea Ecuatorial vs. el Caribe) no pueden atribuirse a influencias de sustrato, puesto que las lenguas indígenas de Guinea Ecuatorial son de la familia bantú y comparten una misma estructura general con muchas de las lenguas africanas que llegaron al Caribe durante la época de la trata de esclavos. Igualmente, la proporción de españoles a guineanos siempre fue muy baja: llegó a un máximo del 5% en la capital de Santa Isabel y mucho menos en las zonas rurales de Río Muni (Lipski, 2000c: 14). Todo esto nos lleva a plantear por qué no se dio criollización en el contexto ecautoguineano. Según Lipski, hay varios factores que explican la falta de criollización del español en Guinea Ecuatorial y la falta de estructuras típicas del español caribeño que se han atribuido tradicionalmente al contacto con lenguas africanas. Primero, los españoles que llegaron a Guinea Ecuatorial eran funcionarios, misioneros y pequeños empresarios, principalmente de Castilla y de Levante. Tenían un nivel sociocultural mucho más alto que los colonizadores de las Américas, lo cual llevó al uso de una variedad mucho más estándar que en el contexto caribeño. Pero el factor que parece ser el más decisivo en la falta de una lengua criolla en Guinea Ecuatorial es el demográfico: nunca se dio la masiva fragmentación lingüística y étnica que caracterizaba la trata de esclavos; es decir, los ecuatoguineanos siempre podían comunicarse en sus lenguas nativas. Además, desde que se estableció como colonia española en el siglo XIX, el intercambio cultural y lingüístico entre Guinea Ecuatorial y España siguió casi ininterrumpido.

Las particularidades del español de Guinea Ecuatorial nos sugieren que el contacto entre las lenguas africanas y el español no produce de por sí las características "típicas" del español afrohispano del Caribe. Como afirma Lipski (2005b), los resultados fonológicos de la situación de contacto entre el español y las lenguas autóctonas de Guinea Ecuatorial "son inesperados frente a los planteamientos que atribuyen a la influencia africana la masiva reducción de consonantes finales, por ejemplo en el español (afro)caribeño" (32). A nuestro modo de ver, dichas características se atribuyen más a la evolución de las variedades populares de los andaluces y canarios que se asentaron en esa región que al contacto con las lenguas africanas habladas entre los esclavos. Las circunstancias históricas y sociales de Guinea Ecuatorial han llevado al desarrollo de una variedad del español que no comparte los rasgos de otros dialectos afrohispanos. De esa situación se desprende que, aunque es indiscutible la importancia de variables sociales y demográficas en la creación (o no) de una lengua criolla, las variables lingüísticas—en este caso, los rasgos de la variedad más culta hablada por los españoles que colonizaron Guinea Ecuatorial—

también desempeñan un papel fundamental en el resultado lingüístico del contacto entre el español y las lenguas africanas.

3.9. Conclusiones

Aunque McWhorter (2000) considera que la relativa escasez de lenguas criollas de base española frente a las numerosas lenguas criollas de base francesa e inglesa en la cuenca caribeña, las cuales siguen vigentes en nuestros días, sugiere que las condiciones propicias a la criollización no estaban muy presentes en las colonias españolas, la falta de evidencia de por sí no indica que jamás existiera una lengua criolla afrohispana indocumentada. Hay que afirmar que la labor de estudiosos como Granda, Lipski, Ortiz López, Perl y Schwegler tiene el potencial de traer a la luz aspectos del español en contacto con lenguas africanas que podrán, desde la óptica diacrónica, alterar y ampliar nuestro entendimiento de las bases del español caribeño y de la dialectología hispánica en general. Vale la pena recordar que para algunos, como Granda y Schwegler, la influencia de las lenguas africanas sobre el español es un hecho irrefutable. Lo que queda pendiente de estudio y análisis es el grado con que ésta se dio en las distintas áreas del Caribe.

Notas

1. La hipótesis sustratista se refiere a la importancia del sustrato africano y su influencia en los dialectos afrohispánicos actuales.
2. "For some combination of social, economic, and political reasons, they do not learn each other's languages, but instead develop a pidgin, with vocabulary drawn typically (though not always) from one of the languages in contact. The new pidgin's grammar does not come from any one language; instead, it is a kind of crosslanguage compromise of the grammars of the languages in contact, with more or less (usually more) influence from universals of second-language learning: in particular [. . .]" (Thomason, 2001: 159).
3. "early creolized creoles" (Bickerton, 1984) or "abrupt creoles" (Thomason y Kaufman, 1988).
4. "[. . .] it is fair to say that most creolists see some role both for universals and for substrate influence in creole genesis [. . .]. But whether they regard the former as evidence for an innate 'bioprogram,' and how much of a role they attribute to one or the other of these key elements are issues on which they remain sharply divided" (Rickford y McWhorter, 1997: 252).
5. "[. . .] include—but are hardly limited to—universals of second language acquisition, as well as the situational/pragmatic universals created when, following massive displacements of populations, those speakers who lack a common language try to communicate with one another" (Singler, 1996: 218).

6. "[. . .] this type of pidginization cannot be seen as an attempt to develop a new primary language frustrated by inadequate input. [. . .] The presence of creole languages in former European colonies is the result of these pidgins having been imported to early Caribbean colonies, where they took their place as vernaculars expressive of black identity and expanded into creoles. The creoles were distributed to subsequently settled colonies via intercolonial traffic" (McWhorter, 2000: 199).

7. "Although [. . .] constrained to assimilate Portuguese standards, the slaves, in response to double binding, countered by introducing aspects of their African vernaculars. The creole languages to result from this mixture and complex derivation served: (1) to identify them as Portuguese by their lexicons, and (2) to create from them a distinct identity within the Portuguese world. [. . .] And all of this happened almost immediately after the settlement of the islands in the late fifteenth century" (Washabaugh y Greenfield, 1983: 117).

8. "Failure to consider the social and historical factors that have given rise to creole languages has left the linguistics student of the creolization process with only ad hoc explanations that require the postulation of extraordinary linguistic processes" (Washabaugh y Greenfield, 1983: 119).

9. "[. . .] most recurring features of Afro-Hispanic language are common to second-language learners [. . .]" (Lipski, 1993a: 1).

10. "[. . .] on Spanish plantations, there were not two targets—the local standard and the creole—but just one, the local standard. Therefore, Spanish slaves simply passed this on to subsequent generations. There was no 'pidgin' pole to express identity through [. . .]. The transmission of the standard, especially to children, was relatively nondisruptive, despite massive disproportion of black to white" (McWhorter, 2000: 203).

11. "[. . .] gives no reason why a developing Spanish-, English- or Portuguese-based pidgin formed in an American plantation environment could not serve as a marker of black identity, and be deliberately retained by black slaves as they simultaneously acquired a more complete version of the masters' language; there is no compelling reason why only a pidgin previously used in West Africa might possess this regenerative power" (Lipski, 2005a: 286).

12. "The Spanish creoles which exist do not appear to have developed via the pidginization of Spanish itself: Palenquero and Papiamentu began as Portuguese pidgins, with Spanish lexicon a later overlay. [. . .] The argument that there was once a Spanish creole spoken throughout Spanish America unduly strains sociolinguistic credibility, and the small amount of empirical evidence for it (Portuguese pidgin remnants) is easily accounted for as simply adstratal phenomena" (McWhorter, 2000: 31).

13. "[. . .] bozal Spanish was no more remarkable a phenomenon than Ellis Island English" (McWhorter, 2000: 28).

14. "Caribbean *bozal* Spanish always represented a pidginized version of regional vernacular Spanish, with the latter varieties already characterized by considerable phonetic and morphological reduction. Superimposed on this common *bozal* language was an infusion of true Afro-Hispanic creole, in the form of Papiamento structures used by laborers imported from Curaçao [. . .]. *Bozal* speakers in contact with Papiamento may have used items from the latter language to extend their own pidginized Spanish, and

in some cases a restructuring of *bozal* in the direction of a more Papiamento-like creole may have occurred. In general, however, the creole influence on Caribbean Spanish appears to have been discrete, contributing words and occasional verbal combinations but never completely recasting the authentically local *bozal* dialects" (Lipski, 1993a: 33).

15. Una lengua semicriolla es una versión parcialmente reestructurada de la lengua que provee el léxico (en este caso, el español) sin que haya una ruptura radical en transmisión intergeneracional, lo cual caracteriza el proceso de criollización.

16. Dieck (2000), quien ha investigado la negación doble en palenquero y en otras variedades del español afrohispano, no acepta que ese fenómeno haya resultado de un pidgin afroportugués. Según Dieck, este resulta de la transferencia sintáctica del sustrato africano, sobre todo de los hablantes de kimbundu y kikongo. No obstante, la explicación de Dieck no aclara cómo pudo aparecer esta construcción en zonas tan geográficamente discontiguas, en las cuales la gran mayoría de la población afrohispana no procede de áreas del continente africano donde se hablan dichas variedades.

17. Schwegler (2007a) señala que mientras que *un ma* generalmente indica un plural indefinido, *ma* puede indicar un plural genérico, un plural defnido o un plural indefinido, dependiendo del contexto.

18. Es importante notar que sÉ en esta frase palenquera se refiere a ASE , el marcador habitual.

19. Se nota la extensión semántica de la palabra *man* que corresponde a las categorías semánticas de *kôko* (mano, brazo).

20. "only the convivence, and indeed intermarriage, of Spaniard and Malay can account for the fact that a creolized language emerged in the space of two generations" (Whinnom, 1956: 3).

CAPÍTULO 4

Contacto del español con lenguas indígenas en Hispanoamérica

4.1. El primer contacto con las lenguas indígenas

El año 1492 tuvo una importancia trascendental en la historia de España. En ese año, terminó en Granada la Reconquista de la Península Ibérica que había empezado en 711, año de la invasión musulmana. Por esas fechas, los Reyes Católicos, Fernando e Isabel, emprendieron la tarea de crear una nación, unificando los antiguos reinos del norte con las tierras reconquistadas del sur de España. Tal unificación política se llevó a cabo a través de la imposición de un patrón religioso uniforme que daría como resultado la expulsión de aquellos judíos que se habían negado a convertirse al cristianismo a fines de siglo y de los musulmanes hacia 1502. En un segundo frente, la unificación comprendió, a su vez, un proceso de castellanización afianzado por un sistema político-militar que decretó el uso del castellano como idioma oficial de las regiones (re)conquistadas (Heath, 1972a: 5). Por otro lado, la publicación en 1492 de la *Gramática de la lengua castellana* de Antonio de Nebrija "nacionalizó" el castellano recomendando que se enseñaran las "cosas de la nación" en la lengua de la nación. En el prólogo de su libro dedicado a la reina Isabel, Nebrija (1492/1980: 97) escribió: "siempre la lengua fue compañera del imperio; & de tal manera lo siguió, que junta mente començaron, crecieron & florecieron, & después junta fue la caída de entrambos".

La reconquista de Granada el 2 de enero de 1492 permitió que los Reyes Católicos dedicaran por primera vez recursos financieros a la exploración marítima dominada por Portugal desde 1415. Ese mismo año, Isabel decidió apoyar a Cristóbal Colón en su intento de descubrir un nuevo pasaje a las Indias, hecho histórico que condujo a la expansión del Imperio español hacia el continente americano.

Colón llegó primero a las islas de Cuba y La Española (actualmente Haití y la República Dominicana), donde se encontró con hablantes de taíno, un dialecto del arawak caribeño. Desde ese primer encuentro entre españoles y taínos, se introdujeron en el español palabras indígenas cuyos significados sirvieron para expresar ciertos aspectos de la nueva realidad. De este modo, llegaron a extenderse los siguientes vocablos procedentes de la lengua taína: *canoa, hamaca, cacique, tiburón, huracán, iguana, ají, maíz, maní, papaya* y *yuca*, entre otros. Desafortunadamente, hacia 1530 los hablantes de taíno fueron reduciéndose y hacia 1550, a menos de 60 años de su primer contacto con los europeos, los taínos desaparecieron completamente, víctimas

de masacres, suicidios, trabajo forzado y enfermedades europeas contra las cuales
carecían de resistencia biológica.

4.1.1.   Las lenguas indígenas en Latinoamérica

El destino del taíno también fue compartido por muchas otras lenguas indígenas como resultado de su contacto con las huestes europeas. Se calcula que había
aproximadamente unas 1,750 lenguas en Latinoamérica antes de la invasión española
(Sherzer, 1991) y que hoy día solo sobreviven entre 550 y 700 de ellas (Campbell,
1997). La mayoría de estas tiene menos de 5,000 hablantes y su restringido uso actual
indica que van camino a su extinción. Las lenguas principales en términos de números
de hablantes son las siguientes:

Lengua	Familia	Países	Número de hablantes
Quechua, Quichua	Quechua	Perú, Bolivia, Ecuador, Colombia, Argentina	8.5 millones
Guaraní	Tupi-Guaraní	Paraguay, Bolivia, Argentina, Brasil	4 millones
Aimara	Jaki	Perú, Bolivia	2.2 millones
Quiché, Kaqchikel,	Maya	Guatemala	1.3 millones
Yucateco	Maya	México, Guatemala, Belize	714,000
Náhuatl	Uto-Azteca	México	1.2 millones
Zapoteco	Sapoteka	México	402,000
Mixteco	Misteka	México	387,000
Mapudungun (Mapuche)	Araucania	Chile, Argentina	300,000
Otomí	Oto-Manguea	México	280,000

(adaptada del Archive of the Indigenous Languages of Latin America, 2006: 3–4; Kaufman, 1994a: 35 y 1994b; y Lastra,
1997: 14).

Como resultado de la fuerte presión social y cultural de adquirir y usar la
lengua dominante, en la actualidad existen muchos hablantes de lenguas indígenas
que son bilingües en su lengua nativa y en castellano.

4.1.2.   La influencia de las lenguas indígenas en el español latinoamericano

La posible influencia de las lenguas indígenas en el español latinoamericano
ha sido un tema controversial en el campo de la lingüística hispánica desde el estudio de Lenz, publicado originalmente en 1892, en el cual se concluía que el español
hablado en Chile "es, principalmente, español con sonidos araucanos" (1940: 249).
Específicamente, Lenz encontró una supuesta influencia mapuche[1] en características fonéticas como la aspiración de /s/ en posición final de sílaba, la asibilación de
/r/ en el grupo consonántico *tr* y la articulación bilabial de /f/, entre otras. Alonso

(1953), al refutar las afirmaciones de Lenz sobre la influencia indígena, demostró que las características que había señalado se encontraban en otras partes del mundo hispanohablante y que no se debían a la influencia del mapuche. Consecuentemente, Alonso (1953: 396–397) pasó a recomendar que futuros estudios sobre la posible influencia del sustrato incluyeran: (1) una investigación histórica de la constitución demográfica y la estructura social de la población hispanohablante e indígena para determinar el grado de contacto lingüístico y cultural; (2) una investigación diacrónica y sincrónica del sistema fonético de la lengua indígena; y (3) un conocimiento amplio de las tendencias dialectales hispánicas, incluida su distribución geográfica. Para Alonso (1953: 397), "sólo se recurre a explicar un hecho en la historia de una lengua por la intervención de otra heterogénea, cuando no se le puede aclarar dentro del sistema propio", aunque admite que pueden actuar factores concurrentes. Es decir, un rasgo de origen hispánico puede desarrollarse debido a disposiciones sustratistas favorables; de este modo, el sustrato puede ser fomento del cambio. Veremos precisamente que, en la mayoría de los casos, la influencia del sustrato ocurre cuando hay convergencia de las dos lenguas debido a paralelismos estructurales o semánticos.

La influencia del sustrato no se evidencia en la mayor parte de Latinoamérica por varias razones. Granda (1995) señala que, en algunas zonas, como en el Caribe o en las áreas costeras centro y sudamericanas, no ha habido influencia indígena por la extinción temprana de la población indígena. En otros lugares, como en el sur de Chile y de Argentina, la zona del Chaco y la frontera norteña del Virreinato de México, hubo tanta resistencia de los grupos indígenas a la colonización española que la oposición armada "impidió, de modo prácticamente total, cualquier tipo de transferencias lingüísticas de sus lenguas al español fronterizo" (Granda, 1995: 183). En otras áreas geográficas, específicamente la costa peruana, el área centro-norte de Chile, la Gobernación del Río de la Plata y, más tarde, las zonas centrales y nororientales de la Nueva Granada y el centro y norte de México, se produjo un intenso proceso de aculturación de los grupos indígenas que, según Granda, terminó en la sustitución de las lenguas indígenas por el español sin alteraciones de su estructura.

Granda (192), argumenta que no se encuentra influencia del sustrato en las principales zonas urbanas de la época colonial "dada la alta accesibilidad a la norma prestigiosa local [. . .] por parte de la población indígena urbanizada, la progresiva (y rápida) utilización por ella de una variedad de español básicamente coincidente con el manejado por los hablantes criollos y españoles". Por eso, solo hubo influencia estructural de las lenguas indígenas en zonas rurales relativamente aisladas en las que había convivencia de núcleos hispánicos reducidos y de grupos indígenas demográficamente numerosos y homogéneos desde el punto de vista lingüístico, como ocurrió en Paraguay y, en menor grado, en Yucatán. Igualmente, en la zona andina se encuentra influencia estructural del quechua en el castellano, aunque hay cierto desacuerdo respecto al momento en que se darían las condiciones propicias para el desarrollo del español andino como sociolecto extendido: durante la época colonial o hacia finales del siglo XIX (cf. Rivarola, 1989, 1992, 1995; Cerrón-Palomino, 1995; Calvo, 1995; Granda, 2001, A. M. Escobar, 2001).

En este capítulo, nos enfocaremos en el contacto del español con las lenguas que todavía tienen más de un millón de hablantes, la mayoría de las cuales ha ejercido cierta influencia en la evolución de los dialectos regionales del castellano. Empezamos con el contacto entre el castellano y las lenguas nahuas y mayas de México. Luego, analizamos el español andino, producto del contacto entre el castellano, el quechua y el aimara, y terminamos por examinar la situación bilingüe de Paraguay, donde una mayoría de la población habla el guaraní.

4.2. El contacto de lenguas en la Nueva España

Cuando Hernán Cortés llegó a México en 1519, se encontró primero con los mayas en Yucatán. Al enterarse de la existencia de un importante imperio en el centro de México, empezó una campaña con la ayuda de diversos aliados indígenas y logró conquistar en 1521 la capital del Imperio azteca, Tenochtitlán, donde hoy se encuentra el Distrito Federal de México. Los españoles subyugaron rápidamente a los otros grupos indígenas en el sur de México y extendieron su dominio hacia Guatemala y Honduras. Sin embargo, la resistencia maya en la península de Yucatán se hizo tenaz, a tal punto que en veinte años los españoles solo llegaron a controlar la parte septentrional de la península mientras que algunos grupos del interior pudieron mantenerse independientes durante un siglo y medio más.

Al llegar los españoles, se hablaban más de ochenta lenguas y dialectos diferentes dentro del Imperio azteca, pero el idioma del comercio, la jurisprudencia y la economía era el náhuatl (Heath, 1972a: 3). De esa manera, los aztecas pudieron mantener su control sobre los territorios y pueblos conquistados y, a la vez, facilitar una comunicación eficaz dentro de una amplia demarcación territorial. Por su parte, los españoles no mantuvieron el náhuatl como lengua oficial, pero tampoco lograron que el castellano lo desplazara a pesar de la política oficial de la Corona. Valdría la pena examinar algunas de las razones por el fracaso de la política lingüística española y su impacto en la historia lingüística mexicana.

4.2.1. La Nueva España durante la época colonial

De resultas de su deseo de unificar el reino, los Reyes Católicos decretaron la imposición de prácticas sociales y culturales cristiano-castellanas tanto para los infieles en la Península Ibérica como para los indios en las colonias (Heath, 1972a: 26). Los franciscanos y dominicos que acompañaban a las expediciones consideraron la evangelización de los indígenas como su tarea principal. Por eso, a pesar de la política oficial de la Corona que veía la difusión del idioma castellano como un elemento esencial de la expansión del Imperio español, los frailes aprendieron las lenguas indígenas y evangelizaron a los indios en esas lenguas. Según Heath (1972b: 67), "los idiomas vernáculos seguían siendo el principal canal de comunicación entre indios y españoles" durante el siglo XVI y bien adentrado el XVII. Tanto los mestizos como los criollos y algunos europeos hablaban el náhuatl, aunque con varios grados de competencia lingüística (Parodi, 2006: 39).

Durante estos mismos años, específicamente entre 1520 y 1620, la población indígena de Nueva España se redujo drásticamente. Dada la falta de datos cuantitativos fiables de la época, no se conocen las cifras exactas, pero las estimaciones varían de entre el 25% y más del 90% de la población total (McCaa, 2001: 43). Para McCaa (2001: 43–44), "la población del centro de México en el momento del contacto con los europeos debe haber sido de no menos de la estimación minimalista de cuatro o cinco millones y que probablemente doblaba y tal vez incluso triplicaba dicha cifra". La drástica reducción de la población indígena de la Nueva España se debe principalmente a los efectos de las enfermedades europeas ante las cuales no tenía resistencia, junto con la guerra, el trastorno de la economía nativa, el daño causado a la ecología, la reubicación forzada y el trabajo excesivo (McCaa, 2001: 45). Para 1810 la población indígena había vuelto a crecer a unos 3.7 millones de personas, o sea, un 60% de la población total de la Nueva España (Hidalgo, 2001: 60). De este total, los peninsulares representaban una pequeña minoría: 8,000 españoles en 1529; 14,000 en 1646 y 15,000 en 1810 (Hidalgo, 2001). El segundo grupo más grande lo constituían los *euromestizos* (hablantes de castellano de ascendencia indoeuropea criados en un ambiente español), los *indomestizos* (los de ascendencia indoeuropea criados en un ambiente indígena) y los *afromestizos* (castellanohablantes de ascendencia mixta con un componente africano). En un lapso de un siglo y medio, los grupos mestizos aumentaron rápidamente; mientras que en 1650 constituían menos del 25% de la población, para 1810 su número había aumentado a un 40% (Aguirre Beltrán, 1946/1972: 234), tal como se ve en la tabla 4.1.

Durante la época colonial, se puede dividir la política lingüística en tres períodos distintos (Hidalgo, 2001). En el primero (1521–1565), la Corona decretó la enseñanza del español y la evangelización de los grupos indígenas. Sin embargo, desde una perspectiva práctica la enseñanza del español se hizo imposible debido al porcentaje pequeño de peninsulares, la diversidad de su población y lo accidentado de su territorio. Los frailes, quienes habían aprendido las lenguas indígenas en su labor de evangelización, decidieron que el náhuatl y no el castellano sería el idioma de los indios. A pesar de su oposición, en 1550 Carlos V decretó que los frailes enseñaran

Tabla 4.1 Composición racial de Nueva España (Aguirre Beltrán, 1946/1972: 234)

Año	Europeos	Africanos	Indios	Euromestizos	Afromestizos	Indomestizos	Total
1570	6,644	20,569	3,366,860	11,067	2,437	2,435	3,380,012
1646	1,378	35,089	1,269,607	168,568	116,529	109,042	1,712,615
1742	9,814	20,131	1,540,256	391,512	266,196	249,368	2,477,277
1793	7,904	61	2,319,741	677,458	36,979	418,568	3,799,561
1810	15	10	3,676,281	1,092,367	418,568	704,245	6,122,354

el castellano a los indios "para estar asegurados en la fe cristiana y adoptar 'nuestra urbanidad y buenas costumbres'" (Heath, 1972b: 44). No obstante, los edictos de 1550 sobre el planeamiento lingüístico no llegaron a cumplirse dada la realidad cotidiana de los pobladores de la Nueva España.

El segundo período fue iniciado por Felipe II al revocar los edictos de Carlos V y hacer que, desde 1570 en adelante, el náhuatl, como instrumento de conversión religiosa, fuera la lengua oficial de los indios de la Nueva España. Sin embargo, en 1634 Felipe IV revocó este decreto y volvió a la política anterior que hacía hincapié en el aprendizaje del español en las poblaciones indígenas para que así pudieran adquirir "nuestra policía y buenas costumbres" (Cédula de 1550: 339 cit. en Heath, 1972b: 69).

El tercer período de política lingüística en la Nueva España abarca la segunda mitad del siglo XVII y sigue vigente hasta fines del siglo XVIII, años en los que los monarcas españoles insistieron en la enseñanza del castellano mientras que los religiosos respondieron a sus decretos documentando la realidad social y lingüística de la colonia. Entre la población mestiza y criolla se había desarrollado una situación diglósica;[2] el náhuatl se hablaba en el hogar, junto con el castellano, principalmente entre las mujeres, mientras que el castellano se había extendido rápidamente a todos los ámbitos públicos y oficiales (Parodi, 2006: 47). No obstante, hacia fines de la época colonial, solo el 35% de la población hablaba español y solo un 0.5% sabía leerlo y escribirlo (Hidalgo, 2001: 59).

Varios factores explican la inhabilidad de castellanizar a las masas indígenas, entre ellos: la diversidad de lenguas nativas regionales, el porcentaje relativamente pequeño de europeos y euromestizos que habitaban las Américas durante los primeros cien años de la colonización, la concentración de la mitad de los peninsulares en la capital o en guarniciones protegidas y la ausencia de contacto directo entre hablantes del español y hablantes de las lenguas indígenas (Hidalgo, 2001: 59).

4.2.2.   La política lingüística durante la República Mexicana

Se puede afirmar que durante la época colonial no se logró castellanizar a los grupos indígenas y que, incluso durante la época de la independencia, el castellano seguía siendo el idioma de una élite, compuesta de europeos, criollos y algunos descendientes de la nobleza indígena. Después de la independencia mexicana en 1821, los políticos trataron de establecer el castellano como lengua nacional e idioma de unidad. En 1875 se organizó la rama mexicana de la Real Academia Española y, algunos años después, el castellano fue reafirmado como la lengua nacional, pero "[. . .] no la española pura, sino la española modelada por nuestro medio físico y social, por los restos de las civilizaciones a medias desaparecidas y por las creaciones que en México ha hecho surgir la mutua compenetración de las razas" (Castillo, 1965: 109). Es interesante notar que en esta cita se reconoce la herencia indígena y los fenómenos de contacto lingüístico, los cuales devinieron en la creación de una nueva lengua nacional mexicana distinta a la española.

Aunque hay cierto orgullo nacional en torno a las culturas indígenas, tal reconocimiento no se extiende a las lenguas indígenas. Incluso después de la Revolución mexicana de 1910 hasta principios de la década de 1930, muchos políticos querían prohibir el uso de lenguas indígenas. Por ejemplo, Luis Cabrera, miembro del gabinete de Carranza, dijo: "Aquí, el problema consiste en hacer que desaparezcan los idiomas y dialectos indios, y difundir el español como idioma único. El único medio para lograrlo consiste en enseñar el español a los indios y en prohibir el uso de los idiomas indígenas" (Cabrera, 1935: 19, cit. en español en Heath, 1972b: 143).[3] No obstante, a mediados de los años cuarenta, el movimiento indigenista llegó a establecer una política más racional hacia los grupos indígenas, recalcando el desarrollo del bilingüismo y la unidad dentro de la diversidad etnolingüística.

A pesar de esta tácita aceptación de las lenguas indígenas, el porcentaje de hablantes de español aumentó entre 1940 y 1970, hecho que continúa hasta el presente, a la vez que el porcentaje de hablantes de lenguas indígenas disminuyó y sigue mermando en nuestros días. Este proceso de desplazamiento lingüístico, relativamente rápido desde la Segunda Guerra Mundial (1939–1945), ha llevado a cambios lingüísticos en algunas de las variedades regionales del español en México. La naturaleza y la extensión de tales cambios dependen del porcentaje de hablantes bilingües y del grado de contacto social que estos tienen con hispanohablantes monolingües. En las próximas secciones, se detallarán los cambios que han ocurrido como resultado del contacto con el náhuatl y el maya.

4.2.3.   Contacto lingüístico con el náhuatl

Muchos préstamos léxicos del náhuatl que designaban plantas, animales, comida y prendas de vestir desconocidos para los españoles ingresaron en el español general, entre ellos: *cacahuate, chile, chicle, chocolate, peyote, tomate, guacamole, mescal, coyote, ocelote.* Otros vocablos de origen náhuatl son conocidos principalmente en México: *ejote, elote, mole, posole, cenzontle, guajolote, quetzal, zacate, petaca, cuate, guarache, huípil, papalote.*

Aparte del nivel léxico, es discutible cuánta influencia ha tenido el náhuatl en las variedades del español mexicano. Lope Blanch (1967: 145) menciona seis características fonéticas que se han atribuido a la influencia del sustrato indígena:

> (1) la existencia de un fonema *š* (palatal fricativo sordo); (2) la presencia de un sonido *ŝ* (dentoalveolar africado sordo); (3) la articulación explosiva de *t* + *l*; (4) la articulación vibrante múltiple de la -*r* final (implosiva); (5) la caducidad de las vocales, átonas y tónicas; (6) la articulación tensa y larga de la *s*, especialmente en posición final.

Lope Blanch nota que los primeros tres rasgos, la presencia de (1) *š* , (2) *ŝ* y (3) *t* + *l*, solo se encuentran en voces de origen indoamericano, como (1) *mixiote* [miʃióte] < *metl- šiót, Xochila* [ʃotʃila] < *šochitla*; (2) *Quetzalcóatl, Pátzcuaro*; (3) *náhuatl, huitlacoche, conzontle, ixtle*. Dado que estos tres fonemas del náhuatl solo se encuentran en préstamos léxicos, no han ocasionado cambios significativos en el español mexicano.

En cuanto a la articulación vibrante múltiple de la /r/ final, Lope Blanch considera que ocurre infrecuentemente en el habla no enfática y que no es de origen nahua. En el náhuatl y en muchas otras lenguas mexicanas, como el maya, el zapoteco y el otomí, no existe un fonema vibrante. Lope Blanch también rechaza la posibilidad de una influencia indígena en la articulación de la /r/ asibilada, ya que este es un fenómeno relativamente reciente que no existió en el español mexicano hasta después de 1950.

Otro rasgo fonético notable en el español del valle central de México son las vocales caedizas, el debilitamiento y pérdida de las vocales átonas, sobre todo en contacto con /s/, como en *p'scar* (pescar), *croksí* (creo que sí), *trescient's pes's* (trescientos pesos) (Boyd-Bowman, 1952: 138; cf. Matluck, 1951). Al describir este fenómeno, Canellada y Zamora Vicente (1960: 239) mencionan que "no sería nada extraño que un influjo de sustrato tuviera algo que ver en este extraño y anómalo comportamiento. [Sin embargo, p]ara nosotros, lo que ocurre en el español mexicano no es más que una tendencia, llevada a límites extremos, de corrientes implícitas en la lengua". Igualmente, Lope Blanch (1963) observa que este fenómeno rebasa las fronteras de México y se produce también en la región andina de Perú, Ecuador, Bolivia, Colombia y Argentina y también en El Salvador. Como se encuentra fuera de México, concluye que "posiblemente no deba explicarse como un fenómeno determinado por la lengua de sustrato" (1968: 79). Sin embargo, es interesante notar que, en las zonas en que se encuentra, hay un sustrato indígena.

Varios lingüistas, entre ellos Henríquez Ureña y Alonso, han atribuido el timbre agudo y la duración larga de la /s/ en el español mexicano a una influencia del sustrato nahua. Creían que en náhuatl no había un fonema /s/ y que, posiblemente, al aprender el español los náhuatlhablantes lo reemplazaban con el fonema náhuatl /ts/, lo cual le daba más tensión y duración (Henríquez Ureña, 1938: 336; Alonso, 1941: 215). Sin embargo, Canfield (1934) señala que los préstamos nahuas normalmente trataban la /s/ del español como /s/, en vez de convertirla en /ts/. Lope Blanch (1967) nota que aunque el náhuatl carecía de la /s/ apicoalveolar castellana, sí tenía una /s/ predorso-dental y "nada induce a pensar que fuese un sonido *tenso*, como la tesis sustratista obligaría a suponer" (159). Por eso concluye, sin negar la posibilidad de influencia indígena en la /s/ mexicana, que tampoco se puede afirmarla con seguridad.

En la zona náhuatlhablante de Balsas, en el estado de Guerrero, Flores Farfán (1998) documenta el castellano que se usa en dos comunidades: San Agustín Oapan y Xalitla. En San Agustín Oapan se mantiene más el náhuatl, mientras que en Xaltila existe una tendencia hacia el monolingüismo en español. A nivel morfosintáctico, Flores Farfán nota varias características que se pueden atribuir a la transferencia del náhuatl y que se encuentran incluso en el habla de personas de la tercera generación cuya lengua principal es el castellano y cuyos padres hablan (o hablaban) náhuatl.

La primera es la transferencia de la pluralización posesiva del náhuatl; para decir 'la casa de ellos', estos hablantes siguen el modelo nahua y dicen *sus casa*. La segunda característica es el uso redundante de *lo*, debido a una transferencia del náhuatl, en el que hay que marcar obligatoriamente la transitividad. Se encuentra en expresiones como *voy traerlo Vicente* (18) o *¿no lo vieron mi llave?* (16) e incluso en función dativa en *lo fueron a enseñar el lugar* (16). También observa una frecuencia más alta de usos estándares del progresivo en vez del presente simple en el discurso de estos hablantes. Dicha preferencia corresponde al náhuatl, una lengua más rica en progresivos y verbos modales que el castellano (Lockhart, 1992: 322), y es un buen ejemplo de convergencia entre las dos lenguas.

A nivel semántico, otro ejemplo de convergencia se encuentra en el uso de *aunque* con el significado adversativo y despectivo de *maaske* en náhuatl, como en el siguiente ejemplo: *no les parece no importa que me remuevan (del) cargo . . . Entonces dice 'aunque así sea'* (Flores Farfán, 1998: 23), en el que significa 'pase lo que pase'. Flores Farfán nota que esta convergencia debe de haber empezado en una etapa muy temprana del contacto náhuatl-castellano, y que posiblemente la expresión *No le aunque*, que quiere decir 'no importa, está bien, pase lo que pase', característica del español mexicano vernáculo, se deba a la convergencia con *maaske* (31).

A pesar de ello, fuera de las zonas en que hoy en día se habla náhuatl, no hay evidencia de influencia de esta lengua en la morfología y la sintaxis del español contemporáneo mexicano. Tal influencia es evidente en textos escritos por bilingües en la época colonial, en la simplificación de objetos directos en el archimorfema *lo*, en la falta de la preposición *a* con objetos personales (en *busco a Teresa*) (Lockhart, 1991: 113–114) y en el uso extendido de construcciones progresivas (Lockhart, 1992: 322). Aun así, estos rasgos de contacto reflejaban "un fenómeno de transición camino a una adquisición más amplia de la variedad más estándar hablada por los nahuas más bilingües hoy en día" (Lockhart, 1992: 323).[4] En la actualidad, el único rasgo morfosintáctico en el español mexicano que demuestra clara influencia amerindia es el sufijo *-eco*, de origen nahua (*-ecatl*), que se da en palabras como *guatemalteco* o *yucateco* (Lope Blanch, 1996: 85). También es posible que el mayor uso del diminutivo en el español mexicano se deba a la influencia del diminutivo *-tsiin* del náhuatl (Flores Farfán, 2008: 40).

4.2.4. Contacto lingüístico con el maya

Durante la época colonial, la península de Yucatán[5] era una zona remota y de poca importancia para el Virreinato de la Nueva España. En los años después de la conquista, los hablantes del castellano constituían un porcentaje pequeño de la población y su impacto lingüístico en Yucatán durante los años de la colonización fue mínimo. Según Barrera Vásquez (1937: 9), "los mayas no fueron conquistados lingüísticamente; más bien ellos resultaron conquistadores en este caso". Farriss (1984: 111–112) observa que el monolingüismo en maya era muy extendido durante la época colonial y que se debía a una combinación de factores, entre ellos: la resistencia maya a la dominación cultural española, la preferencia de los españoles de mantener un monopolio en la lengua de poder y la conveniencia de comunicarse con los mayas en su lengua nativa en lugar de enseñarles el castellano. Después de la independencia de México en 1821, Yucatán luchó por independizarse del resto del país y logró ser república autónoma entre 1839 y 1843. A esto siguió otra sublevación en 1846, después de la cual no hubo mucha intervención del gobierno central hasta la llegada al poder de Porfirio Díaz en 1877. El aislamiento físico de Yucatán del resto de México fue un factor determinante en su historia, hecho que empezó a cambiar durante la segunda mitad del siglo XX, cuando se terminó de construir una carretera que facilitaba el tránsito a otras regiones de México. En las últimas décadas, la región ha experimentado fuertes cambios sociales debido a la creciente industria turística en Cancún y la llamada "Riviera mexicana" y, como consecuencia, la migración de personas mayahablantes de las zonas rurales a estos lugares urbanos en busca de trabajo (cf. Castellanos, 2003). Al mismo tiempo, la construcción de maquiladoras en Yucatán ha servido para aumentar la migración de otras zonas mexicanas, haciendo posible un mayor contacto con otras variedades del castellano.

El histórico aislamiento físico y político de la península de Yucatán ha tenido dos efectos importantes: (1) la creación de un sentido de orgullo regional y de independencia y (2) la evolución de una variedad del español con sus propias normas locales de prestigio (Michnowicz, 2006a: 6). Estos hechos se han combinado para crear un acendrado orgullo lingüístico en el dialecto regional del español hablado en Yucatán (Michnowicz, 2006a).

Como ya se ha dicho, el aislamiento geográfico yucateco hizo posible que los hablantes de maya superaran en número a los hablantes de castellano hasta años recientes. Sin embargo, hacia el año 2005 los estudios revelaron un incremento en el número de hispanohablantes, mientras que los hablantes de lenguas indígenas se redujeron al 33.5% de la población, entre quienes solo un 5.6% se declaró monolingüe en maya (INEGI, 2005). Dadas las características demográficas de esta región y el hecho de que el castellano ha estado en permanente contacto con el maya por más de 500 años, la influencia del sustrato indígena parece ser más probable en Yucatán que en otras zonas de México. Lope Blanch (1987: 9) observa que el idioma maya "goza de una privilegiada situación de prestigio de que carecen las demás lenguas indígenas de México" dado que "no está restringido a la población rural o popular—marginada y carente de prestigio—, sino que se extiende sobre buena parte de la población urbana y aun culta de la península".

Como es de suponer, ha habido mucha influencia léxica del maya en el español de Yucatán, aunque no se ha extendido más allá de las fronteras de la región. Varios de los préstamos léxicos nombran flora y fauna locales: *cucayo* (luciérnaga), *cutz* (pavo), *cha* (chicle), *henequén, kambul* (faisán), *pepén* (mariposa), *quequeo* (jabalí), *tutupice* (horquilla), entre otros.

Los rasgos principales del español yucateco que han sido atribuidas al contacto con el maya incluyen las siguientes:

1. La labialización de /n/ en posición final de palabra (v.g. *pan* [pam]);
2. la pronunciación oclusiva de /b/, /d/, /g/ en posición intervocálica (v.g. *jabón* [habon]) y la aspiración de /p/ /t/ /k/ (v.g. *terco* [tʰerko]);
3. el uso de una oclusiva glotal, particularmente en contacto con una vocal tónica [meʔiba];
4. la construcción artículo indefinido + posesivo (v.g. *un mi libro*);
5. los artículos posesivos redundantes (v.g. *su ropa de mi hermano*);
6. construcciones del tipo *Se lo dijeron por su papá*; un verbo impersonal plural con una frase agentiva introducida con *por*;
7. el uso del archimorforema *lo* (v.g. *"Entonces se celebra Semana Santa . . . todo el mundo lo celebra"* [García Tesoro, 2002: 49]).

A continuación, describimos estos fenómenos lingüísticos y consideramos explicaciones relacionadas con posibles influencias de la lengua maya en el caso de cada uno.

4.2.4.1. La labialización de /n/ en posición final de palabra

Varios lingüistas—entre ellos, Alvar (1969), García Fajardo (1984), Lope Blanch (1987), Yager (1989) y Michnowicz (2006a, 2006b)—han observado que en Yucatán se produce la variante [-m] en posición final de palabra con mucha frecuencia. Alvar (1969: 168) escribe que ocurre con una "abrumadora frecuencia" en el habla de los diez informantes de su estudio. García Fajardo (1984) indica que en Valladolid, Yucatán, la [-m] final aparece con un promedio del 20% en el habla de sus informantes, variando entre el 5% y el 40% sin responder a diferencias generacionales, socioculturales o de sexo. Lope Blanch (1987) observa que casi todos los informantes en su estudio de nueve localidades en Yucatán producen la [-m] final con un promedio del 17% en conversaciones espontáneas. En un estudio del uso de esta variante en Mérida, Yager (1989) observa que [-m] ocurre con una frecuencia del 41% ante una pausa[6] en el habla de sus veinticinco informantes. Indica que la [-m] es un rasgo del habla de los jóvenes; se da con una frecuencia porcentual del 34% en los hablantes mayores de 50 años, 40% en los que tienen entre 30 y 49 años y 55% en los que tienen entre 20 y 29 años. También se da más en el habla de las mujeres que en el habla de los hombres (50% vs. 32%).

En cuanto a grupo sociocultural, ocurre principalmente en el habla de la clase media (47%), y menos en la clase alta (35%) y la baja (41%). Los hablantes más jóvenes usan [-m] más que los mayores, pero son las mujeres de la clase media las que exhiben la tasa más alta. Es interesante que Yager no encuentra ninguna correlación entre el conocimiento de maya y la ocurrencia de [-m]. Concluye que, históricamente, el fenómeno se estableció primero en el habla femenina, aunque ha habido mucho progreso en el habla masculina, sobre todo en los jóvenes y la clase baja. Nota también que, a pesar de reflejar una norma local, incluso las clases sociales más altas en Yucatán aceptan la [-m].

Michnowicz (2006a) examinó el uso de [-m] en un estudio variacionista de cuarenta hablantes en Mérida, tomando en cuenta las variables de sexo, edad, grupo socioeconómico y conocimiento del maya. Observa que en posición final absoluta se da [-m] en un 25% de los casos. Los resultados de un análisis Varbrul indican que los hablantes que tienden a producir [-m] son mujeres, menores de 50 años, quienes tienen algún conocimiento del maya (94). Michnowicz (2006a) señala que la frecuencia de [-m] ha aumentado en los últimos 30 años, precisamente porque es un marcador lingüístico de identidad local frente al creciente contacto con inmigrantes de otras regiones mexicanas (184). Según él, para los hablantes de Yucatán representa una manera fácil y saliente de manifestar su estatus de yucateco nativo y afirmar su orgullo regional.

En cuanto a la influencia maya, la evidencia es clara: se puede concluir que la alta frecuencia de labialización de la /n/ final en el español yucateco está vinculada al contacto con la lengua indígena. Alvar (1969: 169) nota que esta variante casi no se encuentra en otras partes del mundo hispanohablante, pero Lope Blanch (1987) la considera una evolución interna del español, ya que ocurre en otros lugares tales como el occidente de Colombia, el norte de Argentina y el este-noreste de España (58). Sin embargo, el hecho de que ocurra en otras zonas del mundo hispanohablante no descalifica la posibilidad de una influencia indígena en Yucatán dada su alta frecuencia en esta zona, como el mismo Lope Blanch lo señala (1987: 62–63). Michnowicz (2006b: 165) documenta que en el maya yucateco no se distingue entre /m/ y /n/ en posición final absoluta y que en el español yucateco [-m] ocurre principalmente en sílaba tónica, igual que en la lengua maya (Michnowicz, 2006a: 82). Su hipótesis es que posiblemente se habría extendido al castellano primero en topónimos del maya, como *Yucatán* (2006a: 191). Su uso ha aumentado en los últimos treinta años debido a su asociación con la identidad yucateca en oposición a otros dialectos regionales mexicanos. Es un caso claro de convergencia lingüística, ya que las características del maya han reforzado una posibilidad interna del español.

4.2.4.2. La pronunciación oclusiva de /b/, /d/, /g/ en posición intervocálica y la aspiración de /p/, /t/, /k/

Otro fenómeno que se ha atribuido al contacto con el maya es la realización oclusiva de /b/, /d/ y /g/ en posición intervocálica en el español de Yucatán. Alvar (1969: 165) observa que en esa región las "articulaciones fricativas son virtualmente desconocidas", aunque en el habla de sus diez sujetos se da la variante fricativa, pero no con mucha frecuencia. Cassano (1977) atribuye la pronunciación oclusiva de /b/, /d/ y /g/ a un desarrollo interno del español que también se encuentra en partes de Costa Rica, Argentina, Bolivia, Ecuador, Colombia, Guatemala, Honduras, Nicaragua y El Salvador, pero no descarta la posibilidad de una influencia maya. En su estudio en Valladolid, García Fajardo (1984) observó que las variantes oclusivas eran más frecuentes que las fricativas y que se daban más en el habla de la clase baja y en los informantes de edad mediana. Lope Blanch (1987) notó la alta frecuencia de las variantes oclusivas, con un promedio de uso del 40%, lo cual "resulta insólito en el sistema fonético español moderno" (80). Michnowicz (2006a) observó que los menores de 30 años usan mucho menos las variantes oclusivas que los mayores; el español de los primeros ha experimentado un proceso de estandarización puesto que han tenido más acceso a la educación formal y más contacto con hablantes de otras variedades regionales. Aunque considera que estas variantes reflejan evidencia del contacto de lenguas, no cree que se deba a la influencia directa del maya. En maya, la única oclusiva que ocurre en las palabras nativas es /b/, aunque /d/ y /g/ ocurren en préstamos léxicos. Al aprender el español, los hablantes de maya habrían tenido que adquirir los fonemas /d/ y /g/ y la alternación entre los alófonos oclusivos y fricativos, una distinción difícil de adquirir si no existe en la primera lengua. Por esta razón, Michnowicz (2006a: 193) concluye que la alta tasa de bilingüismo en Yucatán y la posibilidad de adquisición imperfecta del español (y no la influencia directa del maya) han derivado en la preferencia por las variantes oclusivas.

Alvar (1969) nota que en el habla de los diez sujetos de su estudio la variante aspirada de /k/ es la más frecuente y no encuentra realizaciones de [p^h]. García Fajardo (1984) relaciona el uso de /p t k/ aspiradas con las consonantes glotalizadas [p' t' k'] del maya. Igual que Alvar (1969), encuentra que [k^h] es la variante más frecuente, seguida de [t^h] y [p^h]. Los resultados de Lope Blanch (1987) coinciden con los de García Fajardo y él también nota una glotalización esporádica de [k'] y, en menor medida, de [t'], pero no de [p'] (86). Sin embargo, advierte que "la *mayor* parte de las articulaciones de /p t k/ coinciden, en esencia, con las realizaciones 'hispánicas' [. . .] de esos fonemas" aunque reconoce que "se dan, *además,* y aunque en sólo una parte de los usuarios, otras articulaciones de /p t k/ que difieren notablemente de las realizaciones hispánicas normales" (88). Sin embargo, no considera que las consonantes glotalizadas caractericen el español de Yucatán, ya que su aparición es "esporádica, de frecuencia insignificante, y se produce sólo en un número reducido de hablantes yucatecos" (123).

Los datos más recientes de Michnowicz (2006a: 160) concuerdan con esta apreciación; la aspiración de [k^h], la variante con mayor frecuencia en los estudios anteriores, es característica de hablantes mayores de 30 años y está desapareciendo del dialecto yucateco. Según Michnowicz (2006a: 193–194) la aspiración de /p t k/ probablemente se deba a influencia del maya, específicamente de las consonantes glotalizadas /p' t' k'/. Es posible que, al adquirir el español, los mayahablantes pronunciaran /p t k/ con aspiración (Lope Blanch, 1987) por la influencia de su lengua materna, y que esta pronunciación se difundiera a la población monolingüe, aunque ahora estas variantes han caído en desuso.

4.2.4.3. La oclusiva glotal

Lope Blanch (1987) también estudia el corte glotal en el español de Yucatán y observa que "aparece con notable regularidad en el habla española de buen número de yucatecos, y no sólo entre fonemas vocálicos, sino también entre vocales y consonantes, y aun entre fonemas consonánticos contiguos" (106). Ocurre con mayor frecuencia en contacto con una vocal tónica, especialmente en la secuencia vocal + /ʔ/ + vocal tónica, como en [meʔíba] o [dóseʔáños]. Considera que este rasgo de origen maya es un claro ejemplo de interferencia en la fonética del español (123). Michnowicz (2006a: 164) determina que, al igual que las consonantes aspiradas, el corte glotal ocurre principalmente en el discurso de hablantes mayores de 30 años, de clase baja y de los que hablan más maya que castellano. Esta variante está socialmente estigmatizada y su uso va en declive en este dialecto. Esto concuerda con la tendencia de los jóvenes yucatecos a usar variantes más estándares de /b d g/ y /p t k/. Según Michnowicz (2006a: 183), el impacto de los cambios socioeconómicos de los últimos veinte años que han reducido el aislamiento tradicional de la península de Yucatán ha derivado en la imposición de "normas lingüísticas panhispánicas en la mayoría de las variables regionales de Yucatán".[7]

4.2.4.4. Influencia del maya al nivel sintáctico y semántico

En las siguientes secciones se analizarán las variantes sintácticas y semánticas del español de Yucatán que han sido atribuidas a la influencia del maya. Se incluyen algunos de los estudios sobre el contacto del español y las lenguas mayas en Guatemala puesto que muchos de los mismos fenómenos han sido documentados allí. Sin embargo, hasta el momento el español guatemalteco ha recibido mucha menos atención de estudiosos de lenguas en contacto que el español de la península de Yucatán. Como señala García Tesoro (2008: 95), "[el guatemalteco] es una de las variedades menos conocidas y estudiadas del español de América."

4.2.4.4.1. El artículo indefinido + posesivo

El íntimo y prolongado contacto entre el maya y el castellano en Yucatán se ha manifestado no solamente en convergencias fonéticas, sino también en algunas convergencias sintácticas. Uno de los fenómenos que se ha observado en Yucatán (Suárez ,1979), en Chiapas (Francis, 1960: 85) y en Guatemala (Martin, 1978, 1985; García Tesoro, 2002, 2008; Pato Maldonado, 2002) es la construcción artículo indefinido + posesivo, como en los siguientes ejemplos:

1. Me voy a tomar *una mi tacita de café* antes de salir. (Martin, 1985; 383)
2. ¿No dejé por aquí *un mi libro*? (Martin, 1978: 108)

Martin (1985) observa que esta construcción existía en el español del siglo XV, aunque hacia el siglo XVI ya casi había desaparecido para convertirse en una forma arcaica. Además, existe una construcción paralela en maya, *jun* (uno) + (clasificador de sustantivo) + posesivo + sustantivo, que probablemente habrá contribuido a su mantenimiento en las zonas en que el español ha estado en contacto con esa lengua.

Martin (1985), García Tesoro (2002, 2008) y Pato Maldonado (2002) indican que esta construcción en español ha sufrido un cambio semántico debido al contacto con el maya. En el español medieval, esta construcción "aparecía con sustantivos [+humanos], casi todos de parentesco o de relación y en el español guatemalteco con un significado partitivo y de posesión inalienable para bienes materiales" (García Tesoro, 2002: 44), como en los siguientes ejemplos:

3. Tengo *una mi prima* estudiando en París.
4. Había mandado a un su . . . , a *un su ayudante* para que viniera a ayudarlo.
5. Jorge me dijo que si yo le encontraba *unas sus hojas*, me daba libre el viernes. (Pato Maldonado, 2002: 144)

Palacios (2004), Company (2005) y García Tesoro (2008) observan que también tiene un valor enfático o discursivo, marcando un objeto o un personaje que adquiere un valor fundamental en una narración y por ello su persistencia referencial en el discurso.

No obstante, en un análisis diacrónico y sincrónico de esta construcción, Company (2005: 143) concluye que:

> no ha adquirido ningún significado realmente nuevo, sino que solo ha activado valores que estaban ya latentes en el español antiguo. En esencia, la construcción flexibilizó los rasgos léxicos del poseído, debilitó su valor referencial originario y afianzó valores discursivos que estaban manifestados de manera incipiente en el español medieval. El cambio global [. . .] puede ser caracterizado como una progresiva gramaticalización de la construcción debida a una evolución interna natural, sin que sea necesario aducir contacto o interferencia lingüística.

Sin embargo, dada la alta frecuencia de esta estructura en las zonas mayahablantes, incluso entre hablantes monolingües de castellano, su pervivencia desde las primeras épocas de la colonización y su subsiguiente extensión semántica, es probable que esta construcción se deba a la convergencia comunicativa y lingüística; la lengua maya ha reforzado el uso de una estructura ya existente en el español colonial y ha llevado a una extensión semántica también coherente con las tendencias del posesivo en español.

4.2.4.4.2.   El doble posesivo

Otra característica del español en contacto con el maya es el uso de artículos posesivos redundantes (Francis, 1960: 94; Suárez, 1979: 179; Barrera Vásquez, 1980: 115) como en el siguiente ejemplo:

6. su ropa de mi hermano.

Suárez (1979: 179) lo atribuye al hecho de que en maya se marca la posesión en el objeto ('u nok' in-sukuum' '(su) ropa de mi hermano'), pero esta estructura también se encuentra en el español medieval y en el castellano andino. Es muy probable que su mantenimiento en el español de Yucatán se deba a una causación múltiple: la retención de un arcaísmo español reforzada por el uso de una estructura paralela en la lengua maya (ver sección 4.3.3.2.1).

4.2.4.4.3. Construcciones del tipo *Se lo dijeron por su papá*

Se ha observado que ocurre en el español de Yucatán una estructura del tipo *se lo dijeron por su papá* (Lema, 1991: 1279), *se lo llevaron por el viento* en vez de *se lo llevó el viento* y *lo castigaron por su papá* en lugar de *lo castigó su papá* (Barrera Vásquez, 1937: 9). Según Lema (1991: 1279), esta estructura ocurre no solo en el habla informal, sino también en textos escritos traducidos del maya al español por profesionales. En el maya, la forma típica es *àlab ti' tumen u tata,* en la cual se usa una forma pasiva del verbo (Barrera Vásquez, 1943: 94) que, al transferirse al español, resulta en el uso de una estructura sintáctica parecida al *se* pasivo o *se* indefinido, como en el español estándar *se firmó la paz por los embajadores* (Lema, 1991: 1282). El español también permite complementos de causa introducidos por la preposición *por*, como en *se tambaleaba por el cansancio* (Lema, 1991: 1282). Estos complementos causales corresponden a la preposición *tumen* en el maya, la cual significa 'a causa de'. El uso de estas estructuras en Yucatán se debe a la convergencia sintáctica de las dos lenguas y al simultáneo refuerzo semántico entre el maya y el español.

4.2.4.4.4. Omisión del pronombre de objeto directo y el uso del archimorfema *lo*

En el español en contacto con el maya en Guatemala se han notado dos fenómenos relacionados con los objetos directos: la omisión del pronombre de objeto directo y el uso del archimorfema *lo* (García Tesoro, 2002, 2008). En cuanto al primero, se ha observado elisión de objetos definidos y referentes abstractos, como en *Otras formas de mantener nuestro idioma$_i$ son: transmitiendoØ$_i$ de padres a hijos . . .*, pero normalmente no hay elisión de referentes humanos o animados (García Tesoro, 2002: 46). Las lenguas mayas tienen pronombres para la primera y segunda persona, pero no para la tercera; este hecho podría explicar su omisión en algunos contextos en los que es posible recuperar la información del referente.

Otro fenómeno relativamente extendido en el español en contacto con el maya es "la neutralización de los rasgos de género y número hacia un único pronombre invariable *lo* para el objeto directo" (García Tesoro, 2002: 49; Francis, 1960: 94), como se nota en los siguientes ejemplos:

7. Entonces se celebra *Semana Santa*, eso sí es nacional, todo el mundo *lo* celebra.
8. Hay veces que hace uso correcto de *las ayudas* aquí en Guatemala, como también deben fijarse a quién se *lo* mandan. (García Tesoro, 2002: 49)

En el maya no hay concordancia de género y número de forma obligatoria como en el español. Al adquirir el español como segunda lengua, muchos hablantes del maya habrán simplificado el sistema pronominal acusativo del español, reduciendo un sistema complejo con concordancia de número y género (*lo, los, la las*) al archimorfema *lo*. García Tesoro (2002: 52) observa que la neutralización de género es un poco más alta en los monolingües que en los bilingües (47% vs. 40% respectivamente), lo cual sugiere que este proceso se ha extendido hasta formar parte de la norma regional. Esta neutralización no se debe a la influencia directa del maya, sino a una estrategia de adquisición de los mayahablantes que adquirieron el castellano como segunda lengua. Este mismo fenómeno se encuentra también en la región andina de Sudamérica.

4.3. El contacto de lenguas en la región andina[8]

Otra zona donde los conquistadores españoles se encontraron con una avanzada civilización indígena es la región andina de Sudamérica, la sede del Imperio incaico. Después de considerar la política lingüística bajo la Corona española y bajo la República, se examinarán los fenómenos de contacto de esta región donde hoy en día radican más de 8 millones de quechuahablantes y más de 2 millones de aimarahablantes.

4.3.1. Política lingüística bajo la Corona española

Algunos historiadores de la lengua como Cerrón-Palomino (1989b) han notado que la expansión del quechua en los Andes empezó apenas una centuria antes de la llegada de los españoles en 1531. En el siglo XV, los Incas habían completado su conquista del Imperio aru en la región centro-sur de los Andes y solo entonces habían comenzado a imponer el uso del quechua y a prohibir el uso de las lenguas subyugadas. Tan reciente había sido la implantación del quechua en esa región que las crónicas escritas por sacerdotes de la primera hornada indicaban que "[. . .] a poco de la llegada de los españoles, algunas tribus abandonaron rápidamente el quechua y empezaron a usar sus lenguas nativas para todas las funciones sociales"[9] (Heath y Laprade, 1982: 123).

Irónicamente, la administración española de la región andina expandió el uso del quechua hacia áreas que rebasaban los límites del antiguo Imperio inca. Para los españoles, el uso de una lengua general (i.e., una lengua franca), tal como el quechua, facilitaba la administración de su imperio, e impusieron esa lengua a costa de las lenguas locales vernáculas (Mannheim, 1991: 37). Además, el uso del quechua se extendió a los dominios del comercio y la política durante los primeros años de la colonización, en buena medida porque los españoles retuvieron gran parte de la estructura y el personal administrativo incaicos. Más aún, los sacerdotes católicos expandieron las funciones del quechua al usarlo para propósitos proselitistas e incluso en la redacción de sendos catecismos.

A pesar de estas prácticas, la política lingüística oficial adoptada por la Corona, al igual que en la Nueva España, era la de imponer el uso del castellano entre los indios como un aspecto de su cristianización (Heath y Laprade, 1982). Al respecto, tres creencias sobre las relaciones entre lengua, cultura y sociedad estaban ampliamente difundidas entre los colonos españoles: "que hablar la misma lengua establece nexos entre sus hablantes; que una lengua puede ser impuesta sobre una población derrotada por el derecho de conquista; y que la lengua preserva la identidad cultural"[10] (Mannheim, 1991: 68). En otras palabras, la Corona podría incurrir en el riesgo de perder sus colonias al permitir que sus súbditos mantuvieran identidades culturales diversas, de las cuales era un componente importante el uso de su lengua nativa.

Como ya hemos visto en la sección 4.2 sobre la Nueva España, en 1634 Felipe IV decidió deshacerse de todas aquellas prácticas que facilitaran la expansión del náhuatl y del quechua, ordenando que a todos los indios se les enseñara el español y que toda la doctrina cristiana fuera inculcada en esa lengua. Desde ese entonces, el quechua dejó de tener interés para la Corona, aun cuando tampoco llegara a crearse un apoyo institucional para la enseñanza del español. Este hecho es constatado por Heath y Laprade (1982: 132) quienes, al resumir la política lingüística de la colonia hispana desde los tiempos de la Conquista hasta las guerras de Independencia, afirman: "A pesar de admitir algunas veces su gran deseo por una ciudadanía de habla castellana en el Nuevo Mundo, la Corona y sus representantes religiosos no llegaron a implementar una fuerte política lingüística asimilacionista".[11]

Desde 1680, cuando el último edicto sobre política lingüística fue decretado, hasta el año 1770, el quechua, apartado de la influencia hispana por el aislamiento geográfico y social, continuó extendiéndose entre la población indígena. Este período ha sido caracterizado por Mannheim (1991) e Itier (1995) como la "Edad de oro" del quechua literario, una etiqueta que bien podría adherirse a Cuzco, donde la élite local patrocinó un teatro emergente de temas europeos, aunque escenificado en lengua quechua.

En 1770, Carlos III decretó una política de castellanización más estricta, cuyo principal propósito fue la total supresión de las lenguas nativas en las colonias americanas por medio de la imposición del monolingüismo en español. Diez años después, Juan Manuel Mocoso, Arzobispo de Cuzco, describió en una carta la situación lingüística de la ciudad de Cuzco:

> Si consideramos que el idioma permanece en los indios, sin alteración, y en algunas partes tan íntegro, que si no se ha perdido vos alguna del dialecto con que se manejavan aquellas rústicas gentes, es otro asunto digno de lástima a la nación española: Yo bien veo que se fatigan las prensas en darnos ordenanzas y establecimientos para quitar de los indios el lenguaje, y que en conformidad de los reales Rescriptos sobre esta materia, los Prelados celosos lo tienen mandado con grandes apercivimientos en las Visitas de sus Diócesis, prescriviendo se doctrinen en castellano los jóvenes. ¿Pero, qué aprovecha este connato? Quando siguen los naturales en su idioma, y por la maior parte tan tenazes, que hay población en que se hablan tres

distintos, totalmente opuestos entre sí, como son Quichua general, la Aymara y Puquina! Mas de doscientos años he dicho tenemos de conquista, y cuando el sistema de todo conquistador es traher a su idioma la nación conquistada, nuestros españoles en nada más parece que han pensado que en mantenerles en el suyo, y aun es acomodarse con él, pues vemos le usan con más frecuencia que el propio. Los inconbenientes que de ello se siguen son obvios al más ciego y mucho es lo que padecen, Dios, el Rey y la causa pública por esta reprobable práctica. (citado en Rivarola, 1985: 30–31)

Este pasaje revela el continuo mantenimiento del quechua en el área de Cuzco y muestra que la práctica real, censurada por el arzobispo, involucraba una comunicación con los indios en su propia lengua, muy a pesar de la proclamada política lingüística de la Corona española.

El uso del quechua entre los indios fue alentado por los encomenderos, clase alta a la cual se le habían otorgado trabajadores indígenas por decreto real. Ellos preferían aprender el quechua en vez de permitir que los indios bajo su control aprendieran el español, un suceso que podría amenazar la posición socioeconómica de privilegio del encomendero. El resultado fue que el español se convirtió en la lengua privilegiada de las clases dominantes (Hardman de Bautista, 1982). Debido a esta circunstancia, la sociedad se dividió prácticamente en dos: una urbana y de habla castellana, y otra rural de habla quechua, esta última marginada por las estructuras de poder de la Colonia.

Como resultado de la fallida revuelta de Túpac Amaru en 1781, el gobierno colonial prohibió el teatro y la literatura en quechua porque estos se asociaban con un rampante nacionalismo político y un movimiento revolucionario contrarios al poder colonial (Mannheim, 1991: 74). A poco de decretada la muerte de Túpac Amaru, se ordenó que los hablantes de quechua aprendieran el español en un máximo de cuatro años:

> Y para que estos indios se despeguen del odio que han concebido contra los españoles, [. . .] se vistan de nuestras costumbres españolas, y hablen la lengua castellana, se introducirá con más vigor que hasta aquí el uso de sus escuelas bajo las penas más rigurosas y justas contra los que no las usen. (Areche, 1781/1971: 772)

No obstante, las élites españolas y criollas continuaron socavando la política educacional del estado, negando el acceso general a las escuelas, para de esta forma mantener su control sociopolítico sobre los hablantes del quechua.

4.3.2. Política lingüística durante la República

Terminada la hegemonía española en la década de 1820, la situación socioeconómica de la población indígena empeoró en cuanto los latifundistas se hicieron del poder y del control sobre ellos. Tal como las clases dominantes durante la época colonial, los hacendados preferían mantener un monopolio sobre el conocimiento del español para, de esa forma, reforzar su posición como intermediarios entre el campesinado indígena y la oligarquía nacional. Jung (1987: 85) describe el resultado de este monopolio elitista sobre el español de la siguiente manera:

> Dada la falta de permeabilidad de las estructuras sociales, no se planteaba para los campesinos mayor problema lingüístico. No había casi escuelas para los niños campesinos, la comunicación estaba limitada a gente de la misma región y de la misma clase social. Tanto los curas como los terratenientes o sus administradores, como en general cualquier persona que quería sacar alguna ventaja de la población campesina, hablaba la lengua vernácula. Por otro lado, para los campesinos era normal, casi diría "natural", hablarla y no dudar de su funcionalidad.

A consecuencia de esto, durante el siglo XIX y la primera mitad del XX, siguió el muy extendido monolingüismo quechua en las áreas rurales andinas.

Paralelamente, durante esos mismos años, algunos pobladores de habla indígena buscaron educarse en español. A pesar de algunas medidas aisladas que proveían más acceso a la educación formal, la situación no cambió fundamentalmente en Perú hasta los años 1950 cuando, debido a un fortalecimiento del rol del gobierno central en las provincias, los gamonales perdieron poder y se inició de esta manera una intensa campaña de castellanización de la población indígena por todo el sur de los Andes (cf. Jung, 1987). Varios factores impulsaron la castellanización en la última mitad del siglo XX, entre ellos la modernización de la economía, el desarrollo de redes de comunicación y la migración hacia las urbes de la costa. En Ecuador, la política poscolonial ha sido parecida. La meta implícita y a veces explícita del gobierno ha sido la de desplazar la identidad y lengua indígenas por la cultura occidental o mestiza de habla castellana, objetivo que se logra principalmente a través del sistema educativo (King, 2001: 36). Está claro que la educación formal ha desempeñado un papel paradójico en las sociedades andinas, como afirma Montoya (1985: 13, cit. en Godenzzi, 1987: 36): "por un lado contribuye a la liberación de la opresión feudal y, por otro, liquida la cultura indígena".

En cuanto a la política lingüística, las constituciones de los principales países andinos (Colombia, Ecuador, Perú y Bolivia) reconocen la naturaleza multiétnica y pluricultural de sus poblaciones (Hornberger y Coronel-Molina, 2004: 31–32). La constitución de Ecuador de 1996 establece el español como lengua de relaciones interculturales, mientras que la de Perú (1993) y la de Colombia (1997) establecen el español como idioma nacional oficial, pero declaran que las lenguas indígenas son cooficiales en las zonas donde predominen. La nueva constitución de Bolivia de 2009 declara que "[s]on idiomas oficiales del Estado el castellano y todos los idiomas de las naciones y pueblos indígena originario campesinos [. . .]"[12] Hornberger y Coronel Molina (2004: 32) observan que aunque el reconocimiento constitucional de las lenguas y etnias indígenas en estos países es principalmente simbólico, no es inconsecuente.

Mannheim (1984) comenta la fuerte continuidad entre las políticas lingüísticas coloniales y las contemporáneas, identificando dos corrientes principales en el debate: el asimilacionismo ilustrado y el asimilacionismo reaccionario. Esta última corriente se basa en el modelo peninsular de unificación lingüística que articuló Carlos III en su momento, con el propósito de unificar la nación española a través del uso oficial del castellano en los ámbitos administrativos y educativos para desplazar así el cometido de las lenguas regionales. Aunque la unificación lingüística fue el objetivo concreto de la Corona durante el período colonial, su implementación solo fue parcial. Aun así, esta corriente "dominó la política lingüística nacional y la educación a través de la era republicana" (Mannheim, 1984: 303) y ha perdurado hasta nuestros días, dejando política y económicamente marginados a grandes segmentos de la población que hablan lenguas indígenas.

En la actualidad, el uso funcional del español en la región andina es una condición necesaria para el avance económico y el paso hacia lo que los políticos llaman la integración dentro de la sociedad nacional. Los mismos quechuahablantes han internalizado dicho "proyecto de asimilación" de las clases dominantes, proceso cuyo resultado describe Cerrón-Palomino (1987: 37): "Como resultado de ello, se viene generalizando un bilingüismo de tipo sustractivo que, a la par que incrementa el número de hablantes de castellano (no importa qué tipo de castellano), disminuye la proporción de los hablantes de lenguas andinas".

Los datos de los censos, aunque a veces son difíciles de comparar debido a la diversidad de métodos empleados en distintos momentos (cf. Albó, 2004), constatan la disminución repentina del número de hablantes de lenguas indígenas durante la segunda mitad del siglo XX. En Perú, por ejemplo, más de la mitad de la población hablaba una lengua indígena en 1940 pero, para principios de los años ochenta, solo un cuarto de la población indicaba tener cierta competencia en una de esas lenguas (ver tabla 4.2). Es decir, la mayoría de la población peruana ya es monolingüe en español y, entre la sustancial minoría que es quechuaparlante, hay un gran porcentaje de personas bilingües en ambas lenguas.

Tabla 4.2 Población monolingüe y bilingüe en Perú entre 1940 y 1981 (%) (adaptada de Pozzi-Escot, 1987)

	Monolingües en español	Monolingües en quechua	Monolingües en aimara	Bilingües	
				Aimara-español	Quechua-español
1940	47	31	4	1	16
1961	60	17	2	2	16
1981[a]	73	8	1	2	14

[a] Aunque en 1993 se publicó un censo y en 2005 se llevó a cabo otro, los resultados no son comparables con los censos anteriores, porque se preguntaba cuál había sido la primera lengua de los encuestados en vez de preguntarles qué lengua(s) usaban actualmente, como en los censos anteriores. (cf. López, 1996: 297).

Tabla 4.3 La población quechuahablante por país (Hornberger y Coronel-Molina, 2004: 20)

	Argentina (1999)	Bolivia (1992)	Chile (1992)	Colombia (1993)	Ecuador (1990)	Perú (1993)
Población total	36,600,000	6,420,792	13,348,401	33,109,840	9,648,189	19,308,603
Quechuahablantes	300,000	1,805,843	NA	20,000	362,525	3,177,938

Sin embargo, las estadísticas del censo no reflejan fidedignamente la realidad de ciertas áreas del país. Aunque en términos globales la nación ha sufrido un claro cambio en la proporción de hablantes de lenguas indígenas frente al español, el proceso de desplazamiento ha sido menos agudo en algunas zonas, principalmente el sur andino. Por ejemplo, en los departamentos de Huancavelica, Ayacucho, Apurimac, Cuzco y Puno, entre el 68% y el 95% de la población todavía habla lenguas aborígenes (Zúñiga, 1987: 334; A. Escobar, 1978: 188). Pero también es cierto que estos hablantes indígenas se van convirtiendo cada vez más en hablantes bilingües de español.

Los datos de los censos nacionales reportados en Hornberger y Coronel-Molina (2004: 20) revelan que hay casi 6 millones de hablantes de quechua en toda la región andina (ver tabla 4.3), aunque el número real llega a más de 8 millones, diferencia demográfica que revela serias deficiencias en los censos nacionales. Por ejemplo, en 1990 la población indígena decidió boicotear el censo nacional de Ecuador por razones políticas y una gran parte de la población no participó. Aunque el censo nacional reporta sólo 362,525 quechuahablantes, el número real se acerca a 2 millones (Haboud, 1998). En Bolivia y en Ecuador, la población quechuahablante es más estable que en otros países (Hornberger y Coronel-Molina, 2004), pero el número absoluto de hablantes del quechua sigue disminuyendo en toda la región andina por una variedad de razones, entre ellas, altas tasas de mortalidad en comparación con el resto de la población, guerra y genocidio, desastres naturales, dislocación social y física al emigrar en búsqueda de mayor movilidad económica y social, y dislocación cultural como resultado de la modernización y democratización (Hornberger y Coronel-Molina, 2004).

4.3.3. Contacto lingüístico con el quechua

Las variedades del quechua en la región andina se nombran de distintas formas en español. Por ejemplo, las variedades de Perú y de Bolivia se llaman *quechua*, mientras que la variedad ecuatoriana es *quichua* y la colombiana es *inga* o *ingano*. Hay distintos dialectos del quechua en la zona andina (ver mapa 4.1), algunos de los cuales no son mutuamente inteligibles. De ahí que el español andino tenga diversas características que corresponden al dialecto local del quechua y también al dialecto local de castellano con el que está en contacto.

Mapa 4.1 Distribución aproximada de los dialectos del quechua en el Perú y en áreas adyacentes (Adelaar y Muysken 2004:184)

Al hablar de los principales rasgos del español andino, nos referiremos a las diferencias regionales cuando sean relevantes. También será importante distinguir entre los elementos que se deben a una adquisición incompleta del castellano y los elementos que se pueden atribuir al contacto con las lenguas indígenas. Los primeros se manifiestan en el habla de individuos bilingües que se encuentran en distintas etapas de adquisición del castellano, y los segundos son característicos del habla de hispanohablantes monolingües que conforman la norma del español regional.

La influencia léxica del quechua se ha extendido a toda Latinoamérica, e incluso a otras lenguas, sobre todo palabras que designan grupos humanos, animales, plantas y la geografía de la zona andina, tales como *cóndor, guano, inca, llama, mate, pampa, papa, vicuña*. Otras palabras del quechua son conocidas solamente en los países andinos. *chacra* (granja), *chacarero* (granjero), *chompa* (suéter), *chuño* (papa deshidratada), *choclo* (mazorca tierna de maíz), *curaca* (cacique), *guagua* (bebé), *palta* (aguacate), *poroto* (judía), *puna* (tierra alta).

4.3.3.1. Características fonéticas y fonológicas del castellano andino

La variación vocálica entre los quechuahablantes que han adquirido el castellano como segunda lengua, específicamente la confusión de vocales medias y altas debida a transferencias del quechua (v.g., [lebro] por *libro,* [susjo] por *socio*), está socialmente estigmatizada y no forma parte de la norma regional. El sistema vocálico del español se ha mantenido muy estable a través de los siglos y los hablantes de español son hipersensibles a las fluctuaciones vocálicas (Cerrón-Palomino, 1989a). La *motosidad,* definida como la confusión de vocales altas y medias en español, recibe censura social abierta y por lo tanto no es muy probable que llegue a formar parte de la norma regional. En la zona andina, se tiende a conservar la /s/ como sibilante, incluso en posición final de sílaba. Además, igual que en México, hay una intensa reducción de vocales átonas, sobre todo en contacto con /s/ (Hundley, 1986; Lipski, 1990a, 1996a), como en *oyent(e)s, of(i)cinista.* Hundley (1986) atribuye la reducción vocálica a una transferencia del quechua, puesto que hay una elisión vocálica en el habla rápida en esa lengua. O'Rourke (2004, 2005) encuentra evidencia parcial de que algunos aspectos de la entonación del español andino han sido influidos por el quechua.

Otras características típicas de la pronunciación del español andino, como el mantenimiento del fonema palatal lateral /ʎ/ en *calle, llama* y la asibilación de /r/, no se deben atribuir al contacto con el quechua. Sin embargo, hay evidencia de convergencia lingüística entre el español andino y el quechua en el norte de Ecuador, donde se pronuncia la /ʎ/ como sibilante palatal sonora y la /r/ múltiple como fricativa retrofleja sonora o como vibrante asibilada retrofleja en los dialectos locales de ambas lenguas (Adelaar y Muysken, 2004: 591–92). Como el español andino carece del prestigio social que tienen las variedades costeñas (por lo menos en Ecuador y Perú), hay cierta evidencia de que en las clases medias y altas de Ecuador la asibilación de /r/ está en un proceso de disminución. De igual manera, estas mismas clases sociales han introducido un fenómeno nuevo en el español ecuatoriano: el yeísmo (Gómez, 2003). En Perú, cuando la variedad andina entra en contacto con el español costeño, como ha ocurrido con la migración a Lima durante la última mitad del siglo XX, tiende a haber una nivelación dialectal y tanto la asibilación de /r/ como el uso de la palatal lateral /ʎ/ caen en desuso (Klee y Caravedo, 2006).

4.3.3.2. Influencia de lenguas indígenas en la sintaxis y la semántica

En las siguientes secciones se analizarán las variantes sintácticas y semánticas del español andino que se han atribuido a la influencia del quechua o del aimara con un enfoque en los fenómenos que han llegado a formar parte de la norma regional. Por lo tanto, se han privilegiado los estudios cuantitativos de esos fenómenos, ya que permiten una distinción más fiable que los estudios exclusivamente cualitativos entre las variantes usadas principalmente por hablantes de las lenguas indígenas que no tienen mucha competencia en el castellano, y las variantes, inferiores en número, que realmente han llegado a conformar la norma del español regional.

4.3.3.2.1. El doble posesivo

Igual que en el español de Yucatán, en el castellano andino de Perú se puede encontrar el uso del doble posesivo, como en *su casa de Teresa*. Algunos autores, entre ellos Pozzi-Escot (1973), Rodríguez Garrido (1982) y Granda (1999), han notado que esta estructura ya ocurría en el español medieval con el posesivo de la tercera persona (v.g., *su libro de Luis*) y el de segunda persona cuando se trataba de una forma de cortesía (v.g., *su familia de usted*). Tales restricciones aparecen en su plenitud en el español andino contemporáneo (i.e., se limita a la tercera persona y a la segunda persona de cortesía) y como consecuencia, estos investigadores atribuyen su retención al mantenimiento de un arcaísmo castellano. Otros autores, como Lozano (1975), consideran que dicho fenómeno se debe a una transferencia directa del quechua, dado el hecho de que en esta lengua el sustantivo poseído lleva un marcador de tercera persona que corresponde semánticamente al uso redundante de *su* en la construcción castellana. Sin embargo, como señala Granda (1999: 63), es probable que esta estructura sea el resultado de una causación múltiple, tanto en el mantenimiento de una estructura sintáctica común en el español colonial como en la transferencia del quechua. No obstante, Granda comenta que esta estructura se encuentra en la región andina solamente en zonas en las que el dialecto local del castellano está en contacto con una variedad de quechua o aimara que también tiene el doble posesivo, y por eso está convencido de que el factor determinante en su retención es el contacto con alguna de estas lenguas. Por ejemplo, el doble posesivo no se encuentra en el español andino de Ecuador debido a que no existe en el quichua ecuatoriano. Es interesante notar que esta característica de contacto entre el quechua y el aimara no está socialmente estigmatizada en Perú, e incluso se puede encontrar en el habla de las clases medias de Lima (Caravedo, 1996b).

4.3.3.2.2. Los pronombres clíticos

El sistema clítico del español es sumamente complejo, con mucha variabilidad interna. En todo el mundo, en zonas donde el castellano está en íntimo contacto con otras lenguas que se van desplazando en términos sociales, son muy parecidas las simplificaciones que se dan en este sistema en individuos que adquieren el español como segunda lengua. Incluso a veces las simplificaciones llegan a formar parte de los dialectos locales (ver sección 2.3.5 sobre el contacto lingüístico con el vasco, sección 4.2.4.4.4 sobre el contacto lingüístico con el maya y sección 4.4.1.3.1 sobre el contacto lingüístico con el guaraní).

4.3.3.2.2.1. El archimorfema lo

Kany (1945: 102–107) es uno de los primeros en constatar la ausencia del pronombre clítico *la* en el español andino. En esta variedad, el archimorfema *lo* se ha extendido como producto de la neutralización de las categorías de género y número en los pronombres acusativos de tercera persona. Klee (1989) postula que esto es la manifestación de una estrategia de adquisición de segundas lenguas, cuya función es la de reducir la complejidad del sistema de clíticos de tercera persona en español.[13] Corresponde a la estrategia de simplificación que ha descrito Silva-Corvalán (1994a) en situaciones de contacto y que ayuda a disminuir la carga cognitiva de tener que recordar y usar dos sistemas lingüísticos diferentes. Rivarola (1990: 169) ha notado que, aún en el siglo XVI, estos pronombres eran inestables en el castellano, hecho que contribuye a su simplificación en las situaciones de contacto lingüístico. Otros investigadores, entre ellos Toscano Mateus (1953), Cerrón-Palomino (2003), A. Escobar (1978), A. M. Escobar (1988, 2000), Godenzzi (1991), Lozano (1975) y Pozzi-Escot (1973), han descrito este fenómeno en el español andino contemporáneo. Por su parte, Rivarola (1990) observa que el uso del archimorfema *lo* ya no se encuentra exclusivamente en zonas bilingües, sino que se ha mantenido en zonas en las cuales actualmente no se habla el quechua.

En uno de los primeros estudios cuantitativos de este fenómeno en el español andino, Klee (1990, 1996) observó que en Calca (Cuzco), una ciudad de 10,000 personas a 50 kilómetros de Cuzco, Perú, el uso del archimorfema *lo* se había extendido a todos los grupos sociales, incluso a la élite regional, como se advierte en los siguientes ejemplos:

9. . . . *lo* han hecho hervir [la sangre]
10. Hicimos construir una escuela en un lugar que ya no *lo* va a mover ni la naturaleza, ni nadie. [la escuela]
11. La secundaria *lo* realicé en el Colegio Belén. [la secundaria]

La forma plural *los* aparecía en menos del 50% de los contextos adecuados para su uso, y los pronombres *la* y *las* ocurrían en poco más del 10% de los casos en que se los esperaría, aun en el habla de los profesionales. Estos resultados se observan en la tabla 4.4.

Tabla 4.4 Los pronombres clíticos en el español de Calca (Klee, 1996: 77)

	Profesionales (%)	Grupo medio (%)	Grupo de nivel socioeconómico bajo (%)
me	105/110 (95)	176/180 (98)	206/207 (99.5)
te	19/19 (100)	29/29 (100)	54/55 (98)
nos	46/49 (94)	201/202 (99.5)	73/75 (97)
se	515/530 (97)	490/495 (99)	436/464 (94)
le	135/136 (99)	172/177 (97)	94/124 (76)
les	100/115 (87)	132/146 (90)	17/42 (40)
lo	78/122 (64)	142/199 (71)	98/184 (53)
los	28/61 (46)	30/78 (38)	3/60 (5)
la	7/58 (12)	13/120 (11)	2/93 (2)
las	3/27 (11)	7/49 (14)	0/36 (0)

Dado el hecho de que ocurre en el habla de los profesionales de Calca, hay que afirmar que la neutralización de género y, hasta cierto punto, la neutralización de número forman parte de la norma culta de esta zona.

Caravedo (1999), en otro estudio cuantitativo, comparó los usos de los pronombres clíticos en el español de nueve bilingües de la zona andina, cuatro monolingües procedentes de áreas bilingües de la zona andina y seis monolingües oriundos de áreas de la zona andina donde ya solo existe el monolingüismo en castellano. Su estudio reveló que la discordancia de género (i.e., el uso del archimorfema *lo* en lugar de *la* o *las*) es semicategórica (91%) para los hablantes bilingües. Desciende al 75% en el habla de los monolingües de zonas quechuahablantes y al 69% entre monolingües de zonas no quechuahablantes. Sin embargo, es sorprendente "el altísimo porcentaje de desviación entre los monolingües de español, incluso entre aquellos que no viven en zonas de bilingüismo extendido" (245). De modo parecido a Klee (1990, 1996), Caravedo demostró claramente que el uso del archimorfema *lo* no se limita a ser un fenómeno vinculado a la adquisición del español como segunda lengua, sino que ya forma parte de la norma monolingüe del español de la zona andina.

En su estudio del español de Cajamarca, una zona andina monolingüe, Valdez Salas (2002) también documentó el uso del archimorfema *lo*, como en los siguientes ejemplos:

12. ¿Usted *lo* conoce *a la hermana Lindaura*? (108)
13. *Algunas verdesitas* que *lo* halla uste pa acá *lo* pone, hermanita, pa ca. (108)

Aunque Valdez Salas encontró porcentajes de discordancia de género menores a los que documentó Caravedo (1999)—34%, frente a 69%—, no deja de sorprender la alta frecuencia de discordancia en una zona monolingüe. Igual de sorprendente es la ocurrencia de discordancia de número en esta zona, aunque esta sea de menor grado (13%).

Paredes (1996: 30), en su trabajo sobre los pronombres clíticos de hablantes bilingües en Lima, también notó que el uso del marcador de caso en quechua -*ta* para indicar los argumentos dativos, acusativos y locativos puede resultar en la sobregeneralización de *lo* como forma funcionalmente equivalente en español. Se observa el uso de *-ta* en el siguiente ejemplo:

14. La mujer hace dormir al niño.

warmi	wawa-ta	puñu-chi-n
mujer	bebé-ACC	dormir-CAUS-PRESENTE

Su hipótesis es que los quechuahablantes primero adquieren el pronombre *lo* en castellano, incluso para las funciones de *le*, y luego lo asocian con las funciones de *-ta* en quechua, que marca argumentos acusativos, dativos y locativos. Así, el contacto de lenguas ha contribuido en cierta manera a la extensión de *lo*.

En un análisis semántico del contraste entre *le* y *lo/la* en Latinoamérica, García y Otheguy (1983) revelaron que en Ecuador el sistema de género parece haberse convertido en un indicador sociolingüístico de clase social a causa de la situación de lenguas en contacto. El sistema clítico reducido, característico de los hablantes bilingües de quichua y castellano de clase baja, es menos prestigioso que el sistema clítico completo, el cual se asocia con el español "correcto". Descubrieron que, de los 34 ecuatorianos que participaron en su estudio, todos alumnos universitarios, 24 nunca produjeron *la* al rellenar un cuestionario que requería que eligieran el pronombre clítico apropiado; estos 24 tenían un sistema clítico parcial (sólo de caso, i.e., *le/lo*). Del resto de los encuestados, nueve de diez usaron *la* consistentemente para referentes femeninos animados o inanimados, demostrando el uso de un sistema completo (caso + género, i.e., *le/lo/la*). García y Otheguy notaron que "en una comunidad donde algunos hablantes poseen *lo* y *la*, mientras que otros sólo tienen *lo*, los del segundo grupo estarán más o menos conscientes de que se da una elección de formas que ellos no dominan y que por eso querrán evitar. Por otro lado, aquellos hablantes que sí dominan esta oposición y que saben usarla, pueden ostentar su conocimiento superior en todo momento" (118).[14] Para evitar la forma que no dominan, los que poseen un sistema parcial usan *le* con mayor frecuencia con referentes humanos que los que manifiestan en su habla un sistema completo (77.5% vs. 53%). Aunque los que tienen un sistema parcial manifiestan un porcentaje equivalente de *le* con referentes masculinos y femeninos, los que tienen un sistema completo usan *le* mucho más para referentes masculinos que para referentes femeninos (60% vs. 39%). García y Otheguy notaron que los hablantes que controlan el pronombre *la* parecen insistir en usarlo, evitando *le* mucho más que los hablantes de otros dialectos del español. Concluyen que este fenómeno, resultado del contacto con el quichua, se ha difundido entre hablantes monolingües del castellano para ser una característica estable del dialecto andino ecuatoriano.

4.3.3.2.2.   Omisión del pronombre clítico

Otro de los fenómenos que se ha observado en el español andino es la omisión de los pronombres clíticos (Pozzi-Escot, 1972, 1975; Lozano, 1975; Mendoza y Minaya, 1975; A. M. Escobar, 1990, 2000), tal como se ve en el siguiente ejemplo:

15. *aquí en Lima Ø aprendí yo solo [jardinería]* (A. M. Escobar, 2000: 74)

Normalmente, el pronombre se omite solo cuando el referente del objeto directo se sobreentiende dentro del contexto discursivo. Camacho, Paredes y Sánchez (1997a) proponen que en las etapas iniciales de adquisición hay una transferencia directa del quechua, puesto que la omisión ocurre de la misma manera en esa lengua. En un estudio con niños y adolescentes que tenían entre 10 y 17 años, Sánchez (1998) halló en hablantes nativos del español una frecuencia mayor de omisión de clíticos con antecedentes definidos y específicos que entre hablantes de castellano como segunda lengua, lo cual podría indicar que este fenómeno se ha extendido al sociolecto regional. Paredes (1996) notó lo contrario en un estudio de bilingües en Lima; aquellos con mayor suficiencia en español usaban menos el clítico cero. Como es probable que la omisión del clítico sea un rasgo estigmatizado en Lima, la situación de contacto con la variedad dialectal costeña tal vez haya influido en los resultados.

Este mismo fenómeno también ocurre en Ecuador. Yépez (1986) y Suñer y Yépez (1988) afirman que en la variedad ecuatoriana el referente del objeto directo omitido se interpreta obligatoriamente como inanimado. En el estudio ya mencimado de García y Otheguy (1983) los encuestados rellenaron un cuestionario y tuvieron que escoger el pronombre clítico que usarían en diferentes contextos lingüísticos; no tenían la opción de omitir el pronombre. En datos conversacionales, Yépez (1986) observó que los quiteños monolingües omitían el pronombre de objeto directo en el 63% de los casos en que el referente era inanimado, como se ve en la tabla 4.5. En su estudio, la omisión nunca se dio cuando el referente del objeto directo era animado.

En un análisis de la omisión del pronombre clítico en varios dialectos latinoamericanos, Schwenter (2006) observó algunas similitudes entre los dialectos ecuatorianos y paraguayos (ver sección 4.4.1.3) y el portugués brasileño. En estas tres variedades, cuando los objetos directos tienen un bajo grado de topicalidad, se omite el pronombre, pero cuando tienen un alto grado de topicalidad, se usa el pronombre *le* (o en portugués *ele*).[15] Schwenter señala que los factores (i.e., el grado de topicalidad) que rigen la omisión del pronombre en estas tres variedades también rigen la marcación diferencial del objeto, i.e., la *a* del objeto directo, en otros dialectos del español, como se ve en la tabla 4.6.

Por lo tanto, Schwenter concluye que la omisión del pronombre directo en estos dos dialectos en contacto responde a presiones sistémicas internas (v.g., la usurpación por el dativo de las funciones del acusativo) junto con la influencia

Tabla 4.5 La selección de pronombres directos de tercera persona en el español quiteño conversacional (adaptada de Yépez, 1986: 33–34)

	Le (%)	Lo, La (%)	Ø (%)
[+animado]	90 (97.8)	2 (2.2)	0 (0.0)
[-animado]	28 (26.7)	11 (10.5)	66 (62.9)

Tabla 4.6 Los paralelos entre el español quiteño y paraguayo y el acusativo *a* (Schwenter, 2006: 33)

	El español quiteño y paraguayo/el portugués brasileño	El español panhispánico
Objetos directos de topicalidad más baja (↓ **Codificación patente**)	Cero pronominal (Ø)	Ø+ Objeto SN
Objetos directos de topicalidad más baja (↑ **Codificación patente**)	Pronominal patente (*le/ele*)	Acusativo *a* + objeto SN

del sustrato. Hay evidencia de que este fenómeno se ha extendido a las variedades monolingües del español de estas dos zonas.

4.3.3.2.2.3. Leísmo

Uno de los fenómenos que se ha observado en el español andino, sobre todo en Ecuador, es el leísmo. Aunque no se constata en datos del proyecto de la norma culta (DeMello, 2002) de las ciudades de Bogotá, Buenos Aires, Caracas, La Habana, La Paz, Lima, México D.F., San José (Costa Rica), San Juan (Puerto Rico) y Santiago de Chile, en Quito el leísmo está muy extendido (Toscano Mateus, 1953; Yépez, 1986). En la tabla 4.5 de Yépez (1986) se puede observar que, en datos conversacionales del español quiteño, el leísmo ocurrió en el 98% de los casos en que el referente del objeto directo era animado y en un 27% de los contextos en que el referente era inanimado. Palacios Alcaine (2002, 2005a, 2005b) documentó que en Ecuador coexisten dos sistemas pronominales, uno en Quito y otro en Otavalo. Ella afirmó que en Quito ha habido neutralización de caso, género y número a favor del pronombre *le*, y que esta neutralización ya forma parte de la norma estándar quiteña. Por otro lado, en Otavalo ha habido neutralización, pero solo de género y no de caso; de ahí que se use *le* para el caso dativo y *lo* para el acusativo.

La descripción de la norma de Quito no concuerda con las conclusiones de García y Otheguy (1983) quienes detallan, incluso entre los hablantes con un sistema parcial, distinciones de caso. Esta discrepancia puede deberse a diferencias metodológicas entre las dos investigaciones. En el estudio de García y Otheguy (1983), los participantes rellenaron los espacios en un cuestionario escrito. Tal tarea podría hacer que los encuestados se adhirieran más a la norma escrita, lo cual no reflejaría su uso típico de la lengua. Como los datos de Palacios Alcaine (2002, 2005a, 2005b) son de conversaciones grabadas, seguramente reflejan más fidedignamente el habla cotidiana de los participantes que los datos basados en un cuestionario escrito.

En Perú, el leísmo no se da en la norma culta de Lima (cf. DeMello, 2002) y, en el español andino, su frecuencia es mucho menor que en variedades ecuatorianas. En un estudio de hablantes bilingües y monolingües del castellano en los Andes de Perú y de hablantes monolingües de Cajamarca, donde no se ha hablado el quechua en más de 100 años, Caravedo (1999) observó que los hablantes bilingües usaban el *leísmo* en aproximadamente el 15% de los contextos acusativos, los hablantes monolingües en zonas bilingües lo usaban incluso más, o sea el 30% y, en Cajamarca, la frecuencia en monolingües era de un 19%. Caravedo también encontró *loísmo* en el habla de monolingües y bilingües, pero la frecuencia era muy baja, de menos del 6%. Godenzzi (1991) también encontró evidencia de leísmo en el español de Puno, sin diferencias según la clase social o el nivel de instrucción formal de los hablantes.

En otro estudio en Cajamarca, Valdez Salas (2002) confirmó los resultados de Caravedo (1999) al encontrar el leísmo con una frecuencia del 15% en una población monolingüe, aunque la frecuencia era mayor en hablantes menores de cuarenta años, residentes de zonas urbanas. Los individuos que habían terminado el bachillerato eran más leístas que los que solo tenían estudios primarios, lo que indica que el leísmo se considera una variante de prestigio en esa comunidad. Valdez Salas subrayó que la concordancia de género y número puede presentar dificultades para los hablantes del español andino, y que el uso de *le* como pronombre directo ofrece la posibilidad de esquivar ese problema. El hecho de que el leísmo femenino ocurra en Cajamarca con más frecuencia que en Madrid parece apoyar dicha hipótesis. En el estudio de Quilis et ál. (1985) sobre el habla de Madrid, *le* se manifestaba como pronombre directo en un 25% de los casos pero se usaba con referentes femeninos en tan solo el 2% de los casos, mientras que en el habla de Cajamarca se optaba por *le* en un 38% de las ocasiones con referentes femeninos (Valdez Salas, 2002: 98).

Paredes (1996: 30), en un trabajo sobre los pronombres clíticos de hablantes bilingües en Lima, no encontró diferencias significativas en el leísmo en cuatro grupos de bilingües de varios niveles de competencia en español, quienes lo manifestaban entre el 13% y el 18% de las ocasiones. De esta forma, interpreta sus resultados como evidencia de una tendencia hacia el leísmo que parece ser aceptado por todos los grupos (136).

No se puede atribuir el leísmo a una influencia directa del quechua, pero es posible que la situación de lenguas en contacto haya fomentado su uso en el español andino como otra manera de simplificar el complejo sistema clítico del español. Como no es una variante estigmatizada, se ha extendido al habla general de los monolingües del español andino, quienes incluso la usan con más frecuencia que los bilingües en Perú.

4.3.3.2.2.4. La duplicación de clíticos

Varios lingüistas han documentado la duplicación de clíticos, i.e. el uso del clítico acusativo correferencial con un complemento directo, como fenómeno frecuente en el español andino, tanto en posición preverbal (ejemplo 16) como en posición posverbal (ejemplos 17 y 18).

16. yo a *la sirpiente lo* mato—le dijo (Cajamarca, Perú) (Valdez Salas, 2002: 111)

17. *lo* destroza *a los santos* (Cajamarca, Perú) (Valdez Salas, 2002: 112)

18. Ya *le* veo *a la camioneta* (Quito, Ecuador) (Suñer y Yépez, 1988: 512)

Aunque la duplicación preverbal se considera estándar, la duplicación posverbal es descartada como redundante por la Real Academia Española. No obstante, ocurre en diversas variedades del castellano, como las del Cono Sur, el País Vasco y Madrid. Según Silva-Corvalán (2001: 29), el clítico acusativo ocurre más frecuentemente en estos dialectos cuando el complemento directo posverbal es humano y definido. Yépez (1986) observa que la duplicación en el español de Quito es frecuente con objetos directos animados. Con los complementos directos inanimados, la tendencia es de omitir tanto el pronombre clítico como el complemento directo cuando el referente se sobreentiende dentro del contexto discursivo.

En Perú, la duplicación de clíticos en Cajamarca ha sido analizada cuantitativamente por Valdez Salas (2002), quien encontró que, al igual que en otros dialectos del español, hay más duplicación cuando los complementos directos son definidos. Sin embargo, el habla de Cajamarca se diferencia de los dialectos del Cono Sur en que hay una frecuencia más alta de duplicación con complementos directos inanimados (en vez de humanos). Paredes (1996) encuentra el mismo fenómeno en un estudio del español andino de migrantes en Lima. Al contrario de sus resultados con el cero clítico, en el caso de la duplicación, solo los hablantes con poca competencia en español no la usaban por no haber adquirido todavía sus funciones pragmáticas.

Lee (1997) y Valdez Salas (2002) especulan que la alta tasa de duplicación en el español andino puede estar relacionada con la falta de una marca especial para señalar el objeto de tercera persona en quechua. Sin embargo, dado el hecho de que la duplicación de clíticos no se manifiesta en el habla de individuos menos competentes en castellano, resulta difícil atribuir este fenómeno a una influencia directa del quechua.

4.3.3.2.3. El orden de palabras

El quechua y el español son lenguas tipológicamente diferentes con respecto al orden de los constituyentes sintácticos. El orden básico del español es sujeto-verbo-objeto (SVO) mientras que el orden básico del quechua es sujeto-objeto-verbo (SOV), aunque las dos lenguas tienen órdenes variables que responden a diferentes funciones pragmáticas. Por ejemplo, en español "un objeto es colocado en posición preverbal [SOV] cuando la información que transmite es más conocida que la del resto de la oración" (Silva-Corvalán, 2001: 175), como en el siguiente ejemplo:

19. Ese detalle lo contaban por muy bien cierto. [OV] (Silva-Corvalán, 2001: 174)

En un estudio de la adquisición del orden de los constituyentes en el español andino, Luján, Minaya y Sankoff (1984) analizaron el habla de tres niños de cinco años, tres de siete años y tres de nueve años de edad, todos de Cuzco, Perú. Su análisis se enfocó en los órdenes de objeto verbo (OV), adjetivo nominal (AN) y genitivo nominal (GN), los cuales son típicos del quechua. Como se ve en la tabla 4.7, encontraron evidencia

Tabla 4.7 Las etapas de adquisición del orden de palabras en niños bilingües de Cuzco (%) (Luján, Minaya y Sankoff, 1984: 359)

	Edades		
Orden	5	7	9
OV/VO	51/49	40/60	30/70
GN/NG	63/37	54/46	36/64
AN/NA	91/9	60/40	38/62

convincente de interferencia del quechua en el castellano de los nueve niños. Los niños de cinco años manifestaban los porcentajes más elevados de OV, AN y GN frente a los otros dos grupos en los cuales estos órdenes se iban sustituyendo por los órdenes típicos del estándar regional.

En un estudio del español ecuatoriano rural, Muysken (1984: 113) encontró evidencia de que el orden típico del quechua, que él designaba XV,[16] es más característico del habla de la clase baja que del habla de la clase media. En general, el orden XV se encuentra con más frecuencia en el habla de bilingües incipientes o entre quienes tienen más competencia en quechua que en castellano. Es interesante que en el caso específico del orden OV, resumido en la tabla 4.8, haya poca diferencia entre los bilingües con más competencia en castellano y los monolingües en castellano, sin importar que sean de la clase baja o de la clase media, aunque se encuentran más oraciones OV en el habla de los bilingües incipientes y entre aquellos con más competencia en quechua.

Según Muysken, el orden XV es el resultado de una transferencia indirecta del quechua, puesto que la estructura SXV no es muy frecuente en sus datos y puede ser resultado de consideraciones "estilísticas". Sin embargo, Odlin (1989: 11) ha criticado el recurrir a consideraciones estilísticas por varias razones. Primero, nota que Muysken no llevó a cabo un análisis pragmático que le permitiera determinar más precisamente si tales factores alterarían el orden de palabras. También, Odlin observa que en el estudio de Muysken, igual que en el de Luján, Minaya y Sankoff (1984), los hablantes con menos competencia en español son precisamente los que producen más el orden OV. De ahí que sea muy dudoso que los hablantes menos competentes en esta lengua usen el orden OV por consideraciones estilísticas. Además, en el estudio

Tabla 4.8 OV/VO en cinco grupos de hablantes en Ecuador (%) (adaptada de Muysken, 1984: 114)

	Bilingües incipientes	Bilingües con más competencia en quechua	Bilingües con más competencia en español	Clase baja (monolingües en español)	Clase media (monolingües en español)	Total
OV	17 (33)	22 (35)	6 (8)	6 (13)	9 (12)	60 (20)
VO	35 (68)	41 (65)	66 (92)	41 (87)	63 (88)	246 (80)

Tabla 4.9 OV/VO en tres grupos de hablantes de Calca, Perú (%) (Ocampo y Klee, 1995: 73)

	Grupo bajo	Grupo medio	Profesionales	Total
OV	52 (23)	42 (18)	44 (15)	138 (18)
VO	178 (77)	192 (82)	246 (85)	616 (82)

de Luján et ál., los hablantes que más producían el orden OV eran los niños de cinco años. Otros investigadores (v.g., Zobl, 1983) han demostrado que los niños de esa edad se caracterizan por el "conservadurismo sintáctico" y que casi nunca varían el orden de las palabras por motivos discursivos.

En un estudio sociolingüístico del habla de Calca, Perú, Klee (1991) examinó el uso de los órdenes XV/VX siguiendo la metodología de Muysken (1984); en la tabla 4.9 se ven los resultados de este estudio para el orden OV. En estos datos se observa una reducción en la frecuencia de uso del orden OV al comparar el grupo bajo (23%) con el grupo medio (18%) y los profesionales (15%), aunque las diferencias entre los tres grupos no son muy grandes. Lo sorprendente del caso es la alta frecuencia de los órdenes OV en el habla de los profesionales en comparación con otros dialectos del español. Por ejemplo, Ocampo (1994) encontró el orden OV con una frecuencia de tan solo el 6% en diecinueve hablantes de la clase media de Buenos Aires.

Para determinar si el orden OV tiene las mismas funciones pragmáticas en el español de Calca que en el español de Buenos Aires, Ocampo y Klee (1995) llevaron a cabo un análisis del habla de tres individuos del grupo profesional y de cinco hablantes del grupo bajo de Calca. Al comparar los usos de los hablantes de Calca con los datos del estudio de Ocampo (1994) realizado en Buenos Aires, se encontró que, a pesar de la alta frecuencia de órdenes OV en el habla del grupo profesional, la gran mayoría de las estructuras (89%) tenía un orden de palabras informacional (VO), igual que en los datos rioplatenses. Sin embargo, había diferencias en los datos del grupo bajo. En ese grupo, solo un 62% de las oraciones VO tenían la función pragmática de transmitir información. Además de las funciones pragmáticas que típicamente motivan el uso del orden OV en variedades monolingües del español (v.g., información contraria a lo esperado, foco de contraste), en el habla de Calca hay otras situaciones discursivas que se correlacionan con una inversión en el orden informacional: repetición, resumen, acuerdo y explicación. En (20) se da un ejemplo de la primera situación discursiva—repetición—que motiva el uso de un orden OV en el habla de Calca.

20. J: Comen todo. *Todo se comen.* (Ocampo y Klee, 1995: 78)

Un ejemplo de la segunda situación discursiva—resumen—aparece en (21), donde el hablante resume una serie de declaraciones previas:

21. T: tamién del plátano verde se hace ya tamién este . . . tacacho lo que se
dice como segundo como el arroz y el otro plátano se hace hervir. Y eso . . .

hay unos palos, así como parés, especial para que cocinemos en la cocina y con eso se machuca su agua, too, exprimiéndolo con sal de lo que ha hervido. *Eso lo machucas* y en sartén en la, en el aderezo lo preparas bien preparado (Ocampo y Klee, 1995: 78)

En la tercera situación discursiva—acuerdo—el hablante expresa su acuerdo con una afirmación del interlocutor y emplea el orden OV, como en el siguiente ejemplo:

22. E: Entonces, tienes una herida ahí, una cicatriz
J: Sí. *Cicatriz tengo.* (Ocampo y Klee, 1995: 78)

La cuarta situación discursiva que motiva el orden OV es la de explicación, la cual ocurre cuando el hablante explica la razón por una serie de acciones, como en el siguiente ejemplo:

23. T: teníamos un mono Martín lo que se llama, era un chiquitito nomás [. . .] Un día mi mamá cuando mi hermanito estaba chiquito, estaba preparando la leche y la taza mi mamá así lo ha puesto a la mesa? y el mono había corrido al rato la taza ya lo estaba lamiendo. [. . .] Muy satanás es el mono. Sí, de ahí mi mamá otra gente vino de afuera lo ha regalao. *Demasiado travesuras hacía.* (Ocampo y Klee, 1995: 79)

En general, los órdenes OV en Calca son motivados por los mismos factores pragmáticos que en el dialecto rioplatense, como se ve en la tabla 4.10. Sin embargo, en el habla del grupo bajo, las cuatro situaciones discursivas ejemplificadas arriba motivan el 24% de los órdenes OV, en comparación con un 6% entre los profesionales. Aunque la influencia del quechua motiva el aumento de frecuencia de los órdenes OV, se manifiesta de una manera congruente con las funciones pragmático-discursivas ya existentes en el español general.

4.3.3.2.4. El sistema verbal

Las lenguas indígenas han influido en el sistema verbal del español andino de diferentes maneras, como se explicará en las secciones que siguen.

Tabla 4.10 Orden OV, funciones pragmáticas y situaciones discursivas en tres grupos de hablantes (Ocampo y Klee, 1995: 80)

Calca	Rioplatenses		Profesionales		Grupo bajo	
	Muestras	%	*Muestras*	%	*Muestras*	%
Funciones pragmáticas	30/506	5.93	6/85	7.06	9/141	6.38
Situaciones discursivas			5/85	5.88	34/141	24.11
Casos poco claros	5/506	0.99	2/85	2.35	10/141	7.09

4.3.3.2.4.1. Los gerundios

En el español andino de Ecuador y de Colombia, varios investigadores (Muysken, 1984, 2005; Niño-Murcia, 1995; Haboud, 1998) han notado la alta frecuencia del gerundio, el gerundianismo, en los siguientes contextos (ejemplos de Muysken, 1984: 115):

- como verbo principal en (24)

    24. de ahí vuelta tranquilo andando así

- como verbo principal en una cláusula adverbial en (25) y (26)

    25. entrando del puente así se va[17]
    26. y vino de los EEUU fingiendo que era[18]

- como complementos de verbos específicos (de aspecto temporal, de movimiento, de estado) en (27)

    27. déme poniendo eso (ponga eso)

- en el progresivo, como en (28)

    28. porque están viendo

Aunque el primer uso (como verbo principal) se da más frecuentemente entre hablantes con poca competencia en español, los otros tres ocurren también en el habla de monolingües. Como los gerundios son fonológicamente salientes y su uso es frecuente en este dialecto, los bilingües incipientes tienden a usarlos como verbo principal y sobregeneralizan su uso a otros contextos que ocurren con menos frecuencia en el habla de los monolingües, específicamente en cláusulas subordinadas que preceden a la cláusula principal como en (25) (Muysken, 1984: 117). Esta tendencia es reforzada por los gerundios en quichua que tienden a preceder a la cláusula principal.

Niño-Murcia (1995) y Haboud (1998) describen una serie de construcciones con el gerundio en el castellano andino del norte en las que el gerundio indica perfectividad, como en los siguientes ejemplos de Niño-Murcia (1995: 92–93):

29. dejar + gerundio: dejó haciendo = dejó hecho
30. poner+ gerundio: ella puso rompiendo = ella lo rompió en el momento de ponerlo

Haboud (1998: 204) documenta el siguiente uso:

31. viene durmiendo, por eso está tranquilo = durmió antes de venir y por eso está tranquilo

Niño-Murcia (1995) atribuye estos usos a una convergencia semántica con el quichua a través de la cual se mantiene la sintaxis del castellano pero se adopta el significado de la construcción equivalente en quichua. También se refleja la influencia del sufijo aspectual del quichua -*shpa* añadido a un verbo que depende de otro verbo principal para indicar que la acción fue anterior, como en el siguiente ejemplo de Haboud (1998: 207):

32. Miku-shpa-mi shamu-ni
comer-suff. (ADV) EV venir Pr1
"comiendo, vengo" (Habiendo comido vengo)

Haboud señala que estas construcciones no están estigmatizadas en el castellano andino de Ecuador y que se encuentran incluso en el habla de individuos monolingües de las zonas urbanas.

4.3.3.2.4.2. Los mandatos con gerundios

En el área andina al norte de Ecuador y al sur de Colombia se da el uso del futuro sintético para expresar "un mandato atenuado, una recomendación o casi la petición de un favor" (Niño-Murcia, 1992: 705), como en el siguiente ejemplo:

33. Apuraráse.

Niño-Murcia nota que la forma estándar, *apúrese*, se considera descortés e incluso ofensiva en la variedad de español de esta zona. Otra construcción frecuente y cortés se forma con *dar* como verbo auxiliar y el gerundio, como en (34) o (35) (Toscano Mateus, 1953; Niño-Murcia, 1992; Bustamante-López y Niño-Murcia, 1995; Hurley, 1995a, 1995b).

34. Déme cerrando la puerta (Por favor, cierre la puerta) (Bustamante-López y Niño-Murcia, 1995: 891)
35. Darásmela pasando (Pásamela) (Niño-Murcia, 1992: 707)

La construcción ejemplificada en (34) se percibiría como más íntima que la que se ofrece en (33) debido al uso del futuro (*apuraráse*). Niño-Murcia (1992: 707) distingue entre estos dos tipos de construcciones de la siguiente manera: "en la construcción de perífrasis con gerundio prevalece el valor semántico de cortesía y la idea de pedir que se haga algo a favor de otro, mientras que en el futuro sintético, el sentido que predomina es el de ruego". Hurley (1995a) considera estas construcciones como un calco de la estructura equivalente en quichua, la cual suaviza un pedido, como en el siguiente ejemplo:

36. Papacuta randishpa carahuay. (Hurley, 1995a: 48)
Papa + cu + ta randi   + shpa + cara + hua + y
papa + dim + acc. compra + -ndo + dar + me + imperativo
(Hazme el favor de comprarme unas papas.)

Es importante tener en cuenta que el uso del futuro sintético para expresar pedidos se remonta al español medieval. Su mantenimiento en la zona andina del norte de Ecuador y el sur de Colombia se debe a una causación múltiple. El hecho de que la zona en que se encuentra haya sido remota durante la época colonial ha contribuido a su retención junto con el contacto con el quichua local, en el que también se usa el futuro morfológico como imperativo. Hurley (1995a) nota que el imperativo en quichua tiene una terminación presente (-*y*) y otra futura (-*ngui*). El imperativo en el presente indica que la ejecución debe ser inmediata, mientras que el futuro indica que se puede llevar a cabo más tarde; el segundo se considera más cortés. Hay un alto grado de correlación entre la forma de los pedidos en el castellano y en el quichua de esta región (Hurley, 1995a: 49), lo cual indica que se ha producido una convergencia sintáctica en este caso.[19]

4.3.3.2.4.3. El pluscuamperfecto

Los estudios sobre el contacto entre el español y el aimara o el quechua han demostrado una posible transferencia de las categorías semánticas de estas lenguas indígenas a los tiempos pasados en el español andino. Tanto el aimara como el quechua tienen un marcador obligatorio que distingue la fuente de información; es decir, el hablante debe indicar si ha sido testigo directo de un suceso o si ha recibido esa información indirectamente. Los estudios del español en contacto con el aimara (Herrero, 1969; Martín, 1976 y 1981; Schumacher de Peña, 1980; Stratford, 1991) o con el quechua (Klee y Ocampo, 1995; A. M. Escobar, 1997, 2000; Sánchez, 2004) han demostrado que los hablantes bilingües usan, por un lado, el pretérito pluscuamperfecto del español para indicar que la acción se conoce solo indirectamente y, por otro, que usan los otros tiempos pasados del indicativo (sobre todo el pretérito indefinido y el pretérito perfecto) para indicar que la acción ha sido presenciada. Stratford (1991), por ejemplo, concluye que la indicación de la fuente de información—si el hablante ha visto en persona, o no, el hecho en cuestión—constituye una categoría prominente para los hablantes del español de Puno.

En uno de los pocos estudios cuantitativos de este fenómeno, Klee y Ocampo (1995) corroboraron las conclusiones de Stratford en un análisis de veinte individuos bilingües de quechua y castellano de diferentes grupos sociales, todos provenientes de Calca (Cuzco), Perú. Mayormente en el habla del grupo social bajo encontraron usos del pluscuamperfecto que correspondían a las categorías semánticas del quechua para indicar que el hablante no había presenciado la acción referida por el verbo, o para indicar que el hablante no tenía conocimiento de la situación, como en (37) y (38). En (37) y (38) también se puede notar que otra indicación de que los hablantes no han presenciado el evento es el marcador de discurso *dice* en combinación con el pretérito perfectivo o con el pretérito indefinido, como en el primer ejemplo: *dice, lo ha puesto a la brasa* y *dice, le tiraron más cuchillo.*

37. Para . . . dice, como, como bisté así, *dice,* lo *ha puesto* a la brasa, y lo *habían comido. Habían comido* estos seis. Después de tomada esa sangre, de comer licor y licor, licor y licor, licor y licor y muerto el hombre a su

lado, ¡ah!, muerto el hombre a su lado, *dice,* le *tiraron* más cuchillo, más por todo sitio que el cuerpo del hombre parecía cernido. (63)

38. Con este kiosko, dos nomás era, de lado. Ahora aquí ya *se han aumentado* esos dos kioskos. Entonces así, y por allá, *dice*, así arriba *se 'biá estao* yendo el loco, con su rivista . . . Y dos guardias, *dice*, bajaban de arriba. ¡Media vuelta el loco! Así, *dice,* le *ha tirado* con la revista y ¿qué pasa? Mi hija *había creído* que le estaba tirando con piedra. Fajjssmss . . . *Se había asustado . . . Se le había venido.* (63)

El uso evidencial del pluscuamperfecto se encontró en un 17% de las narrativas de los profesionales, en un 3% de las del grupo medio y en un 30% de las del grupo social bajo. Klee y Ocampo (1995) concluyeron que las categorías semánticas del quechua se reflejan en cierto grado en el sistema del tiempo pasado en las narrativas de los hablantes bilingües de Calca. Sánchez (2004), al analizar las narrativas de 38 niños bilingües en quechua y español, confirmó estos resultados; observó que el pluscuamperfecto y el pretérito imperfecto tienen un uso evidencial en las narrativas y que hay convergencia funcional en los sistemas de tiempo, aspecto y evidencialidad de las dos lenguas.

Al mismo tiempo, según Manley (2007), los hablantes del castellano andino de Cuzco han encontrado otras estrategias para afirmar la veracidad de la información que comunican, lo que se haría en quechua con los sufijos epistémicos *-mi/-n* y *-rqa.* Estas incluyen el uso de *pues,*[20] *así, sí,* [s] prolongada *(ssss . . .),* pluralización no normativa, *siempre,* y una variante fricativa sorda de la /r/ en posición final de palabra (203). Manley nota que todos estos marcadores, menos el último, incluyen la fricativa sorda [s]. Según ella, los hablantes bilingües han incorporado el significado epistémico del marcador quechua *mi/-n* a la palabra castellana *sí,* que también comunica afirmación, confirmación y validación. Por lo tanto, el uso de las siete estrategias les provee a los hablantes bilingües otra manera de expresar su actitud acerca de la veracidad de la información, como es obligatorio en quechua. Se nota el uso de algunos de estos marcadores en el siguiente ejemplo:

39. Porque *es[s]* quechua es bonito, porque idioma de de Inca es *pe si.* (Manley, 2007: 204)

En sus datos, Manley encuentra poca evidencia del pluscuamperfecto con un significado evidencial, al contrario de los resultados de Klee y Ocampo (1995) y Sánchez (2004), pero esto bien se podría deber a diferencias metodológicas.

4.3.3.2.4.4. *El pretérito indefinido y el pretérito perfecto*

En un estudio realizado en Puno, Stratford (1991) también observó que la mayoría de los hablantes usaban el pretérito perfecto de modo no normativo; es decir, ocurría frecuentemente en el habla informal en contextos lingüísticos en que se esperaría el pretérito indefinido. Según Stratford, los hablantes bilingües les habían asignado al pretérito indefinido y al pretérito perfecto del español funciones de formalidad e informalidad respectivamente; el pretérito perfecto se relacionaba con el altiplano, mientras que el pretérito indefinido se asociaba con el habla culta.

Klee y Ocampo (1995) analizaron estos dos tiempos verbales en el habla de los calqueños y también encontraron el pretérito perfecto frecuentemente en contextos donde se esperaría encontrar el pretérito indefinido. Específicamente, hubo tres contextos en los que se encontró un uso no normativo del pretérito perfecto:

- en contextos en los que el aspecto oracional era perfectivo y la referencia temporal estaba desconectada del presente, como en el siguiente ejemplo:

    40. El año . . . cincuentai . . . siete, creo, *ha muerto.* (61)

- con el adverbio *cuando* para referirse a sucesos perfectivos y específicos del pasado (es decir, no se refiere a una acción recurrente), como en el siguiente ejemplo:

    41. Sí, pero esa fecha felizmente no ha llovido *cuando hemos ido,* hemos vendido choclo de la cooperativa . . . ahí después nos hemos regresado. (61)

- en la acción complicante de las narrativas donde se esperaría encontrar el pretérito indefinido o el presente histórico, como en el siguiente ejemplo:

    42. Un tía que tenía . . . este, una vez que *ha llevado* comida a los obreros que trabajaban en el arriendo de mi abuelita . . . una culebra se lo había envuelto al pie . . . así . . . ¿no? y, la chica *se ha asustado* . . . y, por sí sola, la culebra *se ha bajado.* (62)

Klee y Ocampo (1995) encontraron diferencias en la frecuencia de uso del pretérito perfecto para expresar la acción complicante de las narrativas según los diferentes grupos sociales, como se observa en la tabla 4.11. Los profesionales generalmente (en el 70% de las narrativas) usaban el pretérito o alternaban en el pretérito indefinido y el presente histórico en las cláusulas narrativas, al igual que en el español general.

En las narrativas de la clase media, había un uso mayormente normativo de los tiempos verbales (59%), aunque menor que en la élite. Los usos no normativos de la clase media incluían alternancia en el pretérito indefinido y el pretérito

Tabla 4.11 Resumen de usos innovadores (%) (Klee y Ocampo, 1995: 65)

	Profesionales	Grupo medio	Grupo bajo
Usos estándar	16/23 (70)	19/32 (59)	4/33 (12)
Alt. P/PP o P/PP/PH (o en combinación con PlusP)[a]	4/23 (17)	13/32 (41)	15/33 (45)
Sólo PP	—	—	7/33 (21)
Alt. PlusP y otro(s) tiempo(s)	4/23 (17)	1/32 (3)	10/33 (30)
Otros usos	—	—	4/33 (12)

[a] P= pretérito indefinido; PP= pretérito perfecto; PH = presente histórico; Plus P = pluscuamperfecto

perfecto en más del 40% de las narrativas. No obstante, fue en el grupo social bajo donde se encontraron más usos innovadores de los tiempos verbales. En estos hablantes, solamente un 12% de las narrativas reflejaban usos normativos de los tiempos pasados del español, mientras que un 88% revelaba usos innovadores. En este grupo, el uso del pretérito indefinido era más limitado que en los otros dos grupos sociales.

Klee y Ocampo (1995: 68) concluyeron que ha habido convergencia de dos sistemas lingüísticos; por un lado el español general, que utiliza los tiempos pasados según un parámetro aspectual-temporal y por otro lado, el quechua, en el que el parámetro evidencial es esencial en la expresión del pasado. Los hablantes de Calca han reinterpretado o extendido el significado del pretérito perfecto y del pluscuamperfecto en castellano para poder expresar en esa lengua una categoría que es obligatoria en quechua.

Es muy interesante notar que en Ecuador la misma necesidad semántica de indicar la fuente de conocimiento del mensaje y la verosimilitud de la información se manifiesta de otra manera en el castellano andino de ese país. Bustamante (1991) observa que se usa el pretérito perfecto "para hacer referencia a un evento que ocurrió en el pasado y que no se ha presenciado" (209), en contraste con el pretérito indefinido que indica que la información es veraz porque el hablante la ha experimentado personalmente. Ella concluye que la extensión del pretérito perfecto en el español ecuatoriano sirve para cumplir las mismas funciones semánticas que existen en el quichua, las cuales se reflejan por otro lado en el uso sobregeneralizado del pluscuamperfecto en el castellano andino de Perú y Bolivia. En Ecuador, el pluscuamperfecto también tiene esa función; indica más alejamiento de los valores de certidumbre relacionados con la veracidad de la información que el pretérito perfecto. Palacios Alcaine (2005b: 48) ofrece ejemplos (originalmente de Ambadiang et ál., 2004, manuscrito inédito) que demuestran esta gradación de evidencialidad: *"hace un ratito* dejé *las llaves sobre la mesa, pero ahora no aparecen; yo no estaba en mi casa, pero dicen que alguien* ha cocinado *una torta; entré en mi casa y olía bien rico, y pensé: 'Qué rico! Alguien* había hecho *una torta'"*.

En los dos sistemas verbales, el del castellano andino de Ecuador y el de Perú y Bolivia, los hablantes han encontrado una manera de indicar la evidencialidad obligatoria en quechua de una manera coherente con la semántica del sistema verbal del castellano.

4.4.   El contacto de lenguas en Paraguay

La situación sociolingüística de Paraguay es insólita en el contexto latino-americano. Es el único país en el que una lengua indígena es oficial junto con el español y en el cual una mayoría de la población de todos los estratos sociales la habla. Según los datos del censo de 2002, de un total de 4,584,303 habitantes mayores de 4 años, 3,729,111 personas hablaban el guaraní, lo que constituía el 81% de la población. De ese mismo grupo, 2,409,334 personas eran bilingües en español y guaraní, o sea el 53% de la población total, mientras que apenas un reducido 10% de la población paraguaya indicó hablar únicamente el español o el español junto con otra lengua europea (i.e., portugués, alemán, inglés) (Dirección General de Estadística, Encuestas y Censos, 2002). Solamente en Paraguay ha logrado tener importancia nacional una lengua indígena.

Las razones del extendido uso del guaraní en Paraguay y el prestigio de que goza en la sociedad paraguaya son diversas y se deben a las especiales circunstancias históricas, sociales y geográficas de esa zona durante la colonización española. Por ejemplo, Rubin (1974: 18) nota que durante el período inicial de contacto entre los españoles y los guaraníes, existía una cooperación mutua, en contraste con las guerras de conquista organizadas contra aztecas, mayas e incas, entre otros. En una época inicial, se estableció un alto porcentaje de núcleos familiares mixtos ocasionados por la ausencia de mujeres españolas en una región que aún se consideraba "salvaje". Rubin (1974: 19) observa que el período inicial "proporcionó a los pocos españoles en Paraguay, muchas oportunidades de aprender el guaraní de sus mujeres indias". El aislamiento de Paraguay perduró durante toda la época colonial dado lo accidentado de su territorio, la falta de vías de comunicación y la escasez de recursos naturales explotables. Al contrario que en otras colonias españolas, como en Perú o México, nunca se desarrolló en Paraguay una clase alta hispanohablante que se aislara del resto de la población. Según Rubin (1974: 20), "la asociación rígida que se estableció en Perú entre la clase privilegiada y el uso exclusivo del español fue desconocida [en Paraguay]". Se formó una relación diglósica: el español se usaba para las funciones formales de educación, gobierno, comercio, y el guaraní era la lengua de las relaciones familiares e íntimas.

Otro factor importante en la historia del bilingüismo en Paraguay fue la presencia de los jesuitas desde 1604 hasta su expulsión en 1767. Durante el siglo XVII, casi la mitad del país vivía en reducciones jesuitas donde se mantenía el guaraní como lengua principal y donde, al igual que en otras colonias, se escribían catecismos y otros textos laicos en la lengua indígena.

Desde la independencia de Paraguay en 1811, el guaraní llegó a ser la lengua de los paraguayos influyentes, sobre todo para "(1) discutir asuntos muy privados, (2) expresar cólera y (3) expresar emociones fuertes" (Rubin, 1974: 22). Entre 1823 y 1840, durante la dictadura del Dr. Gaspar Rodríguez de Francia, Paraguay se cerró al contacto extranjero y el aislamiento del país fue casi total. Al mismo tiempo, el sistema escolar redujo drásticamente sus funciones, a la vez que se dejaron de publicar diarios y revistas por todo el país y se puso coto a su importación del extranjero. El contacto tan limitado con otros países hispanohablantes y la falta de acceso a la educación formal y a las publicaciones en español contribuyeron al mantenimiento del guaraní, incluso entre las clases privilegiadas.

En 1862, Paraguay entró en guerra contra la Triple Alianza de Brasil, Uruguay y Argentina, y el guaraní se convirtió en el "símbolo de la unidad nacional paraguaya frente al enemigo" (Rubin, 1974: 24). Paraguay perdió la guerra, considerada la más sangrienta en la historia de Latinoamérica, y su población quedó reducida a un tercio de su total. Después de la guerra, volvieron muchos exiliados que habían hecho estudios formales en Argentina y cuyas actitudes negativas, comunes en el país del Plata, guardaban resistencia frente a las lenguas indígenas. De esta forma se rechazó el uso de guaraní en el Congreso y en las escuelas se enfatizó el castellano, denunciando al guaraní "como a gran enemigo del progreso cultural del Paraguay" (Domínguez, 1894 citado en Cardozo, 1959: 82).

Sin embargo, durante la guerra del Chaco contra Bolivia entre 1932 y 1935, el gobierno prohibió el uso del castellano en los campos de batalla. Debido a este vaivén de la política lingüística, el guaraní volvió a ser asociado con la unidad nacional paraguaya, aunque terminada la guerra y como resultado de un creciente contacto con otros países latinoamericanos, el español volvió a ser la lengua dominante en las esferas política y educativa. No obstante, con la formación de una Asociación de Escritores Guaraníes en los años cincuenta, el guaraní logró más reconocimiento a nivel nacional y en 1967 fue instituido como idioma nacional en la Constitución, siendo el español el idioma oficial. Posteriormente, la nueva Constitución de 1992 elevó el guaraní a su actual condición de lengua oficial junto con el español.

Al analizar los acontecimientos históricos del país desde la llegada de los españoles hasta el último cuarto del siglo XX, tanto Rubin (1974) como Choi (2000) y Solé (2001) han puntualizado una serie de factores que actuaron en conjunto para hacer de Paraguay un fenómeno sociolingüístico único en Latinoamérica, entre ellos: (1) la casi total ausencia de mujeres hispanas durante la colonización; (2) la contribución lingüística de los misioneros jesuitas dedicados a la normalización del uso del guaraní; (3) la inexistencia de metales preciosos u otros recursos naturales de valor y el consecuente desinterés en ese territorio; (4) el aislamiento geográfico y económico del territorio y su concomitante aislamiento político y social durante la dictadura de Francia; (5) el restringido sistema de comunicaciones, tanto dentro como fuera de Paraguay y su resultante clausura frente a otros países hispanohablantes; (6) la asociación positiva, como resultado de la guerra de la Triple Alianza y la del Chaco, entre el guaraní y el nacionalismo paraguayo; y (7) la división diglósica de las dos lenguas en la sociedad paraguaya, en la que el guaraní se usaba para las funciones más íntimas y solidarias y el español se reservaba para las más formales y oficiales.

Según Fishman (1967), Paraguay es el país que más se aproxima a una situación de bilingüismo con diglosia, debido a la diferenciación funcional de las dos lenguas en la sociedad.[21] Rubin (1974) documentó en su momento que el guaraní y el español se usaban de forma diglósica en sitios no rurales, puesto que en las zonas rurales dominaba el uso del guaraní. En las zonas urbanas, el guaraní se reservaba para situaciones informales e íntimas, sobre todo cuando el discurso no era serio, mientras que el español se utilizaba en situaciones formales y en situaciones no formales sin intimidad, como se ve en la figura 4.1. Por lo tanto, se puede postular que el español se asocia con lo formal y prestigioso, mientras que el guaraní se relaciona con lo familiar y lo tradicional.

Zajícová (2005) observa que el guaraní se asocia también con la clase baja, la pobreza y el analfabetismo. De ahí que las actitudes hacia el español tienden a ser

Ubicación

Rural-*Guaraní*　　No rural

Formalidad

Formal-*Español*　　No formal

Intimidad

Sin Intimidad-*Español*　　Íntimo

Seriedad del discurso

No serio-*Guaraní*　　　　Serio

Primer idioma adquirido
Eficiencia lingüística esperada
Sexo relativo

Figura 4.1 Dimensiones ordenadas para la elección del idioma (Rubin, 1974: 152)

muy positivas, mientras que las actitudes hacia el guaraní son ambivalentes (Rubin, 1974; Gynan, 1998a; Solé, 2001; Choi, 2003), a pesar de la alta lealtad que existe hacia la lengua indígena.

Al examinar los resultados de los censos de 1950 a 1992, los cuales aparecen en la tabla 4.12, no se encuentra evidencia muy sugerente del abandono de la lengua indígena tal como ocurre en Perú durante el mismo período. Al contrario, las proporciones relativas del monolingüismo en guaraní, del monolingüismo en español y del bilingüismo en las dos lenguas se mantienen aparentemente estables entre estos años (Gynan, 1998b, 2007a).

Sin embargo, los datos de 2002 indican un desplazamiento del guaraní al español debido a tres factores, según Gynan (2007b: 294): (1) la migración interna que ha resultado en un aumento del bilingüismo en el campo y una disminución del bilingüismo en las zonas urbanas en las que el monolingüismo en español prevalece; (2) la baja fecundidad de los guaranihablantes en comparación con los bilingües y los hispanohablantes; (3) la transmisión intergeneracional del español en vez del guaraní.

El desplazamiento del guaraní en años recientes es confirmado en el *Atlas lingüístico guaraní-románico: sociología (ALGR-S)* (Thun et ál., 2002) que abarca toda la región guaranihablante, incluyendo Paraguay y partes de Argentina y Brasil, y que provee datos más detallados que los del censo, pues toma en cuenta las variables de género, edad y nivel de educación formal, además del factor ciudad/campo. Según los datos del ALGR-S recogidos entre 1998 y 2001, "se observa [. . .] un innegable descenso del guaraní. Parece, sin embargo, que esta disminución no tiende al alejamiento del guaraní del hogar paraguayo sino a un bilingüismo equilibrado con el castellano" (Thun et ál., 2002, I: 346), por lo menos en las zonas rurales. Zajícová (2005) indica que el aislamiento de las zonas rurales de Paraguay, lo que contribuyó

Tabla 4.12 El uso del guaraní y del español entre paraguayos de cinco o más años de edad según los censos de 1950–2002 (Gynan, 2007b: 286)

	1950		1962		1982		1992		2002	
	Hablantes	%	Hablantes	%	Hablantes	%	Hablantes	%	Hablantes	%
Población total	1,328,452		1,819,103		3,029,830		4,152,588		5,183,080	
Total 5 años +	1,110,812	100.0	1,504,756	100.0	2,565,850	100.0	3,503,650	100.0	4,584,303	100.0
Solo guaraní	414,032	37.3	648,884	43.1	1,029,786	40.1	1,345,513	38.4	1,319,777	28.8
Guaraní-español	633,151	57.0	761,137	50.6	1,247,742	48.6	1,736,342	49.6	2,409,334	52.6
Solo español	48,474	4.4	61,570	4.1	166,441	6.5	227,204	6.5	458,739	10.0
Otras lenguas	15,155	1.4	33,165	2.2	121,881	4.8	194,591	5.6	396,453	8.6

Fuente: Paraguay [STP/DGEEC], 1950, 1962, 1982, 1992, 2002

al mantenimiento del guaraní durante cinco siglos, empezó a cambiar radicalmente en los años noventa debido a la construcción de nuevas carreteras, la instalación de la electricidad y el inevitable arribo de las tecnologías modernas, particularmente la televisión. El hecho de que "el guaraní va íntimamente unido a la cultura rural, [y] el castellano a la industrializada, técnica vida urbana" (Zajícová, 2005: 11) pone en peligro el futuro del guaraní dada "la creciente urbanización de la población paraguaya y el creciente nivel de educación como fuente de acceso a la variedad alta [es decir, el castellano]" (Zajícová, 2005: 12–13). Otros investigadores, entre ellos Solé (1991, 2001) y Choi (2004), también han encontrado evidencia del desplazamiento lingüístico del guaraní, especialmente en los jóvenes de las zonas urbanas. Es más, Solé (1991) sugiere que, a consecuencia de la falta de reconocimiento internacional e importancia instrumental del guaraní fuera de Paraguay, es muy posible que dentro de pocas décadas el guaraní se convierta en una "reliquia folklórica".

4.4.1. Contacto lingüístico con el guaraní

Dada la larga historia del bilingüismo social en Paraguay, la mutua influencia de los dos sistemas lingüísticos parece inevitable. De hecho, se ha constatado un fuerte influjo léxico y una moderada influencia morfosintáctica del castellano en el guaraní en Paraguay (cf. Meliá, 1974, 1992; Palacios, 1999). Incluso se plantea que la variedad del guaraní que refleja el mayor grado de "hispanización" constituye una tercera lengua llamada *guarañol* o *jopara* (Meliá, 1974, 1992; Palacios, 1999). Sin embargo, según Meliá (1992: 184), "[e]l jopara es todavía guaraní, si bien con palabras castellanas; la sistematización morfológica está anclada en el guaraní". Esta variedad coloquial del guaraní es rechazada por sus propios hablantes, en algunas ocasiones debido a su estatus mixto, fenómeno que la aleja del guaraní paraguayo culto enseñado en los centros educativos.

Al tratar la influencia del guaraní en el castellano regional, varios autores (Usher de Herreros, 1976; Quant e Irigoyen, 1980; Krivoshein de Canese y Corvalán, 1987; Granda, 1988c) han señalado una serie de transferencias morfosintácticas del guaraní al castellano, aunque no hacen distinción entre los hablantes bilingües que han adquirido el español como primera lengua y los que lo han adquirido como segunda lengua y no lo dominan. Por lo tanto, Alvar (1996: 198–199) advierte que "si la morfología del español paraguayo tuviera todos los préstamos que se ha dicho y la sintaxis cuantos calcos se han apuntado, la lengua sería ininteligible". Ya que el guaraní sigue siendo la lengua socialmente predominante en las zonas rurales, es preciso distinguir entre los fenómenos que se deben a procesos de adquisición del español como segunda lengua y los fenómenos de contacto que han llegado a formar parte del español paraguayo, los cuales son menores. En las secciones que siguen consideramos los resultados del contacto lingüístico entre el español y el guaraní, enfocándonos en las particularidades del español paraguayo.

4.4.1.1. Influencia léxica del guaraní

El guaraní ha aportado algunos vocablos al español que se conocen fuera de Paraguay, tales como *ñandú*, *urubú* (buitre), *yopará* (parra) (Lipski, 1996a: 335). Hay otra serie de palabras que son conocidas solamente dentro de Paraguay, las cuales se refieren a la flora y la fauna locales, la comida y la vestimenta de la región, o que tienen cierto valor afectivo, como *mita'i* (niño), *caigüe* (perezoso, decaído), *poguasú* (persona importante), *yaguá* (delator).

4.4.1.2. Características fonéticas y fonológicas del español en contacto con el guaraní

Hay varias particularidades del español paraguayo que en principio se podrían atribuir a la influencia del guaraní, entre ellas las siguientes identificadas por Granda (1982, 1988c):

- La nasalización del vocalismo, sobre todo en contacto con una consonante nasal. Se encuentra con mayor frecuencia en los estratos sociales bajos y más en las zonas rurales, lo cual implica un probable influjo del guaraní. En el guaraní hay vocales nasales con valor fonológico que parecen haber fortalecido una posibilidad interna del castellano.[22]
- Se usa la sexta vocal guaraní (cerrada centro-posterior no labializada) [ɨ] en vocablos castellanos en vez de [u] o [i]; por ejemplo, *puerta* se pronuncia [pɨerta] (Granda, 1980, 1982; Krivoshein de Canese y Corvalán, 1987).

- Hay una tendencia a la inserción de oclusión glotal entre vocales por influencia del guaraní, como en *alcohol* [alko?ol]. Se encuentra en las zonas rurales y en el habla de la clase baja urbana. Granda (1982: 159) observa que existen patrones similares en guaraní; en esa lengua se da la oclusión glotal como fonema consonántico. También se encuentra en las zonas guaranihablantes de Argentina, como nota Thon (1989).

- Existe una articulación labiodental sonora [v] "extraordinariamente extendida (en proporción quizá de un 80% de las ocurrencias) entre hablantes, rurales y urbanos, analfabetos y, en general, en toda la población, sin distinción de estratos sociales y edades" (Granda, 1988c. 119). Granda observa que la articulación de [v] coincide con el sonido homólogo del guaraní, lo cual es una indicación de transferencia de la lengua indígena. El hecho de que el empleo de [v] sea casi total y sistemático en zonas rurales, donde hay más influencia del guaraní, es también posible evidencia de transferencia fonológica. Cassano (1972) también atribuye la pronunciación fricativa bilabial [ß] en posición inicial absoluta a influencia del guaraní. Primero, el guaraní tomó prestado ese sonido del español y su resultante empleo en posición inicial ejerció una influencia sobre el español, resultando en el uso de [ß] en posición absoluta. Lipski (1996a: 330) nota que "[e]sta hipótesis, bastante interesante, está a la espera de verificación independiente".

- Malmberg (1947) y Granda (1988c: 143) atribuyen la pronunciación intervocálica de /y/ como africada a la influencia del guaraní, pero como señala Cassano (1971a, 1973), esta hipótesis aún no ha sido comprobada. Granda (1988c: 124–125) indica que esta pronunciación se da consistentemente en hablantes mayores de 40 años de todos los estratos sociales, pero su uso ha disminuido en hablantes urbanos menores de 40 años que son de estratos socioeconómicos altos y medios.

- Granda (1982) nota la realización de /n/ como [m] en variación con [n] alveolar y con Ø. Según Alvar (2001), la realización como bilabial [*melóm*] fue de muy escasa ocurrencia en su estudio. Igual que en la zona yucateca donde también se encuentra, este fenómeno se atribuye (Lope Blanch, 1980; Granda, 1982) al desarrollo de una posibilidad interna del sistema fónico castellano, reforzada por la lengua indígena que tiene el fonema /m/ en posición implosiva. A diferencia de lo que ocurre en Yucatán, donde esta realización se ha mantenido como símbolo de orgullo regional, en Paraguay ha caído en desuso.

Granda (1982: 180) reseña varias características fonológicas más del castellano paraguayo que atribuye a la interferencia del guaraní, tales como la sustitución de [m] por [mb] en posición inicial y el uso de la vibrante simple por la múltiple en determinados contextos. No obstante, observa que estos fenómenos no se encuentran muy difundidos, y mucho menos en zonas urbanas, donde se hallan en fuerte retroceso.

Hay varios fenómenos que se han atribuido al contacto con el guaraní que en realidad tienen otras explicaciones. Por ejemplo, Malmberg (1947) atribuye la articulación alveolar de las consonantes /t/ y /d/ al contacto con el guaraní, pero Granda (1988c: 117) afirma que la pronunciación alveolar ocurre de manera aislada y que la articulación normal de estos sonidos es dental, excepto ante [e] e [i] en proximidad de [r], como en *tres*. Aunque Alonso (1931) y Malmberg (1947) atribuyen la conservación de la lateral palatal /ʎ/ en Paraguay al contacto con el guaraní, esto es poco probable dado el hecho de que en los primeros préstamos hispánicos al guaraní la /ʎ/ fue reemplazada por /y/ o por vocales en hiato (Morínigo, 1931). Granda (1988c) no atribuye su retención al contacto con el guaraní sino a otros factores sociohistóricos, entre ellos: (1) el aislamiento de Paraguay durante la época colonial e incluso después de su independencia; (2) la clara conciencia de diferenciación colectiva frente al resto del área rioplatense y, especialmente frente a Buenos Aires, y el resultante rechazo del žeísmo (i.e., yeísmo) porteño; y (3) la procedencia geográfica de los primeros colonizadores, los cuales eran del norte de Castilla la Vieja y el País Vasco. Según él, aunque hay un incipiente yeísmo entre los jóvenes de la clase media alta (108), la realización de /ʎ/ se ha convertido en símbolo nacional paraguayo frente al yeísmo bonaerense.

4.4.1.3. Influencias morfosintácticas del guaraní

El guaraní ha influido en varios aspectos del sistema morfosintáctico del español paraguayo, como se analiza en las secciones a continuación.

4.4.1.3.1. Los pronombres clíticos

4.4.1.3.1.1. Leísmo

Granda afirma que el leísmo en Paraguay ocurre en todo el país y en todos los niveles socioeconómicos, aun en el habla de la población urbana de nivel socioeconómico medio y medio alto. Según Granda (1988c: 215), el leísmo "funciona en el español paraguayo como única forma de objeto directo (y, por supuesto, indirecto) para la totalidad de los casos posibles sintácticamente, sean cuales fueren el género, el número y la caracterización semántica del sustantivo a que es referido" (v.g., ±humano, ±animado). Sin embargo, Granda no provee datos cuantitativos que corroboren su descripción. Los resultados de un estudio más reciente de Choi (1998) tampoco sirven para confirmar lo observado por Granda. Choi obtuvo datos de encuestas y entrevistas con 24 hablantes, residentes de Asunción, divididos en 4 grupos: (1) bilingües con 3–6 años de educación formal; (2) bilingües con 9–12 años de educación formal; (3) bilingües con más de 12 años de educación formal; y (4) monolingües del español. El análisis de Choi reveló que el leísmo ocurría categóricamente (100%) en el habla de los cuatro grupos cuando el referente era animado. Por otro lado, cuando se trataba de referentes inanimados, no se daba leísmo. En el caso de estos últimos, los hablantes preferían omitir el pronombre clítico, igual que en Ecuador y en el País Vasco.

Palacios (2000) también observa que el leísmo de persona se ha generalizado en todos los sociolectos de Paraguay. A pesar de que sus datos se basan en encuestas dirigidas y grabaciones directas de individuos bilingües, no presenta datos cuantitativos. Sin embargo, indica que el leísmo "parece predominar en los sociolectos medio y medio altos" (128) y en la población urbana. Según Palacios, en las zonas rurales se encuentra el loísmo, pero no se dieron casos de loísmo en las entrevistas a individuos urbanos de Asunción.

Granda (1988c) y Choi (1998) afirman que el leísmo en Paraguay se debe a una causación múltiple. Primero, ha habido influencia de una forma *ichupe* del guaraní. Esta forma cumple la función de clítico personal de objeto directo y también la de objeto indirecto de tercera persona (Usher de Herreros, 1976) en guaraní, lo cual podría llevar al uso de un solo clítico en el español paraguayo en estas mismas funciones gramaticales. Además, como ya se mencionó, los primeros colonizadores de Paraguay eran del norte de España, una zona donde el leísmo es bastante frecuente, tal como se observó en el capítulo 2. El aislamiento geográfico y político de Paraguay a lo largo de la época colonial y después de la independencia puede haber contribuido al mantenimiento del leísmo en esta zona. Otro factor que parece haber favorecido el leísmo es la tendencia a simplificar el complicado sistema clítico del español, fenómeno común en zonas donde gran parte de la población adquiere el castellano como segunda lengua. Todos estos factores en conjunto han llevado a la extensión del leísmo a objetos directos animados, tanto masculinos como femeninos.

Otro fenómeno que puede ser relacionado al caso anterior es la sustitución de *le* por *les* en el español paraguayo. Granda (1988c) opina que esto resulta de la economía morfológica tanto en el español como en el guaraní. También observa que en el español paraguayo hay una tendencia fonética de debilitar la /s/ en posición final de sílaba, lo cual puede contribuir a la reducción de *les* a *le*. Según Choi (1998), esta sustitución no está tan extendida como el leísmo, pues en los datos de su estudio ocurre solo en el 35% de los casos posibles en el habla de los monolingües y entre el 25% y el 44% de los casos en el habla de los bilingües. También en este caso, Choi sostiene que la causación múltiple es la explicación más probable. Los principales factores que señala son: "(1) la economía morfológica o la tendencia simplificadora dentro de la lengua española; (2) la tendencia fonética de la debilitación o eliminación de /s/ en posición de coda en el español paraguayo, y (3) la interferencia de la lengua guaraní, en la cual ha acontecido un proceso muy similar de simplificación morfológica: *ichupe kuéra (les) > ichupe (le)*" (112).

4.4.1.3.1.2.   Omisión del pronombre clítico

Al igual que en el español de Ecuador y del País Vasco, en el español paraguayo se omiten los clíticos con referentes no humanos. Este fenómeno, igual que el leísmo, se encuentra en todas las clases sociales (Choi, 1998, 2000; Symeonidis, 2005a) y en el habla tanto de los bilingües como de los monolingües en castellano

(Choi, 1998, 2000). En los datos de Choi (1998), los clíticos con referentes no humanos se omiten en el 90% de los casos en el habla de los monolingües y entre el 90% y el 98% en el habla de los bilingües, como se ve en los siguientes ejemplos:

43. . . . dar clases en guaraní . . . sí hasta que empezaron a dar en el colegio . . .
ayudaría muchísimo (Choi, 1998: 120)

44. La profesora de cuarto curso ya no da eso; no toca. (Choi, 1998: 120)

Las causas de este fenómeno también son múltiples. Es evidente que hay influencia de la lengua indígena puesto que "[e]n guaraní los pronombres personales pueden usarse únicamente para mencionar personas humanas y en algunos casos cuando se personifica un animal" (Krivoshein de Canese y Corvalán, 1987: 39). Granda (1996) y Palacios (1998) señalan la convergencia lingüística que resulta de las dos lenguas en contacto. Granda (1996: 71) nota que "[e]l español paraguayo omite por lo general el pronombre personal objeto de cosa, en una estructura claramente isomórfica respecto a la existente en guaraní como *tomé los platos y puse en la cocina*". Choi (1998: 125) reconoce la transferencia del guaraní como una influencia importante en la omisión de clíticos referentes al objeto directo no humano, pero a la vez apunta un segundo factor causante, que es la tendencia de simplificar el sistema pronominal inherente en la estructura interna de la lengua española.

4.4.1.3.2. La doble negación

En Paraguay, se encuentran construcciones oracionales con doble negación, como *Nada no dije; Nunca no descansó mientras vivió* (Usher de Herreros, 1976: 101). A su vez, en el guaraní hay una estructura homóloga que se ve ejemplificada en (45) y (46):

45. *Mba'eve ndare-koi*
Nada no tengo (Granda, 1991a: 51)

46. *Arakaeve ndohoi*
Nunca no va (Granda, 1991a: 51)

Sin embargo, Granda (1991a) y Choi (1998) notan que en el español medieval los pronombres negativos antepuestos al verbo requerían el uso de *no*. Para el siglo XVI, la nueva forma sin *no* ya estaba establecida (Keniston, 1937), aunque fuera posible que en zonas aisladas y arcaizantes durante la época colonial esta forma perdurara.[23] Granda (1991a: 52) opina que en el siglo XVI había dos formas en competencia en el español paraguayo: la nueva forma con *no* eliminado y la forma antigua con *no* conservado. La simplificación de la dualidad de paradigmas en Paraguay resultó en la convergencia de la estructura del español medieval y la estructura paralela del guaraní. El mantenimiento de esta estructura en el español paraguayo, igual que la de los pronombres clíticos, es resultado de una causación múltiple. Choi (1998: 136) afirma que la doble negación es más aceptada por los bilingües con menos educación formal que por los monolingües en español, los cuales la juzgan incorrecta en una prueba escrita de aceptabilidad gramatical.

4.4.1.3.3.   El artículo indefinido + posesivo

Al igual que en Yucatán, aparece en el español de Paraguay un uso redundante del artículo indefinido o demostrativo en combinación con el posesivo antepuesto al sustantivo, tal como se ve en el siguiente ejemplo:

47.   *ese mi amigo* ya no vive aquí (Krivoshein de Canese y Corvalán, 1987: 42).

Krivoshein de Canese y Corvalán (1987: 42) atribuyen este fenómeno al hecho de que en el guaraní "se puede anteponer varios determinantes a un solo sustantivo" tal como en el siguiente ejemplo:

48.   *Petei che* ryvy oiko Areguápe
Uno mi hermano vive en Areguá. (Krivoshein de Canese y Corvalán, 1987: 42)

Sin embargo, como se observó en el caso yucateco, esta estructura existía en el castellano antiguo y, por lo tanto, su supervivencia en el territorio paraguayo se debe a una causación múltiple (Usher de Herreros, 1976; Granda, 1994; Choi 1998): la construcción existente en el castellano de los primeros colonizadores en el siglo XVI fue reforzada por la estructura sintáctica homóloga del guaraní. Por eso ha perdurado en el español paraguayo.

4.4.1.3.4.   El uso de la preposición *en* con verbos de movimiento

En Paraguay, se usa de manera sistemática la preposición *en* con verbos direccionales, como en *Voy en Asunción* (Granda, 1991a; Choi, 1998, 2001). Symeonidis (2005b) encuentra este fenómeno también en las zonas guaranihablantes de Argentina, pero en menor grado que en Paraguay debido al predominio del castellano en todos los ámbitos de ese país.

Granda (1991a) y Choi (1998, 2001) observan que, hasta el siglo XVI, prevalecían estructuras sintácticas en el castellano en las que se usaba *en* con verbos de movimiento. En Paraguay, el uso de estas estructuras fue reforzado por la influencia de una estructura paralela en el guaraní, en la cual se encuentra un sufijo *-pe* con el doble significado de 'en' y 'a, hacia'. Por lo tanto, el mantenimiento de este uso de *en*, particular del español paraguayo contemporáneo, se debe a una causación múltiple: la existencia de la misma estructura en el castellano colonial, la simplificación de las estructuras lingüísticas debido a la situación de lenguas en contacto (i.e., la reducción de dos posibles formas: *Voy a Asunción* y *Voy en Asunción*, a expensas de la primera) y la influencia de una estructura paralela en el guaraní.

4.4.1.3.5. Otros fenómenos morfosintácticos

Varios autores, entre ellos Usher de Herreros (1976), Quant e Irigoyen (1980), Krivoshein de Canese y Corvalán (1987) y Granda (1988c), ofrecen una larga lista de otras posibles transferencias del guaraní al español paraguayo. Con la excepción del estudio de Choi (1998), faltan investigaciones sociolingüísticas que distingan entre los hablantes monolingües del español y los bilingües con diversos niveles de competencia en el castellano. Es probable que muchos de los fenómenos mencionados, como la falta de concordancia de los adjetivos, se deban a una adquisición incompleta del español y no ocurran en los hablantes con más dominio del castellano.

Los siguientes fenómenos que se han atribuido a la transferencia del guaraní merecen más atención en futuros estudios:

- La estructura *para* + sustantivo como en el siguiente ejemplo:

  49. Voy a comprar para mi vestido (=*aorã*) 'voy a comprar el que será mi vestido pero aún no lo es' (Granda, 1979: 271–272).

  Según Granda, esta construcción es un calco funcional del guaraní; coincide con la partícula sufija *-rã* que indica existencia en el futuro y que se añade al sustantivo. Nota que existen estructuras parecidas en el español "del tipo *vengo para trabajar, llega para arreglar la mesa,* en las que es perceptible un elemento significativo similar" (Granda, 1979: 272), pero afirma que el contenido semántico de las construcciones en Paraguay se debe al guaraní.

- El uso de *todo* de modo similar a la partícula guaraní *-pa* de contenido perfectivo, como en el siguiente ejemplo:

  50. Ya llegamos todo a Asunción. 'hemos llegado a Asunción' (Granda, 1979: 273)

  También puede ser reforzado por la expresión aspectual perfectiva *ya* como se muestra en el siguiente ejemplo:

  51. Ya trabajé todo ya 'ya terminé de trabajar' (Granda, 1979: 273)

- El uso de la frase *un poco* después del verbo para matizar o atenuar la fuerza de un pedido, como en (52), para expresar conmiseración, como en (53), o para *captatio benevolentiae*,[24] como en (54). Este uso sigue el modelo de la partícula matizadora *-mi* del verbo guaraní que se usa para "la atenuación, la súplica, la familiaridad, la conmiseración, la cortesía, la *captatio benevolentiae*, etc." (Granda, 1979: 274).

52. Préstame *un poco* esa revista (Granda, 1979: 274)

53. Me aplazaron en la prueba. No sé qué voy a hacer *un poco* (Granda, 1979: 274)

54. No sé *un poco* lo que quiere decirme, patrón (Granda, 1979: 274)

Además de estos fenómenos que, según Granda (284), se caracterizan por "su mayor difusión tanto intensiva como extensiva", hay otros que tienen menor difusión, entre ellos:

- La simplificación del modo subjuntivo, que no existe en el guaraní, al eliminar su uso en contextos opcionales, como en el siguiente ejemplo:

   55. No creo que llegó mi amigo (Granda, 1979: 275)

Este tipo de reducción también se ha observado en el español de hablantes bilingües del inglés en los Estados Unidos (Ocampo, 1990; Silva-Corvalán, 1994b; Lynch, 1999). Granda indica que otra manera de evitar el subjuntivo en el español paraguayo es usar la estructura *para* + infinitivo que refleja un calco sintáctico de las construcciones guaraníes con *haguã*, como en el siguiente ejemplo:

   56. El patrón nos dijo para venir hoy 'el patrón nos dijo que viniéramos hoy' (Granda, 1979: 275).

Cabe notar que esta misma construcción se da en el español caribeño.

- La eliminación del verbo copulativo, siguiendo el modelo del guaraní, especialmente cuando el predicado nominal es una cláusula relativa, como en el siguiente ejemplo:

   57. ¿Qué lo que te trae tan tarde a casa? '¿qué es lo que te trae tan tarde a casa?' (Granda, 1979: 277).

- La eliminación del constituyente *tan* en las comparaciones de igualdad, siguiendo el modelo sintáctico del guaraní, como en el siguiente ejemplo:

   58. Mi hermano es alto como el de Juan 'mi hermano es tan alto como el de Juan' (Granda, 1979: 277)

- El uso de la secuencia *de* + pronombre personal objeto tónico en lugar del dativo ético o simpatético,[25] como en el siguiente ejemplo:

   59. Se murió de mí mi perrito. (Granda, 1979: 278)

Según Granda, este uso corresponde a la estructura guaraní que pospone la partícula *-gui* (equivalente a la preposición castellana *de*) al pronombre personal para manifestar el mismo matiz semántico.

Como reconoce el mismo Granda (1979), se requieren investigaciones detenidas y profundas sobre estos fenómenos para determinar si han llegado a formar parte de la norma regional o si simplemente reflejan una etapa de la adquisición del castellano por parte de guaranihablantes.

4.5. Conclusiones

En este capítulo se ha explorado el impacto de las principales lenguas indígenas en la pronunciación, la gramática, la sintaxis y la pragmática de algunas de las variedades regionales del español habladas en Latinoamérica. Se ha destacado la necesidad de distinguir entre los múltiples fenómenos que, por un lado, caracterizan a los bilingües menos competentes en castellano, cuya habla refleja procesos típicos de adquisición de una segunda lengua y, por otro lado, los fenómenos mucho más restringidos que también se originan en la adquisición del español como segunda lengua, pero que han llegado a formar parte de una norma regional. Es muy notable que se observen algunas de las mismas particularidades en diferentes regiones al comparar las variedades del español habladas en zonas donde se da contacto con el maya, el quechua y el guaraní. Las características comunes de todas estas zonas parecen ser resultado de un proceso de causación múltiple. En algunos casos, ha habido convergencia entre una estructura de la lengua indígena y una estructura existente en el español medieval, tal como en las construcciones posesivas de las tres zonas (v.g., *un mi libro, su casa de Juan*). En otras ocasiones, la influencia de una estructura lingüística de las lenguas indígenas es reforzada por la simplificación del sistema morfosintáctico durante el proceso de adquisición del español como segunda lengua, tal como ocurre con el uso de los pronombres clíticos en estas zonas, dando leísmo, el archimorfema *lo* y la omisión del pronombre de objeto directo.

También se ha observado que, a partir de la segunda mitad del siglo XX, el porcentaje de hablantes de lenguas indígenas en Latinoamérica ha disminuido drásticamente, debido en gran parte al desarrollo de mayores redes de comunicación, la construcción de carreteras en las zonas rurales, más acceso a la educación formal y un aumento en la migración de zonas rurales a las ciudades. Todos estos factores han conllevado el mayor uso y adquisición del castellano, y el concomitante desplazamiento de las lenguas indígenas. Además, los hablantes bilingües de variedades regionales del castellano en estas zonas están en cada vez más contacto con hispanohablantes monolingües de variedades socialmente más prestigiosas, las cuales reflejan muy poco la influencia de las lenguas indígenas. Como se ha observado en los estudios llevados a cabo en Yucatán (Michnowicz, 2006a) y en Lima, Perú (Klee y Caravedo, 2005, 2006), algunos de los rasgos más característicos de las variedades regionales han ido desapareciendo, desplazadas estas por otras que se aproximan más al habla estándar nacional, especialmente entre los jóvenes. El estudio sociolingüístico de las actitudes hacia los distintos dialectos del español que entran en contacto en los nuevos espacios urbanos, producto de las masivas migraciones del campo a la ciudad, nos puede ayudar a postular hipótesis respecto a futuros cambios lingüísticos en Latinoamérica.

Notas

1. Los españoles designaron la zona sur de Chile donde vivían los mapuches por *Arauco* y a los habitantes de esa zona, *araucanos*. Sin embargo, ellos se autodenominan *mapuches*, o sea 'gente de la tierra', y no aceptan el término *araucano,* que ha caído en desuso.
2. Se encuentra una explicación detallada de la diglosia en el capítulo 6, sección 6.3.1.
3. "The problem here is to make the Indian idioms and dialects disappear, and to extend Spanish as the only idiom. The only way to do this is to teach Spanish to the Indians and to proscribe the use of the Indian languages" (Cabrera, 1935: 19).
4. "[. . .] a transitional phenomenon on the way to a broader acquisition of the more standard form spoken by most bilingual Nahuas today" (Lockhart, 1992: 323).
5. La sección sobre el contacto lingüístico con el maya se centra en Yucatán, puesto que el español guatemalteco que también ha estado en contacto con las lenguas mayas "es una de las variedades menos conocidas y estudiadas del español de América" (García Tesoro, 2008: 95). Se mencionarán los estudios que se han hecho sobre la influencia maya en Guatemala al analizar los fenómenos morfosintácticos pertinentes.
6. Esta frecuencia es superior a la que documentan García Fajardo (1984) y Lope Blanch (1987) en parte porque "sólo tomaron en cuenta las nasales finales ante pausa, mientras que en los datos de García Fajardo y Lope Blanch no se limitan a la posición prepáusica" (Yager, 1989: 91). También es posible que la [-m] ocurra con más frecuencia en Mérida que en otros lugares de la península de Yucatán.
7. "[. . .] pan-Hispanic linguistic norms for most variables on the regional variety of Ýucatán" (Michnowicz, 2006a: 183).
8. Partes de esta sección han sido publicadas en Klee (2001).
9. "[. . .] immediately after the Spanish arrived, some tribes quickly dropped Quechua and began using their native tongues across all functions in society" (Heath y Laprade, 1982; 123).
10. "[. . .] that speaking the same language forges bonds among speakers; that a language can be imposed on a defeated population by the right of conquest; and that language preserves cultural identity" (Mannheim, 1991: 68).
11. Según la constitución de Bolivia de 2009, los idiomas de las naciones y pueblos indígena originario campesinos son "el aymara, araona, baure, bésiro, canichana, cavineño, cayubaba, chácobo, chimán, ese ejja, guaraní, guarasu'we, guarayu, itonama, leco, machajuyai-kallawaya, machineri, maropa, mojeño-trinitario, mojeño-ignaciano, moré, mosetén, movima, pacawara, puquina, quechua, sirionó, tacana, tapiete, toromona, uruchipaya, weenhayek, yaminawa, yuki, yuracaré y zamuco". (Artículo 5.1)
12. "Though sometimes admitting the ultimate desirability of a Castilian-speaking citizenry in the New World, the Crown and its religious representatives had not implemented a strong assimilationist language policy" (Heath y Laprade, 1982: 132).
13. Según estudios previos sobre la adquisición del español por anglohablantes (Cohen, 1974; Plann, 1976; Lafford y Collentine, 1987), primero se adquiere la persona, luego el número y después el género.
14. "[. . .] in a community where some speakers have both *lo* and *la*, while others have only *lo*, the second group will be more or less aware that there is a choice of forms which

they do not control, and which they will consequently be anxious to avoid. On the contrary, those speakers who do possess the opposition and do know how to use it, may tend to 'show off' their superior knowledge whenever possible" (García y Otheguy, 1983: 118).

15. Givón (1983) ha postulado dos medidas de topicalidad: la distancia referencial (es decir, la distancia en cláusulas entre la mención de un referente dado y su mención previa) y la persistencia del tópico (es decir, las veces que se refiere al mismo referente en las diez cláusulas subsiguientes a una mención hecha del mismo referente). Al analizar las características semánticas de frases nominales en el español latinoamericano utilizando las dos medidas de Givón, Bentivoglio (1983) demostró que los referentes [+humanos] tienen un grado de topicalidad más alto que los referentes [-humanos].

16. X incluye objetos, predicados, complementos y frases preposicionales. V señala el verbo.

17. La cláusula subordinada "entrando del puente" precede la cláusula principal.

18. La cláusula subordinada "fingiendo que era" sigue la cláusula principal.

19. Bustamante-López y Niño-Murcia (1995) y Hurley (1995a, 1995b) proveen un análisis pragmático del complejo sistema de pedidos en esta variedad de castellano.

20. Zavala (2001) también observa que, en el habla de bilingües, el marcador de discurso *pues* se encuentra muchas veces al final de una cláusula, debido a influencia estructural del quechua. En esta posición *pues* sirve para afirmar o aclarar una emisión previa y refleja algunas de las funciones de los evidenciales del quechua, demostrando la convicción y certidumbre del hablante hacia lo que dice, como en el siguiente ejemplo:

> *Iver: ¿Y fantasmas?*
> *Antonio: fantasmas también no*
> *Iver: ¿Nada?*
> *Antonio: Así dice manchachico, hay dicen pero qué machachico será esto,*
> *no hemos visto pe. Quizá algunas personas ven pero nosotros no vemos.*
> (1012)

En este ejemplo, el hablante afirma que no ha visto "machachico", un tipo de fantasma, aunque otras personas han dicho que lo han visto.

21. Ver Gynan (1998c) que critica la postura de Fishman sobre la diglosia en Paraguay. Gynan acepta la definición original de diglosia de Ferguson (1959), la cual se limita a dos variedades lingüísticas genéticamente relacionadas y por lo tanto no incluye lenguas diferentes, como el español y el guaraní. Para Gynan (1998c: 75) "lo que se da en el Paraguay es una situación de diglosia incipiente entre el guaraní paraguayo y el guaraní académico en un contexto de di-lingüismo entre una población urbana bilingüe y una rural monolingüe en guaraní".

22. Granda (1982: 150) difiere de Cassano (1971b), el cual afirma que este fenómeno no se debe a la influencia del guaraní.

23. Granda (1991a: 52) advierte que todavía se encuentran estas estructuras en zonas rurales de la República Dominicana.

24. *Captatio benevolentiae* es una expresión latina que se refiere a la estrategia retórica de buscar la amabilidad del público, preparándolo positivamente para lo que va a oír.

25. Un ejemplo del dativo ético o simpatético es *Se me murió la gatita* o *Se le perdió el libro*.

CAPÍTULO 5

Contacto del español con otras lenguas europeas en el Cono Sur

5.1. El contexto histórico del contacto con el portugués

Al carecer de minas de oro y plata, el Cono Sur latinoamericano, que incluye los países hoy conocidos como Argentina, Chile, Uruguay y Paraguay, recibió escasa atención de la Corona española durante la época colonial. Además, a pesar de tener varios puertos naturales, esta se hizo una región inaccesible puesto que no tenía permiso para comerciar directamente con España. Por esta razón, los productos europeos y todo el comercio con la metrópoli tenían que pasar por el puerto del Callao, cerca de Lima, a casi seis meses de viaje por tierra de Buenos Aires. Esta situación se modificó recién en 1776, cuando el rey Carlos III de España estableció el Virreinato del Río de la Plata en su afán de contener las incursiones territoriales de Portugal y Gran Bretaña.

Los portugueses habían establecido la ciudad Colonia del Sacramento en la ribera norteña del Río de la Plata, frente a Buenos Aires, en 1680. Para contrarrestar este avance, los españoles fundaron la ciudad fortificada de Montevideo al sureste de Colonia en 1726. Desde allí atacaron Colonia, la cual cambió de manos varias veces antes de que los españoles se apoderaran definitivamente de ella en 1777, poco después del establecimiento del Virreinato del Río de la Plata. Sin embargo, en 1820, las tropas portuguesas entraron en la Banda Oriental y tomaron el mando de lo que hoy es Uruguay. Poco tiempo después, en 1824, el congreso de la Banda Oriental votó a favor de su incorporación al Imperio brasileño como la provincia Cisplatina. Entre 1825 y 1827, el ejército de la República Argentina luchó contra las fuerzas armadas de Brasil en la Banda Oriental, pero ninguno de los dos lados logró una victoria contundente. En 1828, los diplomáticos británicos, interesados en garantizar el libre acceso a la vía marítima del Río de la Plata, mediaron un acuerdo y se formó el estado independiente de la República Oriental del Uruguay, que sirvió como zona de amortiguamiento entre Brasil y Argentina.

La inmigración brasileña continuó después del establecimiento de la nueva República y, para 1857, una quinta parte de la población de Uruguay era de origen brasileño mientras que una tercera parte del territorio uruguayo pertenecía a propietarios de esa nacionalidad. Por su parte, el gobierno uruguayo consideraba la presencia contundente del portugués en el norte del país como una amenaza a la soberanía del estado y a la unificación del país, hecho por el cual, a partir de 1860, se introdujeron varias medidas para fortalecer la presencia hispánica en el norte y contrarrestar el mantenimiento del portugués. Después del establecimiento definitivo de la frontera con Brasil en 1862, el español fue declarado lengua obligatoria del país entero. En 1877, se aprobó la Ley de Educación Común que estableció la enseñanza escolar obligatoria e impulsó el uso del castellano en todas las escuelas. Como resultado de la difusión de la educación pública en español junto con un aumento en la migración hispana del sur uruguayo, a comienzos del siglo XX, el castellano logró penetrar definitivamente en los territorios de habla portuguesa.

Para fines del siglo XIX, las clases media y media alta habían empezado a abandonar la lengua vernácula, el portugués, porque preferían usar la lengua oficial de la República uruguaya, el español. El proceso de abandono del portugués continuó sin impedimentos durante el siglo XX, pero el punto de inflexión no ocurrió hasta los años sesenta, cuando la dominación del castellano aumentó drásticamente en la región fronteriza. Durante esa década, por ejemplo, se publicaron editoriales y reportajes en los periódicos que promovían actitudes negativas ante la presencia del portugués en Uruguay, representándolo como amenaza al orgullo y a la soberanía nacionales (Carvalho, 1998: 22–24). La política lingüística durante el gobierno militar de los años setenta que promovía el uso exclusivo del castellano en las zonas fronterizas dio lugar a una disminución en el uso del portugués en las generaciones más jóvenes de la clase baja. Por eso, en Artigas, una de las ciudades fronterizas, los habitantes que eran escolares durante la dictadura militar (1973–1985) ahora tienden a socializar a sus hijos casi exclusivamente en español (Douglas, 2004). Esta tendencia ha resultado en un contraste dramático; al comenzar el nuevo milenio, el 95% de las personas de entre 55 y 79 años de edad habían adquirido el portugués uruguayo como primera lengua, pero en la generación más joven (de 12 a 29 años), solo el 4% había adquirido el portugués como única primera lengua, mientras que el 74% había adquirido el castellano y el 22%, las dos lenguas, como se ve en la tabla 5.1. De estos datos se desprende que el rápido desplazamiento del portugués en esta región se puede calificar como un fenómeno reciente.

La extensión del portugués en el norte de Uruguay durante la década de 1970 se ve claramente en el mapa 5.1, en el cual Rona (1963: 21) delimitó cuatro zonas dialectales: (1) la zona 1, donde se hablaba un portugués "virtualmente puro"; (2) la zona 2, donde se hablaba el fronterizo portugués, un dialecto de base portuguesa pero "hispanizado"; (3) la zona 3, en la que se hablaba el fronterizo castellano, un dialecto

Tabla 5.1 La primera lengua de los informantes de Douglas (%) (2004: 215) en Artigas; datos de 1999 y 2002

	Portugués uruguayo	Ambas lenguas	Castellano
Grupo 1 (55–79 años)	94.7	5.3	0
Grupo 2 (30–54 años)	66.7	5.6	27.8
Grupo 3 (12–29 años)	4.3	21.7	73.9

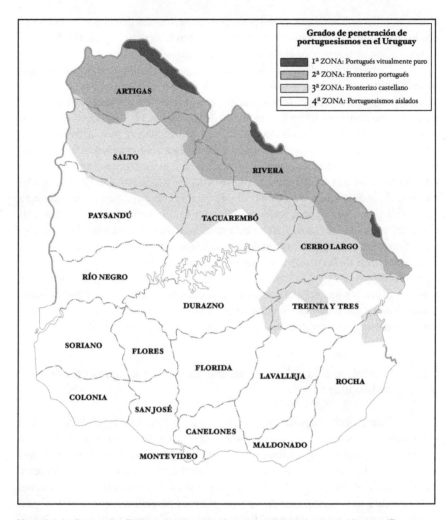

Grados de penetración de
portuguesismos en el Uruguay

■ 1ª ZONA: Portugués vitualmente puro
▨ 2ª ZONA: Fronterizo portugués
▨ 3ª ZONA: Fronterizo castellano
□ 4ª ZONA: Portuguesismos aislados

Mapa 5.1 La frontera lingüística entre el portugués y el español en el norte de Uruguay (Rona, 1963: 21)

castellano "con gran cantidad de portuguesismos, sobre todo léxicos, pero también algunos morfológicos" (Rona, 1963: 10); y (4) la zona 4, que incluía el resto de Uruguay, donde se hablaba el castellano con solo algunos "portuguesismos" aislados.

La extensión del dialecto fronterizo y de la influencia del portugués hoy en día es más reducida (Thun, 2000). En la actualidad, los miembros de la clase media y media alta son principalmente hispanohablantes monolingües. Los que adquirieron el portugués de la infancia sólo lo usan con parientes mayores en situaciones informales limitadas o afirman que lo han olvidado completamente. Esto ha sido resultado de la creciente estigmatización social del portugués en las últimas décadas y del hecho de que los hablantes del portugués uruguayo en la zona fronteriza hoy día tienden a ser de nivel socioeconómico medio bajo y bajo (Douglas, 2004: 41).

En resumen, el desplazamiento del portugués en Uruguay se debe a diversos factores políticos, económicos y sociales. Desde una perspectiva política, el gobierno uruguayo siguió la ideología de "una nación, una lengua." En consecuencia, desfavoreció el mantenimiento del portugués dentro de las fronteras de Uruguay e impuso un planeamiento lingüístico a favor del español casi desde comienzos de la República. El portugués nunca se ha enseñado en los colegios de la zona fronteriza, y la resultante falta de acceso al portugués normativo ha acelerado el desplazamiento lingüístico y ha contribuido a la estigmatización del portugués uruguayo. Otro factor que ha contribuido al desplazamiento del portugués es el económico. Aunque la economía de Brasil es muy fuerte, para poder participar en la economía uruguaya es esencial el uso del castellano. Un tercer factor está relacionado con las actitudes lingüísticas, específicamente la falta de prestigio del portugués uruguayo puesto que sus hablantes son mayormente de las clases bajas de zonas rurales. Como dialecto estigmatizado, su supervivencia se ve amenazada por el desplazamiento en el ámbito familiar, sobre todo por la preferencia del español en las generaciones más jóvenes y por la incorporación de rasgos fonológicos, sintácticos y léxicos de las lenguas estándares de la zona, el español y el portugués brasileño, como veremos a continuación.

5.2. El fronterizo: la influencia del español en el portugués del norte de Uruguay

La presencia del portugués en el norte de Uruguay desde el siglo XVII hasta el presente ha dado lugar a una situación de contacto lingüístico entre dos lenguas de estrecha relación histórica y con un alto grado de inteligibilidad mutua. Como notamos en el capítulo 1, la distancia tipológica puede determinar en cierta medida el grado y tipo de interferencias que pueden darse en una situación de contacto. Efectivamente, si dos lenguas en contacto son tipológicamente muy parecidas, hay más posibilidad de que compartan estructuras paralelas que pueden influirse en ambas direcciones, lo cual resulta en un mayor grado de transferencia o convergencia lingüística. En el caso específico del contacto entre el portugués y el castellano en las zonas fronterizas del norte de Uruguay, el portugués ha incorporado una gran cantidad de vocablos del español y algunas combinaciones gramaticales que son parecidas pero no idénticas en las dos lenguas (Lipski, 2006: 7). Igual que otras lenguas en contacto, esta variedad ha sido designada con varios términos, algunos de ellos peyorativos, tales como *fronterizo, portuñol, brasilero* y, más recientemente, con un término lingüístico descriptivo, *DPU (dialectos portugueses del Uruguay)*. A diferencia del portugués, el español de la zona no ha sufrido muchos cambios debido a la situación de contacto (Lipski, 2006). Según Hensey (1972: 76), la resistencia del español a transferencias del portugués se debe al hecho de que el castellano es la lengua oficial de Uruguay y la única lengua de instrucción en los colegios de la zona. También, como señalan

Weinreich (1953) y Thomason y Kaufman (1988), mientras que las actitudes positivas hacia otro grupo fomentan la adopción e integración de elementos de su lengua, las actitudes negativas desfavorecen dicho proceso. En resumen, las consecuencias diferenciales del contacto lingüístico también se relacionan al prestigio relativo de las dos lenguas en el norte de Uruguay.

En su introducción al libro *El "dialecto fronterizo" del norte del Uruguay* publicado en 1959, Rona observó que al empezar "[. . .] a estudiar el español hablado en el Uruguay, no esperábamos en ningún momento encontrar un dialecto portugués en el territorio de nuestro país" (5). Hasta ese entonces, el fronterizo había sido caracterizado, incluso por él, como "una mezcla de portugués y español, pero que no es ni portugués, ni español y resulta con frecuencia ininteligible tanto para los brasileños como para los uruguayos" (Rona, 1959: 7). Es sorprendente que solo a fines de la década de 1950 se reconociera que el fronterizo era en realidad un dialecto del portugués y que la base étnica y lingüística del norte de Uruguay era portuguesa, no española (8). Rona (1959: 7) explica que en el curso de sus investigaciones se dio cuenta de que el fronterizo "tiene un sistema fonológico, si no total, al menos principalmente portugués y un léxico en el cual predominan los elementos portugueses también". Identifica también otro dialecto de fronterizo de base castellana cuyo "sistema fónico no se diferencia casi del resto del Uruguay, y las influencias léxicas, morfológicas, y sintácticas portuguesas, aunque numerosas, no llegan a predominar" (1959: 7–8).

Hensey (1972: 14) también usa el término *fronterizo* y lo describe como un grupo de dialectos del portugués hablados principalmente en zonas rurales del norte de Uruguay. Observa que se diferencia de la variedad normativa de Brasil de dos maneras: (1) es fuertemente hispanizado y (2) tiene características del portugués popular o no estándar (Hensey, 1984: 151). Como es resultado del contacto lingüístico, lo describe como *interlecto*, un término introducido por Escobar (1978) para referirse al castellano hablado como segunda lengua por quechuahablantes en Perú. Otros investigadores han rechazado el uso de ese término, puesto que el fronterizo normalmente se adquiere como primera, no como segunda lengua.[1]

En varios estudios de Elizaincín (1979, 1992a; Elizaincín y Behares, 1980/1981, Elizaincín, Behares y Barrios, 1987), las variedades del fronterizo se designan como "los Dialectos Portugueses del Uruguay (DPU)", las cuales él define como "formas mixtas, de base preponderantemente portuguesa, las que, sin embargo, evidencian fuerte influencia del español" (14). En un estudio de los DPU en varias ciudades de la zona fronteriza (ver mapa 5.2), se entrevistó a 139 hablantes con poca o nula escolaridad y niños de edad escolar que tenían "problemas de lenguaje" según sus maestros.

Para cada comunidad, se analizó el grado de variabilidad del léxico, la fonología, la morfología y la sintaxis, a través de un continuo que iba de un extremo (100% español) a otro (100% portugués), como se ve representado gráficamente abajo.

Español (100%)------|50---------0---------50|------ Portugués (100%)

Mapa 5.2 Lugares de la frontera en que Elizaincín (1992a: 235) recogió el corpus

Elizaincín (1992a) afirma que los fenómenos lingüísticos que se encuentran entre 50%-0%-50% en el continuo son muy inestables. Tal variabilidad se ve en el ejemplo *Luz eléctrica tem. Agua encanada no hay*, en el cual el primer verbo se da en portugués y el segundo en español. En Río Branco, el autor encontró *ter* (como equivalente del español *hay/haber*) en un 85% de los casos y *haber* en un 15%, y calculó la tasa de variabilidad restando el porcentaje más alto del más bajo: 85–15 = 70. Lo contrario ocurrió en Rivera, donde solo el 9% de las realizaciones fueron con *ter* y el 91% con *haber*, es decir, una tasa de variabilidad de 82%. Por otro lado, la mayor tasa de variabilidad se encontró en Aceguá e Isidoro Noblía, donde *ter* se usó en el 36% de los casos y *haber* en el 64%; la tasa de variabilidad es 28%, como se ve representado abajo.

Rivera   *Aceguá/Isidoro Noblía*   *Río Branco*

Español (100%) ←--**82**----- | 50 ----**28**----0---------50 | ---**70**----→ Portugués (100%)

Después de un extenso estudio de 46 variantes, Elizaincín (1992a) concluye que la mayoría de los rasgos estudiados son del portugués, aunque 30 de los 46 mostraban mucha variabilidad. Nota también que ha habido simplificación en el paradigma verbal en los DPU con preferencia por la tercera persona singular (como ocurre en Brasil) y que el sistema de subordinación es reducido frente a otras variedades del portugués. Las simplificaciones del sistema verbal son comunes en otras situaciones de lenguas en contacto (por ejemplo, el caso del español en los Estados Unidos, descrito en el capítulo 6), sobre todo cuando la lengua no se enseña formalmente en un contexto escolar. Elizaincín cree que se está consolidando un nuevo dialecto por la mezcla que describe como "más o menos indiscriminada" y por la inseguridad de los hablantes (143) aunque, según él, falta todavía un modelo estándar, normalizado, para los DPU. En el esquema de Thomason y Kaufman (1988) y en el de Coetsem (1988, 2000), la influencia del español en el portugués del norte de Uruguay refleja una situación de préstamo en la que los cambios lingüísticos afectan la lengua nativa de los hablantes. Para Coetsem, los agentes del cambio son los hablantes nativos del portugués y la agentividad es de la lengua receptora, el portugués.

Carvalho (1998, 2003a) también define los DPU como una variedad del portugués que refleja interferencia del español, sobre todo a nivel léxico, y que tiene a la vez características del portugués rural (2003a: 126). A diferencia de Elizaincín (1992a), Carvalho demuestra que la variación que es característica de los DPU no es "indiscriminada" sino que está condicionada sistemáticamente por factores lingüísticos y extralingüísticos. En 1995, llevó a cabo un estudio en Rivera, una ciudad de 70 mil habitantes en la frontera con Brasil. Además de los datos que obtuvo a través de la observación participante, realizó entrevistas en español y en portugués con 88 personas de tres grupos socioeconómicos (medio, medio bajo y bajo), tres grupos etarios (16–29 años, 30–49 años, 50–69 años) y ambos géneros. Su análisis cuantitativo se basó en 56 entrevistas en portugués. El estudio de Carvalho demostró que hay un proceso de cambio lingüístico en curso en el portugués uruguayo que ha incorporado nuevas variantes fonológicas prestadas de las variedades urbanas monolingües más prestigiosas y que, al contrario de lo afirmado por Elizaincín, estas constituyen un modelo estándar para los DPU. Está en marcha un proceso de difusión dialectal en el que se reemplazan las variantes rurales estigmatizadas por variantes que se aproximan al estándar ideal. La exposición a las variantes del portugués urbano estándar se ha dado por varias razones, entre ellas la presencia masiva de los medios de comunicación brasileños, los turistas oriundos de Brasil y los contactos cotidianos con los residentes de Livramento (1998: 75), el pueblo brasileño ubicado al otro lado de la frontera.[2] Carvalho señala que la difusión dialectal está acompañada a la vez por el desplazamiento del portugués por el español, sobre todo en las generaciones más jóvenes de la clase media y la clase media alta.

Los DPU exhiben inventarios fonológicos y morfológicos parecidos a los del portugués brasileño popular, pero se diferencian en cuanto a la interferencia del español, como en el uso de *iva* en vez de *ia* o en la sobregeneralización de /b/ del español en lugar de /v/ del portugués (98). Carvalho también nota la incorporación de muchos préstamos léxicos del español, relacionados con campos semánticos en los que la presencia de la cultura hispánica ha sido particularmente fuerte (85), por ejemplo:

- los días de la semana: *lunes, martes, miércoles*, etc., en vez de *segunda-feira, terça-feira, quarta-feira*, etc.
- los medios de comunicación: *periódico* en vez de *jornal*; *informativo* en vez de *noticiário*
- direcciones: *calle* en vez de *rua*
- sustantivos referentes a instituciones en las que se habla español: *maestra* en vez de *professora*; *guardería* en vez de *creche*; *sueldo* en vez de *salário*

Además de los préstamos establecidos y otros préstamos menos sistemáticos, Carvalho comenta el uso frecuente de marcadores del discurso del español que reemplazan a sus equivalentes en portugués: *pues* en vez de *pois, entonces* en vez de *então* y *o sea* en vez de *o seja* (86). El uso de los marcadores del discurso de una lengua mayoritaria en una lengua minoritaria ha sido documentado en otros contextos bilingües, como es el caso del español en los Estados Unidos (Silva-Corvalán, 1994a; Torres, 2002; Aaron, 2004; Said-Mohand, 2006, 2007, 2008). Barrios y Gabbiani (1998) y Carvalho (1998: 87) documentan una frecuencia más alta de préstamos del español en el portugués de los jóvenes de Rivera en comparación con los de los ancianos, lo cual Carvalho atribuye al avance del español y del bilingüismo en la comunidad en las últimas décadas.

Para demostrar la variabilidad sistemática de los DPU en Rivera, Carvalho se enfocó en dos variables fonológicas. La primera (Carvalho, 1998, 2003b) es la vocalización de la lateral palatal [lh] frente al uso de la [ʎ] prestigiosa en palabras como *filha* (hija) o *velho* (viejo). La vocalización, i.e., la sustitución del segmento consonántico por la aproximante palatal como en [fija] o [vɛju], está estigmatizada, pero es característica de los DPU (Rona, 1959) y del portugués rural de Río Grande do Sul. Carvalho demostró que el uso de la lateral palatal está condicionado por variables sociales. Aparece con más frecuencia en los estilos formales y en el habla de la clase media (en comparación con la media baja y la baja). Además, las mujeres y los hablantes jóvenes exhiben un porcentaje más alto de la variante prestigiosa. Según Rona (1959), la vocalización era categórica en los DPU en los años cincuenta, pero ya no lo es. El hecho de que el grupo más joven emplee la variante urbana prestigiosa más que los grupos mayores indica un cambio en marcha que entró en la comunidad hace un período de dos generaciones (162). Los resultados de Carvalho coinciden con los del *Atlas lingüístico diatópico y diastrático del Uruguay-Norte (ADDU)* de Thun, Boller, Harder y Peemöller (2000).

La segunda variable que analizó Carvalho (1998, 2004) es la palatalización de las oclusivas dentales en palabras como *día* y *tía*, frente a su mantenimiento como consonantes dentales. En el DPU tradicional de Rivera, las variantes dentales [di] y [ti] son más comunes que las variantes palatalizadas [dʒi] y [tʃi] que se encuentran en la mayoría de los dialectos urbanos estándares de Brasil. Los factores sociales que se asocian con la palatalización son los mismos que se relacionan con el uso de la lateral palatal: es más frecuente en los jóvenes, la clase media y las mujeres. Los mayores de 29 años, los de la clase media baja y la clase baja, y los hombres tienden a mantener la pronunciación dental típica del DPU. El hecho de que no haya diferencia en la frecuencia de palatalización según el estilo de habla sugiere que es un cambio reciente en la comunidad (179).

La introducción de nuevas variantes urbanas y prestigiosas en esta comunidad es resultado de los cambios sociales que ocurrieron en Rivera a partir de la década de 1970, principalmente la introducción de la televisión brasileña y el proceso de urbanización (Carvalho, 1998, 2004). Con estos cambios, los residentes de Rivera han tenido mayor contacto con un nuevo modelo lingüístico: el de la norma urbana y prestigiosa de Brasil. Ese modelo ha sido atractivo para los jóvenes de la clase media, quienes han querido desasociarse de la norma local de bajo prestigio, mientras que personas de las clases sociales bajas han preferido mantener las variantes locales tradicionales.

Douglas (2004) estudió el portugués uruguayo hablado en otra ciudad fronteriza, Artigas, y en los pueblos rurales cercanos de Sequeiro y Bernabé Rivera. Todos los participantes de su estudio eran bilingües de la clase baja, hombres y mujeres de tres grupos etarios (13–29 años, 30–54 años, 55–79 años). Analizó siete variables fonológicas para determinar cuáles eran las influencias principales en el portugués hablado en esa zona: el DPU, el portugués brasileño o el castellano. Las siete variables que analizó fueron: (1) la diptongación de /a/ y /o/ en el contexto de una sibilante; (2) la desonorización de /z/; (3) la desonorización de la palatal fricativa /ʒ/; (4) la palatalización de /ti/ y /di/; (5) la lateralización de /j/; (6) la vocalización de la lateral alveolar /l/; y (7) el debilitamiento y pérdida de /d/ en posición intervocálica (ver tabla 5.2).

Tabla 5.2 Las variables fonológicas analizadas por Douglas (2004: 219)

	Variables	Ejemplo	Equivalente en español
1	[aj ɔj oj] ~ [a ɔ o]	m[a]js ~m[a]s, c[oj]sa~c[o]sa	más, cosa
2	[z] ~ [s]	ca[z]a ~ ca[s]a	casa
3	[ʒ] ~ [ʃ/x]	[ʒ]ente ~ [ʃ]ente/[x]ente	gente
4	[dʒi / tʃi] ~ [di /ti]	[dʒi]a ~[di]a, [tʃi] ~ [ti]a	día, tía
5	[ʎ] ~ [ʃ ʃ x ç] ~ [j]	mu[ʎ]er ~ mu[x]er ~ mu[j]er	mujer
6	[ɫ /w] ~ [l]	a[ɫ]guma/ a[w]guma ~a[l]guma	alguna
7	[d] ~ [ð / Ø]	to[d]o ~ to[ð]o / to[Ø]o	todo

Douglas observa que, en general, el DPU de Artigas recibe más interferencia del español que del portugués, lo cual no es sorprendente dada la importancia del español en el contexto uruguayo. Sin embargo, también hay influencia del portugués en el habla de Artigas y sus alrededores, aunque las innovaciones que resultan del contacto con el portugués estándar son relativamente recientes, a diferencia del español, que parece haber ejercido una influencia en el dialecto local desde hace mucho tiempo. Es interesante notar que, mientras que los dos grupos mayores de edad demostraron más influencia de las variantes del español, el grupo más joven prefirieron las variantes del portugués urbano de Brasil. Se puede afirmar que para estos últimos, el portugués brasileño tiene un alto prestigio y, al igual que en el estudio de Carvalho (2004) en Rivera, ha influido en el dialecto local, no tanto por el contacto personal con brasileños sino por los medios de comunicación brasileños. Igual que en Rivera, son las mujeres, mayormente las de la zona urbana, quienes se alejan más del DPU que los hombres, y los jóvenes los que tienden a reemplazar las variantes del DPU con elementos del portugués o del español estándares. Douglas concluye que el DPU es variable y está en un proceso de desplazamiento como resultado del contacto de lenguas en combinación con las presiones políticas, socioeconómicas y neoculturales que favorecen la adquisición y el uso predominante del español (323). El DPU está amenazado de dos maneras: (1) en los ámbitos privados, el castellano lo está reemplazando; y (2) a la vez está incorporando características de las lenguas estándares. Douglas sugiere que el DPU continuará fusionándose con los dos acrolectos dominantes, el portugués brasileño y el español de Montevideo, hasta que la comunidad lingüística lo abandone en su totalidad (323). Como solo quedan entre 20 mil y 25 mil hablantes de los DPU en el norte de Uruguay, Elizaincín (Agencia EFE, 22 de marzo de 2007) también ha pronosticado la extinción del portugués uruguayo para el año 2100.

5.3. La influencia del portugués en el español del norte de Uruguay

Ha habido muy pocos estudios sobre el español del norte de Uruguay; los primeros datan de los fines de la década de 1980. Elizaincín y Barrios (1989: 64) afirmaron que, "[c]on respecto a la zona fronteriza con Brasil, es obvio que el español allí usado estará interferido en mayor o menor grado por los dialectos de base portuguesa de la zona". Dado el desplazamiento del portugués durante el siglo XX, es probable que las transferencias que ocurren sean principalmente resultado de una situación de interferencia lingüística en el esquema de Thomason y Kaufman (1988) y de imposición en el esquema de Coetsem (1988, 2000). Los agentes serían los hablantes cuya lengua dominante es el portugués, y la "agentividad" es de la lengua fuente, el portugués.

En un estudio preliminar de lo que designaron "el español rural fronterizo" (ERF), Elizaincín y Barrios (1989) describen varias características del español de la zona que se podían atribuir al contacto con el portugués, entre ellas:

- La elisión del segmento /s/ en posición final de sílaba como en el siguiente ejemplo:

    1. "Mis *padreØ* son *brasileroØ*" (Elizaincín y Barrios, 1989: 65).

    Este rasgo es característico del portugués de Rio Grande do Sul. En general, la variedad del español hablada en el norte de Uruguay tiende a conservar la sibilante, mientras que el rasgo más característico de la variedad prestigiosa de Montevideo es la aspiración.

- La realización oclusiva de /b d g/ en posición intervocálica como ocurre en el portugués, como en [xabón] (*jabón*), a diferencia de la realización fricativa del español normativo [xaßón].

- La aparición de la labiodental sonora /v/, que en portugués es un fonema que ocurre en palabras como [vaka] (*vaca*) en vez del fonema español /b/ [baka]. Elizaincín y Barrios (1989: 66) notaron que "[e]sta tendencia puede haber sido reforzada por la acción de la escuela uruguaya la que, al alfabetizar al niño, suele establecer diferencias entre la labiodental y la bilabial".

- La elisión de consonantes finales de palabra, típicamente /n/, /r/ y /d/. Tal elisión ocurre en los DPU, pero también ocurre en los dialectos costeños del español latinoamericano. Es probable que el contacto con el portugués haya reforzado tendencias ya existentes en el español.

- La reinterpretación de [ʒ] del español de Montevideo junto con [j] del ieísmo portugués: [uruɣu̯áʒo ~ uruɣu̯ájo].

- Por influencia de los DPU, cerrazón de las vocales medias [o]→[u] y [e]→[i], como en los siguientes ejemplos, respectivamente (Elizaincín y Barrios, 1989: 67):

    2. Voy a casa de un tí*u*.
    3. Me gusta ver las p*i*lículas de conboy, vió?

- Simplificaciones en "la no ocurrencia de palabras gramaticales con función discursiva de conexión" (Elizaincín y Barrios, 1989: 67) como en el siguiente ejemplo:

    4. Fueron unos primos mío [Ø] me contaron todo. (68)

    En este caso, se ha eliminado el pronombre relativo *que* obligatorio en el español estándar.

- La ausencia de preposiciones que sirven para introducir complementos nominales o verbales, como ocurre en los DPU. En el siguiente ejemplo falta la preposición *de* ante el sustantivo *actividá*:

    5. Tengo varios tipo [Ø] actividá. (68)

En trabajos posteriores, Elizaincín (1992b, 1995, 2004) describe otras particularidades de las variedades del español en contacto con el portugués, entre ellas el uso de las preposiciones según el modelo del portugués, como en los siguientes ejemplos:

6. El dijo *para* su padre. (1992b: 763)

7. Mañana voy *en* Artigas *de* ómnibus. (1992b: 764)

El uso de la preposición *en* con verbos de movimiento que se nota en (7) se encuentra también en el español en contacto con el guaraní. Puesto que esa misma estructura existía en el castellano colonial, es probable que haya sido reforzada por la influencia de una estructura paralela en el portugués.

A nivel morfosintáctico, Elizaincín (1995) describe el uso de los pronombres personales en el español fronterizo para referirse a entidades inanimadas, un uso aceptable en el portugués pero no en el español, como en el siguiente ejemplo:

8. Sabe que *él* es prohibido porque siempre . . . casi siempre termina mal [el juego de la taba]. (118)

Según Elizaincín, el uso de los pronombres personales con entidades inanimadas ocurre incluso en el habla de personas con un alto nivel de instrucción formal, quienes hablan una variedad urbana del español (129).

Otro fenómeno morfosintáctico es el uso del infinitivo verbal en cláusulas subordinadas en las que el español requiere el subjuntivo, siguiendo el modelo del portugués que une el infinitivo *pessoal* o el infinitivo conjugado. Elizaincín (2004: 113) ofrece el siguiente ejemplo:

9. Ella viene toda marcada pa[ra] quebrarse, *para usted cortar* la medida que quiere (en vez de "*para que usted corte* la medida que quiere").

Otra influencia del portugués se evidencia en el verbo *gustar*, que frecuentemente sigue el modelo portugués y resulta en estructuras como el siguiente ejemplo:

10. *Portugués:* Eu gosto de Rio de Janeiro.
Español: Me gusta Río de Janeiro.
Español fronterizo: Gusto de Rio de Janeiro. (1992b: 764)

Elizaincín (1992b) nota transferencia en el plano discursivo en el uso de coletillas del portugués del tipo "*não é?*" como en el siguiente ejemplo:

11. Yo pienso que sí, ¿no eh? (766)

En cuanto a la influencia léxica, Elizaincín (1992b) señala que había muy pocos estudios y, por ende, muy poco que comentar al respecto. Entre los préstamos léxicos que describe, nota un uso de la palabra *caprichoso*[3] en el español fronterizo paralelo con el que tiene en el portugués del sur de Brasil, donde significa "una persona hábil en su trabajo u oficio" (767).

Los estudios de Elizaincín representan una aproximación inicial a los posibles fenómenos de transferencia en el español de la región fronteriza de Uruguay. Falta información sobre los grupos sociales que usan estas variantes y su difusión en la región.

Los únicos estudios sociolingüísticos cuantitativos del español en contacto con el portugués en el norte de Uruguay son los de Carvalho (2006a, 2006b). Carvalho se enfocó en la elisión del marcador de pluralidad en frases nominativas en datos de entrevistas que llevó a cabo en español en Rivera en 1995. Observó que la elisión del marcador del plural ocurrió en el 26% de las posibles realizaciones, un porcentaje muy parecido al del portugués brasileño (cf. Scherre, 2001). Los factores que favorecieron el uso de la variante elidida fueron el estilo de habla (informal) y la clase socioeconómica (media baja y baja). No hubo diferenciación en el uso de esta variante entre hombres y mujeres y se evidenció poca estratificación etaria, lo que indica que es una variable estable en la comunidad. Igual que en otras comunidades hispanohablantes (cf. Poplack, 1981), Carvalho encontró que la ausencia de un marcador de pluralidad en uno de los elementos de la frase nominal favorecía la ausencia de otros marcadores de pluralidad en la misma frase nominal.

Otro fenómeno analizado por Carvalho es la elisión de un segmento entero que indica pluralidad, como ocurre en el portugués brasileño: *as mulheres ~ as mulherØØ*. En español, cuando un sustantivo plural termina en consonante y se elide la /s/, se retiene la vocal /e/: *mujeres ~ mujereØ*. En el portugués uruguayo, se elide frecuentemente el morfema entero, pero en los datos del español de Rivera, la tendencia era de mantener los marcadores de pluralidad: la /s/ en el 71% de los casos y la vocal sin la /s/ en el 16% de las ocasiones. No obstante, en el 12% de los casos se elidió el morfema entero, como en el siguiente ejemplo:

12. Son cinco lugarØØ. (Carvalho 2006a: 163)

Carvalho (2006a: 163) señala que probablemente esta sea la única variedad del español en la que se elide el morfema entero. Sin embargo, esta transferencia del portugués no implica un cambio radical en la lengua, sino que coincide con una tendencia interna del español de elidir la /s/ en posición final de sílaba, la cual resulta en la pérdida de información de pluralidad. Dado el alto nivel de congruencia gramatical entre las dos lenguas, se ha incorporado esta variante fácilmente al español de la zona.

Las actitudes negativas hacia los DPU han resultado en menos interferencia del portugués al español que viceversa. No obstante, el español regional también está estigmatizado y últimamente ha empezado a adaptar nuevas variantes del habla más prestigiosa de Montevideo. En otro estudio sociolingüístico, Carvalho (2006b) demostró que la aspiración de /s/ en posición final de sílaba típica de Montevideo ha empezado a entrar en el español de la región. Esta variante contrasta con la tendencia en la región fronteriza de pronunciar las sibilantes (71%) o de elidirlas (28%). Los resultados de su estudio indican que la aspiración se relaciona principalmente con hablantes de la clase media, quienes la usan para aproximarse a la norma de la capital.

Puesto que la aspiración se considera prestigiosa en Rivera, es más característica del habla formal. Sin embargo, a diferencia de otros estudios sociolingüísticos, en el estudio de Carvalho los hombres emplearon la variante prestigiosa más que las mujeres. Carvalho atribuye este sorprendente resultado al estatus ambiguo de la aspiración en Rivera. Mientras que la variante más formal y prestigiosa en todo el mundo hispanohablante es la sibilante, en Rivera esa variante constituye un estereotipo del español local. El uso de la sibilante por las mujeres les permite afirmar su identidad local sin recurrir a un rasgo dialectal estigmatizado. Al contrario, los jóvenes, sobre todo los de la clase media, demuestran una preferencia por la aspiración. Carvalho afirma que la clase media de Rivera se aproxima cada vez más a los modelos estándares de las comunidades urbanas monolingües (108).

Dada la disparidad de estatus social entre el portugués y el español en el norte de Uruguay y las actitudes negativas hacia los DPU, es muy probable que el español de la región siga resistiendo la influencia del portugués. Con el aumento de las comunicaciones con la capital, lo más probable es que los hablantes de la clase media sigan aproximándose al modelo prestigioso de Montevideo en un proceso de difusión dialectal (Carvalho, 2006b).

5.4.   El inglés en Buenos Aires

Otra influencia europea importante en el Cono Sur fue la británica, la cual data de la época colonial, cuando los ingleses comerciaban ilegalmente con los criollos de Buenos Aires. Después de la independencia de Argentina en 1810, el comercio con los ingleses aumentó tanto que, para comienzos del siglo XX, el 80% del capital extranjero en el país procedía de Gran Bretaña (Monacci, 1979: 41). La comunidad inglesa de Buenos Aires, que administraba ese capital, mantenía sus propios colegios, iglesias, clubes y hospital y, por consiguiente, vivió aislada de los argentinos hispanohablantes hasta después de la Segunda Guerra Mundial. Según Cortés-Conde (1996), la comunidad angloargentina gozaba no solamente del poder económico, sino también del prestigio lingüístico y cultural del Imperio británico, lo cual contribuyó al mantenimiento del inglés. Sin embargo, el ocaso del Imperio británico después de la Segunda Guerra Mundial y la resultante crisis económica precipitaron el éxodo de una gran parte de los anglohablantes de Buenos Aires.

Actualmente solo quedan unos 15,000 angloargentinos en Buenos Aires y, aunque mantienen un estatus socioeconómico de clase media alta, ya han entrado en contacto íntimo y extenso con las comunidades hispanoparlantes. Hay, por ejemplo, un alto porcentaje de matrimonios mixtos, lo cual ha resultado en el reemplazo del inglés por el español en el hogar, sobre todo en generaciones más jóvenes, como lo ha documentado Cortés-Conde (1996). Sin embargo, se reconoce el valor instrumental del inglés en el trabajo y la gran importancia que tiene el inglés a nivel internacional y, por ende, los jóvenes cuyas familias tienen medios económicos asisten a colegios bilingües. En ese sentido, a pesar de que el inglés ha dejado de ser el idioma del hogar, todavía tiene mucha importancia en el trabajo, donde sirve como lengua franca para los negocios internacionales. El inglés de la comunidad británica ha tenido un impacto muy limitado en el castellano hablado en Argentina puesto que, como ya se ha dicho, los ingleses se mantuvieron en comunidades segregadas hasta después de la Segunda Guerra Mundial. Hoy en día, con el desplazamiento relativamente rápido del inglés en el hogar, los jóvenes de la clase media alta hablan el español porteño estándar, que se ha convertido en su lengua dominante.

5.5.   El danés y el alemán en el Cono Sur

El español también desplazó las lenguas maternas de inmigrantes daneses y alemanes en Argentina durante el siglo XX (Hipperdinger, 1991, 1992, 1996; Rigatuso, 1991; Hipperdinger y Rigatuso, 1996). No obstante, en los enclaves alemanes y aún más en los daneses hacia el sur de la nación, la continuidad de estas lenguas se hace más notoria. La afluencia de inmigrantes daneses a esa región empezó en 1900. Estos lograron mantener el uso de su lengua materna en la comunidad por varias razones, entre ellas "[. . .] el carácter rural de la migración [y el resultante aislamiento y segregación de los inmigrantes], su concentración geográfica y la marcada tendencia a la endogamia" (Hipperdinger y Rigatuso, 1996: 44). También el establecimiento de instituciones étnicas, como escuelas, iglesias protestantes, clubes deportistas y sociales, ayudó a reforzar los lazos étnicos y lingüísticos de la comunidad. Según Hipperdinger y Rigatuso (1996: 47), el dominio activo del danés ha llegado "[. . .] hasta la mayor parte de la tercera generación y en algunos casos de la cuarta". La comunidad logró mantener su lengua y sus tradiciones al mismo tiempo que se integró a la cultura argentina. Sin embargo, dado el desplazamiento lingüístico documentado entre hablantes de la cuarta generación, es improbable que sus hijos adquieran el danés como primera lengua y que lo mantengan a largo plazo. Dado el tamaño relativamente pequeño de este grupo, es muy probable que el español que hablen los daneses de generaciones sucesivas en Argentina se diferencie poco de la variedad de la población mayoritaria, sin influencias notables del danés. No obstante, es un tema que merece la atención de futuros estudios.

El grupo más numeroso de alemanes llegó a Argentina en 1878, procedentes del río Volga en Rusia, adonde habían inmigrado en el siglo XVIII y donde resistieron la asimilación cultural por más de un siglo. Comenzaron a entrar en Argentina y en Brasil a partir de 1876, año en que el zar Alejandro II revocó un convenio que ofrecía protección a los alemanes radicados en Rusia. Más de seis mil alemanes del Volga llegaron a Argentina y se establecieron en el sur de la provincia de Buenos Aires. Al comienzo, al igual que en Rusia, la comunidad mantuvo su lengua nativa. Los mismos factores que contribuyeron al mantenimiento del danés también favorecieron la continuidad del alemán: "[e]l carácter rural con su consiguiente aislamiento, la concentración étnica y la unidad lingüística de las colonias, así como la capacidad de autoabastecimiento [. . .]" (Hipperdinger y Rigatuso, 1996: 50). Fontanella de Weinberg (1978: 21) notó otros factores que han favorecido el mantenimiento de la lengua étnica, entre ellos el conservadurismo cultural y religioso del grupo, el rechazo a la enseñanza oficial y el resultante establecimiento de escuelas religiosas, y el desinterés de la comunidad "por el ascenso social y educacional [. . .] y por la actividad política, sindical o cooperativista" que le hubiera permitido tener un mayor contacto con los hispanohablantes. Sin embargo, la situación empezó a cambiar, sobre todo en la segunda mitad del siglo XX, cuando se comenzó a impartir cada vez más la enseñanza en español y se hizo necesario un mayor uso del español en el ámbito laboral, el cual se desplazó de un contexto rural a uno principalmente urbano. A pesar de que existió una voluntad por preservar las tradiciones alemanas, la lengua ha sido desplazada por el español en las generaciones más jóvenes. Según Hipperdinger y Rigatuso (1996: 54), "[l]os menores de 25 años [. . .] emplean su más o menos restringida competencia en alemán casi exclusivamente con los mayores. En este último caso son muy frecuentes las conversaciones mixtas, y en general lo son las alternancias de las lenguas en contacto en discursos únicos". A pesar de las actitudes positivas de la comunidad y las intenciones de preservar sus costumbres, al igual que en la comunidad danesa, hay evidencia clara de asimilación y desplazamiento lingüístico hacia el español en las generaciones más jóvenes.

Hipperdinger (1992, 1996) documentó que, en el habla de la población mayor de 74 años, que era bilingüe con mayor dominio de alemán, existía evidencia de interferencia fónica en el español. Hipperdinger (1996: 181–185) observó los siguientes fenómenos:

- "mayor tensión articulatoria de /p/ y /k/, y modificación o aspiración, sobre todo en posición inicial"
- "ensordecimiento de /b/, /d/ y /g/, sobre todo en posición inicial, y mantenimiento de la oclusión—aunque con articulación relajada—en lugar de los alófonos fricativos"
- falta de distinción entre la vibrante simple y la múltiple
- retención de la sibilante, sin el debilitamiento característico de variedades argentinas
- "mayor atraso y apertura en la articulación de las vocales, particularmente en las medias"
- "reducción a [ə] de algunos contrastes vocálicos en posición final átona"
- o "alteración de diptongos"

Hipperdinger señala el carácter transicional de estas variantes, "[. . .] ya que ninguna de las transferencias del alemán descritas se mantiene constante en el habla de otros subgrupos etarios" (180). El desplazamiento lingüístico ha resultado en un bilingüismo recesivo en alemán el los grupos mas jóvenes y en un español típico de otros hablantes nativos de la región.[4]

La inmigración alemana en Paraguay data de la segunda mitad del siglo XIX a la primera mitad del siglo XX. Llegaron más de 160,000 hablantes del alemán y 19,000 hablantes del *plattdeutsch,* un dialecto del norte de Alemania y de los Países Bajos (Lipski, 2005b). Además, llegaron menonitas europeos y canadienses que en la actualidad comprenden unas 10,000 personas, las cuales viven aisladas en el Chaco, donde mantienen su lengua y sus costumbres (Lipski, 2005b). Es posible que haya habido influencia de la lengua alemana en las colonias donde predominan pero, al igual que en Argentina, la influencia en el español paraguayo local ha sido transitoria. Estas comunidades merecen la atención de los sociolingüistas en el futuro.

Hubo mucha inmigración alemana en Chile a partir de 1845, cuando fueron invitados por el gobierno chileno a colonizar el sur del país. Los germanohablantes lograron mantener su lengua nativa por mucho tiempo con la ayuda de las escuelas alemanas privadas y debido a los vínculos económicos, comerciales, culturales y familiares que mantenían con Alemania (Blancpain, 1987). Sin embargo, hacia la Segunda Guerra Mundial, la gran mayoría de los descendientes de los inmigrantes alemanes en Chile ya se había asimilado a la lengua y cultura chilenas sin haber dejado más que una huella transitoria en las hablas locales.

5.6.   El italiano en el Río de la Plata

Un grupo inmigratorio que sí ha tenido un impacto importante en el español del Cono Sur, específicamente en el Río de la Plata, han sido los italianos. Entre 1861 y 1920, llegaron más de dos millones de italianos a Argentina, más del 47% del total de inmigrantes en dicho período, como se ve en la tabla 5.3.

Se nota que el flujo de inmigración es relativamente parejo durante ese período, lo que facilitó la adaptación del inmigrante italiano a su nuevo contexto. El 70% de los inmigrantes italianos se estableció en las ciudades argentinas, la mayoría en Buenos Aires, donde constituían el 20% de la población total. Sin embargo, esta cifra no refleja el número de hijos de estos inmigrantes; si se incluyera a los hijos, el porcentaje sería mucho más alto. En la época en que llegaron, había dos principales grupos sociales en Argentina: la élite, que constaba de menos de un 5% de la población, y la "gente de pueblo", que representaba a los demás. Los inmigrantes italianos lograron crear una clase media de comerciantes y fabricantes y también un proletariado urbano. Para comienzos del siglo XX, dominaban el comercio y la industria en Buenos Aires, como dueños y obreros (Baily, 1999: 73). En general, se percibía a los italianos en términos positivos, como vitales contribuyentes al desarrollo de la sociedad argentina (Baily, 1999: 89).

Dadas las favorables condiciones sociales y la congruencia religiosa y cultural entre los italianos y los argentinos, los inmigrantes italianos experimentaron un

Tabla 5.3 La inmigración italiana en Argentina, 1861–1920 (adaptada de Baily, 1999: 54)

Período	Inmigración total	Inmigración italiana	%
1861–1870	159,570	113,554	71
1871–1880	260,885	152,061	58
1881–1890	841,122	493,885	59
1891–1900	648,326	425,693	57
1901–1910	1,764,103	796,190	45
1911–1920	1,204,919	347,388	29
TOTAL	4,878,952	2,270,525	47

proceso de integración relativamente rápido en Argentina. El avance social estuvo correlacionado con el avance educacional. Aunque muchos de los inmigrantes eran semialfabetos o analfabetos, sus hijos o nietos terminaron estudios secundarios o universitarios (Fontanella de Weinberg, 1978: 18) como resultado de la educación pública obligatoria y gratuita. El acceso a la educación ayudó a que los descendientes de inmigrantes se asimilaran lingüística y culturalmente, pero como consecuencia, el italiano—que se identificaba con el bajo nivel cultural de los inmigrantes—fue rechazado por generaciones sucesivas. Dos factores lingüísticos favorecieron la rápida asimilación de los inmigrantes italianos: (1) la proximidad entre el español y el italiano y cierta inteligibilidad mutua entre los dos idiomas y (2) el hecho de que los inmigrantes italianos hablaran diferentes variedades regionales y que no dominaran bien el italiano estándar que pudiera haber servido de lengua franca (Fontanella de Weinberg, 1978: 15). La combinación de los factores sociales y lingüísticos que caracterizaron a las comunidades italianas en Argentina trajo como consecuencia la adquisición del español por los inmigrantes y el rápido abandono del italiano por sus descendientes. A pesar del desplazamiento del italiano en esas comunidades, el contacto lingüístico entre el italiano y el castellano se refleja hoy día en el español hablado en el Río de la Plata, como se explicará en las secciones que siguen.

5.6.1. El *cocoliche*: una interlengua de los inmigrantes italianos

El *cocoliche* es un término que se originó en la obra teatral bonaerense *Juan Moreira* en 1890, en la cual se presentó a un "gaucho italiano", llamado Cocoliche, que chapurreaba el español. Cuando se le preguntaba cómo se llamaba, contestaba en un italiano con influencia del español: "Ma quiame Franchisque Cocoliche, e songo cregollo gasta lo güese de la taba e la canilla de lo caracuse, amique, afficate la parada"[5] (Podestá, 1930/2003: 66). Ese personaje se popularizó y se empezó a utilizar el término *cocoliche* para designar la "jerga híbrida que hablan ciertos inmigrantes italianos mezclando su habla con el español" (Real Academia Española, 2001).

Uno de los primeros lingüistas en tratar de definir el cocoliche fue Meo-Zilio (1964,[6] 1993, Meo-Zilio y Rossi, 1970), quien lo describió como un continuo que reflejaba tanto la transferencia del italiano al español como viceversa. Según él (1964: 62), el inmigrante de escasa educación formal que lo hablaba tendría dificultades para "establecer en qué momento habla italiano (españolizado) y en qué momento habla español (italianizante)" y, por lo tanto, "no se puede hablar de un límite absoluto entre las dos lenguas". Consecuentemente, el cocoliche era extremadamente variable. Para Meo-Zilio, el cocoliche era un tipo de interlengua hablada por los inmigrantes italianos que estaban adquiriendo el castellano y en cuyo proceso de adquisición tendían "[. . .] a aproximarse cada vez más al español y alejarse del italiano" (63). No representaba una nueva variedad de contacto porque "[. . .] el hablante no [tenía] conciencia de emplear una lengua distinta del italiano y del español (según su intención de expresarse en una u otra lengua)" (62).

A pesar de la afirmación de Meo-Zilio de que el cocoliche no era una lengua nueva ni una "lengua de emergencia", varios lingüistas norteamericanos lo han clasificado como una lengua *pidgin*. Por ejemplo, Hancock (1971) lo incluye en su mapa general de pidgins y criollos, y Hymes (1971: 68) lo caracteriza como un "continuo prepidgin". Whinnom (1971) lo describe como el resultado de un proceso de hibridización secundaria, pero considera que nunca constituyó un verdadero pidgin por tratarse del contacto entre solo dos lenguas[7] y porque las condiciones sociales en Argentina no eran propicias para la formación de una lengua pidgin. Fontanella de Weinberg (1979) también observó que el cocoliche no podía considerarse como un pidgin por varias razones, entre ellas que no era un sistema de comunicación extremadamente rudimentario de uso restringido, sino que se caracterizaba por tener categorías flexivas y derivativas, no propias de una lengua pidgin. Según Fontanella de Weinberg, "la similitud de las estructuras sintácticas de ambas lenguas favoreció la conservación de las mismas" en vez de la simplificación estructural propia de una lengua pidgin (79).

Cancellier (1996) señala que las lenguas pidgin surgen cuando dos lenguas no son mutuamente inteligibles, lo cual no es el caso del italiano y del español, cuyos hablantes se pueden entender de una forma aproximada. Históricamente, las lenguas pidgin han surgido cuando determinados segmentos de una misma sociedad no han adquirido la lengua de otro grupo importante. Dadas las características sociales de la inmigración italiana en Argentina y su integración con las comunidades rioplatenses de habla hispana, no existía la distancia social necesaria para la formación de un pidgin. Más bien, el cocoliche era una interlengua que constituía "la forma usada por los hablantes italianos en su proceso de gradual adquisición del español" (79). Fontanella de Weinberg (1978) sostiene que la similitud de los sistemas lingüísticos del español y del italiano, "[. . .] especialmente en los aspectos gramaticales y lexicales, favoreció en la mayoría de los casos una transición gradual de una lengua a otra a través de una forma mixta característica de quienes tenían al italiano como lengua materna" (16). Según ella, el hecho de que la mayoría de los inmigrantes italianos hablaran variedades no estándares del italiano permitió mayor permeabilidad a la influencia del español "[. . .] ya que la falta de estandarización debe haber contribuido a la inexistencia de una conciencia clara de los límites del sistema y a la facilidad de un cambio hacia las pautas del español" (16). Subrayó la alta variabilidad del cocoliche y lo describió como "[. . .] una especie de abanico en que el español constituye un polo único, mientras que los otros múltiples polos están determinados por las distintas formas dialectales italianas que eran variedades maternas de cada inmigrante" (1979: 78).

Lavandera (1978, 1984) también caracteriza el cocoliche como interlengua y lo describe como "reducido" en relación con una lengua materna. La autora explica que:

> El aspecto "reducido" del *cocoliche* dista de ser obvio. El *cocoliche* es rico en morfología de inflexión y posee complejidad sintáctica. El léxico, que se sirve de un modo mixto de ambos códigos, italiano y español, no puede

considerarse especialmente limitado, y la fonología se ha enriquecido con la incorporación de algunos de los fonemas no coincidentes de los inventarios del español y del dialecto italiano regional. No obstante, si señalamos aquellas partes de la estructura que expresan oposiciones no "referenciales", es decir, aquellas que tienen significación social y estilística, se nos revela como una forma del español dramáticamente reducida. (1984: 63)

Lavandera se refiere específicamente al hecho de que en el cocoliche no se manifestaba la variación sociolingüística inherente en el habla rioplatense, como la realización de /s/ en posición final de sílaba o la alternancia entre el imperfecto del subjuntivo, el condicional y el presente del indicativo en cláusulas encabezadas por *si* (v.g., *Si tuviera/tendría/tengo/tenía tiempo, iría*). Estas variables transmitían significación social y estilística que no era reconocida por los hablantes del cocoliche y, en ese sentido, era una variedad lingüística "reducida" en comparación con el español de hablantes nativos. Por ejemplo, Lavandera demostró que, en cuanto a la variable /s/, los hablantes del cocoliche preferían la variante [Ø] en posición final de palabra y la variante [s] ante una consonante de manera casi categórica, como en *e[s]tábamo[Ø]*, *e[s]te* y *una ve[Ø]*. Para los argentinos hispanohablantes de hoy, estas variantes tienen significado estilístico y social: la variante [s] se considera más prestigiosa y se tiende a usar en contextos más formales, mientras que la variante aspirada [h] es la más común ante una consonante en contextos informales. La elisión [Ø] ocurre con más frecuencia en el habla de la clase social baja y en los estilos más informales. El hecho de que los hablantes del cocoliche no seleccionaran la variante según los mismos criterios que los hablantes nativos del español hacía que su castellano sonara raro y, en cierto sentido, defectuoso, a pesar de que el uso de otra variante fonética no impidiera la comunicación del mensaje. Según Lavandera, dicho fenómeno sería un marcador de "habla de italianos de Buenos Aires de primera generación" o de "habla extranjera". En un estudio posterior de hablantes del cocoliche bonaerense, Hipperdinger (2001) confirmó los resultados de Lavandera; Barrios (1996) observó el mismo fenómeno en el cocoliche de Montevideo, Uruguay.

Solamente hablaban el cocoliche los hablantes nativos de italiano que estaban en vías de adquirir el castellano y no lo transmitían a sus hijos, quienes adquirían el español normativo en el colegio y en interacciones con sus compañeros hispanohablantes. En suma, aunque fue producto del contacto entre el italiano y el español, el cocoliche fue una variedad transitoria que solo perduró en el habla de la primera generación de inmigrantes italianos.

5.6.2. El *lunfardo* y la influencia léxica del italiano

Otro de los resultados del contacto entre el español y el italiano fue el lunfardo, un argot que se originó a partir de la segunda mitad del siglo XIX en los barrios pobres del Río de la Plata, donde los inmigrantes italianos constituían un alto porcentaje de la población. La palabra *lunfardo* significa 'ladrón' y, por extensión, fue aplicada al lenguaje de los delincuentes; es decir, el lenguaje lunfardo era el "lenguaje de los ladrones" (Dellepiane, 1967: 89). Fontanella de Weinberg (1987b: 143) señala que "[s]u uso era el de una jerga auxiliar, limitada a la comunicación interna del grupo, ya que sus integrantes utilizaban el español coloquial para hablar con los restantes miembros de la comunidad". Algunas voces del lunfardo son: *bacán* (una persona con mucho dinero o que aparenta tenerlo), *bufoso* (revólver), *cana* (policía), *canasta* (cárcel), *fiaca* (pereza), *mina* (mujer), *morfar* (comer), *ñoqui* (un puñetazo dado en el rostro del contendor o víctima), *pibe* (chaval), *rajar* (echar a alguien de un lugar). En general, el campo semántico del lunfardo se relaciona con "la delincuencia, el vicio, la indolencia o de ocupaciones para paliar la pereza, como la de musicante ocasional, los juegos de azar, las carreras de caballos, las suertes de los naipes, sus trampas y fullerías" (Morínigo, 2005: 101).

Dada la rápida movilidad social de la época, algunos términos del lunfardo empezaron a penetrar en el habla coloquial bonaerense a comienzos del siglo XX, difundiéndose verticalmente de las capas socioculturales más bajas a las capas medio populares y, de allí, sobre todo entre los hombres, a las capas elevadas. Los vocablos del lunfardo aparecieron "en el periodismo, la literatura costumbrista—sobre todo el sainete—y en la música popular, en particular las letras de tango" (Fontanella de Weinberg, 1987b: 144). Algunos lingüistas, como Teruggi (1978: 15), consideran que el lunfardo constituía el "habla espontánea de las masas populares" rioplatenses, aunque este autor aclara que se trataba "simplemente de un conjunto de vocablos y expresiones" mientras que "[l]as construcciones gramaticales, la sintaxis, etc., correspond[ían] al idioma vernáculo" (41). Teruggi destacó algunos rasgos fonéticos del habla lunfarda, como la aspiración o elisión de /s/, la pronunciación de una /a/ abierta, un rehilamiento acentuado y una cadencia especial que Vidal de Battini (1964) denominó la "tonada lunfarda". Hoy en día varios vocablos lunfardos persisten en el habla coloquial popular de los porteños, a saber:

> *pibe, piba, morfar, rajar, labro, atorrante, apoliyar, bulín, boludo,*
> *berretín, curda, piantar, vento, otario, biaba, batifondo, batuque, fiaca,*
> *afanar, guita, gil, chorro, linyera, tamango, tarros, cana, reo, espiante,*
> *marroco, bancar, chamuyar, chanta, churro, botón, mufa, mufado,*
> *merza, escracho, chitrulo, chusma, estufar, esgunfiar, faso, farabute,*
> *manyo, manyar* y unos pocos más. (Morínigo, 2005: 97)

Sin embargo, las circunstancias sociales cambiaron y, como observa Morínigo (2005: 105), "[. . .] el lunfardo es un hecho del pasado que hoy no tiene ya la vigencia de otros tiempos". Morínigo sugiere que las únicas voces lunfardas que sobrevivirán al paso del tiempo serán las que "[. . .] llenen funciones estilísticas o las léxicamente indispensables" (108). Sin embargo, otras características del lunfardo, particularmente la tonada lunfarda, pueden haber dejado huellas más permanentes en el español bonaerense contemporáneo, como podrá verse en la próxima sección de este capítulo.

Además de las voces que aportó el lunfardo, el contacto con el italiano resultó en la incorporación de préstamos al habla rioplatense, muchos de los cuales están relacionados al ámbito doméstico:

> **la alimentación** (*feta* 'rebanada de fiambre o queso', *ricota* 'requesón', *panceta* 'tocino', *capuchino* 'café con leche', *pesceto* 'corte de carne vacuna', *grisín* 'bizcocho en forma de palito', *grapa* 'tipo de bebida alcohólica', *osobuco* 'hueso con tuétano', *pasta frola* 'tipo de torta'); **la familia** (*pibe* 'niño', *nono, nona, nonino, nonina* 'abuelo/a'); **la vida cotidiana** (*laburo* 'trabajo', *lungo* 'alto', *chau* ['adiós'], *batifondo* 'alboroto', *bochar* 'desaprobar un examen', *capo* 'jefe', *cazoto* 'cachetada', *corno* en las frases 'andate al corno', 'me importa un corno', *crepar* 'reventar', *cuore* 'corazón', *al dente* 'a punto, referido a las pastas', *esbornia* 'borrachera', *espamentoso* 'que hace alharaca', *estilar* 'rabiar', *yiro* 'a. vuelta, b. prostituta'), etc. (Fontanella de Weinberg, 1987b: 161)

En conclusión, se puede notar que, a veces, es difícil distinguir las voces que entraron al lunfardo por influencia del italiano de los préstamos generales del italiano en el español rioplatense (v.g., *pibe, laburo, capo*, etc.).

5.6.3. La influencia fonológica del italiano en el español de Buenos Aires

El elevado porcentaje de inmigrantes italianos en el Río de la Plata entre la segunda mitad del siglo XIX y la primera mitad del siglo XX y su acogida positiva por la sociedad rioplatense dieron como resultado un contacto social y cultural intenso que no solo afectó el léxico bonaerense sino también la entonación. Los datos históricos (Vidal de Battini, 1964) indican que la entonación del español hablado en Buenos Aires en el siglo XIX se parecía a la de España, específicamente a la andaluza. Sin embargo, hace tres décadas, Teruggi (1978: 183) describió la entonación del habla bonaerense de la siguiente manera: "[s]e trata de una cadencia especial, una música del idioma, un arrastre de los fonemas y un ritmo particular, que los oyentes del interior del país identifican como un 'canto' o 'tonada'". Según Vidal de Battini (1964), hay dos posibles explicaciones para el cambio en la entonación bonaerense: influencia del italiano o influencia del lunfardo, el cual define como un dialecto no estándar influido por el italiano. Un estudio más actual de Colantoni y Gurlekian (2004) sobre la entonación del habla de Buenos Aires confirma la hipótesis de Vidal de Battini: los patrones de entonación del español de Buenos Aires son diferentes a los de otras variedades del español y parecidos a la variedad napolitana del italiano. Colantoni (2004) afirma que:

> [. . .] el español de Buenos Aires no realiza los acentos tonales de la misma manera que otras variedades del español ya descriptas, como por ejemplo

el español de Madrid, Venezuela, República Dominicana, etc. En estas variedades, el pico de la curva entonativa se alcanza después de la sílaba acentuada. En el español de Buenos Aires, en cambio, el pico aparece sistemáticamente dentro de la sílaba acentuada [igual que en la mayoría de las variedades del italiano contemporáneo]. Además, el español de Buenos Aires se caracteriza por un descenso entonativo al final de la frase que es mucho más pronunciado que el observado en otras variedades del español. Nuevamente, ésta es una característica que se ha notado para numerosas variedades del italiano, sobre todo las habladas en el sur de Italia. (Colantoni, 2004: 2)

La interpretación de Colantoni y Gurlekian es que ha habido convergencia entre los dialectos del italiano de los inmigrantes, el español no estándar influenciado por el italiano y el español de Buenos Aires del siglo XIX. No obstante, es muy posible, como observa McMahon (2004), que este no sea un caso de convergencia sino de interferencia según el esquema de Thomason y Kaufman (1988). Al adquirir el español como segunda lengua, los inmigrantes italianos mantuvieron los patrones de entonación de su lengua nativa, o como marcador de identidad o porque eran difíciles de erradicar, y de allí se difundieron a la población hispanohablante. De todas maneras, lo más probable es que el cambio en los patrones de entonación se originara en el habla de las clases sociales bajas en Buenos Aires y de allí se extendiera a las hablas de grupos más acomodados.

5.7.   Conclusiones

La influencia de las lenguas europeas en contacto con el español en el Cono Sur ha sido muy variable. En la mayoría de los casos, como el de los ingleses, los daneses y los alemanes en Argentina, la lengua materna de los inmigrantes sobrevivió durante un período relativamente largo para luego ser desplazada por el castellano, principalmente después de la Segunda Guerra Mundial, sin dejar huella permanente—aparte del léxico del inglés—en las variedades regionales del español. En el caso del portugués y del italiano, dos lenguas tipológicamente muy parecidas al español y con las cuales esta lengua comparte un alto grado de inteligibilidad mutua, las consecuencias del contacto han sido más profundas. Dada la ideología lingüística oficial de Uruguay que ha privilegiado el castellano y la concomitante falta de prestigio del portugués uruguayo por ser lengua de las clases sociales bajas, no es sorprendente que el castellano haya resistido la influencia del portugués en el contexto uruguayo y que el portugués en las zonas fronterizas evidencie mucho más impacto proveniente del español regional. En el caso del italiano, el peso demográfico del grupo inmigrante, su recepción positiva, su asimilación relativamente rápida a la cultura argentina mayoritaria y su éxito socioeconómico en su nuevo entorno social son todos factores que condicionaron la incorporación de muchos préstamos léxicos en el castellano rioplatense y la distintiva entonación del habla local. Se desprende de los casos del portugués y del italiano en Uruguay y Argentina que el contexto social del contacto lingüístico, así como también las actitudes hacia los grupos que hablan las lenguas en cuestión, pueden determinar la dirección, el grado y la extensión de la influencia interlingüística.

Notas

1. La adquisición de una primera lengua se diferencia en muchos aspectos de la adquisición de una segunda lengua y por eso puede ser problemático usar el mismo término para referirse a los dos procesos. En las comunidades bilingües del norte de Uruguay el fronterizo tradicionalmente se ha adquirido como primera lengua en las clases media baja y baja, no como segunda.
2. La frontera entre Rivera y Livramento es simplemente una calle, y las dos ciudades forman un único núcleo metropolitano.
3. En el español normativo significa "una persona que obra con capricho".
4. Hipperdinger (1991) analizó la aspiración de /st/ en el grupo consonántico -st- y encontró diferencias según el grado de bilingüismo: los bilingües con mayor dominio de alemán usaban la variante aspirada en el 6% de los casos; los bilingües con dominio equiparable de ambas lenguas aspiraban en el 68% de los contextos posibles; y en el habla de los bilingües con mayor dominio de español la aspiración llegaba al 90%.
5. "Me llamo Francesco Cocoliche, y soy criollo hasta los huesos de la pierna y el tuétano de la canilla, amigos, fíjense en mi porte."
6. Este artículo es una traducción y combinación de una serie de artículos publicados en italiano en *Lingua Nostra* entre 1955 y 1956.
7. Para Whinnom, el proceso de pidginización requiere contacto entre por lo menos tres lenguas.

CAPÍTULO 6

....

El contacto del español con el inglés en los Estados Unidos

6.1. El español colonial en Norteamérica
....

La lengua española llegó al territorio norteamericano, a lo que hoy día constituye los Estados Unidos, en las primeras décadas del siglo XVI con las expediciones de Juan Ponce de León por las costas de Florida (1513), Álvar Núñez Cabeza de Vaca en lo que ahora es Texas (1528–1536), Hernando de Soto en el actual sureste de los Estados Unidos (1539–1543), Juan Rodríguez Cabrillo en California (1542) y Francisco Vázquez de Coronado y Hernando de Alarcón en Nuevo México (1540–1542). La primera colonia europea permanente en territorio estadounidense fue fundada por los españoles en 1565 en San Agustín, Florida (la moderna ciudad de St. Augustine), bajo el gobierno de Pedro Menéndez de Avilés, más de cuarenta años antes de que se fundara la primera colonia inglesa en Jamestown, Virginia, en 1607, y la primera colonia francesa en Québec en 1608. Como la primera ciudadela en los límites norteños del vasto y nuevo Imperio español en las Américas, San Agustín fue un enclave fundamental para asegurar las rutas comerciales a lo largo de la costa de Florida y proteger el valioso cargo marítimo de bienes, metales preciosos y recursos humanos de los potenciales ataques piratas que asolaban su traslado entre España y el Caribe. La fortaleza de San Agustín sirvió también de freno a las continuas incursiones de ingleses y franceses en el norte de Florida y para controlar las revueltas de las tribus indias de la región. En 1763, después de la Guerra de los Siete Años y a cambio del control de La Habana, Florida pasó a ser territorio británico. Luego volvió a manos españolas en 1783, al final de la Guerra de Independencia norteamericana (1776–1783), para finalmente ser cedida por la Corona de España a los Estados Unidos en 1821. España competía por la actual Luisiana con Francia, y es por ello que la Corona española intentó colonizar las áreas al suroeste de Nueva Orleans hacia fines del siglo XVIII. Lipski (1990c) documenta que la mayoría de los colonos españoles que poblaron estos territorios procedían de áreas rurales marginales de las Islas Canarias. Los primeros colonos llegaron a Nueva Orleans en 1779, pero cuando Luisiana cayó bajo el poder de los franceses en 1800, la Corona de España abandonó su interés en el territorio y en los expatriados españoles que se quedaron a vivir allí (Lipski, 1990c: 3–4). Sin embargo, en los habitantes más mayores de la pantanosa parroquia de St. Bernard, todavía podían encontrarse vestigios del español *isleño* a finales del siglo XX (Lipski, 1990c), y Coles (2005) observó que quedaban unos 25 hablantes de esa variedad en los primeros años del nuevo milenio.

La exploración del área al norte de México fue tardía en la empresa hispano-americana. No fue hasta 1598 que Juan de Oñate llegó a lo que es hoy el suroeste de los Estados Unidos para declarar que Nuevo México era jurisdicción de la Corona española. Santa Fe fue fundada en 1610, la segunda ciudadela en las remotas fronteras norteñas del Imperio español. Nuevo México permaneció bajo el control español hasta el año 1821, cuando México se independizó. La República de Texas se separó de México en 1836 y luego fue anexada por los Estados Unidos en 1845. Resultado de la anexión de Texas fue el conflicto que se desencadenó entre México y los Estados Unidos para controlar la zona del Río Grande y los vastos territorios que ahora constituyen el oeste de Texas y parte de Nuevo México, disputa que llevó a los Estados Unidos a declarar la guerra a su vecino sureño en 1846. El enfrentamiento armado entre ambos países, que culminó con la ocupación de la Ciudad de México, se resolvió con la firma del Tratado de Guadalupe Hidalgo en 1848. Por medio de dicho tratado, México renunció a todos sus derechos sobre los territorios disputados en el valle del Río Grande, el oeste de Texas y el este de Nuevo México, y cedió también a los Estados Unidos los territorios que hoy se conocen como California, Nevada, Utah y Arizona, y porciones occidentales de los estados de Wyoming, Colorado y Nuevo México. En suma, México perdió aproximadamente dos quintos de su territorio. La configuración de los 48 estados que constituyen el actual territorio continental de los

---

Calendario colonial

1492 Cristóbal Colón y sus carabelas descubren la isla Hispaniola. Los españoles establecen su primera colonia en la isla cuatro años más tarde.

1513 Juan Ponce de León explora las costas de Florida.

1519 Hernán Cortés invade México y toma el control del Imperio azteca.

1565 San Agustín, Florida, se funda bajo el mando del gobernador Pedro Menéndez de Avilés.

1598 Juan de Oñate toma posesión de Nuevo México en nombre de España.

1607 Jamestown, Virginia, es colonizada por los británicos.

1610 Santa Fe se convierte en el centro del poder español en Nuevo México.

1763 España cede Florida a los británicos.

1776 Los Estados Unidos declaran su independencia de Gran Bretaña.

1783 Gran Bretaña devuelve Florida a la Corona de España.

1821 Los Estados Unidos toman control de Florida y México se independiza de España.

1845 La República de Texas se anexa a los Estados Unidos.

1848 Se firma el Tratado de Guadalupe Hidalgo, con el que se pone final al conflicto militar de dos años entre los Estados Unidos y México. Los Estados Unidos obtienen control sobre Nuevo México, Arizona, California, Nevada, Utah y Colorado.

1853 Los Estados Unidos reclaman para sí las áreas del extremo suroeste de Nuevo México y el sur de Arizona con la Compra Gadsden.

1898 La Guerra Hispano-estadounidense termina y los Estados Unidos toman posesión de Cuba, Puerto Rico y Guam. Cuba declara su independencia cuatro años más tarde.

Estados Unidos se completó en 1853 con la Compra Gadsden, por la cual los Estados Unidos ganaron el control de la sección suroeste de Nuevo México y la remota región sureña del actual estado de Arizona.

El último acaecimiento significativo del período colonial fue la Guerra Hispano-estadounidense de 1898, provocada por el fervor del movimiento independentista cubano y la misteriosa explosión del Maine, acorazado norteamericano anclado en la bahía de La Habana. Al ganar la guerra, los Estados Unidos consiguieron el control sobre las últimas posesiones coloniales españolas: las islas de Cuba, Puerto Rico y Guam. Cuba declaró su independencia en 1902, mientras que las otras dos islas han permanecido bajo el control político estadounidense hasta la actualidad. En Puerto Rico, a pesar de cien años de intensa influencia del inglés en los campos de la política, la jurisprudencia, el comercio y la educación, el español ha seguido siendo el idioma nativo—y socialmente dominante—de la inmensa mayoría de la población. Lipski (2000a) comenta que hacia principios del siglo XX, "el español en los Estados Unidos—descrito entonces solo para el suroeste—no se consideraba como una lengua inmigrante, una lengua minoritaria, un frívolo acompañante bilingüe, o una lengua en transición. Era simplemente una variedad del español que por casualidad se encontraba dentro de los Estados Unidos y que se extendía más allá de sus fronteras, tal como el italiano en Suiza, el albano en Serbia, el alemán en Hungría o el criollo haitiano en la República Dominicana" (2).[1]

6.2. La evolución y expansión del español en el contexto estadounidense

En esta sección consideramos los factores que han contribuido a la expansión del español en los Estados Unidos y destacamos los casos de los tres principales grupos hispanoparlantes: mexicanos, puertorriqueños y cubanos. Pero antes, describimos la situación histórica del español nuevomexicano, variedad que ha perdurado en las zonas remotas del norte de Nuevo México y el sur de Colorado.

6.2.1. El español del suroeste: los trabajos pioneros de Aurelio Espinosa

Los primeros trabajos significativos sobre la lengua española en los Estados Unidos fueron los de Aurelio Espinosa, publicados en los primeros años del siglo XX. Su extensa descripción del español del sur de Colorado y el norte de Nuevo México apareció en 1911 en Santa Fe, y sus ahora famosos *Estudios sobre el español de Nuevo México* fueron publicados en 1909 ("Fonología"), 1911–1913 ("Morfología") y 1914–1915 ("Los elementos del inglés"), todos traducidos posteriormente al español para su publicación en la *Biblioteca de dialectología hispanoamericana* en Buenos Aires, en 1930 (Parte I) y 1946 (Parte II). Los trabajos de Espinosa eran descriptivos; resalta en ellos la labor de un dialectólogo entrenado en filología contemporánea que buscaba documentar la situación lingüística de una de las principales variedades del español en las Américas. Como afirma Lipski, Espinosa "en ningún momento se refiere al español como otra cosa que la lengua natural e inevitable de Nuevo México" (2000a: 3).[2]

Según Espinosa (1909, 1930), a principios del siglo XX se podían identificar tres dialectos distintos del español de Nuevo México: el del valle de San Luis (sur de Colorado), el de Santa Fe y el de Albuquerque. Entre los distintivos procesos fonológicos que aparecen en las transcripciones fonéticas de Espinosa (1930), se observa la elisión de las consonantes nasales (*cuando* como [kwã:do]), la aspiración de la /s/ inicial y final (*quise* como [kihe] y *quieres* como [kjereh]), el cierre vocálico (*quiero* como [kjeru]), la velarización de /f/ en posición inicial de palabra (como en *se fue* [se xwe]) y el rehilamiento de la /y/ palatal (*yo* como [ʒo]), proceso que se da hoy día en el español rioplatense (281–282). Espinosa advirtió que en el español de Santa Fe, la fricativización y el ensordecimiento de la /r/ eran bastante comunes, mientras que en el español de San Luis (Colorado) la vibrante múltiple nunca se asibilaba, sino que se pronunciaba como en el español castellano (1930: 281). También observó que en el español de Albuquerque había una fuerte tendencia a pronunciar consonantes como /i/ y que la realización de /s/ como [h] era un proceso general, menos común en los otros dos dialectos (1930: 281). Ninguno de estos rasgos se puede atribuir al contacto con el inglés, sino más bien a procesos fonológicos inherentes a la variedad de castellano que llevaron los españoles a Nuevo México: un dialecto mayormente perdido durante la segunda mitad del siglo XX debido a la llegada de muchos anglohablantes a la región y a la concomitante expansión del inglés.

Espinosa observó que la influencia del inglés en el vocabulario y la sintaxis del español se notaban en la variedad de San Luis y menos en la de Santa Fe, hecho que se puede atribuir a la distribución geográfica de los asentamientos angloparlantes en Colorado y Nuevo México a finales del siglo XIX y comienzos del XX. Otro rasgo notable eran los numerosos arcaísmos, tales como *vido* ('visto'), *mesmo* ('mismo'), *pos* y *pus* ('pues') y *ha dir* ('dirá'), algunos de los cuales persisten en las actuales variedades del norte de México y el suroeste de los Estados Unidos (cf. Sánchez, 1983/1994; Santa Ana y Parodi, 1998). En un ya clásico artículo sobre el "habla mixta" de Nuevo México, publicado por primera vez en 1917, Espinosa comentó la situación de los grupos hispano y angloparlantes y el creciente antagonismo cultural y sociolingüístico que existía hacia el español en Nuevo México a comienzos del siglo XX:

> Con la introducción de las vías ferroviarias y el muy rápido progreso comercial de los últimos treinta años, junto al rápido crecimiento de las grandes ciudades y pueblos en Nuevo México, se perjudican la fusión racial, el contacto mutuo y la armonía entre los dos grupos. El cambio también ha sido producto parcial de la llegada a Nuevo México de gentes de otras nacionalidades, especialmente judíos e italianos. En las nuevas ciudades como Albuquerque, East Las Vegas, Silver City y Roswell, donde la gente de habla inglesa supera a los demás en número, se considera al hispano como persona de raza inferior, y los casamientos interraciales ya no son tan frecuentes.

En algunos casos, la élite norteamericana, que en estas ciudades mira con desprecio a los habitantes hispanos de Nuevo México, son judíos de clase baja y norteamericanos pobres que se han vuelto ricos en Nuevo México por medio de métodos muy cuestionables. Sin embargo, fuera de algunas de estas ciudades norteamericanas recién establecidas, el elemento hispano es aún el más importante y predominante. Las ciudades de Santa Fe, Taos, Socorro, Las Cruces, Tomé y West Las Vegas, junto con una cantidad de poblados y villas de menor tamaño, son predominantemente hispanas. En estos lugares, la influencia del inglés en la lengua, las costumbres y el estilo de vida es insignificante. Algunos lugares muy aislados como Taos y Santa Fe todavía son enteramente hispanos y continuarán así, tal vez, por más de un siglo.[3] (1975: 100)

Espinosa señaló que en áreas en las que el inglés se había convertido en la única lengua escolar, como en Roswell y Albuquerque, los niños hispanos hablaban el inglés al igual que los anglos y hablaban un español deficiente (1975: 101), lo cual presagiaría el continuo desplazamiento del español por el inglés en las décadas posteriores. Ya se había vuelto tan intensa la influencia del inglés sobre el español nuevomexicano para la época en que escribía Espinosa, que hasta los hispanohablantes monolingües de zonas muy remotas usaban préstamos del inglés sin reconocerlos como tales. Comentaba Espinosa:

Una vez que las palabras son adoptadas y se convierten al español por fonética, llegan a formar parte del vocabulario del español de Nuevo México y nadie es consciente de que son palabras del inglés. Los nuevomexicanos que vienen de zonas de la sierra o de pueblos rurales remotos y que sólo hablan español, al llegar a la ciudad y decir en la farmacia *Quier' una boteit'e penquila* (<'pain-killer', un analgésico), o decir en una cantina *Quier' un frasquitu e juisque* (<whiskey), están hablando, según su modo de ver, el español puro.[4] (1975: 103)

Espinosa caracterizó la integración de tales anglicismos como una necesidad real dado el creciente dominio del inglés en las esferas comercial, educativa y política de Nuevo México, estado recién integrado a la Unión estadounidense en 1912 (Espinosa, 1975: 102). En el mismo estudio (1975: 105), Espinosa destacó el fenómeno de la traducción directa de construcciones sintácticas del inglés en el español de la zona, particularmente notable en los periódicos locales.

Los temas y fenómenos que enfocaba Espinosa hace ya casi un siglo constituyen hoy día los más investigados y más ampliamente comentados entre los estudiosos del español en los Estados Unidos: la presión sociolingüística que el inglés ejerce sobre el español en el contexto estadounidense, el desplazamiento generacional del español por el inglés, el antagonismo social y cultural hacia los grupos de habla hispana, la mezcla de códigos (o el cambio de códigos) y las influencias sintácticas y léxicas del inglés en el español.

Ya en nuestros días, Bills (2005: 74) ha observado que existen dos etnias hispanas "bien distintas" en Nuevo México: por un lado, aquellos que se identifican como *Hispanic* o *Spanish American* o aun *Spanish* y hablan el español tradicional y, por otro lado, aquellos que se consideran *Mexican* o *Mexican American* o *Chicano* y hablan el español mexicano. Bills ofrece como evidencia de esta tajante división sociocultural en el actual Nuevo México los resultados del censo del año 2000: el 90% de los hispanos del condado sureño de Doña Ana se identificaron como *Mexican*, mientras que en el condado norteño de Río Arriba el 81% de las personas se clasificaron como *Other Hispanic* (2005: 74–75).

6.2.2.   La inmigración mexicana

Tres países latinoamericanos figuraban en los que habían aportado más inmigrantes a los Estados Unidos entre los censos de 1990 y 2000: México, Cuba y El Salvador. México es el país de origen de la mayoría de los latinoamericanos residentes en los Estados Unidos, como puede deducirse de la tabla 6.1 y, a partir de 1980, es el país de donde proviene el mayor número de inmigrantes en general. De hecho, en los Estados Unidos, en el año 2000, la población nacida en México era seis veces mayor que la población procedente de China, el segundo país que más inmigrantes había aportado (Oficina de Censos de Estados Unidos, 2003a). La tabla 6.1 muestra el sólido aumento de la población latinoamericana en los Estados Unidos entre 1960 (9.4%) y 2005, año en que esta población alcanzó el 53.3% del total de individuos nacidos fuera de los Estados Unidos. Del total de la población "hispana" documentada en el censo de 2000, el 67% era de origen mexicano.

En la tabla 6.2 se observa que, de las diez ciudades más grandes de los Estados Unidos con poblaciones mayoritariamente hispanohablantes en el año 2000, ocho eran de mayoría mexicana o méxico-americana. Estas incluían Laredo, Brownsville, McAllen y El Paso en el estado de Texas (TX), y el este de Los Ángeles, Santa Ana, El Monte y Pomona en California (CA). En Hialeah (condado de Miami-Dade) y Miami, en el estado de Florida (FL), la mayoría de los hispanos era de origen cubano.

Tabla 6.1 La población nacida fuera de los Estados Unidos entre 1960 y 2005

Año	% de población total	Número	% de Latinoamérica	% de México
2005	12.4	35,690,000	53.3	—
2000	11.1	31,108,000	51.7	29.5
1990	7.9	19,800,000	44.3	23.0
1980	6.2	14,080,000	33.1	17.0
1970	4.7	9,619,000	19.4	7.9
1960	5.4	9,738,000	9.4	5.9

Nota: Población total de los Estados Unidos: 288,378,137 (2005); 281,421,906 (2000). La Oficina de Censos no ha desglosado el porcentaje de inmigrantes mexicanos del total de latinoamericanos para 2005.

Tabla 6.2 Las diez ciudades más grandes de los Estados Unidos con mayoría hispanohablante según el censo de 2000 (personas mayores de cinco años de edad)

Ciudad	Hablan español en el hogar (%)	Población hispana (%)	Población mexicana (%)
Hialeah, FL	195,884 (91.9)	204,543 (90.3)	1,719 (0.8)
Laredo, TX	144,633 (91.3)	166,216 (94.1)	133,185 (75.4)
Brownsville, TX	109,153 (86.6)	127,535 (91.3)	103,297 (73.9)
East Los Angeles, CA	96,525 (86.4)	120,307 (96.8)	104,223 (83.9)
McAllen, TX	71,800 (74.0)	85,427 (80.3)	69,931 (65.7)
Santa Ana, CA	211,276 (69.7)	257,097 (76.1)	222,719 (65.9)
El Paso, TX	356,558 (68.9)	431,875 (76.6)	359,699 (63.8)
Miami, FL	227,293 (66.6)	238,351 (65.8)	3,669 (1.0)
El Monte, CA	64,889 (61.8)	83,945 (72.4)	69,880 (60.3)
Pomona, CA	74,557 (55.0)	96,370 (64.5)	79,757 (53.4)

Cabe destacar que, en todas estas ciudades, los índices de inmigración latinoamericana fueron muy elevados durante las décadas de 1980 y 1990.

Es notable que el gran influjo de mexicanos en los Estados Unidos desde 1990 se ha hecho muy palpable en estados que eran casi totalmente angloparlantes durante el siglo XX, tales como Arkansas, Carolina del Norte, Georgia, Iowa y Nebraska, donde en algunos condados rurales la población hispana—en su gran mayoría mexicana—ha llegado al 25% en cuestión de una sola década. Si bien la repentina presencia de mexicanos en estas áreas ha creado sociedades más diversas en términos culturales y lingüísticos, también ha fomentado un gran debate en torno a la inmigración y al uso de lenguas "no inglesas" en años recientes (cf. Zentella, 2003). Con la crisis económica que afecta al país desde 2001 y el cierre de muchas industrias en los estados del sureste y en la región central de los Estados Unidos (el *Midwest*), algunos sectores de la población nativa, angloparlante, comienzan a percibir a los hispanos recién llegados como una posible amenaza al bienestar socioeconómico del país y a la cohesión nacional (lingüística y cultural), preocupación que se ha expresado bastante en los medios de comunicación en los últimos años. En 2005, se estimaba que había unos nueve millones de latinoamericanos indocumentados en los Estados Unidos, de los cuales más del 70% eran mexicanos (Pew Hispanic Center, 2006). El estatus político de estas personas ha sido el objeto de fuertes debates y manifestaciones durante la década de 2000.

Los datos del censo del año 2000 indicaron que los índices más altos de uso del español en hogares mexicanos corresponden a aquellas zonas de los Estados Unidos donde se ha dado un fuerte influjo de inmigrantes en los últimos años. Los inmigrantes mexicanos son, en su gran mayoría, hablantes monolingües del español, y algunos son funcionalmente analfabetos en su lengua nativa. Estos dos hechos contribuyen, sin lugar a dudas, a la continuidad del español en suelo estadounidense, pues la llegada de millones de mexicanos a este país sin mucho conocimiento del inglés impulsa y perpetúa el uso del español entre hablantes de generaciones sucesivas. Aun así, hay que afirmar que resulta imposible encontrar a un méxico-americano nacido y criado en los Estados Unidos que no domine el inglés.

6.2.3. La migración puertorriqueña

Han sido profundísimas las repercusiones sociolingüísticas del control político de los Estados Unidos sobre Puerto Rico. A pesar de repetidos y deliberados intentos de parte de políticos y educadores norteamericanos de hacer de los puertorriqueños una población completamente bilingüe, si no predominantemente anglófona, sobre todo durante la primera mitad del siglo XX, el español sigue siendo la primera lengua de los que nacen en la isla y, sin lugar a dudas, la lengua que más se habla en todos los estratos sociales (cf. López Laguerre, 1997; Ortiz López, 2000). El monolingüismo en español es muy común en Puerto Rico y habría que afirmar que, a pesar de los empeños político-lingüísticos del gobierno estadounidense, el inglés en la isla sigue teniendo *de facto* estatus de lengua extranjera.

Como todo puertorriqueño nace con ciudadanía estadounidense, el ciclo migratorio—o lo que Zentella (2000) ha llamado *push-pull migration* (migración de tipo "empuja y jala")—entre la isla y el continente ha sido muy regular. Zentella (2000) señala que, en la primera mitad del siglo XX, el 80% de los emigrantes puertorriqueños se fue a la ciudad de Nueva York. Pero la crisis económica que se vivió en esa ciudad hacia finales de la década de 1970 provocó el regreso a la isla de muchos de ellos, de los cuales algunos volverían a Nueva York años más tarde. Zentella (2000) afirma que el alto costo de vida en la isla, los bajos salarios y el aumento de la pobreza y del crimen son las principales razones por las cuales muchos puertorriqueños emigran a los Estados Unidos hoy en día (139). A pesar de que Nueva York sigue siendo la ciudad con mayor concentración de puertorriqueños en el país, existen otros enclaves en Dayton, Ohio; Lawrence, Massachusetts; Tampa y Orlando, Florida; y Lancaster y Allentown, Pennsylvania. Zentella mantiene que los emigrantes puertorriqueños en los Estados Unidos "[. . .] aún siguen patrones de conducta lingüísticos y culturales que entran en conflicto con aquellos de la sociedad estadounidense" y afirma que "[. . .] las promesas de ciudadanía y la dura realidad de los barrios de clase obrera" entran en contradicción, lo cual hace que su situación sea más parecida a la de grupos indígenas y afroamericanos—forzados a formar parte de la nación—que a la de inmigrantes de habla hispana procedentes de otras partes del mundo (2000: 139).[5] Zentella describió detalladamente las difíciles condiciones de vida en los barrios puertorriqueños de Nueva York en *Growing Up Bilingual* (1997), libro en el que se destacan los problemas de escolarización, pobreza y discriminación social. Otro estudio importante sobre puertorriqueños en Nueva York es el de Torres (1997), quien analizó las narrativas orales relatadas por miembros de familias de la clase media de Brentwood, Nueva York—un suburbio de la ciudad—, poniendo de relieve diversos factores sociales y culturales que condicionan el uso del español en esa comunidad.

6.2.4.   La *hispanización* de Miami

Antes de la toma del poder en Cuba por Fidel Castro en la víspera del Año Nuevo en 1959, Miami era una ciudad turística—y pequeña en términos relativos— dominada por anglos y judíos. Ya para la década de 1970, uno de cada cuatro residentes de Miami era de origen cubano. Sucesivas oleadas de inmigrantes de la isla, a raíz de la oposición al régimen castrista y la continua crisis económica que se ha vivido en Cuba durante las últimas tres décadas, han creado una comunidad de casi 800,000 cubanos y cubanoamericanos en Miami (cf. Grenier y Pérez, 2003; López Morales, 2003). Esta ciudad también ha sido el destino de centenares de miles de emigrantes latinoamericanos de las clases media y alta que huyen de las crisis políticas y económicas que experimentan algunos países en los últimos años. El conflicto político en Nicaragua durante las décadas de 1980 y 1990 llevó a la formación de una gran comunidad de nicaragüenses en Miami (más de 100,000 para el año 2006, según los datos de la Oficina de Censos de Estados Unidos). El conflicto armado entre grupos guerrilleros, paramilitares y el gobierno central en Colombia ha creado una situación peligrosa e insegura para muchos segmentos del país desde la década de 1980, lo que provocó el éxodo de millones de colombianos; ya en 2006 vivían en Miami más de 102,000 colombianos y colomboamericanos (cf. Hurtado, 2001, 2002). En Argentina, al resquebrajarse la paridad del dólar estadounidense y el peso argentino a finales de 2001, se precipitó una repentina devaluación monetaria que culminó en la crisis económica más grave de la historia del país. El cierre de los bancos, los saqueos a comercios y supermercados y las violentas protestas en las calles de Buenos Aires produjeron un clima de inestabilidad social por todo el país. En 2006, más de 25,000 argentinos estaban radicados en Miami (Oficina de Censos de Estados Unidos, 2006). Y en Venezuela, la oposición al gobierno izquierdista de Hugo Chávez, elegido presidente en 1999, ha provocado el éxodo de miles de venezolanos de las clases media y alta: en Miami, el censo registraba casi 41,000 venezolanos en 2006. Las afinidades de clase socioeconómica, orientación política, así como de dialecto caribeño, han servido para formar y fortalecer los lazos sociales y culturales entre los venezolanos recién llegados y los cubanos ya establecidos en Miami.

Según el censo del año 2000, casi el 60% de la población del condado de Miami-Dade se identificaba como "hispano" o "latino", y las estimaciones del año 2005 indicaron que en ese año se hablaba el español en el 62% de los hogares del condado, cifra que alcanzaba el 70% en la ciudad de Miami. Lynch (2000) observa que el crecimiento sociocultural y económico de Miami desde la década de 1960 se ha caracterizado por la expansión del bilingüismo español-inglés, y que el área metropolitana de Miami-Dade constituye en la actualidad una ciudad bilingüe. Lynch postuló que el valor social y económico tanto del español como del inglés seguiría siendo muy alto en el futuro de Miami, y que el contacto con el mundo de habla hispana fomentaría la adquisición y uso del español en las futuras generaciones en esa ciudad (2000: 280). El estudio de Fradd (1996) también constató la vitalidad del español en el ámbito comercial en Miami y demostró que el bilingüismo español-inglés era imprescindible para el éxito económico de la ciudad. Fradd llegó a la conclusión de que era necesario implementar y mejorar los programas de educación bilingüe a nivel local para crear así futuras generaciones lingüísticamente capaces de llevar adelante las tareas necesarias de la economía global de Miami (cf. Nijman, 1997; Yúdice, 2003). Otheguy, García y Roca (2000: 184) sostienen que, a pesar de que "[e]l monolingüismo en inglés no es el objetivo lingüístico en esta ciudad bilingüe norteamericana, donde las escuelas y los negocios promueven activamente el bilingüismo como meta",[6] es bastante difícil lograr que los cubanoamericanos de segunda y tercera generación en Miami desarrollen plenamente las destrezas productivas en lengua española, especialmente en lo que atañe a los registros formales y al modo escrito. Eilers, Oller y Cobo-Lewis (2002) también observaron el desplazamiento del español por el inglés y la falta de habilidad formal en español en niños bilingües en las escuelas primarias de Miami, aún en aquellos que estaban inscritos en programas bilingües.

Además de la hegemonía del inglés en el ámbito educativo del sur de Florida, la segregación racial y étnica así como la estratificación socioeconómica dentro de la población hispanoparlante de la región contribuyen a que el español se use más en algunos grupos y esferas que en otros, lo cual hace que el futuro de la lengua sea precario (cf. Castro, Dunn, Grenier y Stepick, 2003). La solidaridad étnica que caracterizaba a la comunidad hispanohablante durante las décadas de 1960 y 1970—sinónima de cubana en esa época—ya se ve dificultada por la llegada, en las últimas tres décadas, de grupos tanto cubanos como no cubanos que no comparten la ideología política y económica de los primeros inmigrantes cubanos (Alberts, 2005). Varios estudios han comentado en años recientes la falta de cohesión social, cultural y lingüística entre sucesivas oleadas y generaciones de cubanos en Miami, notando el impacto de las aparentes divisiones sociales en el plano lingüístico (Alfaraz, 2002; De la Torre, 2003; Lynch, en prensa a, en prensa b). Alfaraz afirma que:

> [l]a naturaleza política de la comunidad cubana de Miami motiva el rechazo de todo aspecto de la Cuba pos-Castro, sea político, cultural, artístico o lingüístico. El lenguaje [. . .] es usado para sostener las divisiones entre grupos con distintas ideologías políticas. La división lingüística que percibe el grupo entre su variedad y la que se habla en la isla cumple una importante función separatista, pues se hace necesario distinguir los cubanos de Miami de los que están en la isla".[7] (2002: 7)

Estas cuestiones quedan pendientes para futuras investigaciones sobre la evolución del español en el contexto bilingüe de Miami.

6.2.5. La inmigración panhispánica

Además de los grupos procedentes de México y las islas del Caribe, han llegado a los Estados Unidos en las últimas décadas gran número de centro y sudamericanos. Los datos de la última encuesta realizada por la Oficina de Censos de

Tabla 6.3 Grupos hispanos de más de 200,000 personas en los Estados Unidos en 2006 (Oficina de Censos de Estados Unidos, *American Community Survey* 2006)

Grupos	Número	Porcentaje de la población hispana (%)
Población hispana total	44,252,278	100
mexicanos	28,339,354	64.0
puertorriqueños	3,987,947	9.0
cubanos	1,520,276	3.4
salvadoreños	1,317,666	3.0
dominicanos	1,217,225	2.8
guatemaltecos	874,799	2.0
colombianos	801,363	1.8
"Spanish"	700,373	1.6
ecuatorianos	498,705	1.1
hondureños	490,317	1.1
peruanos	435,368	1.0
españoles	377,140	0.9
nicaragüenses	295,059	0.7

Nota: Población total estadounidense = 299,398,485

Estados Unidos en 2006 indicaron que en ese año vivían en los Estados Unidos más de 1.3 millones de salvadoreños, casi 900,000 guatemaltecos y poco más de 800,000 colombianos. También había grandes contingentes de ecuatorianos, hondureños y peruanos: casi medio millón, respectivamente. Estos datos se exponen en la tabla 6.3. Además de estos grupos nacionales, se registraron más de 700,000 personas (el 1.6% del conjunto de la población hispana en los Estados Unidos) que se identificaron como "*Spanish*", cuyos orígenes no se conocen.

Todos estos inmigrantes han creado, en términos étnicos y culturales, una presencia hispanoparlante altamente diversa en los Estados Unidos, especialmente en los grandes centros urbanos. En Houston, Los Ángeles y Washington, DC hay grandes contingentes de centroamericanos (cf. Lipski, 2000b; Aaron y Hernández, 2007); en Nueva York conviven centenares de miles de colombianos, cubanos, dominicanos, mexicanos y ecuatorianos (cf. Zentella, 1990; Otheguy, Zentella y Livert, 2007) y en Miami los cubanos ya constituyen solo la mitad (52%) de la población hispana.

Durante la década de 1990, el elemento "latino" cobró gran fuerza en la cultura popular de los Estados Unidos, particularmente entre la generación joven. La *fiebre latina*, término acuñado por Stavans (2000), se hizo palpable en la música, el baile, las artes visuales, el cine y la comida: se vendió más salsa que *ketchup* en el mercado estadounidense, y los restaurantes mexicanos y caribeños empezaron a proliferar por toda la nación. Durante el mismo período, la matrícula en los cursos de español en las escuelas, centros de estudios superiores y universidades del país creció exponencialmente, a medida que aumentaba la demanda de personal bilingüe en los terrenos de comercio, medicina y derecho (para el ámbito legal, véanse los estudios de Benmaman, 2000; Berk-Seligson, 1987, 1989, 1990; Camayd-Freixas, 2000; De Jongh y Roca, 1991; Schulman, 1993; Schweda Nicholson, 1991; Trinch, 2003). Además, durante la década de 1990, la ciudad de Miami se convirtió en un importante centro de telecomunicaciones en español para Latinoamérica, ya que se establecieron en ella sedes de conglomerados como Univisión, Telemundo y HBO Latin America. Con este panorama, es evidente que en el futuro serán necesarios estudios de discurso referentes al uso del español—y al papel que esta lengua desempeña—en la publicidad y los medios de comunicación, en el ámbito legal, el entretenimiento y la cultura popular de los Estados Unidos.

6.3. La continuidad generacional del español en los Estados Unidos

El flujo constante de inmigrantes monolingües o bilingües dominantes del español y la concomitante visibilidad y viabilidad que ha cobrado la lengua española en la vida pública estadounidense en los últimos años han creado grandes posibilidades para la continuidad idiomática.

6.3.1. Consideraciones generales

De los 47 millones de personas en los Estados Unidos que indicaron hablar una lengua distinta de inglés (en muchos casos, además del inglés) en el hogar en el censo del 2000, más de 28 millones eran hispanohablantes. De estos 28 millones, más de la mitad también indicó hablar "muy bien" inglés, y menos de 3 millones respondieron que no hablaban inglés en absoluto. De estos datos se desprende que la mayor parte de la población hispana de los Estados Unidos es bilingüe en mayor o menor grado. Aunque el 82.1% del total de la población estadounidense declaró hablar solo inglés en el hogar, sólo una quinta parte (el 21.4%) de los hispanos de los Estados Unidos indicó hablar sólo inglés en el hogar. En el 37.9% de los hogares hispanos se declaró hablar "muy bien" inglés aunque se usara el español, y en el 40.6% de los hogares de habla hispana se indicó poseer una capacidad inferior a "muy bien" para hablar inglés. Cabe recordar que dichos porcentajes son un tanto engañosos, ya que la pregunta del censo sobre la lengua hablada en el hogar no se aplica a personas menores de cinco años. También hay que tener en cuenta los ya citados nueve millones de indocumentados latinoamericanos en el país, muchos de los cuales tendrán poco dominio del inglés.

Las áreas urbanas han sido particularmente afectadas por la inmigración hispanoparlante. Al comparar las situaciones del español en Los Ángeles, California y San Antonio, Texas, García (2003) notó un uso más general y más amplio del español en esta primera ciudad. La autora advirtió que las elevadas tasas de inmigración en Los Ángeles habían servido para revitalizar el uso del español en todas las generaciones en esa ciudad, fenómeno que no se había dado en San Antonio, donde el porcentaje de hispanos nacidos en el extranjero era mucho menor (el 16%, frente al 60% en el condado de Los Ángeles según datos del censo). García observó un uso más restringido del español en la vida pública en San Antonio, pero a la vez un mayor sentido de solidaridad y cohesión sociocultural entre la influyente población méxico-americana. Por otro lado, en Los Ángeles, García sostiene que el gran flujo de inmigrantes había dividido la ciudad en el terreno sociocultural a la vez que había servido para unificarla más en el plano lingüístico. En resumidas cuentas, podemos suponer que la fuerte presencia de individuos monolingües y bilingües dominantes en español ha contribuido al bilingüismo cíclico y a la continuidad del español en Los Ángeles en algunos segmentos de la población. No obstante, los estudios de Silva-Corvalán (1994a, 2003, 2006) comprueban que el uso preferente del inglés en hablantes de segunda y tercera generación lleva a la adquisición incompleta del español para la gran mayoría de ellos y al desplazamiento general de esta lengua. De hecho, en un estudio reciente sobre la continuidad generacional del español en la población hispana del sur de California (Los Ángeles y San Diego) basado en datos de 5,703 personas que respondieron a una encuesta telefónica o participaron en un estudio longitudinal, Rumbaut, Massey y Bean (2006) afirmaron que los mexicanos, al igual que otros grupos procedentes de países latinoamericanos, muestran mayor habilidad de hablar su lengua materna en comparación con otros grupos de inmigrantes (i.e., asiáticos y europeos) pero, ya para la tercera generación, dicha habilidad se desvanece. Los autores concluyeron que: "A pesar de que la esperanza de vida del español pueda ser considerablemente mayor entre mexicanos en el sur de California, su desaparición parece ser inevitable ya para la tercera generación. . . . [L]a muerte lingüística [de lenguas inmigrantes] es, al parecer, cosa segura en los Estados Unidos, aun para los mexicanos que viven en Los Ángeles, urbe con una de las poblaciones hispanoparlantes más numerosas del mundo" (Rumbaut et ál., 2006: 459).[8]

En un ya clásico estudio sobre los puertorriqueños de Nueva York, titulado *Bilingualism in the Barrio*, Fishman, Cooper y Ma (1971) postularon que el español y el inglés coexistían en una relación diglósica en esa comunidad, si se tenían en cuenta los usos que se hacían de cada lengua en los ámbitos de la familia, la amistad, la religión, el empleo y la educación. Según estos autores, el español se reservaba para el ámbito familiar, las interacciones entre amigos y la religión, mientras que el inglés dominaba las esferas del trabajo y la educación. Pedraza, Attinasi y Hoffman (1980) refutaron los planteamientos de Fishman y sus colegas, argumentando que no se daba una separación diglósica entre español e inglés en "el barrio", y que tal teoría no servía para explicar la realidad sociolingüística de la comunidad en cuestión. Pedraza et ál. afirmaron que los puertorriqueños bilingües de Nueva York usaban el español en las esferas públicas tanto como el inglés en la vida privada (1980: 27), y que esta aparente falta de división de uso de las dos lenguas en el plano sociológico no impedía el mantenimiento del español en las nuevas generaciones, al contrario de lo que planteaba Fishman (1967) en su modelo de "bilingüismo sin diglosia". Pedraza (1987) sugirió que el bilingüismo español-inglés en East Harlem era estable, debido principalmente a la migración cíclica entre Nueva York y Puerto Rico, la constante llegada de hispanohablantes monolingües a la ciudad y la marginación socioeconómica de la comunidad en general.

No obstante, el estudio etnográfico de Zentella (1997) sobre niños puertorriqueños en Nueva York mostró que la tercera generación era en su mayoría monolingüe en inglés. Ella observó que la mayoría de los de la tercera generación de *El Bloque* entendía un poco de español básico, pero afirmó que no serían capaces de criar a una cuarta generación de bilingües a menos que asistieran a una escuela en Puerto Rico o se casaran con un inmigrante recién llegado (Zentella, 2000: 155). Zentella (1997) atribuyó el dominio del inglés en los puertorriqueños de Nueva York al sistema escolar, observando que, luego de un año de escolarización, los niños hablaban cada vez más inglés entre sí, aun cuando los encargados de su cuidado seguían hablándoles en español (78). Lamboy (2004) encontró la misma pauta en un estudio macrolingüístico sobre la selección idiomática en la segunda generación de cubanos, dominicanos y puertorriqueños en Nueva York: el inglés era la lengua dominante de todos. Otheguy (2003) argumenta que la falta de uso del español en las sucesivas generaciones de hispanos en Nueva York es precisamente lo que impide la evolución de cualquier código híbrido que se pudiera considerar como *spanglish*:

> [. . .] la causa primordial de la ausencia de un *Spanglish*, la constituye, no sin un punto de triste ironía [. . .] la casi desaparición del español en la tercera generación. Pues sucede que los hablantes que empiezan a dejar entrever en su español rasgos mixtos [. . .] no han llegado nunca a formar comunidad ni a cuajar en un habla estable. O sea, que [los] posibles rasgos espanglizantes no se reproducen. Los hablantes en los que empezamos a notar una clara hibridación [. . .], esos hablantes en cuyas hablas hay áreas de interpenetración estructural casi siempre usan poco el idioma ellos mismos y son, en todo caso, la última generación del español en EE.UU. Los hijos de estas personas ya no hablarán español, ni mezclado ni sin mezclar. (2003: 17)

Estudios del área de Chicago constatan la inestabilidad del bilingüismo español-inglés en esa zona metropolitana también. En investigaciones de datos del censo de 1990 y las actitudes lingüísticas en el noroeste de Indiana (las ciudades de Gary e East Chicago), Mendieta (1994, 1997) observó que los resultados apuntaban hacia el desplazamiento del español por el inglés. En la ciudad de Chicago, Potowski (2003) observó la acusada disminución de uso del español en hablantes de segunda y tercera generación, según datos de una encuesta realizada con 800 estudiantes hispanos a nivel secundario y universitario. Como se refleja en la tabla 6.4, los estudiantes que llegaron a los Estados Unidos después de los once años de edad (primera generación o "G1") o con edades de entre 5 y 11 (generación una y media o "G1.5") indicaron hablar español con sus padres más del 85% del tiempo y, con sus hermanos y amigos, más del 50% del tiempo. Aquellos estudiantes cuyos padres habían nacido en los Estados Unidos o que habían llegado al país antes de la edad de 5 años (tercera generación o "G3") afirmaron que usaban el español para comunicarse con sus padres solo en un 34% de las ocasiones, en un 19% con sus hermanos y en un 24% con su mejor amigo/a.

Tabla 6.4 Uso del español con padres, hermanos y mejores amigos en latinos de Chicago, según generación (Potowski, 2003)

Generación en los Estados Unidos	Con los padres (%)	Con los/las hermanos/as (%)	Con el/la mejor amigo/a (%)
G1 (primera) N=210	88.0	74.4	74.0
G1.5 N=145	86.1	52.9	50.8
G2 (segunda) N=394	72.7	36.6	32.0
G3 (tercera) N=66	33.6	19.1	24.3

Según Potowski (2003), estos números ofrecen una clara evidencia del desplazamiento generacional del español entre los hispanos de Chicago. Sin embargo, Potowski advirtió que el total abandono del español no se daba, debido a cuatro factores principales: las actitudes positivas hacia el español, la popularidad de la música en español, los altos niveles de suficiencia comunicativa en español en la población encuestada y el constante flujo de jóvenes inmigrantes hispanohablantes (de primera generación) en Chicago. En un estudio etnográfico de una red social de *rancheros* mexicanos en Chicago, Farr y Domínguez Barajas (2005: 57) concluyeron que los problemas de identidad lingüística y cultural en la escuela y el trabajo hacían que el español se relegara a los ámbitos privados en esta población, y explicaron que la estigmatización social de su dialecto del español en México se transfería al contexto de Chicago, lo cual precipitaba su declive en la generación joven, a pesar de los fuertes vínculos que se mantenían con el *rancho* en México (cf. Farr, 2006).

En Detroit, estado de Michigan, Cashman (2001, 2003) exploró la relación entre red social y uso de español e inglés en un grupo de 22 latinos, principalmente mexicanos. Observó un desplazamiento general a favor del inglés en la segunda generación, y notó que el grado de uso del español en los bilingües nacidos en los Estados Unidos guardaba una estrecha relación con el número de hablantes monolingües de español que formaban parte de sus redes sociales, i.e., cuanto más alto era el porcentaje de monolingües de español en la red social de un hablante, más alta era la frecuencia de uso del español. Por el lado contrario, se dio una fuerte correlación negativa entre el uso de español y el porcentaje de hablantes monolingües de inglés en las redes sociales de personas nacidas en los Estados Unidos. En la primera generación en Detroit, Cashman encontró una correlación positiva entre la edad de llegada y el uso del español: cuanto mayor era el individuo al llegar a los Estados Unidos, más español usaba en la vida cotidiana. También notó que a medida que la primera generación lograba niveles más altos de educación formal, menos español indicaba usar.

En San Francisco, California, el estudio longitudinal de Merino (1983) sobre las capacidades lingüísticas de niños chicanos inscritos en un programa de educación bilingüe reveló una acusada reducción del español desde el kindergarten hasta el cuarto grado. Los 32 niños que conformaron la muestra de Merino demostraron un desarrollo normal de las habilidades productivas en inglés, mientras que el 50% de ellos reflejó una disminución de las habilidades productivas en español y otro 25% demostró no haber avanzado nada en su adquisición del español (286). Un poco más al sur de San Francisco, Pease-Álvarez, Hakuta y Bayley (1996) exploraron la relación entre el grado de exposición al español y el nivel de suficiencia lingüística en esa lengua entre 64 niños de origen mexicano. Para el análisis, se identificó a cuatro grupos de niños: (1) aquellos nacidos en México de madres y padres también nacidos en México; (2) aquellos nacidos en los Estados Unidos de padre nacido en México y madre que había emigrado a los Estados Unidos a una edad mayor de 15 años; (3) aquellos nacidos en los Estados Unidos de madre nacida en México que había emigrado a la edad de diez años o menos; y (4) aquellos nacidos en los Estados Unidos cuya madre también había nacido en los Estados Unidos. Los participantes del estudio respondieron a encuestas sobre su uso de español e inglés con diferentes interlocutores (madre, padre, hermanos mayores, amigos) y sus actitudes hacia el bilingüismo, hicieron un examen de vocabulario receptivo y relataron narrativas. Estas últimas sirvieron como la base de un análisis de distinción aspectual, cohesión referencial y expresión del sujeto nulo en el habla de los niños. Los autores comentaron que era muy notable el grado de mantenimiento del español entre los niños, y concluyeron que no se daba una simple relación lineal entre el grado de exposición a una lengua y el grado de competencia que se adquiría en la misma (147–48). La adquisición del español por parte de los niños parecía depender más directamente del uso que se hacía de esa lengua en interacciones con adultos en el hogar, independientemente de los patrones de uso fuera de la casa.

Pero a la vez que Pease-Álvarez et ál. (1996: 148) afirmaron que la plena adquisición de la lengua materna no dependía necesariamente del grado de exposición a la misma, también indicaron que la mayoría de los niños de madres nacidas en los Estados Unidos tenía poca o ninguna habilidad productiva en español. Teniendo en cuenta este último hecho, nos preguntamos si la presión externa del inglés no tendría más peso de lo que Pease-Álvarez et ál. suponían. De todos modos, hay que señalar que su argumento principal merece especial atención en futuros estudios de lenguas en contacto, a saber: los cuestionarios referentes a los usos lingüísticos no constituyen una base lo suficientemente compleja como para llegar a conclusiones fiables respecto a la competencia lingüística (cf. Pedraza, Attinasi y Hoffman, 1980). Pease-Álvarez et ál. afirmaron que, si se hubieran basado solo en los datos de la encuesta, habrían concluido que el desplazamiento del español por el inglés era mucho más tajante de lo que en realidad era. Los análisis de producción realizados en la investigación desmintieron tal conclusión, según ellos, ya que los resultados de estos reflejaron niveles de competencia en español "bastante robustos" en los niños (1996: 147).

Algunos han sugerido que la tradicional pauta de pérdida generacional del español entre los hispanos en los Estados Unidos se ha alterado en los últimos años (cf. Linton, 2004). Por ejemplo, en un estudio estadístico que comparaba datos del *American Community Survey* (Oficina de Censos de Estados Unidos) de los años

2000 al 2003 empleando la técnica de cohortes sintéticas (*synthetic cohorts*), Mora, Villa y Dávila (2005: 138) observaron que los niños de 5 a 9 años de edad que habían nacido en México y que vivían en uno de los estados fronterizos con México eran significativamente más propensos a hablar español en casa en el año 2003 que en el 2000. Este hecho contrasta notablemente con los datos de niños de otros grupos inmigrantes (hispanos de origen no mexicano, asiáticos e inmigrantes de otros orígenes), entre quienes las tasas de uso de una lengua no inglesa en el hogar disminuyeron notablemente entre 2000 y 2003 (Mora et ál., 2005: 135). En el caso de niños inmigrantes de otros orígenes (no hispanos y no asiáticos), la tasa de disminución fue estadísticamente significativa.

El estudio de Mora et ál. (2005) también reveló que, entre los distintos grupos de niños nacidos en los Estados Unidos de padres y madres inmigrantes (méxico-americanos, hispanos de origen no mexicano, asiáticos e inmigrantes de otros orígenes), los méxico-americanos eran los únicos que no reflejaban una disminución significativa del uso de la lengua ancestral en casa. Al contrario, las tasas de uso del español aumentaron en los méxico-americanos (nacidos en los Estados Unidos) en los estados fronterizos, del 88.6% en el año 2000 al 91.2% en 2003 (Mora et ál., 2005: 135). Los autores concluyeron que los inmigrantes de México que viven en la zona de la frontera "[. . .] se sienten cómodos al hablar el español con sus hijos y al ver que sus hijos aprenden la lengua. Parecen reconocer de modo implícito que sus hijos no corren el riesgo de no aprender el inglés [. . .] Es más, no parecen sentirse amenazados por factores ambientales que los presionarían a abandonar su lengua materna" (Mora et ál., 2005: 141).[9] El reciente estudio de Scott Shenk (2007) sugirió que la fluidez en español es uno de los factores que los estudiantes universitarios méxico-americanos tienen en cuenta al afirmar la "autenticidad" de sus raíces mexicanas en conversaciones casuales. Scott Shenk exploró el valor del juego lingüístico en español en las interacciones informales de hablantes de segunda generación, y concluyó que estos asignaban un alto valor a los enunciados españoles bien formados en discusiones ideológicas en inglés referentes a una identidad mexicana auténtica en los Estados Unidos (2007: 213).

En el estado de Colorado, también se documentó en años recientes un cambio en la dinámica del uso del español. A partir de un análisis de datos de los censos de 1980, 1990 y 2000, McCullough y Jenkins (2005) afirmaron que la relación entre el número y la densidad de hablantes, la lealtad hacia el idioma y la retención del mismo en distintas zonas del estado comenzó a cambiar durante la década de 1990. Argumentaron que el creciente flujo de inmigrantes hispanoparlantes desde 1990 a determinadas áreas—particularmente la zona metropolitana de Denver, la capital y la ciudad más grande de toda la región de las Montañas Rocosas—ha impulsado acusados cambios en los índices de lealtad y retención lingüísticas tal como los definieron Hudson, Hernández-Chávez y Bills (1995) en un estudio previo. Siguiendo la misma metodología de Hudson et ál. (1995), McCullough y Jenkins (2005: 105) documentaron dos hechos muy importantes, resultados de cambios demográficos y sociolingüísticos ocurridos desde el censo de 1980. Primero, que el valle de San Luis, histórico baluarte del español ubicado en el suroeste de Colorado, limítrofe con

Nuevo México, ya no figura como la región más hispanoparlante del estado. A saber, los índices de lealtad lingüística en el valle de San Luis disminuyeron del 91% en 1980 al 71% en 2000, mientras que los mismos en el área de Denver (ubicada al este de la cordillera de las Montañas Rocosas) aumentaron del 54% en 1980 al 66% en 2000. En cuanto a la retención intergeneracional del español en estas dos zonas, el índice en el valle de San Luis bajó de un 71% en 1980 a un 56% en 2000, al mismo tiempo que en Denver subió de un 45% en 1980 a un 79% para el año 2000. El segundo hecho importante que subrayaron McCullough y Jenkins (2005) estaba relacionado con lo socioeconómico. Estos autores advirtieron que la correlación negativa entre lealtad y retención del español y mayores ingresos económicos observada por Hudson et ál. en los datos de 1980 ya no se daba para el año 2000, lo cual los llevó a concluir que entre los hispanos en Colorado el ascenso socioeconómico ya no ocurría a expensas del español (McCullough y Jenkins, 2005: 105). Señalaron, sin embargo, que la educación formal seguía correlacionándose negativamente con la lealtad hacia el español y la retención del idioma en Colorado, igual que en los datos de 1980.

En Tucson, Arizona, Jaramillo (1995a) describe la *legitimización pasiva* del español en esa zona durante la década de 1990, observando que la pérdida intergeneracional del español parece ser mitigada por varios factores macrolingüísticos: la proximidad con México; la continua llegada de hablantes monolingües o dominantes en español; el tamaño y crecimiento de la población méxico-americana en Tucson, además de la densidad, distribución, solidaridad y homogeneidad de la misma; la segregación social y económica de las comunidades mexicanas y méxico-americanas en Tucson; el orgullo étnico y la lealtad lingüística; el valor comercial del español en Tucson; y el fácil acceso a medios orales y escritos en español (Jaramillo, 1995a: 85–86). Teschner (1995) caracteriza la situación de la ciudad de El Paso, Texas, como una de "cabezas de playa, islas y conductos" ("*beachheads, islands and conduits*"). Explicó que:

> [. . .] El Paso funciona simultáneamente como una cabeza de playa para los nacionales mexicanos, cuya impresionante utilización de los servicios educacionales, médicos, comerciales y financieros de la ciudad ha garantizado que estos estén disponibles siempre en español; como una isla lingüística para un gran porcentaje de la población mexicanoamericana de la ciudad, la cual por razones instrumentales tiene que aprender el inglés pero que a la misma vez no puede abandonar el español; y como un conducto de asimilación anglosajona, aunque sea parcialmente, dado el hecho de que El Paso se integra a la economía y la sociedad estadounidenses.[10] (103–104)

La situación de Miami es, a grandes rasgos, muy similar a la de El Paso. López Morales (2003: 204) afirma que en Miami y sus afueras "la lengua materna de la mayoría no está limitada a usos domésticos, sino que desborda cómodamente este ámbito y se asienta con fuerza en los dominios públicos". Asimismo, Otheguy, García y Roca (2000: 177) notan que el español desempeña un mayor papel en los ámbitos públicos y oficiales en Miami que en otras áreas de los Estados Unidos debido al mayor poder socioeconómico que tienen los latinos en esa ciudad, y sugieren que "[m]ás que los méxico-americanos y puertorriqueños, los cubanoamericanos de segunda y tercera generación ven el bilingüismo español-inglés como la norma".[11] Portes y Schauffler (1996) y Lynch (2000) también han observado que los cubanoamericanos de Miami son, en su gran mayoría, funcionalmente bilingües.

La gran necesidad de usar el inglés en los ámbitos laboral y educativo en los Estados Unidos hace que los inmigrantes de primera generación—desde Miami hasta Nueva York, Chicago, Houston, San Francisco y Los Ángeles—insistan en que sus hijos e hijas lo aprendan. Aun entre familias en las que hay una alta conciencia del valor del bilingüismo, muchos padres y madres quieren que la educación formal de sus hijos sea completamente en inglés. Uno de los padres observados por Schecter y Bayley (2002: 65) en la zona de la Bahía de San Francisco insistió en que toda la educación primaria de su hijo fuera en inglés, a pesar de que en el hogar se recalcara la importancia del español y se hablara con el hijo siempre en esa lengua. Cuando supo que su hijo iba a estudiar en un programa bilingüe, uno de los padres del estudio se negó: "Les dije yo que no, que si le iban a poner en el salón bilingüe yo lo sacaba de la escuela y lo ponía en otra escuela, porque el español estoy yo pa' enseñárselos [sic] . . . Yo los mando a la escuela a enseñarles en inglés, no el español. Si yo quisiera que supieran el español me los llevo a México, verdad" (65). Farr y Domínguez Barajas (2005) observaron lo mismo en familias mexicanas radicadas en Chicago. Una madre, inmigrante de México, explicó que, cuando una de sus hijas fue asignada a un programa bilingüe, tuvo miedo de que se confundiera y exigió que no le enseñaran en español: "Cuando yo me di cuenta, hablé con la maestra y le dije que se iba a confundir mucho teniendo los dos [idiomas], que por qué no me hacía favor de ponerla nomás en inglés . . . Porque entonces el español lo iba a aprender aquí en casa, ¿verdad? . . . Muchos niños pierden el tiempo porque los tienen confundidos" (Farr y Domínguez Barajas, 2005: 55). Un padre del mismo estudio en Chicago expresó que, para él, sus hijos tenían la obligación de usar solo inglés en la escuela: "[la educación bilingüe] es un tratamiento especial porque si nosotros aprendimos inglés, lo aprendimos por obligación, por necesidad del trabajo. Los hijos que son nacidos aquí tienen que aprender el inglés con más razón porque ellos son de aquí. Este es su país de ellos, así es que obligatoriamente tienen que saber ellos un inglés perfecto. Eso es obligatorio" (2005: 56).

Para la gran mayoría de los hispanohablantes nativos de los Estados Unidos, el inglés es la lengua de los estudios, de los ámbitos formales y, en muchos casos, públicos, mientras que el español queda relegado a la casa, las calles de las grandes urbes y las conversaciones entre familiares y amistades. Valdés, Fishman, Chávez y Pérez documentaron este estado de cosas en California (2006), y González (2001) afirmó lo mismo en su indagación etnográfica del uso del español en familias mexicanas en Arizona. Al reflexionar sobre su propia niñez en Tucson, González escribió que "sabía que las dimensiones del español eran muy diferentes de las del inglés [. . .]. El español era la lengua de la familia, la comida, la música, del rito; en suma, de la identidad [. . .]. El inglés era para la aritmética, el consultorio del médico, la maestra. El inglés era el periódico y la televisión. Aunque en mi familia mezclábamos las lenguas sin esfuerzo, el simbolismo subyacente era paralelo: el hogar se desenvolvía en español; el 'más allá' se construía en inglés".[12] (González, 2001: 50)

Las observaciones de González (2001) aluden a una relación diglósica entre el español y el inglés en los Estados Unidos, noción basada en el modelo de Fishman (1967), quien extendió a los contextos bilingües la definición de diglosia elaborada primero por Ferguson (1959). Según el modelo de Ferguson, basado en la realidad sociolingüística del mundo árabe, una variedad A (alta) se considera como prestigiosa y formal, destinada para el uso público y los estudios escolares. Esta variedad no se adquiere como primera lengua y no es lengua del hogar o de las relaciones íntimas. La variedad A es el objeto de estudio gramatical y la herramienta para el aprendizaje formal. Otra variedad B (baja) no está en su mayor parte normalizada. Cumple funciones informales e íntimas, y su uso se relega a la vida privada. De este modo, solo A es apropiada para contextos o registros formales, y solo B lo es para situaciones y contextos informales. Fishman (1967) vinculó la diglosia con el bilingüismo social, argumentando que una situación diglósica, con o sin bilingüismo, constituye una situación social relativamente estable y duradera ya que las dos variedades cumplen funciones distintas y así se mantienen. Sin embargo, en el caso del bilingüismo sin diglosia, la variedad A se extiende paulatinamente a situaciones informales y termina desplazando la variedad B por completo.

En una situación de contacto entre dos lenguas altamente normalizadas, las cuales tienen una extensa tradición literaria y son usadas tanto en ámbitos privados como públicos, como es el caso del inglés y el español en muchas partes de los Estados Unidos, la fiabilidad del modelo de diglosia es discutible, ya que las dos lenguas pueden cumplir tanto funciones formales como informales dentro de una misma comunidad. Estamos de acuerdo con lo que afirma Silva-Corvalán (2001) al respecto:

> Podemos aceptar la extensión del concepto de diglosia a situaciones de bilingüismo en las que cada lengua tiene una función específica. No es recomendable, sin embargo, extender el concepto de tal manera que abarque cualquier comunidad en la que se empleen dos o más variedades en diferentes circunstancias ya que perdería totalmente el valor que tiene en sociolingüística como término clasificatorio de ciertas comunidades. [. . .] [E]l reconocimiento del francés y el inglés como lenguas oficiales en Canadá y el gran número de hablantes de inglés y español en algunos estados de los Estados Unidos conduce al uso de las dos lenguas sin restricciones temáticas y situacionales: las dos cumplen funciones públicas y privadas. En estos casos, no se puede hablar fácilmente de una situación diglósica. (280)

En resumen, nos parece que la continuidad generacional del español en los Estados Unidos es condicionada por múltiples y diversos factores, los cuales no se pueden reducir a simples cuestiones de ámbitos de uso, tal como propone un modelo diglósico.

6.3.2.   Aspectos socioeconómicos

En lo que atañe a la relación entre lengua y poder, notamos que pocos investigadores han abordado el tema de clase socioeconómica en sus estudios del español en los Estados Unidos. En ese sentido es excepcional el libro de Sánchez, con título *Chicano Discourse* (publicado por primera vez en 1983 y reimpreso en 1994), el cual se puede ya considerar como un trabajo clásico sobre las bases económicas y políticas de la lengua española y la cultura chicana en el suroeste. Respecto de las clases sociales y la inmigración mexicana, Sánchez sostiene que:

El inmigrante mexicano no proviene de una cultura contraria o puramente antagónica, sino en la mayoría de los casos de una cultura controlada e influenciada por las corporaciones multinacionales de los Estados Unidos, una cultura ya permeada por la ideología de los Estados Unidos. El grado de aculturación del inmigrante depende en mayor parte de su grado de consumo de esa ideología, a través de su poder adquisitivo de los bienes culturales. Cuanto más pertenece a la clase media, mayor es su aculturación. Cuanto más bajos son sus ingresos, menor es su aculturación. Este fenómeno se repite entre los inmigrantes de la primera generación en los Estados Unidos. De ahí que el consumo de la ideología dominante sea sinónimo de aculturación, un proceso impulsado por el consumo de bienes y servicios de acuerdo con la clase social que uno ocupa.[13] (Sánchez, 1983/1994: 22)

Al relacionar la continuidad del español en los chicanos en el suroeste con la estratificación socioeconómica, Sanchez postula lo siguiente:

Los chicanos de segunda y tercera generación [. . .] desarrollan actitudes diversas hacia el desplazamiento del español por el inglés. Estos chicanos, que dominan el inglés, han permanecido anclados a los niveles salariales más bajos de la escala laboral [. . .] El mito de la adquisición del inglés como vehículo del ascenso social empieza a desvanecerse. A estas alturas, la segregación residencial y económica que les ha sido impuesta puede provocar una negación del contexto negativo, convirtiéndose así en un valor social positivo como ingrediente de solidaridad. Este mecanismo de defensa sirve para unir a la comunidad a un nivel retórico [. . .] Es a este nivel, entonces, que el uso de la lengua minoritaria comienza a interpretarse como símbolo de lealtad hacia el grupo [. . .] [L]a lealtad a la lengua está muy extendida entre aquellos que residen en áreas de alta concentración de chicanos con bajos ingresos, aunque también lo está aquí donde las personas que aspiran a la movilidad social y la asimilación prefieren usar el inglés. A menudo se aferran al español aquellos que están resentidos o que tienen actitudes negativas ante la cultura gringa dominante, como resultado de las constantes expresiones de discriminación racial en esta sociedad [. . .] Por otro lado, para otros el español—su única posesión inalienable—se habla cuando nadie los puede oír, y cuando es seguro hacerlo. En todos estos casos, el español está marcado como lengua subordinada, lo cual refleja la subordinación socioeconómica de las personas que la hablan y el estigma que estas desean evitar o del cual quieren disociarse.[14] (1983/1994: 58)

Otro trabajo que establece la importancia del factor socioeconómico en el suroeste es el de Amastae (1982), que encuestó a 679 estudiantes universitarios del valle del Río Grande en Texas. Su estudio reveló que conforme se aumentaban los ingresos económicos del padre, se disminuía la probabilidad de tener el español como primera lengua (270). Esta tendencia refleja la dominante ideología del inglés como la lengua de movilidad socioeconómica en los Estados Unidos, y sostiene las propuestas de Sánchez (1994) y las de Rivera-Mills (2000) en el norte de California. Sin embargo, los datos referentes a los ingresos económicos de la madre en el estudio de Amastae (1982) revelaron otra tendencia muy importante. Como se observa en la tabla 6.5, el porcentaje de encuestados nacidos en los Estados Unidos que tenían el español como primera lengua disminuía a medida que el salario de la madre iba alcanzando los $12,000, pero el porcentaje de los mismos aumentaba al 75% al exceder los $12,000 los ingresos de la madre, con lo cual se invertía el patrón. Igualmente, los índices de habilidad oral avanzada en español eran más altos en los dos grupos que conformaban los extremos de la escala: el 37.5% de los encuestados cuyas madres percibían $12,001+ anuales indicaron tener habilidad avanzada en español y el 33.1% de aquellos cuyas madres ganaban entre $0–$6,000 anuales indicaron lo mismo. Estos datos se exponen en la tabla 6.6.

Así y todo, a la vez que se comprueba la correlación entre la movilidad socioeconómica y el predominio del inglés respecto al papel del padre en el estudio de Amastae (1982), se observa la inversión de la tendencia entre las madres con sueldos superiores. Si bien el inglés se asocia con la movilidad social en las comunidades del sur de Texas, el español también parece asociarse con el avance económico por parte de las mujeres, quienes pueden fomentar la adquisición y uso del español entre sus hijos e hijas como instrumento social y como símbolo de orgullo familiar.

Hasta la década de 1990, el uso del español en los Estados Unidos se asociaba mayormente con las clases obreras y las zonas rurales del suroeste, y con la migración cíclica entre los Estados Unidos y México o la isla de Puerto Rico. En

Tabla 6.5 Encuestados nacidos en los Estados Unidos que indicaron tener el español como primera lengua en el valle del Río Grande, Texas (Amastae, 1982: 270)

Ingresos del padre	%	Ingresos de la madre	%
$4,000–6,000	87.0	$4,000–6,000	75.4
$6,001–8,000	78.2	$6,001–8,000	66.0
$8,001–12,000	73.3	$8,001–12,000	50.0
$12,001+	40.4	$12,001+	75.0

Tabla 6.6 Encuestados nacidos en los Estados Unidos que indicaron poseer habilidades orales avanzadas en español en el valle del Río Grande, Texas (Amastae, 1982: 272)

Ingresos de la madre	Habilidad avanzada (%)
$0–6,000	33.1
$6,001–8,000	28.9
$8,001–12,000	9.1
$12,001+	37.5

las tres urbes más grandes de la nación—Nueva York, Los Ángeles y Chicago—el español en las décadas de 1970 y 1980 fue representativo de determinados barrios de inmigrantes económica y culturalmente marginados, tales como Spanish Harlem, East L.A. y Pilsen. Pero el gran aumento de la población hispanoparlante en los Estados Unidos en los últimos años y su creciente poder económico son factores que parecen alterar la correlación entre clase socioeconómica y uso del español. Como confirman los datos del estudio de McCullough y Jenkins (2005) en Colorado, el cual mencionamos más arriba, el ascenso económico ya no parece ser concomitante del desplazamiento del español.

El porcentaje de hispanos que vivían en la pobreza en el año 2000 era casi el doble del porcentaje del total de la población estadounidense (22.6%, frente al 12.4%), según los datos del censo. Entre mexicanos, quienes representaban la mayoría (60%) de los llamados hispanos en los Estados Unidos, la pobreza llegaba al 23.5% en dicho año. Aunque el 71% de los hombres mexicanos y el 52% de las mujeres mexicanas mayores de 16 años de edad declararon trabajar—cifras casi iguales a las de la población total estadounidense—, sus sueldos estaban muy por debajo del promedio nacional ($33,516 anuales para familias mexicanas frente a un promedio nacional de $50,046). En cuanto a educación formal, los mexicanos presentaban los niveles más bajos de todos los grupos hispanos en el país. Un 45.8% de mexicanos mayores de 25 años de edad había completado los estudios secundarios (frente al 80.4% de la población total), y tan solo un 7.5% de mexicanos de la misma edad había conseguido un título universitario (frente al 24.4% de la población total). Entre los puertorriqueños mayores de 25 años, el 63.3% había completado los estudios secundarios y el 12.5% tenía un título universitario; y, entre los cubanos, las mismas cifras eran del 62.9% y el 21.2% respectivamente.

Para averiguar la situación de los empleados bilingües y las funciones que estos cumplen en los sectores comerciales y gubernamentales en la zona fronteriza, Villa y Villa (2005) contactaron un total de 146 empresas, pequeños negocios, tiendas, hoteles, bancos y oficinas gubernamentales en el *Mesilla Valley* del sur de Nuevo México, zona que incluye la ciudad de Las Cruces. Los resultados de su encuesta fueron sorprendentes: el 91% de las instituciones encuestadas pagaba a sus empleados bilingües el mismo sueldo que a los monolingües, lo cual sugeriría que en el mercado laboral de esta zona el hecho de ser bilingüe tiene poco valor económico. Villa y Villa señalaron que este último hecho puede deberse a la facilidad con que se puede contratar a personas bilingües en esa región, donde una mayoría de la población general tiene conocimientos de ambas lenguas; solo el 10% de las instituciones encuestadas indicó que les resultaba difícil contratar a empleados bilingües (177). A diferencia de lo que encontraron Villa y Villa (2005) en el sur de Nuevo México, Boswell (2000) demostró que, en la ciudad de Miami, el individuo bilingüe en español e inglés tiene una gran ventaja económica sobre el que es monolingüe en cualquiera de las dos lenguas. Basándose en datos del censo de 1990, Boswell reveló que los hispanos del condado de Miami-Dade que indicaban hablar inglés "muy bien" y que vivían en hogares donde se hablaba principalmente el español ganaban un promedio anual de $7,000 más que los hispanos que indicaban hablar solo el inglés en el hogar. Para todo el estado de Florida, esta misma diferencia alcanzaba $2,000. Boswell observó que en Miami-Dade y en el estado de Florida, en general, los hispanos que hablaban inglés "muy bien" y también hablaban español tenían ingresos más altos, índices de pobreza más bajos, logros educacionales más altos y trabajos mejor remunerados que los hispanos que solo hablaban inglés (2000: 422–423). Afirmó que los incentivos económicos que se dan por ser bilingüe en Miami fomentan el uso del español en la vida pública de esa ciudad (Boswell, 2000: 423).

Para entender mejor la importancia que se le brinda al conocimiento y uso del español en familias hispanoparlantes en Miami, Lambert y Taylor (1996) entrevistaron a 108 madres de primera generación, todas nacidas en Cuba, a las cuales se les pedía que estimaran el grado de uso y competencia de español e inglés respecto a sí mismas y también respecto a sus hijos e hijas nacidos en Miami. Las familias se dividían según dos clases sociales: obrera y media. Lambert y Taylor encontraron que en las familias de la clase obrera no había una correlación significativa entre la competencia en español de la madre y la competencia en español de cualquiera de sus hijos o hijas, a pesar de que las madres observaran altos niveles de habilidad en español en la segunda generación. Estos datos llevaron a los autores a postular que influencias externas a la familia condicionaban la adquisición y el uso del español en la segunda generación de la clase obrera. Cabe destacar, sin embargo, que se daban correlaciones altamente significativas en los hermanos y las hermanas de familias obreras con respecto a la habilidad en español, a saber: cuanta más fluidez en español demostraba el/la primogénito/a, más fluidez tenían sus hermanos/as menores. La situación de las familias de clase media se diferenciaba de la de las familias de clase obrera en varios aspectos importantes. En la clase media, se daban correlaciones significativas, aunque débiles, entre la competencia en español de la madre y la de los primogénitos y segundogénitos (0.32 y 0.25 respectivamente), pero no con los hijos terceros. Al igual que en las familias de clase obrera, en la clase media hubo correlaciones significativas entre la competencia en español del primogénito y la de sus hermanos menores, aunque más leves. Para las familias de la clase media, hubo correlaciones del 0.46 entre el español de los primogénitos y segundogénitos, y del 0.37 entre el español de los primogénitos y los hijos terceros, mientras que para las familias de la clase obrera se hallaron correlaciones del 0.61 entre el español de los primogénitos y segundogénitos, y del 0.72 entre el español de los primogénitos y los hijos terceros. Es decir, la mutua influencia lingüística entre los hermanos y las hermanas de familias cubanoamericanas de la clase obrera parecía ser más fuerte que en familias de la clase media, tanto en español como en inglés. De hecho, hubo correlaciones altamente significativas para la competencia en inglés entre los primeros, segundos y terceros hijos (0.97, 0.57 y 0.80, respectivamente) de las familias de clase obrera, mientras que el mismo conjunto de correlaciones en las familias de clase media no dio ningún resultado significativo.

En suma, Lambert y Taylor (1996) plantearon que los altos niveles de competencia bilingüe en español e inglés en la segunda generación de cubanos en Miami podrían ser el resultado de rutas de adquisición y formas de comportamiento maternales bastante divergentes en las dos clases sociales estudiadas. Las madres de la clase obrera, según los investigadores, parecían fomentar el bilingüismo *sustractivo*, i.e., el desplazamiento hacia el uso del inglés para sus hijas e hijos, probablemente por razones económicas y socioculturales dentro del contexto mayor de los Estados Unidos. No obstante, los autores afirmaron que la dinámica social bilingüe de Miami, junto con la influencia de los hermanos, podría fomentar el uso del español en la segunda generación de la clase obrera. Lambert y Taylor explicaron que:

> [. . .] [L]os valores y aspiraciones de las madres [de la clase obrera] tienen que competir con aquellos que circulan en una vibrante comunidad étnica hispana que en algunos casos puede ser lo suficientemente fuerte como para atenuar el proceso de asimilación. De hecho, los resultados de la investigación sugieren que las fuerzas sociales que operan en la comunidad hispana de Miami pueden mitigar o incluso anular las orientaciones maternales al sostener y nutrir las habilidades lingüísticas en español, particularmente en los primogénitos, quienes a su vez pueden ejercer una influencia determinante en el desarrollo de las habilidades en español de sus hermanos menores, muy independientemente de las inclinaciones de las madres.[15] (Lambert y Taylor, 1996: 496)

Por otra parte, las madres de las familias de la clase media parecían tener mucho más presente la meta de un bilingüismo "equilibrado" para sus hijos e hijas y, según Lambert y Taylor, reconocían que tanto el mantenimiento de una identidad hispana como la adquisición de la competencia en inglés eran necesarios para su éxito en el futuro (1996: 496). Los resultados de este estudio van paralelos con los de Amastae (1982) sobre la continuidad del español en el valle del Río Grande en Texas, los cuales ya destacamos. A continuación, enfocamos otros estudios en los que ha resaltado el impacto del género.

6.3.3.   La influencia del género

El estudio de la influencia del género en la adquisición y el uso del español en los Estados Unidos ha arrojado resultados un tanto contradictorios, ya que algunos han concluido que es una variable importante y otros no. Por un lado, unos han argumentado que las mujeres adquieren y usan el español más que los hombres y, por otro lado, hay quienes han sugerido que los hombres hacen mayor uso de la lengua. A modo de ejemplo, Klee (1987) observó que las jóvenes de Rio Grande City, Texas (en el valle del Río Grande) hacían más uso del inglés que los hombres de su misma edad, hecho que la autora atribuyó a factores económicos. Klee observó que el creciente sector comercial de esa zona durante las décadas de 1960 y 1970 creó un gran número de empleos de servicio que requerían el uso del inglés, los cuales vinieron a ocupar las mujeres. Las diferencias socioeconómicas que se dieron entre hombres y mujeres en Rio Grande City llevó a Klee a sugerir que el español en esa comunidad servía para establecer una identidad masculina y para mantener la solidaridad de grupo entre los hombres (1987: 133). De hecho, varios de los encuestados incluidos en el estudio de Klee hicieron hincapié en la "feminidad" del inglés e indicaron que usaban el inglés con amistades femeninas más que con otros hombres.

Zentella (1997) constató una pauta opuesta en los jóvenes puertorriqueños en Nueva York, donde se daba una correlación directa entre niveles más altos de competencia y uso del español y participación en redes sociales de mujeres y actividades femeninas. Zentella afirmó que en El Bloque se esperaba que las niñas, mucho más que los niños, usaran el español en las actividades domésticas, el cuidado de otros niños, la asistencia a servicios religiosos y para ver telenovelas en español con las mujeres (1997: 51). Respecto de dichas prácticas, Zentella (1997: 52) notó que uno de los jóvenes de su estudio que se identificaba principalmente con redes sociales femeninas y que se suponía era gay hablaba mucho más español que su hermano deportista y "varonil" (*male-bonded*). También notó que el único participante de su estudio longitudinal que resultó ser monolingüe en inglés era un muchacho (52). Asimismo, Hidalgo (1993) observó que las jóvenes méxico-americanas de Chula Vista (San Diego), California, afirmaban utilizar el español con mayor frecuencia que los muchachos, y parecían identificarse más íntimamente con una "manera mexicana de ser y hablar" (64). Hidalgo reveló además una correlación entre disminución de uso del español, actitudes menos positivas hacia esta lengua y estatus socioeconómico más alto del padre, lo cual sugeriría que la movilidad social entre los hombres es concomitante con el predominio del inglés en esa comunidad (cf. los planteamientos de Sánchez, 1994, y Amastae, 1982, más arriba). En su extenso análisis de mexicanos y méxico-americanos en Los Ángeles, Silva-Corvalán (1994a) no examinó el género como variable independiente pero notó que, según sus observaciones personales, las mujeres de cualquier familia demostraban mayor capacidad en español que sus hermanos (138).

Y en Miami, la indagación de López Morales (2003), realizada con 80 individuos de origen cubano (el 87.5% de ellos nacidos en Cuba y el 12.5% restante en los Estados Unidos), reveló una tendencia similar a la que constataron Hidalgo y Zentella: las mujeres estaban mucho más de acuerdo que los hombres con la afirmación de que "es bueno saber español (además del inglés) para ganar más dinero" (101). En líneas generales, López Morales (2003) observó una mayor propensión hacia el español entre las mujeres que entre los hombres cubanoamericanos. También cabe notar que Lynch ha observado personalmente en Miami, igual que Zentella en

Nueva York, una mayor inclinación a usar el español entre hombres gays que entre hombres que se identifican como heterosexuales. Faltan indagaciones sociolingüísticas y etnográficas referentes a los temas de selección idiomática y variación del español en relación con identidades gays y lesbianas, no solo en el contexto estadounidense sino en el mundo hispánico en general (cf. Peña, 2004, sobre el lenguaje de cubanoamericanos gays en Miami).

6.4. La variación del español en los Estados Unidos

Existe una creencia popular de que los hispanohablantes nativos de los Estados Unidos no hablan español sino *spanglish*, marchamo que se refiere al uso que estos hacen de una variedad bilingüe, la cual refleja claramente el contacto con el inglés. En años recientes, el spanglish se ha convertido en un tema polémico—tanto en la cultura popular estadounidense como en esferas académicas—que ha recibido bastante atención en los medios de comunicación. Aunque no existe una definición precisa—ni académica ni popular—del spanglish, los fenómenos lingüísticos que son más comúnmente asociados con esta noción son el cambio de código, el uso de préstamos y calcos del inglés en el discurso en español, además de algunas construcciones morfosintácticas discutiblemente modeladas según la sintaxis inglesa. En lo que sigue, consideramos en primer lugar el significado del término para luego describir cada uno de los fenómenos que se han caracterizado como *spanglish*, así como algunos estudios referentes a la estructura pragmático-discursiva del español hablado en este país.

6.4.1. El *spanglish*

Ya en 1970, Nash describió el spanglish de Puerto Rico como una relexificación gradual del español a través de préstamos, adaptaciones e innovaciones de los tipos que se observan en todas las lenguas (230). Esta autora identificó dos fenómenos popularmente asociados con el spanglish en Puerto Rico: la transferencia gramatical del inglés al español y el desplazamiento de código entre las dos lenguas. La autora se fijó en el nivel léxico, destacando las diferencias entre las sustituciones de vocabulario (*Hágalo* anyway [de todos modos]), los préstamos de índole cultural o las expresiones idiomáticas (*El béisbol es mi* hobby [pasatiempo] *favorito; esto es un* rush job [trabajo o deber que se hace rápidamente sin preocuparse uno por los detalles]), y la terminología comercial (Sears de Puerto Rico: *use nuestro plan de compra* lay-away [a plazos]). También identificó una serie de palabras que se habían integrado fonológicamente al español de Puerto Rico, v.g., *rufo* (*roof* ~ techo), *bosa* (*boss* ~ jefe), *carpeta* (*carpet* ~ alfombra), *guachimán* (*watchman* ~ vigilante) y *lipstick* (*lipstick* ~ pintalabios) pronunciado como [líhti]. A nivel mofosintáctico, Nash mencionó el fenómeno de las estructuras calcadas, como en los ejemplos *Alberto es veinte años viejo* (*Alberto is twenty years old* ~ Alberto tiene veinte años) y *Llámame pa(ra) atrás* (*Call me back* ~ Vuelve a llamarme), así como las redundancias que reflejan la influencia del inglés, v.g., *demasiado mucho* (*too much* ~ demasiado). La conclusión general de Nash fue que la influencia interlingüística en Puerto Rico estaba llevando a la creación de una variedad distintiva del español en la isla, variedad que en el futuro resultaría parcialmente ininteligible para los que no formaran parte de las comunidades en donde se habla.

Treinta años después, Stavans (2000, 2003) presenta un argumento muy similar. Stavans plantea que entre los hispanos de los Estados Unidos está evolucionando una variedad lingüística híbrida, la cual merece el reconocimiento y, sobre todo, el respeto de los académicos, los educadores y el público en general. Stavans considera que aquellos que rechazan el spanglish ignoran a su vez la influencia que han ejercido otras lenguas en la evolución del español desde sus orígenes latinos, así como la compleja realidad sociopolítica de esta lengua en los Estados Unidos en nuestros días. A modo de respuesta a aquellos que condenan el spanglish ante la "pureza" del español estándar, Stavans escribe (empleando el cambio de código):

> [. . .] there isn't really a need to protect [no hay necesidad de proteger] el castellano de la acción de los "bárbaros" que viven en los ghettos situados al este de Los Angeles y en el área de habla castellana de Harlem ya que el spanglish se ha establecido plenamente y es hora de que los académicos así lo reconozcan [. . .].
>
> En la actualidad, se está registrando en Estados Unidos un cambio acelerado en el ámbito social, político, religioso pero fundamentalmente un cambio verbal. Las vidas de los inmigrantes se están fraguando en nuevos crisoles gramáticos y sintácticos, mezclas increíbles de inventiva y de amor a la vida. En ellas, el binationalism [binacionalismo], as well as biculturalism [además del biculturalismo], y el bilingüismo are hand in hand [van de la mano]. (2000: 32–33)

Por supuesto, desde la perspectiva lingüística, el asunto que más nos concierne es el de los "nuevos crisoles gramáticos y sintácticos" a los que se refiere Stavans, pero que en ningún momento identifica o describe. A pesar de numerosas entradas de léxico identificadas como spanglish en un apéndice de su trabajo, y la posterior publicación de un diccionario de spanglish, Stavans no ofrece una clara descripción del spanglish como sistema lingüístico ni esclarece las bases gramaticales de esta supuesta lengua híbrida. A nuestro parecer, Stavans no da tal descripción porque sería imposible hacerlo. Otheguy (2003) aclara que:

> El problema del vocablo *Spanglish* [. . .] es que conlleva una clarísima sugerencia de que el habla de los latinos de los EE.UU., sobre todo los nacidos aquí, [. . .] constituye un idioma nuevo. Refuerza esta sugerencia de nueva lengua el creciente aparato bibliográfico, fruto mayormente de la prolífica labor del profesor Stavans [. . .] y de la amplia difusión del término tanto en la prensa como en Internet. En todos estos tratamientos de *Spanglish*,

se recurre, casi con exclusividad, al simple listado de préstamos léxicos de amplia difusión, o a la creación de ellos por parte de los autores, listas de poca utilidad evidencial para argumentar que nos encontramos ante una nueva y tercera lengua, nacida del español y del inglés. Léxico prestado hay en todas partes, y no lleva a nadie a postular la formación de nuevos sistemas de habla. (2003: 16)

Otheguy argumenta que el término *spanglish* no debería ser identificado como sustantivo, sino tal vez como verbo, ya que connota más adecuadamente la práctica de mezclar lenguas y no el fenómeno de hibridación lingüística. Otheguy explica que "[. . .] aunque (*Spanglish*) sea voz equívoca porque sugiere lo que no es, también es voz que se aplica con cierta consistencia, no ya a un idioma nuevo nacido del español y el inglés, sino a una manera de hablar los dos. Tendría más lógica, por tanto, que *Spanglish* fuera, no un sustantivo, sino un verbo, que hiciera referencia a una actividad y no a una entidad, como pueden hacerlo los términos *rimar, bromear* o *versificar*" (2003: 17).

Desde el punto de vista estrictamente lingüístico, hay que concluir—tal como lo hace Otheguy—que no existe evidencia convincente de que una nueva variedad de lengua híbrida, parecida a un criollo, esté evolucionando como fruto de la situación bilingüe de los hispanos en los EE.UU. Aunque algunos interpreten que el cambio de código y el uso de préstamos y calcos del inglés, además de ciertas particularidades morfosintácticas aparentemente condicionadas por estructuras inglesas, constituyen tal evidencia, el conseso de los lingüistas es que tal noción carece de fundamento.

6.4.2. El cambio de código

En un estudio sobre el uso del español y el cambio de código en diversas redes sociales de hispanos en Detroit, Cashman (2001: 209–211) identifica seis principales tipos de hablantes, basándose en las propuestas de Wei (1994). Sus descripciones, que se pueden aplicar a comunidades hispanohablantes en toda la extensión de los Estados Unidos, son las siguientes:

> Tipo 1: El hablante monolingüe. Raras veces sale de la comunidad y tiene una red social enteramente latina. Por eso permanece monolingüe en español sin importar el tiempo que haya vivido en los Estados Unidos. No emplea el cambio de código.
>
> Tipo 2: El hablante funcionalmente monolingüe. Usa el español en todos los ámbitos e interacciones, evitando situaciones en las que tendría que hablar inglés, a pesar de que posee una capacidad limitada de entender o incluso hablar esta última lengua. No tiende a realizar el cambio de código, aun cuando en raras ocasiones usa algunas palabras o frases del inglés.

Tipo 3: El hablante funcionalmente bilingüe. Es dominante del español y lo usa en contextos sociales clave, pero también habla inglés a menudo en algunos contextos. Posee la capacidad de hacer cambios de código y, por lo general, participa en dos redes sociales separadas (una en la comunidad y otra fuera de ella) que no se traslapan.

Tipo 4: El hablante bilingüe "mixto". Emplea tanto el español como el inglés en la mayoría de los contextos sociales y la mayor parte de sus vínculos son bilingües, en mayor o menor grado. Realiza frecuentes cambios de código, ya que es capaz de funcionar tanto en los contextos monolingües del español como los del inglés.

Tipo 5: El hablante "anfitrión" funcionalmente bilingüe. Se ha criado con el español en el hogar y en la comunidad, pero ha desarrollado un alto nivel de competencia en inglés por medio de la educación y el empleo. Sus vínculos abarcan dos redes sociales inconexas, y sus enlaces con el inglés son más fuertes y más numerosos. Tiene la habilidad de cambiar de código, la cual puede ser empleada para cambiar al inglés en situaciones que están tradicionalmente reservadas para el español.

Tipo 6: El hablante "anfitrión" funcionalmente monolingüe. Se ha criado con el español, pero solo tiene un conocimiento pasivo de esta lengua. Aunque es capaz de entender el español, lo habla con dificultad. El inglés es su lengua dominante y lo usa en todos los contextos sociales clave. La gran mayoría de sus vínculos sociales son con hablantes monolingües del inglés.

En un ya clásico estudio sobre el desplazamiento de código entre los puertorriqueños del *barrio* de East Harlem en Nueva York, Poplack (1982) definió este fenómeno como la alternancia de dos lenguas dentro de un solo discurso, oración o constituyente (1982: 231). Postuló que el grado de integración fonológica, morfológica y sintáctica de un elemento lingüístico en la lengua base determinaba su estatus como cambio de código. Según Poplack, un elemento léxico totalmente integrado, como el verbo *moguear* (*to mug* ~ atracar) en el ejemplo "Es posible que te *moqueen*", no constituye un caso de cambio de código, sino más bien un préstamo integrado al español en base al verbo inglés *to mug* (1982: 232). Por otro lado, el adjetivo *heavy-duty* (grandes y potentes), como en la oración "Las palabras *heavy-duty*, bien grandes, se me han olvidado", sí sería un ejemplo de desplazamiento de código ya que no está integrado ni fonológica ni morfológicamente en el discurso en español; incluso se observa en este caso la norma sintáctica de posponer el adjetivo al sustantivo en español, a diferencia de la norma inglesa de anteponerlo (1982: 232). En base a sus datos, Poplack formuló dos restricciones generales en cuanto al desplazamiento de código entre español e inglés en dicha comunidad: la restricción del morfema libre y la restricción de la equivalencia. La primera restricción observa que un morfema ligado no puede expresarse en una lengua diferente a la de la raíz a la que va unido: "*eat*-iendo", por ejemplo, violaría esta restricción (1982: 234). La restricción de la

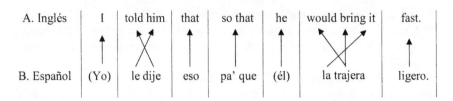

Figura 6.1 Los límites sintácticos del cambio de código (Poplack, 1982: 235)

equivalencia determina que los cambios de código nunca violarán las normas sintácticas de ninguna de las dos lenguas. La figura 6.1, reproducida de Poplack (1982), muestra esta restricción.

Basándose en 66 horas de grabaciones del habla de veinte personas, Poplack (1982) analizó 1,835 ocurrencias de cambio de código en entrevistas individuales y en interacciones naturales en la comunidad. Además, consideró las redes sociales de los participantes, su edad de llegada a los Estados Unidos y sus preferencias lingüísticas, notando que casi la mitad de ellos eran dominantes del español, un 10% tenía el inglés como lengua dominante y entre el resto predominaba el bilingüismo. En base a un cuestionario sobre actitudes lingüísticas, Poplack encontró que el 90% opinaba que "el español era importante" o "muy importante" para la identidad puertorriqueña. El análisis reveló que todos los hablantes, sin importar su lengua dominante, observaban, casi categóricamente, tanto la restricción del morfema libre como la restricción de la equivalencia. No se dio ninguna ocurrencia de cambio de código en morfemas ligados, y hubo tan solo once ejemplos—menos del 1% de todos los datos—de violación de la restricción de equivalencia. Siete de esas violaciones eran de colocación del adjetivo, como en el ejemplo "Tenían patas flacas, pechos *flat*" (planos) (1982: 247). A nivel intraoracional, i.e. dentro de la oración, los sustantivos solos y las frases sustantivales de objeto eran los elementos sintácticos más frecuentemente desplazados, seguidos de las frases preposicionales, adjetivales, adverbiales e infinitivas. A nivel extraoracional, i.e. externo a la oración, se favorecía la inserción de palabras o frases finales en la otra lengua (*you know*, *¿entiendes?*) y el cambio entre oraciones. La conclusión más importante de la investigación de Poplack fue que el desplazamiento de código puede ser un índice de competencia bilingüe, ya que según la autora eran solo los "verdaderos bilingües"—aquellos que demostraban capacidades superiores en cada una de las lenguas por separado—quienes más cambiaban de código a nivel intraoracional. Poplack afirmó que "precisamente aquellos tipos de cambio de código que tradicionalmente han sido considerados como los más aberrantes por investigadores y educadores, aquellos que ocurren dentro de una misma oración, son los que requieren la mayor habilidad" (1982: 261).[16] Cabe señalar, sin embargo, que solo dos personas de la muestra de Poplack (1982) habían adquirido el inglés y el español simultáneamente durante la niñez, mientras que el 60% había aprendido inglés a edades de siete a veintiún años, lo cual impide una exploración adecuada de la hipótesis de que el cambio de código funciona como estrategia compensatoria, i.e., que un hablante se desplaza al inglés porque no sabe decir algo en español (cf. Poplack, 1988, que identifica pautas contrastivas de desplazamiento de código entre puertorriqueños de Nueva York y bilingües de francés e inglés de la región de Ottawa-Hull en Canadá).

Esta última posibilidad, la que muchos han llamado *crutch-like switching* (desplazamiento de tipo muleta), es explorada por Zentella (1997) en el habla de niños puertorriqueños en Nueva York. Zentella observó que solo el 14% de las ocurrencias de desplazamiento de código en su base de datos, la cual incluía 103 horas de grabaciones de interacciones informales entre los niños, se podía atribuir a la posibilidad de que la/el niña/o no recordara o no supiera una palabra en la otra lengua. Un ejemplo de tal fenómeno es: "You shouldn't take that out because you're gonna stay *mellá*" (No debes sacar eso porque te vas a quedar *mellá*) (97). Zentella notó que en casos de clarificación o de énfasis, un cambio a la otra lengua en el discurso bilingüe podía cumplir la misma función que la repetición en el discurso monolingüe, como en el ejemplo "*¿No me crees?* You don't believe me?" (96). Otros tipos de clarificación y énfasis frecuentes en los datos de Zentella eran las aposiciones, como en el ejemplo "She have (sic) a brother in the hospital, *en el Bellevue*, and he was crazy" (Ella tiene un hermano en el hospital, *en el Bellevue*, y estaba loco), y la justificación de pedidos, como en "*Vete Eddie vete*, so you could see" (*Vete Eddie vete*, para que puedas ver) (96). Así y todo, Zentella termina rechazando la popular idea de que el desplazamiento de código es siempre producto de la deficiencia lingüística en los niños bilingües, afirmando que los niños de su estudio sabían enunciar tres cuartos de sus cambios en ambas lenguas (99).

Otro factor que condicionaba el cambio de código en el habla de los niños del estudio de Zentella fue el cambio de posición (*change in footing*). Tal como lo define Goffman (1979), un cambio de posición implica un cambio en la postura del hablante ante sus interlocutores y también respecto a sí mismo, expresado a través de la producción o la recepción de un enunciado. Los datos de Zentella revelaron dos maneras de señalar un cambio de posición: el realineamiento (v.g., cambio de tema, citas directas e indirectas, verificación) y la apelación/control (v.g., hacer pedidos y llamar la atención). Una observación de particular interés es que en el habla referida, i.e., cuando el hablante recuerda y recuenta el enunciado de otra persona en una ocasión previa, la lengua en que se expresa la cita no corresponde necesariamente con la lengua en que se produjo el enunciado original. Esta observación corrobora la índole discursiva del cambio de código y enfatiza a su vez el hecho de que no sirve necesariamente como estrategia de compensación lingüística sino que cumple propósitos pragmáticos y refleja un alto grado de destreza bilingüe. Para Zentella, "[l]os miembros de la comunidad, incluso los niños, tienen la habilidad de crear un discurso representativo de su identidad dual, y de explotar simultáneamente su poder retórico mediante cambios específicos en las estrategias conversacionales".[17] (1997: 101)

Koike (1987) demostró que el desplazamiento de código en las narrativas orales espontáneas de bilingües chicanos tendía a ocurrir entre componentes de la narración, tal como los define Labov (1972): resumen, orientación, acciones complicantes, evaluación, resolución y coda. Koike afirmó que el desplazamiento de código puede servir como una estrategia organizadora de la narrativa y que también se utiliza para crear efectos dramáticos a través del contraste de las dos lenguas (1987: 150–51). Una de las narrativas consideradas por Koike se tomó de un estudio previamente publicado por Valdés (1976, reimpreso en 1982), en el cual se analizaba el desplazamiento de código en grabaciones de seis interacciones informales de una mujer bilingüe méxico-americana del sur de Nuevo México. Sigue la narrativa en cuestión:

> *Oyes*, when I was a freshman I had a term paper to do . . . *Y este* I waited till the last minute two days before to take notes, to do the typing, to do everything. So I didn't sleep for almost forty-eight hours. And after I turned it in, instead of going home to sleep (it was at the dorm), I had a boyfriend and I went out on a date with him. And all of a sudden, I started acting real *curiosa*, you know. I started going like this. *Y luego decía*, look at the smoke coming out of my fingers, like that. And then *me dijo*, stop acting silly. *Y luego decía yo, mira* can't you see? *Y luego este*, I started seeing like little stars all over the place. *Y volteaba yo asina y le decía* look at the . . . the . . . *no sé era como brillosito así* like stars. *Y luego* he thought I was acting silly and he was getting mad at me. But then he realized that . . . that I was seeing things. *Y luego me llevaron luego, luego al* dorm. *Le tuvieron que hablar a la enfermera y me dieron* tranquilizers, because then I started like screaming and real weird, you know. And then . . . *Y me regañó tanto la enfermera. Me dijo* don't ever stay up late, I mean don't ever . . . you know . . . sleep at least a couple of hours, *dice*, but don't. . . . (Valdés, 1982: 220–221)

> (*Oyes*, cuando estaba en mi primer año de estudios en la universidad, tuve que escribir un trabajo . . . *Y este* esperé hasta el último momento, dos días antes, para tomar notas, para escribirlo a máquina, hacerlo todo. Así que no dormí durante casi cuarenta y ocho horas. Y después de entregarlo, en vez de irme a dormir a casa (vivía en una residencia), como tenía novio, salí con él en una cita. Y de repente, empecé a portarme de manera realmente *curiosa*, tú sabes, y a actuar así. *Y luego decía*, mira el humo que sale de mis dedos, así. Y entonces él *me dijo*, deja de tonterías. *Y luego decía yo, mira* ¿no ves? *Y luego este*, empecé a ver estrellitas por todas partes. *Y volteaba yo asina y le decía* mira las . . . las . . . *no sé era como brillosito así* como estrellas. *Y luego* él pensaba que yo hacía tonterías y empezó a enojarse conmigo. Pero entonces él se dio cuenta de que . . . de que yo estaba viendo cosas. *Y luego me llevaron luego, luego a* la residencia. *Le tuvieron que hablar a la enfermera y me dieron* tranquilizantes, porque entonces empecé a gritar y muy rara, tú sabes. Y entonces . . . *Y me regañó tanto la enfermera. Me dijo* nunca te quedes despierta hasta muy tarde, digo nunca . . . tú sabes . . . duerme por lo menos un par de horas, *dice*, pero nunca . . .)

Valdés observó que los desplazamientos de lengua ocurrían en esta narrativa en los marcadores de discurso (*oyes, este*), en léxico aislado (*curiosa, dorm, tranquilizers*) y en citas parafraseadas de la enfermera, quien le dijo que no pasara tantas horas sin dormir. Según Valdés, el desplazamiento de código representa un mecanismo estilístico para hacer énfasis o contraste en el discurso. Considera este tipo de cambio como "desplazamiento metafórico", tal como se ejemplifica en las frases *y luego decía, me dijo, y luego decía yo, y volteaba yo asina y le decía, no sé era como brillosito así, y me regañó tanto la enfermera* y, en la última frase de la narrativa, *dice*. Por otro lado, Koike (1987), al analizar la misma narrativa, sugirió que el cambio de código servía para destacar los pensamientos y las opiniones de la hablante, es decir, ocurría en las secciones explicativas de la narrativa (150). Los autores del presente trabajo observamos que, aunque la pauta identificada por Koike es aparente en algunas partes de la narrativa, los cambios de código ocurren más frecuentemente en aquellos puntos en los que la narrativa avanza—con la palabra *luego*—, y a menudo con alguna forma del verbo *decir* al señalar secciones de habla referida. Desde cualquier perspectiva, lo que emerge de un detenido análisis de esta narrativa es que, tal como afirma Koike, el desplazamiento de código no es aleatorio y cumple una función claramente pragmático-discursiva. Álvarez (1991) llegó a una conclusión similar en un estudio de 155 narrativas relatadas por 28 hablantes puertorriqueños de Nueva York, notando que el cambio de código cumplía a menudo alguna función evaluativa.

El estudio de Toribio (2000b) sobre el desplazamiento de código en la narración de cuentos de hadas también reveló efectos estilísticos. En las versiones de "La caperucita roja" escritas y narradas por diez bilingües de origen mexicano en California, a quienes se les había pedido que relataran la narrativa en cambio de código, Toribio identificó las siguientes funciones:

1. cambio de roles: "Oh grandma what a big nose you have", "*Para olerte mejor mijita*" ("Ay abuela, qué nariz tan grande tienes", "*Para olerte mejor mijita*")

2. habla referida: *El* wolf *le preguntó*: "where are you going *Caperucita*?" And she told him "*A la casa de mi abuelita*". (*El* lobo *le preguntó*: "¿adónde vas, *Caperucita*?". Y ella le respondió: "*A la casa de mi abuelita*".)

3. declarativas o interrogativas: *El lobo le preguntó* where did she live. (*El lobo le preguntó* dónde vivía.)

4. llamar la atención: "*Mira* so that you get to her house sooner *vete por este camino*." ("*Mira* para que llegues a su casa más rápido *vete por este camino*")

5. interjecciones o exclamaciones: "Oh *qué bien*, where does she live?" ("Ay *qué bien*, ¿dónde vive ella?")

6. expresiones fijas o idiomáticas: Once upon a time *había una niña llamada Caperucita Roja*; *y la historia termina con un* happy ending. (Érase una vez que *había una niña llamada Caperucita Roja*; *y la historia termina con un* feliz final.)

Además de la tarea escrita de la cual se toman los ejemplos de arriba, se les pidió a los participantes del estudio que leyeran en voz alta dos cuentos de hadas escritos en cambio de código y que volvieran a contar el final de "Blancanieves" o del "Príncipe mendigo". Por medio de los datos de estas tres tareas, Toribio (2000b) concluyó que los bilingües de español e inglés evitaban construcciones que violaran la regularidad sintáctica de cualquiera de las dos lenguas, precisamente como Poplack (1982) lo había afirmado previamente. Toribio afirmó que los bilingües de español e inglés se valen de ciertos principios lingüísticos inconscientes al distinguir entre lo que es "aceptable" y lo que resulta "inaceptable" al cambiar de código, igual que los hablantes monolingües tienen un sentido intuitivo de propiedad lingüística en su lengua nativa (2000b: 185). A continuación, aparecen algunos ejemplos que Toribio propuso como cambios de código "inaceptables":

1. *Very envious and evil, the *reina mandó a un criado que matara a la princesa.*
   (Muy envidiosa y mala, la *reina mandó a un criado que matara a la princesa.*)
2. *El criado la llevó al bosque* and out of compassion abandoned *la allí.*
   (*El criado la llevó al bosque* y muy compasivo abandonó *la allí.*)
3. *La reina le ofreció a Blancanieves una manzana que había* laced with poison.
   (*La reina le ofreció a Blancanieves una manzana que había* rociado con veneno.)
4. *En la cabina vivían siete enanitos que* returned to find Snow White asleep.
   (*En la cabina vivían siete enanitos que* al volver hallaron a Blancanieves dormida.)
5. *Los enanitos intentaron pero no* succeeded in awakening Snow White from her sleep.
   (*Los enanitos intentaron pero no* consiguieron despertar a Blancanieves de su sueño.)

Aunque Toribio nunca explica por qué estos ejemplos serían inaceptables para los bilingües, suponemos que su presunta agramaticalidad se puede atribuir a la restricción de equivalencia propuesta por Poplack (1982), la cual mencionamos más arriba. A nuestro modo de ver, en (1) "the *reina*" violaría una restricción sobre el uso de la misma lengua para expresar el determinante y el sustantivo (debería ser o *la reina* o *the queen*); en el ejemplo (2), "abandoned *la*" violaría el orden sintáctico en español, según el cual el pronombre de objeto directo se coloca siempre antes de un verbo conjugado; el verbo compuesto "*había* laced" en (3) funcionaría como una sola unidad y por eso se expresarían tanto el auxiliar como el participio en la misma lengua; "*que*" marcaría el comienzo de una cláusula en inglés en el ejemplo (4) y "*pero no* succeeded in awakening" en el ejemplo (5) violaría la expresión obligatoria del pronombre de sujeto (*they* en este caso) ante el verbo correspondiente en inglés, y a su vez no observaría el uso obligatorio del auxiliar *do* en esta construcción sintáctica en inglés (*they did not succeed*). No obstante, uno de los autores del presente trabajo ha observado personalmente en conversaciones informales entre bilingües cubanoamericanos de Miami cambios de código en construcciones idénticas a las que se ejemplifican en (1), (3) y (4), las cuales Toribio considera agramaticales o inaceptables. Nos parece que lo que es agramatical para algunos no tiene por qué serlo para otros, o bien puede ser que las "normas" del cambio de código varíen de una comunidad a otra o que dependan de factores extralingüísticos que Toribio no tuvo en cuenta.

En el plano social, el desplazamiento de código parece transmitir valores de identidad y solidaridad entre los hispanos estadounidenses. Es indiscutible que los factores sociales desempeñan un papel fundamental en el desplazamiento de código y, como afirmó Pfaff (1982), cualquier análisis debe tenerlos en cuenta (264). En un estudio detallado de los modos de hablar entre chicanos de Austin, Texas, Elías-Olivares (1976) observó que el uso exclusivo del español en una situación informal entre chicanos puede causar la impresión de que uno está tratando de ser ostentoso, mientras que el uso exclusivo del inglés puede ser una señal de que el hablante quiere asimilarse a la corriente angloparlante y que no se identifica con la comunidad bilingüe (182). De tal modo, el desplazamiento de código resuelve en cierto sentido el histórico conflicto social en torno al español y el inglés en el suroeste—tema elaborado por Sánchez (1983/1994).

Siguiendo un planteamiento marxista, Sánchez (1983/1994) afirma que las condiciones históricas, sociopolíticas y económicas trascienden el plano lingüístico y que, entre los chicanos del suroeste, "las contradicciones sociales y económicas que impiden la completa asimilación, pero que alientan los deseos de movilidad social, han creado condiciones propicias para el cambio de código y para el desplazamiento de la lengua [española]" (141).[18] Sánchez atribuye la continuidad generacional del español en esta región principalmente a la segregación socioeconómica de las comunidades de origen mexicano, tanto en trabajos de bajos salarios como en áreas rurales. Para aquellos que logran niveles más altos de educación formal y que suben en la escala socioeconómica, el papel del inglés en la vida cotidiana se hace más central, de forma que, en la generación joven, el español es desplazado. Sánchez (1983/1994: 165–176) sugiere que, en el plano ideológico, el cambio de código permite que los hablantes encarnen lingüísticamente la lucha de poder entre estas dos lenguas en el suroeste. Dicha lucha se manifiesta a nivel pragmático, a través de los elementos de expresión (texto inglés vs. español, connotaciones y denotaciones), los estilos de interacción (metalingüístico, narrativo, evaluativo, incitativo) y los actos de habla (aserciones, evaluaciones, interpretaciones, concordancia, negación, apoyo, contradicción, pedidos, rechazos, disculpas, etc.). En la figura 6.2, Sánchez representa los procesos ideológicos, sociales y políticos que motivan el cambio de código en el habla de los chicanos.

En lo que atañe a connotación y denotación, Sánchez argumenta que el desplazamiento de código y el fenómeno del préstamo pueden tener propósitos semióticos. Aunque dos signos lingüísticos compartan propiedades semánticas en

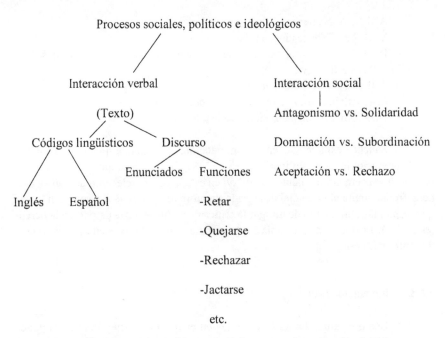

Figura 6.2 Los procesos sociales, políticos e ideológicos que motivan el cambio de código (Sánchez, 1983/1994: 175)

la denotación, pueden diferir en cuanto a la connotación (1994: 162). A modo de ilustración, la autora ofrece el siguiente ejemplo: (1) Me dio un *aventón* a la casa; (2) Me dio un raite a la casa; (3) Me dio un *ride* a la casa. Explica que:

> [. . .] *aventón* identifica a un hablante mexicano o a un recién llegado de México; *raite* podría ser la forma no marcada, ya que es probablemente la más frecuente en nuestras comunidades. Pero incluso *raite* es característica de una variedad informal, particular de los chicanos. En una situación en la cual "Me llevas" sería la forma esperada, "Me das un *raite*" podría introducir un rasgo de humor y familiaridad que disminuyera el efecto de la imposición sobre el dueño del coche. "Me das un *ride*" también podría servir el mismo propósito, no introduciendo humor, sino más bien delicadeza, un toque de atenta elegancia. De ahí que la cuidadosa pronunciación de los elementos del cambio de código en una oración lleve a niveles adicionales de signifi-cación.[19] (Sánchez, 1994: 163)

Otro ejemplo de este tipo de desplazamiento es el siguiente, extraído de una conversa-ción en una cena informal entre una abuela, una madre y su hija, en la cual se discute el sabor de una berenjena (Sánchez, 1983/1994, Episodio A-3: 144):

ABUELA: No tiene ningún sabor.

MADRE: No tiene ningún sabor.

HIJA: No, ¿sabes por qué? porque cuando uno las hace *boil* (hervidas), se le sale el sabor.

ABUELA: Y de todas maneras, no sé a mí . . .

MADRE: Pero estuvieron a vapor, no *boil* (hervidas).

HIJA: No, pero de todos modos se le sale.

Sánchez explica que, en esta interacción, el cambio al inglés en la palabra *boil* "suaviza el impacto culinario y crítico". Según Sánchez, aunque el uso de la palabra *hervir* era tan frecuente como *boil* en este hogar, la selección de *boil* en esta ocasión disminuía el potencial desagrado de pronunciar *berenjena hervida* a la vez que respondía a un intento de mitigar la crítica de cómo se había preparado la berenjena (1994: 145). En fin, que había cierto matiz estético inherente en esta ocurrencia de cambio de código.

6.4.3. Innovación léxica

Los préstamos léxicos del inglés en el español, generalmente llamados *anglicismos,* se encuentran no solo en el español de los hispanos estadounidenses sino en la mayor parte del mundo hispanoparlante. Las variedades de contacto en los Estados Unidos no son únicas en su incorporación de léxico inglés en el uso cotidiano, pues este fenómeno se da en zonas monolingües en todo el mundo, aunque con menor frecuencia. En un estudio sobre el léxico del español coloquial de la ciudad de Valencia, España, Gómez Capuz (2000) analizó grabaciones secretas de conversaciones espontáneas e identificó cuatro tipos principales de anglicismos: patentes o integrales, híbridos, creaciones y pseudoanglicismos, y anglicismos pragmáticos integrales. A continuación, ofrecemos algunos ejemplos de cada uno de los tipos de anglicismos identificados por Gómez Capuz:

> Anglicismos patentes o integrales: *bar, pub, club, fútbol, gol, penalty, güisqui, test, póster, jersey, tenis, mitin, spray, líder, hippy, rocker, rock, junky, show, marketing, casting, set, estrés, chutar, boxear, récord, hobby, bitter, speed, stop, trippy, esnifar, flirtear, gángster, rap, sexy, jazz, look, file server, play-back, strip tease, copy-right, airbag, self-service, PC, laser, basic, VIP, IBM, NBA, aerobic, máster, cómic, compact disc, fax, fan, suspense, diskette, walkman, biquini, pop* (55–60)
>
> Anglicismos híbridos: *futbolista, boxeo, estresado, liderato, tabla de surf, rock duro* (61)
>
> Creaciones y pseudoanglicismos: *golazo, tenista, chequeo, váter, camping, parking, surf, footing, heavy, flipar, flipante, flipazo, vídeo, va que chuta* (62–64)

Anglicismos pragmáticos integrales (no calcados): *okay, too much, please, good-bye* (61–62)

En el contexto estadounidense, el español presenta un radio de préstamos mucho más amplio. Además de los anglicismos comunes en las variedades monolingües del español llevadas a los Estados Unidos por inmigrantes, aparece en el repertorio bilingüe una serie de anglicismos más extensa y, en términos estructurales, más trascendente, particularmente en la segunda y tercera generación. No obstante, se ha comprobado que los anglicismos en el español de los bilingües estadounidenses son mucho menos frecuentes de lo que se tiende a pensar. En un estudio de dos generaciones de cubanos en West New York (seis adultos cubanos nacidos en la isla y seis adolescentes nacidos en los Estados Unidos), Otheguy, García y Fernández (1989) revelaron que los préstamos constituían tan solo el 0.8% de un corpus de datos que abarcaba casi 13,000 palabras. Además, observaron que los calcos de una sola palabra constituían el 0.1% del corpus de la primera generación y el 1.6% del de la segunda. Igualmente, Silva-Corvalán (1994a) notó bajas frecuencias de calcos en hablantes de tres generaciones de méxico-americanos en Los Ángeles. De un total de 910 minutos de conversaciones grabadas con once hablantes de la segunda generación, la frecuencia de los calcos era 0.9 por cada 10 minutos de habla, y en 865 minutos de interacciones grabadas con trece hablantes de la tercera generación, la frecuencia era 1.3 por cada 10 minutos de habla. Es muy probable que los préstamos se perciban como más frecuentes de lo que realmente son debido a que resaltan mucho en el flujo del discurso, ya que pueden parecer muy artificiales o aun inadecuados respecto de las prácticas de hablantes monolingües o las normas del español formal. Labov (1972) destacó esta suerte de fenómeno en un ya clásico estudio de variantes socialmente estigmatizadas en el inglés de Nueva York. Explicó que, en la percepción humana, los rasgos estigmatizados aparentan ser más extendidos y frecuentes de lo que son en realidad.

Mendieta (1999: 15–18) identificó y definió los siguientes tipos de préstamos en el español de los méxico-americanos, puertorriqueños y cubanoamericanos bilingües en los Estados Unidos:

1. Préstamos puros: palabras que incorporan la forma fonética (más o menos adaptada) y el significado de la palabra. Ejemplos: a) *straight* (lacio), tiene el pelo *straight*; b) Un siñor (señor) anda en la musi—en la *motosaika* (*motorcycle* ~ motocicleta).
2. Creaciones híbridas: formas cuyo material es en parte nativo y en parte extranjero; evidencian incorporación de morfemas y reproducción morfológica parcial. Ejemplos: a) Se quieren pelear porque como lo tumbó o lo *tripeó* (*to trip* ~ hacer caer), le tumbó sus libros y el niño se enojó; b) Se tiene que hacer, llamar a la- a la oficina del médico y *hacer un apuntamento* (*make an appointment* ~ hacer una cita).
3. Préstamos por intrusión fonológica: formas que reflejan la influencia de la lengua modelo en la pronunciación de un homónimo patrimonial de

231

significado idéntico. Ejemplos: a) Es para poner mercancías o- o otros o- *objectos* (*objects* ~ cosas); b) Le tienes que meter *quémica* (*chemicals* ~ sustancias químicas) o algo así.

4. Calco sintáctico: el material que se incorpora es la estructura general del compuesto o derivado y su significado, pero los morfemas nativos sustituyen completamente a los extranjeros. Ejemplos: a) Yo también *toy teniendo un buen tiempo* (*to have a good time* ~ divertirse); b) Era un peso *inconfortable* (*uncomfortable* ~ incómodo).

5. Extensión semántica: una palabra nativa que adquiere un nuevo significado por su semejanza semántica o formal con otra palabra de la lengua modelo. Ejemplos: a) Este hombre parece que le *está introduciendo* (*to introduce* ~ presentar) al otro; b) Pa'- para poder ver qué *tiempo* es (*time* ~ hora).

Mendieta analizó el habla de 24 estudiantes de escuelas secundarias en las ciudades de Miami (Florida), San Antonio (Texas) y Perth Amboy (Nueva Jersey) grabada en entrevistas individuales de 50 minutos. Durante las entrevistas, los hablantes realizaron varias tareas (identificación, descripción, actos de habla, narración y explicación) basadas en una serie de ilustraciones. Los préstamos puros fueron el tipo de préstamo más frecuente en los datos de Mendieta (tabla 6.7).

Más ejemplos de anglicismos comunes en el habla de los hispanos estadounidenses aparecen abajo en la tabla 6.8 (Roca, 1999).

Basándose en el corpus del *New Mexico-Colorado Spanish Survey*—un proyecto de recolección de datos del habla de los dialectos de dichos estados realizado durante la década de 1990 (cf. Bills y Vigil, 1999)—, Torres Cacoullos y Aaron (2003) indagaron sobre el uso de sustantivos de origen inglés que aparecen solos y sin determinante en el discurso español, i.e., precedidos y seguidos de palabras en español, como en los siguientes ejemplos:

1. I'd wash the floor de rodillas y le daba *wax* (290)
   (Lavaba el piso de rodillas y le daba cera)
2. y le puse *complaint* a ese chota (290)
   (y le puse una queja a ese chota)
3. buenos *grades* sacaba (296)
   (buenas notas sacaba)
4. mi grandpa vivía en un *town* pobre (296)
   (mi abuelo vivía en un pueblo pobre)

Torres Cacoullos y Aaron argumentan que el uso de sustantivos de origen inglés sin determinante en el discurso en español constituye un fenómeno de particular interés para el estudio de lenguas en contacto, ya que puede esclarecer las diferencias entre el desplazamiento de código y el préstamo lingüístico. Las autoras explican que el préstamo es más fácil de identificar si lo constituye un sustantivo de origen inglés precedido por un determinante, como en el siguiente ejemplo (de Torres Cacoullos y Aaron, 2003: 291):

lo dejó because no hacen dinero las *beauticians*
(lo dejó porque no ganan dinero las esteticistas)

Las autoras sostienen que hay dos indicios claros de la integración gramatical del sustantivo *beauticians* (esteticistas) en este ejemplo: (1) el sustantivo va pospuesto al verbo en su función de sujeto, compatible con el orden sintáctico del español y al contrario del orden obligatorio (sujeto-verbo-objeto) en inglés; (2) el sustantivo se expresa con el artículo definido ("las *beauticians*"), de acuerdo con el uso genérico del sustantivo en la gramática española (291). Por otro lado, si el sustantivo aparece solo, sin determinante, no se dan indicios superficiales de su estatus estructural, según estas autoras (291). Para su análisis, basado en datos del habla de 21 hablantes bilingües de Nuevo México, Torres Cacoullos y Aaron tuvieron en cuenta varios factores lingüísticos—especificidad del sustantivo, la posición sintáctica de este, modificación, negación, clase semántica—y llegaron a la conclusión de que el uso de sustantivos de origen inglés sin determinante está sujeto a las restricciones sintáctico-discursivas del español. Es decir, el hablante bilingüe no inserta una estructura del inglés en el español, sino que lo gramaticaliza en español (Torres Cacoullos y Aaron, 2003: 323). De ahí que las investigadoras clasificaran el uso de tales sustantivos sin determinante como préstamos ocasionales en vez de casos de desplazamiento de código. En los estudios de Blas Arroyo (2000) y Blas Arroyo y Tricker (2000) se llega a la misma conclusión respecto al estatus gramatical de los sustantivos del español de uso aislado en el discurso catalán. Tras un examen cuantitativo de la determinación, la complementación y otros factores morfológicos, Blas Arroyo afirma que "los sustantivos de origen español en contexto lingüístico catalán se encuentran adaptados a la lengua receptora, el catalán, incluso aunque no ofrezcan indicaciones superficiales de que ello es así" (2000: 143).

Otheguy y García (1988) y Otheguy (1993) sugieren que los fenómenos léxicos asociados con el contacto lingüístico responden a condiciones culturales, un planteamiento algo parecido al que hace Sánchez (1983/1994) (cf. Myers-Scotton y Jake, 1995). Según Otheguy (1993), puede que los préstamos traducidos—o calcos—en el español hablado en los Estados Unidos revelen un cambio sistémico en la lengua debido al contacto con el inglés en algunos casos, pero no en otros. Otheguy argumenta que la noción de préstamo traducido (*loan translation*) puede llevar a que

Tabla 6.7 Frecuencia de distintos tipos de préstamos léxicos en el habla de bilingües estadounidenses (%) (N=24) (Mendieta, 1999: 22–23)

Préstamos puros	69.8
Calcos sintácticos	11.8
Extensiones semánticas	8.8
Creaciones híbridas	4.7
Intrusión fonológica	4.7

Tabla 6.8 Calcos o préstamos del inglés comunes en el español de bilingües estadounidenses (Roca, 1999: 35–36, 54–56)

aplicación	(ing. *application*; esp. *solicitud, formulario*)
apoinmen	(ing. *appointment*; esp. *cita*)
argumento	(ing. *argument*; esp. *discusión, pelea*)
atachar	(ing. *attach*; esp. *adjuntar*)
bil	(ing. *bill*; esp. *factura, cuenta*)
bilear	(ing. *to bill*; esp. *cargar, cobrar*)
bloque	(ing. *block*; esp. *cuadra*)
carpeta	(ing. *carpet*; esp. *alfombra*)
cash	(ing. *cash*; esp. *efectivo*)
contéiner	(ing. *container*; esp. *recipiente, envase*)
dropear	(ing. *to drop [a class]*; esp. *darse de baja, dejar [una clase]*)
estar supuesto [a]	(ing. *to be supposed [to]*; esp. *suponerse [que]*)
grados	(ing. *grades*; esp. *notas, calificaciones*)
librería	(ing. *library*; esp. *biblioteca*)
lonche	(ing. *lunch*; esp. *almuerzo*)
mánacher	(ing. *manager*; esp. *gerente, encargado*)
moverse	(ing. *to move, relocate*; esp. *mudarse, trasladarse*)
populación	(ing. *population*; esp. *población*)
prínter	(ing. *printer*; esp. *impresora*)
printear	(ing. *to print*; esp. *imprimir*)
puchar	(ing. *to push*; esp. *empujar*)
realizar	(ing. *to realize*; esp. *darse cuenta [de que]*)
registrarse [para las clases]	(ing. *to register*; esp. *inscribirse, matricularse*)
submitir	(ing. *to submit*; esp. *entregar, someter*)

se atribuya a la "anglicanización" de la lengua lo que en realidad es la "americanización" de la cultura (1993: 21). En un estudio de encuesta realizado con 74 hablantes de origen cubano en el condado de Miami-Dade, Florida, Otheguy y García (1988) observaron frecuencias más elevadas de préstamos del inglés en el español de hablantes monolingües que en el de bilingües, además de índices más altos de aceptación de tales innovaciones léxicas entre monolingües y mayor rechazo de estas entre bilingües. Los autores atribuyeron la mayor disposición de los monolingües a adoptar y aceptar préstamos del inglés al hecho de que ellos consideran que las innovaciones son una parte integral del español de Miami, es decir, de la variedad particular de su nueva comunidad de habla. Por otro lado, los bilingües, debido a su conocimiento del inglés, tendían a reconocer fenómenos léxicos de contacto como tales, y de esa manera era menos probable, según los autores, que los bilingües los aceptaran como parte del español local. En el estudio de Otheguy y García, los porcentajes de adopción y aceptación de las innovaciones léxicas variaban según el tipo. Los autores señalaron que a pesar de que una mayoría de los encuestados (58%) indicaba usar préstamos, v.g., *Necesito hacer un* part-time *para ganar dinero* (Necesito conseguir un trabajo a tiempo parcial para ganar dinero), solo el 16% de ellos los consideraba aceptables o correctos. Por otro lado, el 47% de los participantes consideraba que los calcos léxico-sintácticos (los cuales Otheguy y García denominaban *phrasal calque*), del tipo *Pregúntale si sabe cómo hacerlo* eran aceptables, y el 54% indicaba usarlos en el habla. Así y todo, Otheguy y García concluyen que el español de los cubanos de Miami es mucho más susceptible a los calcos léxico-sintácticos que a otros tipos de innovación léxica, hecho que atribuyen a la índole cultural de los primeros (1988: 227). Posteriormente, Otheguy, García y Roca (2000) sostienen que este tipo de calcos es altamente común en el habla de los cubanoamericanos y que constituyen ejemplos de cómo los cubanoamericanos incorporan elementos estadounidenses en su cultura sin introducir elementos del inglés en su lengua (183). Estos autores sugieren que los préstamos traducidos en el español cubanoamericano son manifestaciones lingüísticas de una identidad transcultural cambiante (noción antropológica elaborada por Ortiz, 1940), y que el uso de dichos elementos es, en realidad, bastante más estable de lo que puede parecer (Otheguy, García y Roca, 2000: 183).

Otheguy (1993) enfocó el calco léxico-sintáctico verbo + *pa(ra) atrás*, v.g., *llamar para atrás* (volver a llamar), *dar para atrás* (devolver), estructura atribuida comúnmente a la influencia directa del inglés en el español de hispanos estadounidenses. Argumenta que esta frase no está lingüísticamente vinculada a la influencia del inglés *call back*, *give back*, etc., ya que el simple adverbio *back* en inglés no es estructuralmente paralelo a la construcción preposición + verbo del español (33). Otheguy señala que los verbos seguidos de frases preposicionales y adverbiales también son comunes en variedades monolingües del español, como en el ejemplo *No me quiero meter por esa calle, porque más adelante te encuentras que están en obras, y tienes que volver para atrás* (1993: 33). Otheguy concluye que esta construcción es diferente de la del inglés, tanto sintáctica como semánticamente, y que no parece implicar ninguna modificación de los sistemas léxico y gramatical del español (1993: 35).

Lipski (1990c) observó que las traducciones directas de verbos seguidos de preposiciones o adverbios (llamados *phrasal verbs*) del inglés eran casi inexistentes en el español isleño de Luisiana. Señala que expresiones como *sit down* (sentarse) *knock over* (tumbar), *blow up* (explotar) y *pass by* (pasar) rara vez repercuten en el español de hispanos estadounidenses, y afirma que, en aquellos casos en los que la sintaxis del inglés penetra la sintaxis del español, se trata simplemente de la traducción del verbo principal y no de la preposición o del adverbio inherente en estas formas (1990c: 91). Lipski razonó que, dado el extremo aislamiento geográfico-social de los isleños desde que se asentaron en Luisiana, la posible influencia de otras comunidades hispanoparlantes en los Estados Unidos no ofrecía una explicación convincente para la existencia de las construcciones verbo + *pa(ra) atrás* en el dialecto isleño. El uso de dichas construcciones en otras comunidades bilingües de habla inglesa fuera de los Estados Unidos, v.g., Gibraltar, Belice y Trinidad, lleva a Lipski a concluir que "[. . .] algunas tendencias reiterativas han dado forma a los fenómenos sintácticos en español, ya que, al parecer, los anglicismos en el dialecto isleño evidentemente han surgido independientemente de aquellos que se dan en otras comunidades de habla" (1990c: 91–92).[20] A continuación, se citan algunos ejemplos de tales construcciones observados por Lipski (1990c: 91) en el español isleño:

1. *Yo hablaba pa trah en ehpañol* (Yo respondía en español)
2. *Él se fue pa trah [a] Ehpaña* (Él volvió a España)
3. *Siempre venían pa trah* (Siempre regresaban)
4. *Ven pa trah mañana* (Vuelve mañana)
5. *Pónelo pa trah como ehtaba* (Devuélvelo tal como estaba)

Silva-Corvalán (1994a) argumenta que la extensión de *para atrás* para expresar repetición o retorno en el español de los bilingües estadounidenses—en construcciones como *llamar para atrás, dar para atrás, pagar para atrás, decir para atrás, ir para atrás, regresar a alguien para atrás* y *traer a alguien para atrás*—no se puede atribuir únicamente a la extensión metafórica, tal como sugiere Otheguy (1993). Silva-Corvalán postula que: "Si la extensión del significado de *para atrás* estuviera documentada en variedades del español que claramente no están en contacto con el inglés [. . .], se podría argumentar más convincentemente que el mecanismo del cambio es puramente una extensión metafórica. Si este no es el caso, la transferencia de significado del inglés podría ser una explicación más apropiada" (1994a: 175).[21] Smead (2000) relaciona las construcciones con *para atrás* directamente con la influencia sintáctica del inglés, y postula que su ocurrencia en el habla bilingüe refleja un caso de convergencia con el inglés tras "una pauta sintáctica típicamente inglesa" (170).

Nos parece interesante que todos los tipos de calcos léxico-sintácticos identificados por Silva-Corvalán (1994a) en el habla de bilingües méxico-americanos también sean característicos, en mayor o menor medida, del discurso de aprendices del español como segunda lengua. Ejemplos como *tener un buen tiempo* (*to have a good time* ~ divertirse) (Tipo 1), *¿Cómo te gustó la película?* (*How did you like the movie?* ~ ¿Te gustó la película?) (Tipo 2), *Mi padre es seis pies* (*My father is six feet* ~ Mi padre mide seis pies) (Tipo 2), *llegar en tiempo* (*to arrive on time* ~ llegar a tiempo) (Tipo 3), *no había niños a cuidar* (*there were no children to take care of* ~ no había niños para cuidar) (Tipo 3), *nadie le gusta a ella* (*no one likes her* ~ ella no le gusta a nadie) (Tipo 4), *mi familia fue a Texas a visitar* (*my family went to Texas to visit* ~ mi familia visitó Texas) (Tipo 4), *cuatro otros alumnos* (*four other students* ~ otros cuatro alumnos) (Tipo 5), *la más importante persona* (*the most important person* ~ la persona más importante) (Tipo 5) y *Eso es por qué yo quiero un hijo* (*That is why I want a child* ~ Por eso quiero tener un hijo) (Tipo 6), ocurren con bastante frecuencia en la escritura y habla producidas por aprendices del español como segunda lengua. Dada esta semejanza, nos parece lógico concluir que estos tipos de calcos son condicionados por factores interlingüísticos y que no responden a factores culturales per se, ya que sería difícil defender la noción de que tales construcciones se deben a la "americanización" (término empleado por Otheguy, 1993) de estudiantes anglófonos del español como segunda lengua, "americanos" sin raíces hispanas, sin previo conocimiento del español y sin exposición a este tipo de construcciones ni dentro ni fuera del aula de clase. La semejanza de los fenómenos léxicos aparentes en el discurso en español de aprendices que son hablantes nativos del inglés y en el habla de bilingües hispanos en los Estados Unidos parece confirmar la idea de

Moreno-Fernández (1998: 327–328) de que el aprendizaje de una segunda lengua es, en realidad, una situación de contacto de lenguas.

6.4.4. El sistema verbal

La variación del sistema verbal constituye uno de los temas más explorados en estudios del español en los Estados Unidos. En un resumen de investigaciones del español del suroeste hace tres décadas, Floyd (1978) afirmó que los usos del presente, pretérito e imperfecto del indicativo divergían muy poco de los que se daban en otras variedades del español, pero notó que estas formas se sobregeneralizaban a contextos semánticos que regían otras formas en variedades normativas. Por ejemplo, el presente simple y las construcciones perifrásticas (*ir + a +* infinitivo) se usan más frecuentemente en el español del suroeste que en otras variedades monolingües para expresar futuridad, sobreextensión que ocurre a expensas del futuro morfológico (Phillips, 1967; Marrocco, 1972; Sánchez, 1972; Ross, 1975; Solé, 1977). Gutiérrez (1995) señela que el uso de formas sintéticas del futuro (v.g., *vendrá, dirá, estará*) en el habla bilingüe se limita a la función modal, i.e. para expresar posibilidad o suposición en el presente, como en el siguiente ejemplo (Gutiérrez, 1995: 221):

> (Un hombre de Arizona de 73 años de edad)
> *¿Hoy ya no hay nada de discriminación o queda todavía un poquito o*
> *cómo está la . . . ?*
> Pues *estará* como . . . latent . . . ¿cómo se dice 'latent' (latente)?

Incluso en contextos de conjetura, en los que el hablante monolingüe tendería a emplear el futuro sintético, los bilingües a menudo optan por una forma del presente de indicativo o del pasado simple junto con algún elemento adverbial, el cual sirve para atenuar el grado de aserción vinculado al uso del indicativo, tal como en el siguiente ejemplo de un cubanoamericano de tercera generación observado por Lynch en Miami:

> *¿Y la señora Menéndez, que no se sabe nada de ella?*
> No sé. Se *murió* o algo.

En este ejemplo, alguien preguntaba por una vieja amiga de la familia a quien nadie había visto en muchos años. En su respuesta, el hablante evitó el uso de la forma morfológica *se habrá muerto* y expresó la suposición con la frase *o algo*, la cual implicaba que era posible o probable que la persona en cuestión hubiera muerto, pero que no le constaba que *se murió*.

El uso restringido e infrecuente del futuro sintético para expresar tiempo (en vez de modalidad) se ha documentado en todo el mundo hispanohablante, tanto en áreas monolingües como en zonas de contacto (Silva-Corvalán y Terrell, 1989; Gutiérrez, 1995; Orozco, 2005). No debe sorprender, pues, que esta forma casi no se use con su función temporal en el habla de comunidades de contacto, donde la adquisición formal y el uso del español están socialmente restringidos. Lo mismo puede decirse del subjuntivo. Veidmark y Aguiar (1991) documentaron "la desaparición del subjuntivo español" en cláusulas relativas que expresan especificidad en el español de Costa Rica y, en el español argentino, el indicativo en las cláusulas de futuro encabezadas por *cuando* es de uso común, sobre todo si se trata de un futuro más inmediato (v.g., *Mañana cuando salgo del trabajo te llamo*). En el español de México, Blake (1981) descubrió altas frecuencias de indicativo en los complementos *Me alegro de que* y en las cláusulas dubitativas *No creo que* en hablantes del Distrito Federal, a la par que Gutiérrez (1994) observó una tendencia general de reducción de uso del subjuntivo en dichos contextos en tres generaciones de hablantes monolingües en Michoacán. La variabilidad del subjuntivo ya inherente en las variedades monolingües del español facilita y propulsa la reducción de esta forma en las variedades de contacto; esta última tendencia reforzada en el contexto estadounidense por la adquisición "interrumpida" del español durante los primeros años escolares (Silva-Corvalán, 2003), la muy limitada exposición a registros formales y académicos del español que reciben los hispanos bilingües (Valdés y Geoffrion-Vinci, 1998), así como el general desplazamiento del español por el inglés en el plano social. Floyd (1978) concluyó en su momento que el área geográfica, la edad del hablante, el grado de exposición al español, la frecuencia de uso activo del español frente al inglés o una combinación de todos estos factores afectaba el uso del subjuntivo en el suroeste, y señaló, con gran acierto, que tanto los factores externos como internos (semánticos) constituirían un futuro material de estudios sobre el sistema verbal del español en los Estados Unidos.

Floyd (1978) también observó que numerosos estudios realizados por sus contemporáneos (Ayer, 1971; Marrocco, 1972; Phillips, 1967; Sánchez, 1972; Solé, 1977) habían documentado elevadas frecuencias de construcciones progresivas (*estar* + gerundio) en el español del suroeste frente a variedades monolingües. Se puede postular que este fenómeno refleja la influencia directa del inglés, ya que las construcciones progresivas son mucho más comunes en inglés que en español y pueden usarse para expresar conceptos más generales, incluso futuridad, v.g. *Tomorrow I'm going to school* (Mañana voy a la escuela). Entre los puertorriqueños de Nueva York, Klein (1980) observó una elevada frecuencia del presente progresivo en los contextos discursivos en los que no se permite el presente simple en inglés pero existe la opción de emplear o la forma simple o la progresiva en español, como en el siguiente ejemplo de Klein: "*Ésta está mirando a los niños que están jugando en el palo . . . uno se trepa y el otro lo empuja*". En lo que atañe al uso de otras formas verbales, sin embargo, la influencia que pueda ejercer el inglés es muy discutible, e incluso en el caso del tiempo progresivo se ha puesto en tela de juicio. En un estudio del uso de las formas del imperfecto progresivo en el habla de bilingües de herencia mexicana en Texas, Chaston (1991) afirma que la idea de que las formas simples del imperfecto (v.g., *hablaba*) son desplazadas por las progresivas (v.g. *estaba hablando*) en el español chicano es "altamente exagerada y engañosa" (300). En los datos de quince hablantes, Chaston observó que, de 546 situaciones discursivas adecuadas para el imperfecto del indicativo, solo 33 (6%) de los verbos aparecían en la forma progresiva. No obstante,

Chaston identificó en la muestra algunos casos de usos aparentemente influenciados por el inglés en hablantes de tercera y cuarta generación, por ejemplo:

1. Pues yo hacía las cosas como ir a otras escuelas con el student council (consejo estudiantil) y representar el senior class (último grado escolar) en cosas que nosotros *estábamos hablando* de. (307)
2. Durante el tiempo que . . . durante el tiempo que mi papá *estaba yendo* a la escuela, siempre no no juntaban con los que no pensaban que iban a ser you know (tú sabes) doctores o médicos o abogados. (308)

Chaston concluyó que, en términos generales, la forma progresiva tendía a usarse para expresar acciones en curso en el pasado en el habla de aquellos individuos que tenían bajos niveles de capacidad en español y una exposición más limitada a la lengua (308). Torres Cacoullos (2000) afirma que, en el uso de construcciones progresivas en -*ndo* en el español bilingüe de Nuevo México, no se manifiesta convergencia con el inglés, sino más bien un proceso de gramaticalización de estas construcciones impulsado por el aumento en su frecuencia así como el registro oral e informal que caracteriza el uso del español en los Estados Unidos.

En uno de los estudios más influyentes de su momento, Pousada y Poplack (1982) sostienen que el sistema verbal en los puertorriqueños de Nueva York no refleja convergencia con el inglés. Las autoras desafían el argumento de Granda (1968), el cual sostiene que la influencia del inglés lleva a los hablantes bilingües del español a favorecer en su habla aquellas formas que son semánticamente más paralelas o similares a las formas del inglés, llevando así a la eliminación de otras formas menos paralelas (Pousada y Poplack, 1982: 209). Se analizó el habla grabada de doce personas *del barrio* en East Harlem, seis de las cuales afirmaban ser monolingües o dominantes en español y otras seis que aducían ser bilingües "equilibrados" o dominantes en inglés; de las doce, ocho afirmaban hablar "buen español". Para comparar, Pousada y Poplack incluyeron cinco grupos de datos en el análisis: una entrevista al escritor puertorriqueño José Luis González; un análisis de frecuencia de formas verbales en la célebre novela *La Celestina*, texto del siglo XV; el habla de un sujeto monolingüe de 29 años de la clase alta de Granada, España; el uso de los verbos en inglés de dos bilingües puertorriqueños dominantes en inglés que habían nacido en Nueva York y siempre habían vivido allí; y, finalmente, los usos verbales de un hablante monolingüe de inglés, de Nueva York, no puertorriqueño, de clase socioeconómica media. En total, se analizaron 11,680 ocurrencias de usos verbales: 8,679 formas del español puertorriqueño vernáculo de los doce sujetos principales del estudio, 270 verbos del español puertorriqueño estándar de la entrevista con el escritor González, 473 formas del español andaluz del informante de Granada y 2,258 formas verbales del inglés de los tres últimos hablantes mencionados arriba. Pousada y Poplack encontraron que los usos de las 8,679 formas verbales producidas por los doce residentes primarios de East Harlem casi no divergían cuantitativamente del español estándar y que menos del 1% de los datos se podía clasificar como usos no preceptivos (1982: 219). También notaron grandes semejanzas entre los datos del español puertorriqueño vernáculo y el español andaluz, y observaron que la mayor divergencia del vernáculo puertorriqueño de los hablantes de East Harlem frente a la norma reflejada en *La Celestina* era en el uso del futuro sintético (1982: 232–233). En resumen, las diferencias más sustanciales—ninguna de las cuales probó ser estadísticamente significativa—eran el uso reducido del subjuntivo y el mayor grado de semejanza (i.e., correlación) de uso del presente progresivo en los datos del español y del inglés producidos por los bilingües de East Harlem (cf. Klein, 1980). Así y todo, Pousada y Poplack concluyen que "[l]a influencia del inglés no parece haber afectado estos aspectos fundamentales del español" y afirman que su indagación "indica que el paradigma verbal se ha mantenido estable en una situación de contacto de lenguas, a pesar de las hipótesis que plantean que esta situación debería acelerar el cambio lingüístico" (1982: 233).[22]

Estudios posteriores realizados con los puertorriqueños de Nueva York nos sugerirían que tal vez no había pasado el tiempo necesario entre las grandes inmigraciones puertorriqueñas de mediados del siglo XX y el momento de la investigación de Pousada y Poplack (1982) para revelar inestabilidad lingüística en las comunidades bilingües de East Harlem. En un estudio longitudinal llevado a cabo en *el barrio* durante las décadas de 1980 y 1990, ya mencionado previamente, Zentella (1997) documentó la reducción del uso de los tiempos perfectos y el debilitamiento de las restricciones sobre la distinción aspectual en bilingües de segunda y tercera generación, lo cual producía, según ella, "alternaciones erráticas" entre el pretérito y el imperfecto y, en ciertas ocasiones, sobregeneralización del imperfecto. Silva-Corvalán (1994a: 46) también notó la sobregeneralización del imperfecto en el caso de los verbos copulativos en el habla de bilingües méxico-americanos en Los Ángeles: *era* se sobregeneralizaba a expensas de *fue* en el caso del verbo *ser*, y *estaba* se extendía a contextos perfectivos donde se esperaría *estuvo* en el español normativo. Según Zentella (1997), muchos hablantes de su estudio no parecían distinguir entre el aspecto durativo del imperfecto y el aspecto puntual del pretérito en ciertas oraciones (1997: 190). En el siguiente ejemplo de Zentella, se puede observar que Lolita, una de las principales participantes del estudio, interrumpe el aspecto durativo ya establecido en su respuesta a la pregunta de Zentella con el verbo *hizo* en el pretérito:

> ZENTELLA: ¿Tú no tenías que viajar para ir a esa escuela? ¿Eso no fue problema?
> LOLITA: Sí era problema porque mi hermana era la que no quería que yo estaba en el tren sola, *so* (así que) lo que ella hizo era que le pagaba a uno de lo(-s) muchacho(-s) de la escuela que vivían al la(d)o, que me llevaran pa(-ra) la escuela. (187)

Además del uso no convencional del pretérito en el ejemplo de arriba, también se nota que Lolita usó el indicativo *estaba* en la cláusula después de *quería que*, la cual rige el subjuntivo *estuviera* en el español normativo. Zentella (1997) afirma que, para todos los participantes del estudio, la oposición subjuntivo-indicativo estaba sustancialmente reducida a expensas del subjuntivo, una tendencia incipiente notada por Pousada y Poplack (1982) y puesta de relieve en los ya mencionados estudios reseñados por Floyd (1978).

Tanto Ocampo (1990) como Silva-Corvalán (1994a, 1994b) observan la pérdida de las formas del subjuntivo en el habla de méxico-americanos en Los Ángeles. En base a datos de entrevistas grabadas, Silva-Corvalán (1994b) identificó dieciocho contextos semánticos para el uso del subjuntivo en el habla de inmigrantes mexicanos de primera generación, los cuales dividió entre contextos "categóricos" u "obligatorios" y contextos "variables" u "opcionales". Los contextos categóricos eran: cláusulas nominales con significado volitivo (*quiero que hable*) y causativo (*hace que hable*), cláusulas que expresaban imposibilidad (*es imposible que hable*), manera hipotética (*como si hablara*), futuridad (*mañana cuando hable*), propósito (*para que hable*) y comentario (*es mejor que* y *está bien que*, por ejemplo). Los contextos denominados variables en el estudio de Silva-Corvalán eran: cláusulas concesivas (*aunque hable*), cláusulas principales modales (*debiera hablar*), acto mental (*no advierte que hable*), incertidumbre (*no sé si hable*), cláusulas modales (*así como hable*), cláusulas locativas (*donde hable*), cláusulas adjetivales (*el que hable*), aserción (*yo sé que hable*), adverbiales de manera, tiempo y lugar, y prótasis (*si viniera*) y apódosis (*le hablara*) de las oraciones condicionales. El análisis reveló que, en los contextos obligatorios, la frecuencia del subjuntivo disminuía del 93.8% en la primera generación de hablantes al 74.2% y el 52.5% en la segunda y tercera generaciones respectivamente. En los contextos opcionales, el subjuntivo constituía el 30.9% de los verbos en la primera generación, el 23.5% en la segunda y el 12.4% en el habla de la tercera (Silva-Corvalán, 1994b: 266). Los resultados de este estudio corroboraron la conclusión de Ocampo (1990) de que el subjuntivo se ve muy reducido en contextos semánticos variables en el habla de la tercera generación, mientras que los contextos categóricos se muestran más resistentes a las incursiones del indicativo. Ocampo sostiene que "[l]a situación de lenguas en contacto inicia un proceso que comienza con la disminución del subjuntivo en los contextos en los que es posible la variación, con la consiguiente pérdida de los matices semánticos, seguido de la eliminación de las restricciones formales y, por último, de la desaparición total de este modo" (1990: 45).

Siguiendo una metodología similar a la de Ocampo y Silva-Corvalán, Lynch (1999) documentó los mismos procesos de simplificación del subjuntivo señalados por estos investigadores en Los Ángeles en el habla de la segunda y tercera generación de cubanoamericanos en Miami. Sin embargo, Lynch notó que la simplificación del sistema verbal de cubanoamericanos en Miami era más paulatina que en el caso de los méxico-americanos en Los Ángeles, indicio de un mayor grado de mantenimiento y uso del español en la urbe floridana. Por ejemplo, todos los hablantes de la tercera generación (N=10) incluidos en la investigación de Lynch (1999) hicieron un uso adecuado de las formas del imperfecto de subjuntivo de diversos verbos regulares e irregulares en varios contextos semánticos, mientras que la mitad de los hablantes de la tercera generación (N=16) de méxico-americanos analizados por Silva-Corvalán (1994a) nunca usó el imperfecto de subjuntivo de ningún verbo. Asimismo, en el estudio de Silva-Corvalán (1994a), 9 de 16 méxico-americanos de la tercera generación nunca usaron el condicional en el discurso hipotético, pero en el corpus de Lynch (1999) solo un hablante de 10 de la tercera generación de cubanoamericanos nunca produjo el condicional, mientras que 7 de los 9 restantes produjeron esta forma verbal de manera sistemática (186).

El estudio de Silva-Corvalán (1994a) constituye el análisis más exhaustivo del sistema verbal de bilingües de español e inglés en los Estados Unidos. Basándose en grabaciones de conversaciones informales con 50 bilingües y cuestionarios referentes al uso de los tiempos verbales, Silva-Corvalán demostró que el sistema verbal del español reflejaba claras etapas de simplificación en los tres grupos de hablantes de su análisis: el Grupo 1 (G1) estaba formado por hablantes nacidos en México que habían llegado a los Estados Unidos después de los once años de edad; el Grupo 2 (G2) estaba compuesto por hablantes que habían llegado a los Estados Unidos antes de la edad de seis años o que habían nacido en los Estados Unidos con madre o padre del grupo G1; y el Grupo 3 (G3) lo conformaban hablantes nacidos en los Estados Unidos con madre o padre del grupo G2. La tabla 6.9 pone de manifiesto las etapas de simplificación del sistema verbal observadas por Silva-Corvalán en el habla de estos tres grupos (1994a: 30). El orden de las etapas (i-vii) es jerárquico, i.e., si un individuo

Tabla 6.9 Etapas de simplificación (S) y pérdida (P) del sistema verbal en el español de bilingües méxico-americanos en el este de Los Ángeles (Silva-Corvalán, 1994a: 30)

(i)	P:	Futuro perfecto	Grupo 1
		Condicional (función temporal)	
(ii)	P:	Condicional perfecto	Grupos 1, 2
		Presente perfecto de subjuntivo	
	S:	Futuro	
		Infinitivo perfecto	
(iii)	P:	Futuro	Grupos 2, 3
		Infinitivo perfecto	
	S:	Pluscuamperfecto de subjuntivo	
		Pluscuamperfecto de indicativo	
		Imperfecto de subjuntivo	
		Pretérito (con una lista cerrada de verbos de estado)	
		Imperfecto de indicativo	
(iv)	P:	Pluscuamperfecto de subjuntivo	Grupos 2, 3
		Pluscuamperfecto de indicativo	
	S:	Presente de subjuntivo	
(v)	P:	Imperfecto de subjuntivo	Grupo 3
		Condicional (función modal)	
	S:	Presente perfecto de indicativo	
(vi)	P:	Presente perfecto de indicativo	Grupo 3
	S:	Imperativo	
(vii)	P:	Presente de subjuntivo	Grupo 3

usaba las formas correspondientes a la etapa (i), se puede inferir que también usaba las formas correspondientes a las etapas subsiguientes (ii-vii) y que estas últimas formas no se veían afectadas por procesos de simplificación.

Silva-Corvalán comentó que: "El aspecto más notable de los cambios que afectan el sistema verbal es la regularidad con que estos proceden. Los procesos de simplificación y pérdida nunca son aleatorios, sino que se ajustan en cada etapa a una tendencia predecible a desarrollar un sistema lo menos gramaticalizado posible, de acuerdo con las restricciones sobre posibilidades y preferencias de la gramática universal" (1994a: 31).[23]

Las etapas de simplificación y pérdida identificadas por Silva-Corvalán (1994a) en bilingües méxico-americanos se manifiestan, en mayor medida, en un orden inverso del que se da en la adquisición del español como segunda lengua y en niños en vías de adquirir el español como lengua nativa (primera). En estudios posteriores, Silva-Corvalán (2003) comparó la producción de niños bilingües en Los Ángeles con los resultados de su estudio de adultos méxico-americanos en la misma ciudad (1994a) y concluyó que lo que aparentan ser etapas de "pérdida" entre adultos bilingües (tabla 6.9) en realidad son el producto de un proceso incompleto (o interrumpido) de adquisición del español como primera lengua durante la niñez. Con respecto a la reducción de uso de las formas del subjuntivo y la variación de los verbos copulativos, Silva-Corvalán (2003) afirmó que la adquisición incompleta del español evidente en el habla de niños bilingües en Los Ángeles se debe principalmente a dos factores: una exposición socialmente restringida a la lengua y la frecuencia con la que se usan ciertas formas en el habla de adultos monolingües:

> [. . .] [L]os niños adquieren en el hogar las formas que se usan con mayor frecuencia. Si el proceso de adquisición del español se interrumpe entre los 5 y 6 años, al iniciarse la escolarización en inglés, los niños no tendrán la oportunidad de adquirir, entre otros, los tiempos verbales del modo subjuntivo, poco frecuentes en los temas de conversación dirigidos a ellos, ni una gama más completa de semi-auxiliares, ni los usos más abstractos ('menos concretizantes') de la cópula *ser*. Así pues, el resultado sería el sistema más reducido que caracteriza a los adultos bilingües de los grupos 2 y 3 [segunda y tercera generación]. (2003: 20)

Silva-Corvalán sostiene que muchos bilingües de la tercera generación se valen de formas del presente de indicativo para expresar no solo situaciones e ideas reales y concretas, sino también hipotéticas. En el discurso hipotético, el uso del presente de indicativo en lugar de otras formas más atenuantes, como el subjuntivo y el condicional, puede tener el efecto de comunicar un mayor grado de confianza (aserción) por parte de hablantes de la segunda y, en especial, la tercera generación. Silva-Corvalán define confianza como la creencia o la seguridad del hablante respecto a la probabilidad de que una proposición sea verdadera, y explica que los grados de confianza se interpretan como distintos grados de posibilidad en el discurso hipotético

(1994a: 77). En el siguiente ejemplo, una hablante (V), de 18 años del Grupo 2, respondía a la pregunta de Silva-Corvalán (C) sobre la posibilidad de casarse con alguien de México:

> C: Y, y pero tú, tú piensas casarte un día, ¿no es cierto?
> V: Sí.
> C: Y, e, ponte si conoces a alguien de México.
> V: ¿Mero, mero México?
> C: Sí.
> V: Yo creo que no me caso con una persona así. Porque yo, e, los hombres de mero México creen que las señoras, muchachas deben estar en la casa. Tienen en xxx mismo pensamiento de viejos, tú sabes, que, como señoras están en la casa y niños y no hacen nada, que no pueden hacer nada, no deben hacer nada—afuera de la casa. Y, um, yo creo que—No quiero casarme con una persona así. (Silva-Corvalán, 1994a: 87)

Silva-Corvalán señala que el estilo de comunicación de la hablante en este ejemplo daba a entender que ella se oponía plenamente a la posibilidad de casarse con un hombre de México, aunque ella no había querido rechazar esa posibilidad del todo al expresarse (87). Silva-Corvalán atribuye su aparente aserción no solo al uso del presente indicativo sino también a la ausencia de cualquier elemento que hubiera servido para atenuar la afirmación.

Sigue otro ejemplo del estudio de Silva-Corvalán (1994a) de un hablante (D), de 45 años de edad, del Grupo 3, el cual muestra más claramente el efecto de la simplificación del sistema verbal en el discurso hipotético de los méxico-americanos nacidos en los Estados Unidos:

> C: Entonces si tú por ejemplo en vez de vivir aquí hubieras vivido en México, ¿cómo te imaginas tu vida allá, de qué manera diferente crees tú?
> D: Mi primer cosa, que pude hablar el español mejor. Y también voy a sacar con—a tener diferentes valores de México en ideal del hombre y de mujer, el machismo, ideas.
> C: ¿Cómo, cómo te imaginas diferente, que hubiera sido así?
> D: Yo creo que vivo, yo creía que como hombres de ahí, salir con la idea que las mujeres son majas y son—mocional- mocionale. /Sí, emocionales/. (Silva-Corvalán, 1994a: 89)

Silva-Corvalán afirma que estaba claro que el hablante D tenía la intención de hablar hipotéticamente, pero su uso de las formas del indicativo tenía el efecto de hacer pensar que tal vez presentaba la situación como posible en un mundo futuro (1994a: 90).

Varios estudios han enfocado la variación de condicional, pasado de sub-juntivo e imperfecto de indicativo en el discurso hipotético de hispanos bilingües en los Estados Unidos: Silva-Corvalán (1994a), en méxico-americanos en Los Ángeles; Gutiérrez (1996), en méxico-americanos en Houston; Zentella (1997), en puertorriqueños en Nueva York; y Lynch (1999), en cubanoamericanos en Miami. Todos estos autores han observado una disminución sustancial del uso de las formas condicionales (*hablaría*) en la segunda y tercera generación, las cuales son reemplazadas por formas del pasado de subjuntivo (*hablara*) y del imperfecto de indicativo (*hablaba*) en contextos hipotéticos. Esta tendencia es evidente en los siguientes ejemplos del habla cubanoamericana recogidos por Lynch (1999). En el primer ejemplo—en el cual Lynch (A) le pregunta a una hablante (Y, nacida en Miami, de segunda generación) sobre la posible reacción de la comunidad cubana en Miami si muriera Castro el día de mañana—se puede observar lo que en este caso parece ser variación libre entre las formas del condicional, el imperfecto de subjuntivo y el imperfecto de indicativo:

> A: ¿Y cómo reaccionaría la comunidad cubana aquí en Miami si mañana muriera Castro?
> Y: Oh, my God (Dios mío). Fueran fiestas por todas partes. Yo no creo que la gente se fuera, no creo. Creo que irían de visita, sacarían la familia, no- fuera distinto. La comunidad cubana estuviera extremente [*sic*] feliz, pero no creo que se fueran, porque la mayoría ya tienen sus familias aquí. Quizás los que acabaron de llegar hace un año, dos años, quizás se fueran, pero, como mi familia, que hace veintipico de años que está aquí . . .
> A: Se quedarían.¿Hasta tus abuelos se quedarían?
> Y: Sí, mis abuelos pues, seguro. Ellos ya se quedarían aquí.
> A: ¿Piensas que muchos cubanos que están en la isla se vendrían para acá, para Miami?
> Y: Sí, yo creo que sí. Sería- yo creo que hubiera como un cambio. Mucha gente fueran para allá, y allá gente vinieran para acá, pero creo que más vinieran para acá, por- nada más que por conocer qué es lo que es Miami, qué es lo que es los Estados Unidos, porque siempre en Cuba desde chiquito siempre han oído 'vamos pa' Cuba', I mean (digo), 'vamos pa' América, pa' América', so (así que) a lo mejor vindieran (*sic*), visitaban y después regresarían. . . . Pero pa' que Cuba se vuelva a poner como estaba, eso, años, años.

En el segundo ejemplo, a continuación, es evidente que el imperfecto de indicativo se ha sobregeneralizado a expensas del condicional y del imperfecto de subjuntivo en el habla de C, un hombre también de la segunda generación, nacido en Miami.

> A: ¿Piensas que muchos cubanos de Miami volverían a Cuba?
> C: La comunidad en Miami, bueno, muchos se pasaban a visitar a Cuba, pero muchos se quedaban en Miami. Se ponían alegres pero, en sí, no había mucho cambio- de regresar pa' 'trás, pa' Cuba, lo dudo.

Tanto Lynch (1999) como Silva-Corvalán (1994a), Gutiérrez (1996) y Zentella (1997) atribuyen la disminución del uso de formas del condicional en el habla de bilingües estadounidenses a tendencias internas del español y no a la influencia directa del inglés. A lo largo de la evolución del español, los usos del pasado de subjuntivo y el imperfecto de indicativo han variado en el discurso hipotético y, en muchas zonas monolingües del mundo hispanoparlante, aún se emplean estas formas en lugar del condicional, especialmente en el lenguaje cotidiano e informal. Las siguientes oraciones ejemplifican esta variación:

> *Si tuviera el dinero, me iría de viaje.*
> *Si tuviera el dinero, me fuera de viaje.*
> *Si tuviera el dinero, me iba de viaje.*

Dada la baja frecuencia del condicional en el habla cotidiana y su variación con el pasado de subjuntivo y las formas del imperfecto de indicativo en varios dialectos del español (cf. Gómez Torrego, 2002: 411–412 sobre esta variación en el español peninsular), parece lógico que estas últimas formas prevalezcan en el habla de los bilingües estadounidenses. De acuerdo con Silva-Corvalán (1994a, 2003), la sobre-generalización de las formas del pasado de subjuntivo y del imperfecto de indicativo a expensas del condicional se puede atribuir tanto a la pérdida del condicional en las primeras etapas de simplificación del sistema verbal (tabla 6.9) como a la adquisición interrumpida del español en hispanos estadounidenses durante la niñez. Asimismo, Fairclough (2005) sostiene que, para hispanos bilingües que estudian el español for-malmente a nivel universitario, "existe una gran inseguridad que da lugar a un sistema lingüístico sumamente complejo en el cual las formas dialectales alternan con las estándares" en el discurso hipotético (169).

6.4.5.   Expresión del pronombre de sujeto

Ya que los pronombres de sujeto explícitos son casi siempre obligatorios en inglés pero en español es mucho más usual el sujeto nulo, una hipótesis plausible sería que el hablante bilingüe de inglés y español expresara el pronombre en español con mayor frecuencia que el hablante monolingüe. Pero la mayoría de los estudios realizados hasta la fecha han concluido que el inglés no ejerce una influencia muy concreta sobre este aspecto de la sintaxis española. Una excepción han sido los recien-tes estudios de Otheguy y Zentella (2007) y Otheguy, Zentella y Livert (2007), los cuales destacamos más adelante. Silva-Corvalán (1994a) encontró que la frecuencia de expresión del pronombre de sujeto no era mayor—en términos cuantitativos—en bilingües méxico-americanos dominantes en inglés que en hablantes de la primera generación, monolingües o dominantes en español. No obstante, esta autora observó el debilitamiento o la pérdida de algunas restricciones discursivas sobre la expresión de los pronombres de sujeto en el habla de los bilingües dominantes en inglés, v.g. cambio de referencia y ambigüedad morfológica. Cabe señalar que dichas restricciones pueden ser compensadas contextualmente, abriendo más fácilmente el camino hacia su debilitamiento y pérdida posterior entre los hablantes con poco dominio de la lengua (Silva-Corvalán, 1994a: 164). En un posterior estudio longitudinal basado en sus observaciones personales de un niño bilingüe—de padre hispano bilingüe y madre angloparlante—en Los Ángeles, Silva-Corvalán y Sánchez-Walker (2007: 20) encontraron evidencia de que, desde la edad de un año y cinco meses hasta la edad de dos años y nueve meses, los dos sistemas gramaticales del niño se desarrollaron independientemente. De 155 sujetos explícitos expresados por el niño en español, el 75.5% eran nominales, el 14.2% eran pronominales y el 10.3% eran demostrativos. Por otro lado, en inglés se daba la tendencia opuesta en su habla: de 250 sujetos expresados, el 74.4% eran pronominales, el 14.4% eran nominales y el 11.2% eran demostrativos (Silva-Corvalán y Sánchez-Walker, 2007: 20). Afirmaron que "[e]l niño muestra conocimiento de las normas discursivo-pragmáticas del uso del sujeto en español, así como de las reglas sintácticas de la expresión del sujeto en inglés" (20).[24] En conclusión, Silva-Corvalán y Sánchez-Walker rechazan la hipótesis de que la sintaxis inglesa influye directamente en el uso de sujetos explícitos en el español del niño (2007: 19). Bayley y Pease-Álvarez (1997) tampoco encontraron evidencia a favor de tal hipótesis en las narrativas relatadas por niños méxico-americanos en California.

Lipski (1996b) concluye que el *parámetro pro-drop* no se ve modificado en bilingües cubanoamericanos. En un cuestionario de juicios gramaticales completado por tres grupos de estudiantes universitarios cubanoamericanos—diez hablantes monolingües en español, diez bilingües "transicionales" con dominio en español y diez bilingües "equilibrados"—Lipski no encontró pruebas convincentes de que la expresión del pronombre estuviera sujeta a la influencia del inglés. No obstante, Lipski (1996b) advierte que los bilingües transicionales a menudo muestran características muy similares a las de los aprendices de español como segunda lengua, pero indica que la correspondencia "nunca es total" (180). Entre colombianos radicados en Miami, Hurtado (2001, 2005) indagó sobre el efecto de factores discursivos, sintácticos y generacionales en la expresión del pronombre de sujeto. Su estudio se basó en entrevistas y conversaciones grabadas con 46 individuos de origen colombiano divididos en dos grupos: aquellos que habían nacido en Colombia y que habían llegado a los Estados Unidos después de los 11 años de edad (33 entrevistados), y aquellos que habían nacido en los Estados Unidos o que habían llegado a este país antes de los 11 años (13 entrevistados). El análisis de Hurtado (2005: 337) reveló muy poca diferencia entre los dos grupos. En el caso del primero, el porcentaje de pronombres explícitos era del 54% y en el segundo grupo alcanzaba el 51%. Los resultados de un análisis de VARBRUL tampoco revelaron diferencias significativas entre los dos grupos, hecho que Hurtado atribuyó a la inmigración relativamente reciente de colombianos en los Estados Unidos. Es decir, no se dieron indicios de la posible influencia del inglés en este aspecto del español de los colomboamericanos

Tabla 6.10   Frecuencias porcentuales de pronombres de sujeto explícitos en el habla de puertorriqueños en Nueva York y San Juan (Flores-Ferrán, 2004: 59)

Uso según persona y número	Nueva York (Flores-Ferrán, 2002)	San Juan (Cameron, 1992)	San Juan (Ávila-Jiménez, 1995, 1996)
Yo	52	50	53
Tú específico	53	48	59
Tú no específico	60	69	63
Él/Ella	48	39	38
Nosotros	17	15	16
Ellos/Ellas	22	25	24

porque la segunda generación en Miami todavía seguía muy expuesta al habla de la primera generación, según la autora.

Entre los puertorriqueños de Nueva York, Flores-Ferrán (2004) analizó datos de entrevistas con 20 hombres y 21 mujeres entre las edades de 23 y 81 años y concluyó que la exposición al inglés no estaba significativamente relacionada con el uso de pronombres de sujeto explícitos en español. Flores-Ferrán observó frecuencias de pronombres explícitos muy similares en Nueva York y San Juan al comparar sus datos con los de estudios realizados previamente por Cameron (1992) y Ávila-Jiménez (1995, 1996) en esta última ciudad. Los datos de estos tres estudios, metodológicamente muy parecidos, se ven reflejados en la tabla 6.10.

No obstante, al analizar los datos de Nueva York según grupos generacionales, Flores-Ferrán notó índices más altos de expresión del pronombre de sujeto en el habla de aquellos que habían nacido en Nueva York, lo cual parecería favorecer una hipótesis de contacto, según ella (2004: 66). En hablantes "recién llegados" a Nueva York y residentes procedentes de la isla de Puerto Rico que llevaban más de 16 años en esta urbe, se observó una frecuencia porcentual de sujetos explícitos del 31% y del 38% respectivamente, frente al 53% en los hablantes que habían nacido en Nueva York (2004: 66). Curiosamente, al separar los datos según el número del sujeto (singular vs. plural), la investigadora observó que el aparente aumento en la frecuencia de pronombres explícitos en el habla del grupo nativo de Nueva York se manifestaba exclusivamente en el uso de las formas singulares, mientras que en las formas plurales los porcentajes eran idénticos entre el grupo nacido en Nueva York y el grupo recién llegado de Puerto Rico. Estos datos aparecen en la tabla 6.11.

Como afirma Flores-Ferrán (2004: 68), este último hecho parece poner en tela de juicio la hipótesis de contacto por la siguiente razón: si el aumento de frecuencia de uso de pronombres de sujeto explícitos en el español de los *neorriqueños*, i.e. puertorriqueños nacidos y criados en Nueva York, se debiera a la influencia del inglés, sería lógico que se diera un incremento en todas las formas en español, tanto singulares como plurales, dado el hecho de que en inglés el número no condiciona la expresión del pronombre (*I, you, s/he, we, you all, they*). Este no fue el caso, sin embargo. Flores-Ferrán observó que, en los datos de Nueva York, no surgió ningún uso innovador del pronombre explícito frente a las normas del habla de San Juan,

Tabla 6.11 Frecuencia porcentual de pronombres de sujeto explícitos en el habla de puertorriqueños en Nueva York, según tiempo de estancia y número morfológico (Flores-Ferrán, 2004: 67)

Tiempo en Nueva York	sujetos singulares (%)	sujetos plurales (%)
Recién llegados (0–5 años)	31	25
Establecidos (16+ años)	45	15
Nacidos en Nueva York	57	25

lo cual apoyaría el argumento de que la expresión obligatoria del pronombre de sujeto en inglés no ejerce una influencia directa sobre el español de puertorriqueños neoyorquinos. Flores-Ferrán (2004) concluye que, a grandes rasgos, los datos de su investigación no apuntan hacia un cambio impulsado por el contacto con el inglés (69).

Por otro lado, Otheguy y Zentella (2007) sí constatan un alza en la frecuencia de pronombres de sujeto explícitos en el habla de hispanos nacidos y criados en la ciudad de Nueva York, de acuerdo con sus datos, los cuales comprendían 63,500 verbos enunciados en un contexto de entrevista por 142 hablantes con raíces en seis países distintos: por un lado Colombia, Ecuador y México (agrupados como dialecto "continental") y por otro lado Puerto Rico, Cuba y República Dominicana (agrupados como dialecto "caribeño"). Al comparar la tasa pronominal de individuos recién llegados a Nueva York con la de hispanos nacidos en esa ciudad, se observó una diferencia significativa: el 30% entre los primeros frente al 38% entre estos últimos (288). Cabe notar que el alza en la tasa pronominal no se podía atribuir solo a uno de los grupos, pues tanto en el grupo continental como en el grupo caribeño se dieron aumentos significativos al analizarlos por separado (288). En un análisis más detallado de los mismos datos, Otheguy, Zentella y Livert (2007: 780) notaron que los años de residencia en Nueva York y la capacidad de hablar inglés de los participantes influían de manera significativa en el uso de pronombres explícitos. Igualmente, la edad de llegada a Nueva York y la capacidad de hablar español dieron correlaciones negativas con la ocurrencia de pronombres explícitos. Otheguy y Zentella (2007) concluyeron que "obra de forma activa, entre los latinoamericanos de Nueva York, una clara influencia del inglés sobre la frecuencia de uso del pronombre explícito en español, influencia que [. . .] es ya detectable entre los criados en la Ciudad con raíces en la zona caribeña, y palpable en los nacidos en Nueva York, tanto de procedencia caribeña como continental" (Otheguy y Zentella, 2007: 290). Al analizar los factores lingüísticos que condicionan la expresión del pronombre de sujeto, Otheguy, Zentella y Livert (2007) también encontraron evidencia a favor de una hipótesis de influencia interdialectal en los seis grupos nacionales incluidos en el estudio. Un análisis de regresión reveló convergencia dialectal en el habla de la segunda generación con respecto a todas las personas singulares (primera, segunda específica, segunda no específica y tercera), pero no para las personas plurales (792–793). Dicha convergencia parecía favorecer las normas del español caribeño (794).

Tabla 6.12 Rasgos estructurales de los hablantes de español en los Estados Unidos (Lipski, 1993b: 166)

RASGO	Hablantes más capaces	Bilingües con interferencia del inglés	Bilingües transicionales
Inflexión adjetival inestable	nunca	nunca	siempre
Conjugación verbal inestable (de persona)	nunca	nunca	siempre
Uso categórico del pronombre de sujeto	nunca	nunca	frecuente
Violaciones de uso de pronombre anafórico	nunca	nunca	frecuente
Errores/elisión de preposiciones	nunca	muy raro	frecuente
Errores/elisión de artículos	nunca	muy raro	frecuente

6.4.6. Otros aspectos morfosintácticos

Según Lipski (1993b), la expresión redundante de los pronombres de sujeto es uno de los seis rasgos morfosintácticos que distinguen a los bilingües transicionales frente a los bilingües "más capaces". Los seis rasgos que identifica Lipski se exponen en la tabla 6.12.

Lipski (1993b) define a los bilingües transicionales como los hijos de hablantes de un español "de vestigio" o incluso de bilingües con suma fluidez, los cuales demuestran una capacidad cuasi nativa para entender la lengua hablada, pero que no pueden expresarse adecuadamente en ella. Se caracterizan por tener poca o ninguna educación formal en español, una exposición limitada al español durante la niñez, y poca asociación personal con el español en lo que atañe a una identidad hispana (159). Su uso de la lengua está restringido a conversaciones con algunos familiares (típicamente con los de la generación de sus abuelos) y, cuando se les habla en español, a menudo responden en inglés (159). Lipski (1993b: 156–57) observó que muchos de los errores que cometen los bilingües transicionales también son típicos de aprendices de segunda lengua y, a veces, del lenguaje infantil de hablantes nativos (cf. Lynch, 2003a, 2008; Montrul, 2004, 2005, 2006). Lipski afirma que la inflexión adjetival y la conjugación del verbo según persona siempre son elementos inestables en el español de los bilingües transicionales, pero no se desvían del uso normativo en el español de los bilingües más capaces (cf. García, 1998). Algunos ejemplos del habla de los 15 bilingües transicionales que analizó Lipski son:

Mi blusa es *blanco*
Tenemos *un* casa allá
¿Cuál es tu *favorito* parte?
Se m'*olvida* muchas palabra
Esos pajaritos se *metió* adentro
Ellos *fue* allá (Lipski, 1993b: 161–162)

Lipski también notó frecuentes errores y elisión de preposiciones y artículos en el habla de los bilingües transicionales, fenómeno que casi nunca se da en hablantes de niveles de fluidez más altos. Algunos ejemplos de tales errores son:

[el] español es muy bonita [o]
Yo iba a [la] escuela
Tengo miedo de [los] examens
Vamos a estar más cerca *a* la familia d'él
¿Tienes oportunidades *en* hablar el español? (Lipski, 1993b: 162–163)

En cuanto a este último ejemplo, García (1995) documentó patrones de uso de la preposición *en* que podrían atribuirse a la influencia del inglés en el habla de méxico-americanos bilingües de San Antonio, Texas. Uno de tales usos es para expresar temporalidad, como en el siguiente ejemplo en el que la hablante dice *en los domingos*, estructura posiblemente calcada del inglés *on Sundays*. García afirma que el uso de *en* es común en el español de San Antonio (207), pero indica que, si constituye un calco, la estructura inglesa no ha servido como modelo directo, puesto que en inglés no se incluye el artículo definido (*on the Sundays).

(Maestra de escuela de 45 años, de San Antonio, Texas)
So (así que) ese no es un día muy típico, pero en los domingos, y en los sábados, este, trato de no hacer mucho estudio. Y nos levantamos, vamos a, al almuerzo como, este, en *Shoneys*, a restaurante mexicano y después nos vamos a *Sea World* o al *mall* (centro comercial) porque mi hijo quiere ir a comprar de esto y el otro. Y después volvemos y salimos otra vez. Ese es en los sábados o domingos. Y después comenzando el lunes comenzamos otra vez con la otra *schedule* (horario). (García, 1995: 207)

García también notó el uso invariable de *en* ante las palabras *mañana, tarde* y *noche* a expensas de otras preposiciones como *de* y *por*, como se ve en el siguiente ejemplo (1995: 208):

(Ama de casa de 42 años, de San Antonio, Texas)
Por lo regular, en la noche, el miércoles en la noche, dirijo la devocional.

García concluye que la frase *en veces*, como en el ejemplo "*Yo sí voy, en veces*" (ama de casa de 59 años, de San Antonio, 209), muestra que el uso variable de esta preposición en el español de San Antonio no puede explicarse basándose en la influencia del inglés, ya que el equivalente inglés *at times* condicionaría el uso de la preposición *a* en español—*a veces*—y no *en* (211). García sostiene que el uso de *en* entre los bilingües de San Antonio exhibe las siguientes tendencias: (1) sobregeneralización de una forma a expensas de las otras y (2) aparente influencia, indirecta, del inglés (1995:

211). García (1982) también observó el uso de *en* para construcciones que expresan movimiento, como en el ejemplo "*Me vendría aquí en El Paso*" (92), donde en el español normativo se esperaría encontrar *a*. Este mismo uso de *en* a expensas de *a* se da en el español de Galicia (capítulo 2) y el español paraguayo (capítulo 4) y, por lo tanto concluimos que este rasgo constituye un arcaísmo que ha sido reforzado por la situación de contacto lingüístico.

Lipski (1993b) argumenta que las particularidades del español en contacto en diversas zonas del mundo se pueden atribuir a procesos de adquisición incompleta del sistema morfosintáctico del español más que a la influencia estructural de otra lengua. Este autor afirma que:

> Las áreas de lenguas en contacto con el español varían ampliamente en términos de estructuras morfosintácticas; también hay un gran abanico de circunstancias en las cuales se aprende y se usa el español, así como de actitudes hacia su uso. Sin embargo, los tipos de errores son similares en espacios temporales y geográficos de envergadura, lo cual apoya la noción de que la interferencia de estructuras específicas de la lengua nativa tiene menos importancia que las dificultades relacionadas con la adquisición de los patrones morfológicos del español.[25] (Lipski, 1993b: 167–168)

Se puede concluir, pues, que los fenómenos de variación morfosintáctica del español en los Estados Unidos se pueden atribuir primordialmente a factores lingüísticos internos al sistema español y a procesos vinculados con la adquisición incompleta de este sistema en sucesivas generaciones de hispanohablantes en este país. Tampoco podemos descartar la posibilidad de que intervengan en su uso del español procesos y factores relacionados con la adquisición de segundas lenguas, ya que algunos lo estudian formalmente cuando son adolescentes o adultos, principalmente angloparlantes (cf. Lynch, 2003b, 2008). El uso socialmente restringido que hacen de la lengua en la vida cotidiana, sobre todo en contextos formales, así como la poca exposición al español formal que ellos reciben son factores que condicionan todos los fenómenos que hemos comentado arriba. La influencia estructural del inglés en el plano morfosintáctico parece ser más bien un factor secundario, de índole principalmente indirecta.

6.4.7. Variación pragmático-discursiva

Los temas referentes a la variación pragmático-discursiva del español en el contexto estadounidense han sido escasamente explorados hasta la fecha, aunque hay cada vez más estudios y tratados que los abarcan. En nuestra opinión, esta área de investigación constituirá una de las más activas en nuestro campo en los próximos años.

A pesar de las grandes posibilidades que nos ofrece para identificar y entender mejor las dimensiones socioeconómicas, culturales e ideológicas de la variación del español en los Estados Unidos, el uso de los pronombres de tratamiento entre hispanohablantes estadounidenses ha recibido muy poca atención. El análisis sociolingüístico de este aspecto de la lengua también arrojaría luz sobre el problema de la insuficiencia de los registros formales en el habla de bilingües cuya escolarización ha sido principal o totalmente en inglés, fenómeno comentado por Valdés y Geoffrion-Vinci (1998). También constituye otra dimensión de la simplificación de los sistemas verbal y pronominal que hasta la fecha no se ha analizado, pues muchos, si no la mayoría, de los bilingües de tercera y cuarta generación sobregeneralizan las desinencias verbales y los pronombres directos e indirectos correspondientes a las formas de *tú* a expensas de las de *usted*, dando lugar a enunciados socialmente "contradictorios" como los siguientes que ha observado uno de los autores del presente trabajo en Miami:

> Un hombre cubanoamericano de tercera generación, de 25 años de edad, comenta que había decidido brindar su ayuda a un desconocido mayor a pesar de que no haría lo mismo con un desconocido joven:
> *Le digo "Mira, como usted es un señor mayor, te voy a ayudar, aunque esto yo no lo hago normalmente."*

> Una empleada (mujer joven, de 20 a 30 años de edad) de una tienda le dice a una clienta (mujer mayor, de 60 a 70 años de edad) quien quiere devolver un artículo:
> *¿Usted tiene el recibo?* [clienta responde que sí] *Bueno, dámelo.*

> Una estudiante universitaria (cubanoamericana de 22 años de edad, nacida en Miami) escribe en un mensaje electrónico a uno de los autores del presente trabajo, su profesor de español:
> *Estimado profesor: Prometo entregarte a usted mi trabajo mañana a primera hora. Gracias por tu comprensión.*

Aunque la contradicción en las formas de tratamiento evidenciada en estos ejemplos no impide la comunicación a un nivel básico, el conflicto de registros que transmite a nivel pragmático-discursivo puede incomodar al interlocutor monolingüe o dominante en español que no esté familiarizado con las particularidades del habla bilingüe. En el ámbito del comercio, particularmente en lo que atañe a servicios de atención al cliente, este fenómeno puede tener consecuencias potencialmente serias, ya que muchos consideran que usar *tú* en un contexto en el que se debería decir *usted* implica tanto una falta de respeto como un exceso de informalidad de parte del hablante. Esta no es, sin embargo, la intención que tienen los bilingües que se comunican con sistemas morfosintácticamente simplificados al producir tales enunciados, pues la gran mayoría de ellos ni siquiera se dan cuenta de que mezclan las dos formas en la producción ni saben distinguir en algunos casos entre las formas imperativas y pronominales correspondientes a *tú* y *usted* en el modo escrito (v.g., *entregue* frente a *entrega*, *ayudarte* frente a *ayudarle*, *sus maletas* frente a *tus maletas*). Los efectos sociales de este tipo de confusión en las interacciones de servicio y en los ámbitos formales en los Estados Unidos merecen más atención en futuras indagaciones.

El estudio que realizó Jaramillo (1995b) en Tomé, Nuevo México, una comunidad rural ubicada a 30 millas al sur de Albuquerque, confirma que el uso de *tú* puede conllevar una falta de respeto para algunos, especialmente para las personas mayores. Comentó una pareja casada, los dos mayores de 80 años, de esa comunidad (204):

> (hombre) Se me hace a mí que . . . es más moralidad, más amigable tratar
> a una persona de *usted* que de *tú*. Pero ya casi es . . . Ora hoy en día,
> ¿cómo estás *tú*?
> (mujer) Ya no lo tratan a uno bien.
> (hombre) Sí. Ya no se fija uno.

Asimismo, una mujer de 59 años de la misma comunidad observó lo siguiente (202):

> Es muncho más bonito dijir *usted* más que seigan menor que tú—porque
> un *tú* es como un insulto a munchas personas. Es más honor dijir *usted*
> que *tú*.

Por otro lado, los hablantes más jóvenes del mismo estudio hicieron observaciones contrarias respecto al uso del pronombre *usted*, el cual consideraban excesivamente deferente, e incluso insultante. Explicó un hombre de 30 años de edad:

> Es dificultoso dijir *usted*. Parece que *usted* en veces a mí es un *low-blow*
> [insulto]. Tú sabes, tienes que tener cuidado. En veces alguna gente se
> ofende. *It's like connotating age* [como que connota edad].

Los datos de Jaramillo, basados en cuestionarios que realizó la autora en formato oral con 50 individuos nativos de Tomé (25 mujeres y 25 hombres), reflejaron un uso altamente preferencial de *tú* en el grupo joven (de 17 a 30 años de edad), así como en el grupo medio (de 31 a 50 años). Al comparar los usos señalados por hablantes de estos dos grupos con los de un tercer grupo, todos mayores de 51 años, se observaron pautas sumamente distintas. En la tabla 6.13 se exponen los datos referentes al uso de *tú* en tres ámbitos—la familia nuclear, las amistades y el empleo—además de la norma grupal, divididos según los tres grupos etarios del estudio.

Especialmente notable es el uso casi categórico de *tú* (99% dado y 100% recibido) entre amistades de edad joven frente al uso altamente preferencial de *usted* entre amistades mayores de edad (67% dado y 66% recibido). Incluso en la familia nuclear, los hablantes mayores indicaron usar *usted* en más del 45% de las interacciones, mientras que los jóvenes tuteaban en casi el 75% de estas. Jaramillo sugiere que la tajante división respecto al tuteo entre los jóvenes y las personas mayores de Tomé refleja dos normas—una para los mayores y otra para los otros dos grupos, más jóvenes—, lo cual podría ser indicador de un cambio lingüístico en marcha en esa

Tabla 6.13 Uso de *tú* según edad y ámbito en hispanohablantes de Tomé, Nuevo México (adaptada de Jaramillo, 1995a: 201)

	Edad	Dado % tú	Recibido % tú
Norma grupal	17–30	44.5	63
	31–50	49.9	60.3
	51+	25.7	32.3
Familia nuclear	17–30	71.4	73.2
	31–50	66.7	66.7
	51+	52.7	54.5
Amistad	17–30	99	100
	31–50	86.1	88
	51+	33.3	34.4
Empleo	17–30	25	43.8
	31–50	50.9	62
	51+	17.7	16.7

comunidad (1995b: 203). La autora agregó que, respecto a esto último, la comunidad de Tomé parecía reflejar una pauta general del mundo hispanoparlante, a saber, que el *ustedeo* va en disminución en diversos países.

En cuanto a la posibilidad de un cambio lingüístico en marcha que favorezca el *tuteo* se puede estar de acuerdo, pues los datos que nos presenta Jaramillo son contundentes. No obstante, nos preocupa el hecho de que Jaramillo no haya considerado cuestiones referentes al uso del inglés en la comunidad y al nivel de suficiencia en español de los hablantes jóvenes del estudio. Según nuestra perspectiva, estos dos factores son fundamentales para un estudio generacional del español en los Estados Unidos. En lo que atañe a los fenómenos de tuteo y ustedeo, el uso preferente del inglés entre los jóvenes hispanos en este país y el predominio del inglés en el ámbito escolar son factores que podrían favorecer el tuteo. Lo que pareciera ser un cambio lingüístico en marcha, en realidad, podría ser más bien un proceso de sobregeneralización del pronombre *tú* debido al uso preferente de *tú* en el ámbito de la familia nuclear, incluso en la generación mayor. Como esta forma es la más frecuente en la familia nuclear, es la que primero se adquiere y luego se sobregeneraliza en los demás ámbitos, proceso impulsado también por el uso preferente del inglés en muchos contextos y la falta de exposición al español en el ámbito escolar donde, en muchas zonas de Latinoamérica, predominarían las formas de *usted* (entre maestras/os y estudiantes) y donde el hablante desarrollaría una conciencia formal de la distinción entre los pronombres de tratamiento y sus respectivas formas gramaticales. De hecho, al analizar las variables de educación formal y estudios de la lengua española, Jaramillo observó que los jóvenes con niveles más altos de preparación académica (13 o más años de educación formal y dos o más años de estudio del español) mostraban un uso reducido de *tú* en ámbitos formales (1995b: 216). No obstante, la autora no hace mención al desplazamiento del español por el inglés entre estos mismos hablantes en relación con el tuteo, tema que se debe abordar en investigaciones futuras.

Torres (2002), Lipski (2005c) y Said-Mohand (2006, 2007, 2008) concluyen que la inserción e integración de marcadores del inglés en el español de hispanohablantes estadounidenses es concomitante con el grado de uso del inglés en la vida del individuo bilingüe y con su nivel de suficiencia lingüística en español. El uso de marcadores del inglés como *like*, *I mean*, *you know* y *so* desplazan los marcadores funcionalmente equivalentes del español *como*, *digo*, *(tú) sabes* y *entonces* o *así que*, de modo absoluto en algunos casos del habla de individuos de la tercera y la cuarta generación. Said-Mohand (2006) relaciona dicho desplazamiento con la falta de competencia en otros aspectos morfosintácticos y léxicos en español. Torres (2002) demuestra que los marcadores del inglés siguen un proceso de integración en el español de puertorriqueños bilingües en Nueva York según el tipo de función que cumplen en el discurso: primero se integran los marcadores de participación, v.g. *you know* (tú sabes) y *I mean* (digo o quiero decir), seguido de aquellos que señalan relaciones de causa y efecto, v.g. *because* (porque) y *so* (así que o entonces) y, últimamente los conectivos como *and* (y). Tanto Torres (2002) como Aaron (2004) señalan una relación importante entre el cambio de código y la integración estructural de tales marcadores. Torres argumenta, por ejemplo, que el elemento *so* se introduce primero en el habla de bilingües dominantes en inglés como un cambio de código y que luego se va incorporando en la lengua como préstamo. De ahí que el uso de este marcador en un discurso totalmente en español producido por un hablante de primera generación, dominante en español, represente la etapa final de un proceso de integración estructural. Aaron (2004), por su parte, observó que la frecuencia del marcador *so* seguido de un cambio de código en el habla de nuevomexicanos bilingües era mucho más alta que en el caso del equivalente español *entonces*, diferencia que en sus datos demostró ser estadísticamente significativa.

Sin embargo, Lipski (2005: 13) sugiere que el uso de los marcadores de discurso se distingue del cambio de código porque no sirven para hacer la transición de una lengua a otra en un mismo discurso, sino más bien para "puntuar" un discurso realizado enteramente en español. Como evidencia de esto, Lipski ofrece el hecho de que en muchos casos el hablante ni siquiera es consciente de que inserta marcadores del inglés cuando habla en español, mientras que en los casos de cambio de código sí tiende a ser consciente de su uso del inglés. Este autor también nota que la inserción de *so* en español aprovecha "configuraciones sintácticas idénticas" en las dos lenguas, de manera que la integración estructural no puede servir como criterio para determinar el estatus de este marcador (Lipski, 2005: 6). Asimismo, Aaron (2004) afirma que *so* y *entonces* siguen las mismas pautas discursivas en las dos lenguas respectivas en hablantes del español de Nuevo México, y Said-Mohand (2006) comprobó que, en bilingües de segunda y tercera generación de diversos grupos hispanos en el estado de Florida, la gran mayoría de los usos de marcadores del inglés en el discurso informal no divergía de los usos normativos de los mismos marcadores en variedades monolingües. Una excepción era la aparente innovación que comenta Said-Mohand respecto al uso de *como* modelado, según este autor, en los usos que se hacen de *like* en el inglés monolingüe de la generación estadounidense joven.

Estudios sobre la influencia o transferencia de estructuras discursivas del inglés en la producción de actos de habla en español en estadounidenses bilingües son casi inexistentes (cf. Cashman, 2007, para un resumen de estudios referentes a la cortesía). En ese sentido, son excepcionales las breves observaciones de Yáñez (1990) referentes a la estructura de los cumplidos entre mujeres chicanas, en las que nota que estos actos siguen patrones sintácticos muy parecidos a los que se observan en hablantes monolingües de inglés (85), y el estudio mucho más extenso de Gutiérrez-Rivas (2007) sobre la producción de pedidos en tres generaciones de cubanos en Miami. Gutiérrez-Rivas demuestra que las estructuras discursivas vinculadas a la expresión de cortesía en inglés influyen sustancialmente en la estructura de las peticiones producidas en español por hablantes de la segunda y tercera generación. La autora consideró datos de tres tipos: cuestionario, dramatizaciones y observación natural. Además, tuvo en cuenta las observaciones personales de los participantes sobre su propio uso de español e inglés para hacer peticiones. Al comparar los datos de hablantes de la primera generación (mayores de edad que habían llegado a Miami durante las décadas de 1960 y 1970) con los datos de individuos de la segunda generación (de edad media que habían llegado a Miami en la niñez, durante las décadas de 1960 y 1970) y de cubanoamericanos de la tercera generación (jóvenes que habían nacido en Miami y que correspondían a la generación de los nietos de los primeros inmigrantes de la década de 1960), Gutiérrez-Rivas notó que estos últimos tendían a formular peticiones con dos núcleos: uno positivo, de trato solidario, y otro negativo, que reflejaba el sistema de cortesía negativa característica de las sociedades anglófonas (cf. Brown y Levinson, 1978; Blum-Kulka, 1982). Por otro lado, las peticiones que formularon los participantes de la generación de sus abuelos reflejaban una ideología de solidaridad y de cortesía positiva, con estrategias más "directas", muy parecidas a las que documentó Ruzickova (1998) en la isla de Cuba. Gutiérrez-Rivas comentó que:

> Los hablantes de la tercera generación usaron marcadores discursivos del inglés ya incorporados en el léxico, y reflejaron más inseguridad lingüística a través de elementos tanto lingüísticos como paralingüísticos. En este grupo se dio una característica única, que fue la de emitir dos núcleos de acto de habla en una misma petición: uno positivo, o principal, y otro negativo, o secundario, lo cual se tomó como reflejo de su aparente lealtad hacia las normas de interacción de la generación de sus abuelos y, simultáneamente, su preferencia hacia la cortesía negativa más propia de la sociedad estadounidense de habla inglesa. Además, los hablantes de la tercera generación elaboraron generalmente más movimientos de apoyo para dar más fuerza a la petición, y tal vez por considerar como insuficiente un acto directo tan conciso y breve. (2007: 241)

Gutiérrez-Rivas afirma que la investigación de los actos de habla no solo potencia nuestra comprensión de aspectos sociales y culturales de la convivencia del español y el inglés en los Estados Unidos, sino que también "abre la posibilidad a que nuevas dimensiones del estudio de lenguas en contacto sean tomadas en consideración, ya que hasta ahora han sido escasas las discusiones sobre la capacidad comunicativa del bilingüe fuera de los parámetros de la morfosintaxis" (2007: 254).

6.5.   Conclusiones

Parece inevitable que la estructura de la lengua inglesa tenga algún impacto en las variedades de español que se hablan en las diversas comunidades bilingües en los Estados Unidos. No obstante, los estudios referentes al tema de la variación morfosintáctica del español en el contexto estadounidense parecen confirmar la conclusión de Silva-Corvalán (2001) de que "los hablantes de español simplifican o generalizan ciertas reglas gramaticales, pero no introducen elementos que causen cambios radicales en la estructura de esta lengua" (330). Las particularidades gramaticales que hemos considerado en este capítulo se pueden atribuir principalmente a procesos de adquisición de la lengua y a tendencias de simplificación universales, internas a la lengua española, como en los casos del sistema verbal, la concordancia gramatical y el uso de las preposiciones. También en el caso de la expresión del pronombre de sujeto observamos que la gran mayoría de los estudios han concluido que el inglés ejerce poca influencia sobre el sistema sintáctico del español, aunque Otheguy, Zentella y Livert (2007) afirman lo contrario. Solo en el plano léxico se puede ver claramente la transferencia de formas inglesas, a través de préstamos y calcos que son comunes no solo en los Estados Unidos, sino también en España y Latinoamérica. También destacamos la influencia más directa del inglés en las estructuras pragmático-discursivas producidas por hispanohablantes estadounidenses, en el uso de marcadores de discurso y la producción de ciertos actos de habla. En cuanto al fenómeno comúnmente reconocido como *spanglish*, se aclaró que el uso del préstamo y el calco léxicos, además del cambio de código, no lleva a ningún tipo de hibridación o criollización lingüística en los Estados Unidos. Como afirma Otheguy (2003), el desarrollo de un código híbrido se ve impedido por la falta de continuidad del español entre hispanohablantes bilingües nacidos y escolarizados en los Estados Unidos.

En términos sociales, los estudios han observado, sin excepción, que el inglés es la lengua dominante para la gran mayoría de los individuos de la segunda generación y para todos los hispanos de la tercera y la cuarta generación. A diferencia de las demás situaciones de contacto que se consideran en este libro, en los Estados Unidos el español no goza de mayor prestigio que la otra lengua en los aspectos educativos, políticos y socioeconómicos de la vida pública, lo cual le da cierto carácter de lengua secundaria—aunque no necesariamente subordinada—entre la gran mayoría de los bilingües. Por consiguiente, nos parece muy importante que los estudiosos del español en los Estados Unidos vayan incorporando los principios teóricos del campo de adquisición del español como primera y segunda lengua en sus investigaciones, si la meta es caracterizar más adecuadamente los procesos lingüísticos, tanto como sociales, que afectan la lengua en ese país.

Notas

1. "In the early decades of the twentieth century, Spanish in the United States—then described only for the Southwest—was not treated as an immigrant language, a minority language, a bilingual dancing partner, or a language in transition. It was simply a variety of Spanish coincidentally found within the United States and spilling across its borders, like Italian in Switzerland, Albanian in Serbia, German in Hungary, or Haitian Creole in the Dominican Republic" (Lipski, 2000a: 2).

2. "At no point is Spanish referred to as anything but the natural and inevitable language of New Mexico" (Lipski, 2000a: 3).

3. "With the introduction of the railroads and the very rapid commercial progress of the last thirty years, together with the rapid growth of large cities and towns in New Mexico, there has come a check in the race fusion and the mutual contact and good feeling between the two peoples. This check has been caused, in part, also, by the great influx into New Mexico of peoples of other nationalities, especially Jews and Italians. In the new cities, such as Albuquerque, East Las Vegas, Silver City and Roswell, where the English speaking people are numerically superior, the Spanish people are looked upon as an inferior race and intermarriages are not very frequent at the present time. In some instances the high-browed Americans who in these cities look down on the New Mexican-Spanish inhabitants, are low class Jews and poor Americans who have become wealthy in New Mexico by very questionable methods. Outside of a few of these very recent American cities, however, the Spanish element is still the all important and predominant one. Santa Fe, Taos, Socorro, Las Cruces, Tomé, West Las Vegas and a score of other smaller towns and many more villages are predominantly Spanish and in these places the English influence in language, customs and habits of life is very insignificant. Some of the very isolated places like Taos and Santa Fe are yet thoroughly Spanish and will continue so, perhaps, for more than a century" (Espinosa, 1975: 100).

4. "Words that are once adopted and which become phonetically Spanish, become a part of the New Mexican-Spanish vocabulary and no one is cognizant of their English source. The New Mexicans who come from the mountain districts, or from the remote country villages and who speak only Spanish, and on arriving at a town enter a drug store to ask, *'Quier'una boteit'e penquila* (<pain-killer, a patent medicine), or a saloon to ask, *'Quier'un frasquitu e juisque* (<whiskey), are speaking as far as they are concerned, pure Spanish" (Espinosa, 1975: 103).

5. "[A]ll who leave the island for the United States continue to share linguistic and cultural patterns of behavior that conflict with those of the mainstream United States [. . .]. Every Puerto Rican is born a citizen of the United States, but the distance between the promises of citizenship and the harsh realities of their working-class ghettoes makes their situation more like that of other 'castelike' groups who were forcibly incorporated

into the United States (Native Americans, African Americans, and Mexicans) than that of immigrants from other Spanish-speaking parts of the world" (Zentella, 2000: 139).

6. "English monolingualism is not the linguistic goal in this bilingual US city, where schools and businesses actively promote bilingualism as a preferred goal" (Otheguy, García y Roca, 2000: 184).

7. "The political nature of the Miami Cuban community motivates the rejection of all aspects of Cuba-Post, whether political, cultural, artistic or linguistic. Language [. . .] is used to build up group boundaries between different political ideologies. The linguistic boundary the group perceives between its variety and the one spoken on the island serves an important separatist function, as it is necessary to distinguish Miami Cubans from Cubans on the island" (Alfaraz, 2002: 7).

8. "Although the life expectancy of Spanish may be appreciably greater among Mexicans in Southern California, its ultimate demise nonetheless seems assured by the third generation. . . . [L]inguistic death seems to be a sure thing in the United States, even for Mexicans living in Los Angeles, a city with one of the largest Spanish-speaking urban populations in the world" (Rumbaut, Massey y Bean, 2006: 459).

9. "[. . .] feel comfortable in speaking Spanish with their children, and in having their children learn the language. They do so with the apparently implicit knowledge that their children are in no danger of not learning English [. . .]. Further, they do not appear threatened by environmental factors that would pressure them to abandon their mother tongue" (Mora, Villa y Dávida, 2005: 141).

10. "[. . .] El Paso simultaneously functions as a beachhead for a Mexican-national population whose impressive utilization of the city's educational, medical, commercial, and financial services has guaranteed that they be consistently available in Spanish; as a language-behavior island for a large percentage of the city's Mexican-American population, which for clearly instrumental reasons alone must learn English but cannot afford to relinquish Spanish; and as at least a partial Anglo-assimilation conduit, given the relative extent to which El Paso is integrated into the greater US economy and society" (Teschner, 1995: 103–104).

11. "More than second- and third-generation Mexican Americans and Puerto Rican Americans, Cuban Americans see Spanish and English bilingualism as the norm" (Otheguy, García y Roca, 2000: 177).

12. "I knew that the dimensions of Spanish were far different from the dimensions of English [. . .]. Spanish was the language of family, of food, of music, of ritual—in short, of identity [. . .]. English was for arithmetic, for the doctor's office, for the teacher. English was the newspaper and television. Even though in my family, we mixed languages effortlessly, the underlying symbolism was correspondingly parallel: home and hearth were woven with Spanish; 'out there' was constructed with English" (González, 2001: 50).

13. "The Mexican immigrant is thus not automatically coming from a counter or purely antagonistic culture but in most instances from a culture already controlled and influenced by United States multinational corporations, a culture already permeated by the dominant ideology of the United States. The degree of acculturation of the immigrant is largely determined by his degree of consumption of this ideology through his

acquisitional power of cultural goods. The more middle class, the greater the acculturation. The lower the income, the less the acculturation. This phenomenon is repeated in
the United States among first-generation immigrants. Consumption of the dominant
ideology is thus synonymous with acculturation, a process promoted through the consumption of goods and services according to one's class status" (Sánchez, 1994: 22).

14. "Second- and third-generation Chicanos [. . .] develop varying attitudes towards language shift. These Chicanos, who are fluent English speakers, have remained locked
in the lower-wage levels of the occupation scale [. . .]. The myth of English acquisition
as the vehicle for upward mobility begins to fade. At this point, the imposed residential
and economic segregation can trigger a negation of the negative context, resulting
in a positive social value as an ingredient for solidarity. This mechanism of defense
serves to unite the community, at a rhetorical level [. . .]. At this level, then, use of the
minority language is seen as a sign of loyalty to the group. [. . .] [L]anguage loyalty is
widespread among those who reside in low-income areas with a high concentration
of Chicanos, although it is also here where persons interested in social mobility and
assimilation prefer shifting to English. Those who resent the dominant culture or who
have developed anti-gringo attitudes as a result of the constant expressions of racial
discrimination in this society will often cling to their Spanish as their sole inalienable
possession[. . . .] For others, on the other hand, Spanish is the language to be spoken
when no one else can hear, when it is safe to do so. In all of these cases, Spanish has
been marked as the subordinate language, reflecting the subordinate socio-economic
position of the speakers and the sign of stigma that they wish to avoid or from which
they wish to disassociate themselves" (Sánchez, 1994: 58).

15. "[. . .] [M]others' values and wishes have to compete with those circulating in a vibrant
Hispanic ethnic community that in certain instances can be strong enough to attenuate
the assimilation process. The findings in fact suggest that social forces operating in
Miami's Hispanic community may temper or even override parental orientations by
sustaining and nurturing Spanish language skills, particularly for the first-born child,
who in turn can have determining influences on the development of Spanish skills of
younger siblings, quite independent of the mothers' inclinations" (Lambert y Taylor,
1996: 496).

16. "[. . .] precisely those switch types that have traditionally been considered most deviant
by investigators and educators, those that occur within a single sentence, are the ones
that require the most skill" (Poplack, 1982: 261).

17. "Community members, including children, are adept at creating a style of discourse
that is emblematic of their dual identity and of simultaneously exploiting its rhetorical
power by switching for specific conversational strategies" (Zentella, 1997: 101).

18. "Existing social and economic contradictions which impede full assimilation yet promote desires for social mobility have created conditions propitious for code-switching
and for language loss" (Sánchez, 1994: 141).

19. "[. . .] *aventón* signals a Mexican speaker or a recent arrival from Mexico; *raite* could
be the unmarked item as it is probably the most frequent lexical choice in our communities. But even here *raite* signals an informal, intra-group variety. In a situation where
'Me llevas' would be the expected request, 'Me das un raite' could introduce a trace of

humor and familiarity which would detract from the idea of imposing on the car owner. 'Me das un ride' could also serve the same purpose, not by introducing humor but by introducing a nicety, a touch of polite elegance. Thus careful pronunciation of code-switching elements in a sentence leads to additional levels of signification" (Sánchez, 1994: 163).

20. "[. . .] some recurring tendencies have shaped the syntactic carryovers into Spanish, since the anglicisms in the *isleño* dialect have evidently arisen independently of those in other speech communities" (Lipski, 1990c: 91–92).

21. "If the extension of the meaning of *para atrás* were attested in Spanish varieties clearly not in contact with English [. . .], one could more forcefully argue that the mechanism for the change was purely a metaphorical extension. If not, transfer of meaning from English would seem to be a more appropriate explanation" (Silva-Corvalán, 1994a: 175).

22. "Influence of English does not appear to have affected these core areas of the Spanish language. [. . .] This research indicates that the verbal paradigm has remained stable in a situation of language contact, despite hypotheses that this should accelerate linguistic change" (Pousada y Poplack, 1982: 233).

23. "What is remarkable about the manner in which the verb system appears to change is its regularity. Patterns of simplification and loss are never random, but at all stages conform to a predictable trend to develop a least grammaticalized system within the constraints of universal grammar possibilities and preferences" (Silva-Corvalán, 1994a: 31).

24. "The child shows knowledge of the discourse-pragmatic rules for subject use in Spanish, and of the syntactic rules for subject expression in English" (Silva-Corvalán y Sánchez-Walker, 2007: 20).

25. "The languages in contact with Spanish areas vary widely in terms of morphosyntactic structures, and there is also a great range of circumstances in which Spanish is learned and used, as well as attitudes toward its usage. The error-types however, are similar across significant temporal and geographic expanses, which adds substance to the notion that the interference of specific native-language structures is less important than difficulties related to the acquisition of the Spanish morphological patterns" (Lipski, 1993b: 167–168).

CAPÍTULO 7

Conclusiones finales

Los rasgos lingüísticos que se asocian con situaciones de contacto muchas veces son difíciles de explicar, ya que determinadas variantes pueden tener sus raíces en formas arcaicas o en tendencias internas de la lengua en cuestión o, incluso, en procesos que resultan de la adquisición de segundas lenguas, mientras que otras particularidades son fruto de influencias estructurales externas que actúan en conjunto con factores sociales. También hay que tener en cuenta las posibles dimensiones actitudinales de las variantes en cuestión, pues algunas están socialmente estigmatizadas y otras pasan desapercibidas. Por eso, es imprescindible que se considere la situación sociohistórica, política y económica de las lenguas en contacto, así como el prestigio que estas tienen en una sociedad determinada. En verdad, en la mayoría de los casos, los rasgos "de contacto" no se pueden atribuir a una causa simple o única, sino a una multiplicidad de factores. Como hemos visto en los capítulos anteriores, las situaciones de contacto del español con otras lenguas son muy diversas, tanto en los aspectos sociales y políticos como en los lingüísticos. Como lengua oficial de uno de los imperios más extensos y poderosos de la época colonial, el castellano hoy día se habla en cuatro continentes—Europa, las Américas, África y Asia—y ha entrado en contacto con una gran variedad de tipos de lenguas, algunas históricamente relacionadas, como el catalán, el portugués, el italiano, y otras muy diferentes en términos estructurales, como el vasco en la Península Ibérica, el maya, el náhuatl, el quechua y el guaraní en Latinoamérica, y las lenguas bantúes de África.

En este último capítulo sintetizamos los resultados del contacto lingüístico que venimos analizando a lo largo de este libro y examinamos sus implicaciones teóricas. Nos limitamos a las variedades del español que han estado en íntimo contacto con otras lenguas y que se han transmitido de una generación a otra. Como hemos visto en el capítulo 3, la evolución de las lenguas criollas constituye un caso muy particular, pues los tipos de transferencias que se dan bajo condiciones de transmisión anormal son de índole mucho más "radical" en términos estructurales. Por otro lado, en situaciones de transmisión normal, los procesos de variación y cambio están mucho más restringidos.

7.1. Los resultados del contacto lingüístico

A pesar del inmenso espacio geográfico que abarca la lengua castellana desde la época colonial y la alta diversidad tipológica y sociohistórica de las lenguas con las que ha estado en contacto, la variación que caracteriza los dialectos (y socio-lectos) del español contemporáneo refleja cambios lingüísticos bastante mínimos en términos estructurales, casi siempre restringidos por la estructura interna del caste-llano. Tanto en las situaciones de préstamo—en las que la influencia léxica es común, pero hay mucha más resistencia a las transferencias fonológicas y morfosintácticas según las propuestas de Thomason y Kaufman (1988)—, como en las situaciones de interferencia lingüística, en las que hay más posibilidades de cambio fonológico, morfológico y sintáctico, la mayoría de los cambios que han ocurrido a lo largo de varios siglos de contacto han sido coherentes con la estructura del castellano. Hay mucha evidencia de transferencias léxico-semánticas y pragmáticas, simplificacio-nes morfosintácticas e influencias de estructuras paralelas que en algunos casos han resultado en la extensión de determinadas formas (ya existentes) a nuevos contextos de uso—a expensas de otras formas—y en otros casos han derivado en la alteración de las restricciones sobre el uso de ciertas formas o en el refuerzo de formas arcaicas. Solo en el caso de las lenguas criollas se han dado cambios que se podrían caracterizar como "estructuralmente radicales" en los planos morfológico y sintáctico y que han dado nuevos morfemas o categorías gramaticales.

Al igual que otros investigadores (Weinreich, 1953; Lefebvre, 1985; Prince, 1988; Silva-Corvalán, 1994a; King, 2000; Sankoff, 2002; Labov, 2007; Heine y Kuteva, 2008) notamos que parece haber restricciones en los tipos de cambios mor-fológicos y sintácticos que pueden resultar del contacto lingüístico. Winford (2003a) también afirma que, en situaciones de préstamo, según el esquema de Thomason y Kaufman (1988), existen fuertes restricciones en cuanto a las transferencias morfo-lógicas y sintácticas que pueden darse en la lengua recipiente. Sin embargo, Winford, al igual que Ringe, Warnow y Taylor (2002), señala que puede haber transferencia sintáctica en casos de interferencia lingüística por influencia de lenguas de sustrato, cuyos hablantes introducen innovaciones al adquirir una segunda lengua. Dichas innovaciones luego son imitadas por hablantes nativos y así pueden llegar a formar parte del habla vernácula local. Al describir tales innovaciones, Jarvis y Odlin (2000: 537) se refieren a "retenciones" de la primera lengua. Según estos autores, "[. . .] los aprendices de una segunda lengua pueden retener algo de su L1 o de otra lengua para ayudarles a lidiar con los nuevos retos" inherentes en el uso de la nueva lengua.[1] Asimismo, Silva-Corvalán (1994a) observa que los bilingües buscan maneras de "aligerar la carga cognitiva" de usar dos lenguas, pero los procesos lingüísticos que ella observa—simplificación, sobregeneralización, transferencia y análisis—ocurren también en la primera lengua, en este caso el español en los Estados Unidos, una lengua política y socialmente subordinada en ese contexto.

Cabe recordar que, según Thomason y Kaufman (1988), lo que distingue una situación de préstamo de una situación de interferencia lingüística es el tipo de transferencias lingüísticas que se dan y el orden en el que estas aparecen. En un caso de préstamo, las primeras transferencias se presentan en el léxico mientras que, en un caso de interferencia, estas se dan en los planos fonológico y sintáctico. Además, difiere la cantidad de tiempo que se requiere para que ocurran extensas modificaciones estructurales. En los casos de préstamo, varios siglos de amplio bilingüismo social han de pasar, pero en las situaciones de interferencia, alteraciones sustanciales de la estructura lingüística pueden manifestarse en el transcurso de una sola generación de hablantes. Thomason y Kaufman (1988: 41) proponen que, en estas últimas situaciones, las interferencias lingüísticas serán más extensas donde no prevalezca un bilingüismo completo (o perfecto), aunque el grupo en cuestión pueda ser parcialmente bilingüe durante el proceso de desplazamiento a la lengua meta. Tanto en una situación de interferencia como en una de préstamo, el grado y la difusión de fenómenos de transferencia lingüística dependen de la intensidad del contacto en términos sociales: cuanto más intenso sea, más transferencia habrá.

Al examinar los rasgos lingüísticos distintivos del español en contacto con otras lenguas en todo el mundo, observamos que aun en situaciones de interferencia (según el esquema de Thomason & Kaufman, 1988) se evidencian muy pocas estructuras foráneas que sean incongruentes con la estructura del castellano. La única excepción puede ser el plano fonológico, el cual consideramos más abajo. En los contextos geográficos que venimos analizando en este libro, notamos que la gran mayoría de las variaciones de la estructura del castellano que se pueden atribuir posiblemente al contacto con otra lengua se deben a una causación múltiple. Es decir, se deben tanto a factores lingüísticos internos como a factores externos. En el caso de los arcaísmos, por ejemplo, las estructuras de otra lengua actúan para perpetuar tendencias ya inherentes al español. Esta observación concuerda con la hipótesis de Thomason y Kaufman (1988: 54) de que hay mayor probabilidad de transferir de una lengua fuente aquellos rasgos lingüísticos que encajen tipológicamente con las estructuras de la lengua recipiente, i.e., donde haya paralelismos puede haber transferencias. Heine y Kuteva (2005), al analizar solo uno de los tipos de transferencia gramatical descritos por Weinreich, la de la replicación de funciones o significados gramaticales, también señalan que el proceso más común en situaciones de contacto es que un modelo adquiere una mayor frecuencia y se extiende a contextos nuevos; es decir, los nuevos modelos resultantes del contacto tienden a basarse en modelos ya existentes en la lengua receptora (2005, 77).

7.2. Resumen de los principales cambios lingüísticos que caracterizan el español en contacto con otras lenguas

En esta sección, analizamos los principales cambios lingüísticos que caracterizan el español en contacto con otras lenguas y que han sido transmitidos de una generación a otra bajo circunstancias sociales normales. Resulta imprescindible enfatizar lo siguiente: es innegable que han ocurrido cambios lingüísticos en el español como resultado del contacto con otras lenguas. Sin embargo, la mayoría de los cambios que se han documentado, los cuales han sido transmitidos de una generación a otra, tanto en situaciones de préstamo como en las de interferencia lingüística/imposición, son coherentes con la estructura del castellano.

7.2.1.   Cambios fonológicos

El sistema vocálico del español se ha mantenido relativamente estable a través de los siglos. De los cambios resultantes del contacto lingüístico, son pocos los que se han incorporado al habla monolingüe. En Galicia, hay apertura de las vocales medias /e/ y /o/ por influencia del gallego (v.g., [bwɛno] y [tjɛne]), mientras que en el español fronterizo de Uruguay se observa cerrazón de las vocales medias [o]→[u] y [e]→[i] (v.g., tí*u*, p*i*lícula) por influencia del portugués. También se encuentra una confusión de vocales medias y altas en el español de quechuahablantes en los Andes debido a la transferencia del quechua, pero estas variaciones no tienden a formar parte de la norma regional porque están altamente estigmatizadas en el plano social. Las actitudes negativas y la resultante censura social generalmente restringen el uso de variantes asociadas con el contacto lingüístico en la interlengua de individuos bilingües incipientes, con lo que se impide su integración en el habla regional.

En cuanto a la variación consonántica, en aquellas situaciones de interferencia lingüística con gran número de hablantes que han adquirido el español como segunda lengua, como las que se dan en Latinoamérica, donde predominan hablantes de lenguas indígenas, se evidencia la influencia de esas lenguas en las variedades locales del español. Por ejemplo, en Yucatán, se ha documentado la influencia maya en la labialización de /n/ en posición final de palabra, variante cuyo uso ha aumentado en los últimos treinta años debido a su asociación con una identidad yucateca (Michnowicz, 2006a, 2006b). Sin embargo, otras variantes que se pueden atribuir al contacto con el maya (v.g., la aspiración de /p t k/, /b d g/ oclusivas en posición intervocálica y la oclusiva glotal) han caído en desuso en las generaciones más jóvenes y entre hablantes de clase social media. Aunque faltan datos cuantitativos y análisis sociolingüísticos de las realizaciones fonéticas del español en contacto con el guaraní, observamos que la situación fonológica de Paraguay es parecida a la de Yucatán, pues las variantes que se podrían atribuir al contacto lingüístico (v.g., la labialización de /n/ final y la oclusiva glotal) siguen cayendo en desuso. De igual manera, el castellano de los palenqueros en Colombia no se desvía de la norma de Cartagena en su fonología, salvo en la entonación. Schwegler y Morton (2003: 126) atribuyen esta resistencia a la transferencia fonética al hecho de que "por definición, las recurrentes desviaciones de la norma fonética no pueden ser camufladas,[2] y por eso son potencialmente los principales indicadores lingüísticos de identidad social y étnica".[3] Las desviaciones fonéticas que tradicionalmente se atribuían al contacto con las lenguas indígenas o las lenguas africanas en el contexto latinoamericano también se asociaban—y aún se siguen asociando en muchos casos—con la pobreza y el atraso. Desde mediados del siglo XX, los hablantes bilingües tienen cada vez más acceso a la educación formal, más contacto con hablantes monolingües del castellano y, por ende, algunos se han distanciado de las variantes fonéticas asociadas históricamente con el contacto de otra lengua, reemplazándolas con variantes que caracterizan la norma regional (cf. Klee, 2009).

Una excepción a dicho proceso de aproximación al habla regional se encuentra en los rasgos suprasegmentales, específicamente en la entonación. Varios lingüistas han mencionado la entonación distintiva del castellano en contacto con otras lenguas en Cataluña y Galicia (Blas Arroyo, 2005), la región andina (O'Rourke, 2004, 2005), Paraguay y el nordeste argentino (Malmberg, 1950), Palenque en Colombia (Schwegler y Morton, 2003; Hualde y Schwegler, 2008) y el Río de la Plata (Colantoni y Gurlekian, 2004). Sin embargo, los únicos estudios que han utilizado nuevos medios técnicos para analizar la entonación del español en situaciones de contacto lingüístico hasta la fecha son los de O'Rourke (2004, 2005), Colantoni y Gurlekian (2004) y Hualde y Schwegler (2008). La evidencia que presentan estos investigadores es contundente: la entonación del español ha sido influenciada por el contacto con otras lenguas. Con los recientes avances de *software* y de la teoría fonológica, este tipo de análisis detallado de la frecuencia fundamental (F0) constituye un nuevo campo de investigación en sociolingüística que puede arrojar luz sobre las situaciones de contacto lingüístico desde perspectivas tanto sincrónicas como diacrónicas (cf. Colantoni y Gurlekian, 2004: 107).

7.2.2. Cambios morfosintácticos

En esta sección resumimos los resultados más importantes de estudios referentes a los procesos morfosintácticos que caracterizan variedades del español en contacto con otras lenguas.

7.2.2.1. Los pronombres

En varios estudios se ha considerado la posibilidad de que, en las variedades del español en los Estados Unidos, se dé una elevada frecuencia de pronombres de sujeto explícitos debido a la influencia del inglés, lengua en la cual es casi obligatoria su expresión. Aunque parece una hipótesis muy lógica, la mayoría de los investigadores han concluido que no hay evidencia a su favor (v.g. Silva-Corvalán, 1994a; Silva-Corvalán y Sánchez-Walker, 2007; Lipski, 1996b; Bayley y Pease-Álvarez, 1997; Flores-Ferrán, 2004; Hurtado, 2005). Por otro lado, Otheguy y Zentella (2007) y Otheguy, Zentella y Livert (2007) presentan datos de distintos grupos de hispanohablantes residentes en Nueva York que parecen apoyar dicha hipótesis, y concluyen que sí hay influencia del inglés en este aspecto de la gramática española. Este cambio, sin embargo, no refleja una influencia estructural radical del inglés, ya que la expresión del pronombre de sujeto es variable en muchos contextos discursivos en las variedades monolingües del español. El cambio en este caso parece estar relacionado más bien con las restricciones semántico-pragmáticas que determinan el uso del pronombre explícito (cf. Otheguy, Zentella y Livert, 2007).

La suma complejidad y variabilidad interna del sistema clítico del español hacen que sea altamente susceptible en situaciones de contacto lingüístico. No obstante, al analizar la variación que se manifiesta en el sistema clítico de dialectos geográficos en todo el mundo hispánico, es evidente que este sistema no ha sufrido ningún cambio radical debido al contacto con otra lengua. De hecho, las variaciones del sistema clítico que se presentan en contextos bilingües en todo el mundo son altamente parecidas, a pesar de la gran variedad tipológica de lenguas con las que el español ha estado en contacto a lo largo de los siglos.

Un ejemplo de esta similitud es el leísmo, fenómeno que se ha constatado en el País Vasco (en contacto con el vasco), en Ecuador (en contacto con el quichua) y en Paraguay (en contacto con el guaraní), regiones donde las lenguas de contacto son muy distintas en términos tipológicos. En estas tres zonas se dan altos índices de uso de *le* como objeto directo con referentes humanos (o, en el caso de Ecuador y Paraguay, animados) junto con la omisión del clítico acusativo en casos de referentes inanimados. Ninguna de estas dos innovaciones representa un cambio radical en la estructura del español, pues el leísmo también se da en otras partes del mundo donde no hay contacto con otra lengua. Por lo tanto, resulta imposible atribuir estas innovaciones a una influencia directa del vasco, del quichua o del guaraní respectivamente, aunque es probable que la situación de contacto haya propagado su uso en dichas regiones. En cuanto a la supresión del clítico acusativo de tercera persona, este fenómeno se da en el español normativo, pero en contextos semánticos mucho más restringidos que en el habla del País Vasco, Ecuador y Paraguay. Como sostiene Palacios (1998: 452), "[l]a manifestación de la influencia de [una lengua] B sobre [una lengua] A se materializará en la pérdida de esas restricciones en la lengua que sufre la influencia". Asimismo, Schwenter (2006) nota que la omisión del pronombre directo en los dialectos de contacto en Sudamérica responde a presiones sistémicas internas del español (v.g., la usurpación por el dativo de las funciones del acusativo) además de la influencia del sustrato, impulsando su extensión incluso a variedades monolingües. Así y todo, concluimos que las causas de este cambio son múltiples y que el fenómeno refleja una posibilidad interna del español—independiente de la situación de contacto—que se ve reforzada y favorecida por el paralelismo de ciertas estructuras de las lenguas con las que ha entrado en contacto.

Observamos también que en algunas zonas se dan simplificaciones morfológicas de número y género que llevan al uso sobregeneralizado del archimorfema *lo*, fenómeno que se encuentra principalmente en la región andina y en áreas mayas. Se puede afirmar que este cambio tampoco se debe a la influencia directa de lenguas indígenas, sino más bien a una estrategia de simplificación característica de procesos de adquisición del español como segunda lengua.

7.2.2.2. Las formas verbales

Los cambios en el sistema verbal del español motivados por el contacto lingüístico han llevado a modificaciones en algunas variedades de la lengua. En las variedades del español habladas en los Estados Unidos se han documentado simplificaciones del sistema de aspecto y modo (Ocampo, 1990; Silva-Corvalán, 1994a, 1994b; Zentella, 1997; Lynch, 1999). Ocampo (1990: 45) concluye que la reducción del subjuntivo ocurre primero en los contextos "en los que es posible la variación, con la consiguiente pérdida de los matices semánticos, seguido de la eliminación de las restricciones formales y, por último, de la desaparición total de este modo". Aunque se podría pensar que la desaparición total del modo subjuntivo que se evidencia en el habla de individuos de la tercera y la cuarta generación constituiria un cambio radical en la lengua, en realidad es difícil considerar el fenómeno como un cambio per se, sino más bien una simplificación resultante de la adquisición incompleta del español en hablantes nacidos en los Estados Unidos que no han accedido a la educación formal en español y que hacen un uso socialmente muy restringido de la lengua, i.e., lo hablan solo con sus abuelos o con familiares y conocidos monolingües que en muchos casos son inmigrantes recién llegados (cf. Silva-Corvalán 2003). Es más, la gran mayoría de los hispanohablantes de tercera y cuarta generación de los Estados Unidos no transmiten el español a sus hijos, sino que hablan con estos casi siempre en inglés, lo cual significa que la variación inherente a su habla no puede llevar a cambios lingüísticos más extensos a la larga, y se anula así la posibilidad de que evolucione una variedad del español propia de los Estados Unidos en términos dialectales. La simplificación del modo subjuntivo también se ha constatado en el español paraguayo (Granda, 1979), aunque no ha habido estudios sociolingüísticos que indiquen su difusión en el dialecto regional.

Otra simplificación que ocurre en el español hablado en los Estados Unidos es la alta frecuencia del presente de indicativo y de construcciones perifrásticas (*ir* + *a* + infinitivo) para expresar futuridad, con lo que se reduce la frecuencia del futuro morfológico. Dicho fenómeno ocurre en todo el mundo hispanoparlante donde no hay contacto con otras lenguas y es muy probable que este cambio, ya en marcha en la lengua española (cf. Silva-Corvalán y Terrell, 1989), se acelere en las variedades habladas en los Estados Unidos, debido al uso socialmente restringido que se hace de la lengua en ese país y a la falta de educación formal en español.

En varias zonas de contacto, como en el País Vasco, la región andina de Perú, el Río de la Plata y los Estados Unidos, se ha observado el uso del condicional por el imperfecto de subjuntivo en la prótasis de oraciones condicionales. Como otros fenómenos de contacto, esta particularidad se debe a una causación múltiple: es un proceso enmarcado dentro de la simplificación general del sistema modal en español, igual que en otras lenguas romances, el cual viene reforzado por la condición de bilingüismo, sea cual sea la lengua de contacto.

Otro tipo de posible convergencia y simplificación se ha observado en el español de Galicia, donde se ha extendido la función del imperfecto del subjuntivo (v.g., *cantara*) tanto al pretérito simple como al pluscuamperfecto, siguiendo el modelo del gallego. El gallego conservó del latín el uso de *cantara* en el modo indicativo para expresar el pluscuamperfecto, uso que parece haberse transferido del gallego al castellano regional, pues en las variedades del castellano habladas en otras regiones, esta forma pasó a vincularse exclusivamente con el modo subjuntivo

(Pollán, 2001). Como no se ha documentado este tipo de extensión en textos antiguos escritos en castellano, puede ser un ejemplo de un cambio que altera el sistema gramatical en el inventario de morfemas o categorías gramaticales (cf. Backus, 2004: 180).

En los Estados Unidos, también se ha documentado el uso más frecuente de las formas progresivas en la comunidad puertorriqueña de Nueva York (Klein, 1980). Se postula que el contacto con el inglés ha llevado a un mayor uso de estas formas en aquellos contextos semántico-discursivos en los que el inglés no permite el presente simple, pero en español se puede elegir entre la forma simple o la progresiva. La sobregeneralización de la forma progresiva en ese tipo de contextos es un cambio relativamente mínimo en la estructura del español, que se puede deber al contacto con el inglés. Sin embargo, al examinar el mismo fenómeno en variedades del español habladas en el suroeste de los Estados Unidos, otros investigadores (Chaston, 1991; Torres Cacoullos, 2000) han concluido que en ese contexto no se da convergencia con el inglés, excepto en hablantes de la tercera o la cuarta generación.

En la zona andina de Ecuador y Colombia, también se ha observado una alta frecuencia de uso de los gerundios, tendencia reforzada por el quichua. Niño-Murcia (1995) y Haboud (1998) describen una serie de construcciones en las que el gerundio indica perfectividad (v.g., *dejó haciendo* = dejó hecho). Niño-Murcia (1995) atribuye tales usos a una convergencia semántica con el quichua a través de la cual se mantiene la sintaxis del castellano pero se adopta el significado de la construcción equivalente en la lengua indígena. Este tipo de cambio se podría interpretar como uno que altera la estructura del castellano, pero faltan estudios sobre su extensión en hablantes monolingües de castellano en Ecuador y Colombia.

Otro cambio en el sistema verbal del español se da en las zonas donde ha habido contacto con el quechua. Como en el sistema gramatical del quechua es esencial marcar la evidencialidad, los quechuahablantes que han aprendido el castellano como segunda lengua han sentido la necesidad de indicar la fuente de conocimiento del mensaje y la verosimilitud de la información. En algunas variedades del castellano habladas en Perú y Bolivia, se tiende a usar el pretérito perfecto o el pretérito simple para indicar que uno ha presenciado un evento y se reserva el uso del pluscuamperfecto para referirse a un evento que el hablante no ha presenciado. Por otra parte, en el habla del Ecuador se puede usar el pretérito perfecto "para hacer referencia a un evento que ocurrió en el pasado y que no se ha presenciado" (Bustamante, 1991: 209), en contraste con el pretérito indefinido que indica que la información es veraz porque el hablante la ha experimentado personalmente. El pluscuamperfecto tiene la misma función semántico-discursiva en el habla ecuatoriana que tiene en las variedades de Perú y Bolivia, pues indica más alejamiento de los valores de certidumbre ligados a la veracidad de la información que el pretérito perfecto. Backus (2004: 180) nota que este cambio en el sistema verbal del español se podría interpretar o como una adición al sistema (i.e., un cambio que altera el sistema) o como una reestructuración (i.e., un cambio que mantiene el sistema). En el primer caso, representaría un cambio que altera el sistema al crear nuevas distinciones semánticas que rigen la selección de los tiempos verbales. Pero también se podría considerar como un cambio mucho menos significativo dado el hecho de que ya existían otras maneras de expresar la evidencialidad en español con expresiones adverbiales, tales como *aparentemente*, *escuché que . . .* , *dicen que* y *dizque*. Desde nuestra perspectiva, dicho fenómeno en las variedades andinas se clasifica mejor como una redistribución o reestructuración del sistema, puesto que los usos de las formas verbales en cuestión señalan la evidencialidad expresada obligatoriamente en quichua y quechua de una manera coherente con la semántica del sistema verbal del castellano.

7.2.2.3. El orden de palabras

Tanto en la zona andina como en el País Vasco se ha observado una elevada frecuencia del orden de elementos oracionales OV (objeto-verbo), fenómeno que se puede atribuir al contacto con lenguas tipológicamente distintas. El vasco y el quechua son lenguas en las que el orden no marcado es SOV (sujeto-objeto-verbo), a diferencia del castellano, en el cual el orden no marcado es SVO (sujeto-verbo-objeto). No obstante, el orden de las palabras en español es flexible y permite construcciones del tipo OV en contextos discursivos muy específicos. Después de comparar el habla monolingüe de Buenos Aires con la variedad bilingüe de Calca, Perú, Ocampo y Klee (1995) concluyen que el uso del orden OV para nuevas situaciones discursivas en el español andino no refleja la introducción de una estructura foránea al español. Aunque la influencia del quechua parece haber llevado a un aumento en la frecuencia del orden OV, este se manifiesta de una manera congruente con las funciones pragmático-discursivas ya existentes en una variedad del español monolingüe.

7.2.2.4. Otros aspectos morfosintácticos

Hay correspondencias en el uso de algunas preposiciones en diferentes regiones de contacto. Por ejemplo, se da el uso de la preposición *en* con verbos de movimiento (v.g. *vamos en Vigo*) en el habla de Galicia, en el español méxico-americano en los Estados Unidos, en el español paraguayo y en el español del norte de Uruguay. Su uso debe clasificarse principalmente como un arcaísmo que ha sido reforzado por una situación de contacto lingüístico. Es decir, es otro ejemplo de causación múltiple que tiene sus orígenes en el español antiguo.

Otro fenómeno que se debe a la causación múltiple y que se encuentra en varias zonas de contacto es el uso de artículo indefinido + posesivo (v.g., *un mi libro*). Esta construcción se constata en el español del siglo XV, aunque hacia el siglo XVI ya casi había devenido en arcaísmo (Martin, 1985). Parece haberse mantenido en las hablas de Guatemala y Paraguay debido a la influencia de una estructura sintáctica homóloga en las lenguas indígenas habladas en esos países.

En algunas zonas se dan duplicaciones relacionadas con el contacto lingüístico, tales como los compuestos iterativos en el habla del País Vasco (*muy mal, muy mal*), los posesivos en las variedades habladas en Perú y en México (*su casa de Juan*) y la doble negación en el País Vasco y en Paraguay (*Ahí tampoco no voy; Nada no dije*).[4] Estas construcciones caracterizan el español medieval y su mantenimiento en el español actual parece ser resultado de una causación múltiple: son posibilidades internas del español medieval que son reforzadas por influencias externas, i.e., las estructuras paralelas de las lenguas de contacto.

7.2.3. Cambios pragmáticos

A nivel pragmático se hace más evidente la influencia de lenguas de contacto. A continuación, consideramos algunos de los fenómenos más notables en variedades del español habladas en zonas de contacto lingüístico.

7.2.3.1. La doble negación

Schwegler y Morton (2003) plantean que la doble negación que caracteriza el español de Palenque y de la República Dominicana (*no sé dónde queda la calle no*) refleja la previa influencia de una lengua criolla o de lenguas africanas, y que es una forma "camuflada" (cf. Spears, 1982) motivada por el contacto, es decir, una forma que se parece fonológica o sintácticamente a las formas o sintagmas del español estándar pero que se utiliza con diferentes valores semánticos o pragmáticos. En este caso, su uso se asemeja al de la partícula *no* que puede ocurrir al final de aseveraciones negativas para dar énfasis en el español estándar, como en *no lo creo, no* (118).

7.2.3.2. Los mandatos

En la zona andina de Ecuador y Colombia se ha observado el uso de mandatos con el futuro sintético (v.g. *apuraráse*), una estructura arcaica que se remonta al español medieval. Su mantenimiento en la zona andina del norte de Ecuador y el sur de Colombia se debe a una causación múltiple. El hecho de que la zona en la que se encuentra haya sido muy aislada durante la época colonial ha contribuido a su retención, junto con la influencia del quichua local en el que también se usa el futuro morfológico como imperativo. También ocurren mandatos con el gerundio (v.g., *déme cerrando la puerta*) que resultan de la convergencia sintáctica y pragmática con el quichua y tienen la función de mitigar el pedido. En el primer caso (mandatos con el futuro sintético) no hay cambio en el sistema verbal del español, ya que dicha estructura existía en la época medieval, mientras que en el segundo (mandatos con el gerundio) se introduce un nuevo patrón por influencia del quichua.

7.2.3.3. La deixis

En el español de Cataluña se da la tendencia a transferir las normas de uso pragmáticas de varios deícticos del catalán al castellano, a saber: los verbos *ir* y *venir*, los verbos *llevar* y *traer*, los demostrativos *este*, *ese* y *aquel*, y los locativos *aquí* y *allí*. El grado de exposición al catalán parece ser el factor que más condiciona dichas transferencias: cuanto más catalán uno usa en los ámbitos social, familiar y educacional, más se da en su repertorio lingüístico en castellano la tendencia a seguir las normas pragmáticas de la deixis catalana (Vann, 1998: 275). Silva-Corvalán (1994a, 2001) también documenta la transferencia de las normas de uso del deíctico *this* del inglés en el español de méxico-americanos bilingües en Los Ángeles, quienes usan *este* y *esta* para introducir referentes nuevos, indefinidos pero específicos, en primer plano del discurso. A modo de ejemplo: "¿Sabes, Bibi? *Este* niño en mi escuela me dijo. . . ." (2001: 284). Otra vez, estamos ante el caso de una estructura sintáctica ya existente en el español que adquiere un uso innovador en el plano semántico-pragmático debido a una estructura paralela en la lengua de contacto.

7.2.3.4. Los marcadores de discurso

El uso de los marcadores de discurso surge como uno de los primeros índices del contacto del español con otras lenguas. En situaciones de préstamo (según el esquema de Thomason & Kaufman, 1988), se da la integración de marcadores prestados de la lengua de contacto, como es el caso del español en los Estados Unidos, mientras que en situaciones de interferencia se puede dar la alteración de usos de los propios marcadores del español, como ocurre en el español andino. Un ejemplo de este último fenómeno lo ofrece Zavala (2001), quien describe cómo el marcador *pues* en posición final adopta la función de confirmar o aclarar una emisión invocada o inferida en base al modelo de los marcadores evidenciales del quechua. En el español andino, el uso de *pues* al final de una emisión puede transmitir el grado de convicción o seguridad del hablante respecto a lo que dice.

Por otra parte, Torres (2002), Lipski (2005c) y Said-Mohand (2006, 2007, 2008) documentan la inserción e integración de marcadores del inglés en el español de hispanohablantes estadounidenses. Todos estos autores concluyen que dicho proceso no solo refleja el grado de uso del inglés en la vida del individuo bilingüe, sino también su nivel de suficiencia lingüística en español: un mayor uso y dominio del inglés concomitante con un menor grado de competencia en español lleva a la tendencia a usar (exclusivamente en algunos casos de hablantes de la tercera y la cuarta generación) marcadores del inglés como *like*, *I mean*, *you know* y *so*. Lipski (2005c: 13) argumenta que este proceso se distingue del cambio de código por el hecho de que el uso de tales marcadores no sirve para hacer la transición de una lengua a otra en un mismo discurso, sino para "puntuar" un discurso realizado enteramente en español y, en muchos casos, el hablante ni siquiera es consciente de que ha insertado un elemento del inglés. Este autor también afirma que la inserción de *so* en español aprovecha "configuraciones sintácticas idénticas" en las dos lenguas, de manera que la integración estructural no puede servir como criterio para determinar el estatus de este marcador (Lipski, 2005c: 6). Asimismo, Aaron (2004) afirma que *so* y *entonces* en el habla de bilingües de Nuevo México siguen las mismas pautas discursivas en las dos lenguas, y que su uso en bilingües no diverge del que hacen hablantes mono-lingües de los mismos marcadores, respectivamente. Pero a diferencia de Lipski (2005c), Aaron sí observa una relación significativa entre el uso de *so* y el cambio de código. En los datos de Aaron, la frecuencia de este marcador seguido de un cambio de código era mucho más alta que en el caso de su equivalente *entonces*, lo cual llevó a esta autora a concluir que *so* puede servir como elemento que provoca un cambio a la otra lengua.

7.3. Hacia el futuro: algunas recomendaciones para estudios del español en contacto en el siglo XXI

En las últimas décadas, las comunicaciones en las regiones del mundo his-pánico se han expandido de modo muy significativo. Los habitantes de muchas zonas de Latinoamérica que vivían muy aislados en los años 1960 y 1970 ahora cuentan con numerosos canales de radio y televisión, la gran mayoría de los cuales transmiten su programación en variedades altamente normativas del español. En las ciudades y los pueblos más grandes, el acceso a Internet ya es bastante amplio, y un número de usuarios cada vez mayor se comunica de modo escrito en una amplia gama de dialectos y registros del español (cf. López Morales, 2006). El acceso a la educación formal también ha aumentado drásticamente en los países latinoamericanos en las últimas décadas, fenómeno que ha sido concomitante con la adquisición del español normativo y de los registros formales de la lengua. El aislamiento geográfico y social que anteriormente contribuía al mantenimiento de lenguas indígenas y de variedades locales del español caracterizadas por rasgos de contacto se hace cada vez menor. La consecuencia de esto ha sido el repentino desplazamiento de las lenguas indígenas, del criollo palenquero y del portugués en el norte de Uruguay, entre otras variedades, a favor de la adquisición y el uso del español.

El gran aumento en el acceso a la educación formal y a los medios de comu-nicación en español, junto con la migración masiva de las zonas rurales a las grandes urbes y el impacto de la economía global, son factores que han producido el declive de variantes fonéticas asociadas con lenguas de contacto en muchas partes de Latino-américa (Gómez, 2003: Coronel, 1995a, 1995b; Michnowicz, 2006a, 2006b; Klee y Caravedo, 2005, 2006; Klee, 2009), aunque la entonación parece ser una excepción. En el plano morfosintáctico, parece que hay más probabilidad de que se mantengan aquellas variantes que no son objeto de censura social abierta y que no son fáciles de percibir. Aunque reflejen transferencias pragmáticas de una lengua de contacto, pueden ser formas camufladas (Spears, 1982; Schwegler y Morton, 2003). Queda claro que los rápidos cambios sociales que han caracterizado los últimos cincuenta años, sobre todo en lo que atañe a las telecomunicaciones, y la evolución de la cultura global en el siglo XXI (cf. Yúdice, 2003) hacen que sean necesarias futuras indagaciones sociolingüísticas para entender mejor la (in)estabilidad de variantes de contacto conforme vaya evolucionando el español como lenguaje de la comunicación y la economía globales (cf. Del Valle, 2007). De especial interés serán aquellas particularidades locales que se mantengan o, incluso, cuyo uso se expanda por motivos de identidad regional o nacional, como ha ocurrido con la /n/ final labializada en el español yucateco.

En la mayoría de los estudios que se han realizado hasta la fecha, con algunas excepciones muy notables, no se ha distinguido adecuadamente entre las variantes que son producto del contacto lingüístico y que han sido transmitidas de una generación a otra, y aquellas, mucho más numerosas, que son el resultado de procesos de adquisición del español como segunda lengua o, en el caso del español en el contexto estadounidense, de adquisición incompleta o parcial del español como lengua secundaria (i.e., socialmente subordinada) pero que no llegan a ser transmitidas a otra generación. En el futuro, es esencial que los investigadores distingan entre estos dos tipos de fenómenos. Asimismo, es esencial determinar en futuros estudios qué variables sociales están correlacionadas con las variantes en cuestión, para arrojar más luz sobre el impacto de las variables sociales y la dirección del cambio lingüístico.

En resumen, hacen falta muchos más estudios variacionistas como los de Silva-Corvalán (1994a), Carvalho (1998) y Michnowicz (2006a) para comprobar los resultados del contacto lingüístico y determinar su correlación con otras variables lingüísticas y con factores sociales. A la vez, son necesarios más estudios etnográficos que incorporen análisis de redes sociales, como los de Cashman (2001) en Detroit (Estados Unidos) y Woolard (1989) en Barcelona. Faltan indagaciones de este tipo, especialmente en Latinoamérica, para esclarecer los fenómenos de difusión de variantes vinculadas al contacto del español con otras lenguas y entender los mecanismos, tanto sociales como lingüísticos, que promueven el cambio.[5] Es igualmente imprescindible que se realicen en el futuro más estudios referentes a temas de actitudes lingüísticas, puesto que la selección idiomática y el cambio lingüístico guardan una relación muy estrecha con los fenómenos de prestigio y estigmatización sociolingüísticos. Como afirma Carvalho (2004: 148), tales investigaciones nos proporcionarían más datos sobre las maneras en que se negocian las lenguas y los dialectos en la vida cotidiana, y arrojarían luz sobre la difusión de las innovaciones lingüísticas además del papel que estas juegan en la construcción de identidades y prácticas sociales.

Si bien Bakhtin (1981) afirma que la *heteroglosia* constituye la esencia de la lengua, las situaciones de contacto de lenguas presentan las circunstancias más ideales para estudiar los fenómenos que la crean y la propulsan. No se pueden dejar de lado las dimensiones culturales, económicas, políticas e ideológicas del contacto lingüístico en futuras indagaciones del español a través del mundo. A pesar de que algunos consideren que dichos aspectos quedan fuera de los propósitos de la lingüística per se, nosotros insistimos en que la lengua es producto de la experiencia social, la necesidad de relacionarse con el prójimo, la dinámica de entender y hacerse entender, la construcción de la identidad tanto del individuo como del grupo del que se considera parte, y la del grupo del que quiere desasociarse o alejarse. Todas estas cuestiones se harán más palpables en el mañana del mundo global, en el que el español será una de las lenguas más habladas.

Notas

1. "[. . .] learners may retain something from their L1 or some other language to aid in coping with the new challenges" (Jarvis y Odlin, 2000: 537).
2. Para una definición de *formas camufladas*, ver la sección 7.2.3.1.
3. "recurrent phonetic deviations from the norm by definition cannot be camouflaged, and are, therefore, potentially primary linguistic indicators of social and ethnic identity" (Schwegler y Morton, 2003: 126).
4. Granda (2001) observa que la doble expresión de la negación preverbal también se da en la región andina.
5. El estudio de Bortoni-Ricardo (1985) sobre el contacto de dialectos en Brasilia es un buen ejemplo de este tipo de análisis.

Obras citadas

Aaron, Jesse Elana. 2004. "*So* respetamos un tradición del uno al otro": *So* and *entonces* in New Mexican bilingual discourse. *Spanish in Context* 1:16–79.

Aaron, Jesse Elana y José Esteban Hernández. 2007. Quantitative evidence for contact-induced accommodation: shifts in /s/ reduction patterns in Salvadoran Spanish in Houston. *Spanish in contact: policy, social and linguistic inquiries*, ed. Kim Potowski y Richard Cameron, 329–343. Amsterdam/Philadelphia: John Benjamins.

Adelaar, Willem F. H. y Pieter C. Muysken. 2004. *The languages of the Andes*. Cambridge: Cambridge University Press.

Agencia EFE. 2007. Dialeto português corre risco de extinção no Uruguai. 22 de marzo de 2007. http://noticias.uol.com.br/ultnot/efe/2007/03/22/ult1766u20885.jhtm. (visitado el 15 de junio de 2007)

Aguirre Beltrán, Gonzalo. 1946/1972. *La población negra de México. Estudio etnohistórico*. México: Fondo de Cultura Económica.

Aikhenvald, Alexandra Y. 2006. Grammars in contact: a cross-linguistic perspective. *Grammars in contact: a cross-linguistic typology*, ed. Alexandra Y. Aikhenvald y R.M.W. Dixon, 1–66. Oxford: Oxford University Press.

Aizpurua Telleria, Xavier y Jon Aizpurua Espin. 2005. The sociolinguistic situation in the Basque Country according to the 2001 Sociolinguistic Survey. *International Journal of the Sociology of Language* 174:39–54.

Alarcos Llorach, Emilio. 1965. *Fonología española*. Cuarta edición. Madrid: Gredos.

Alberts, Heike. 2005. Changes in ethnic solidarity in Cuban Miami. *The Geographical Review* 95:23–48.

Albó, Xavier. 2004. El futuro del quechua visto desde una perspectiva boliviana. *International Journal of the Sociology of Language* 167:119–130.

Alfaraz, Gabriela. 2002. Miami Cuban perceptions of varieties of Spanish. *Handbook of perceptual dialectology, Vol. 2*, ed. Daniel Long y Dennis R. Preston, 1–11. Amsterdam: John Benjamins.

Alleyne, Mervyn C. 1980. *Comparative Afro-American*. Ann Arbor: Karoma.

Alonso, Amado. 1931. Prólogo de *Hispanismos en el guaraní* por Marcos Augusto Morínigo, 9–15. Buenos Aires: Talleres S.A. Casa J. Peuser, Ltda.

———. 1941. Substratum y superstratum. *Revista de Filología Hispánica* III:209–218.

———. 1953. *Estudios lingüísticos: temas hispanoamericanos*. Madrid: Gredos.

Alonso, Dámaso. 1962. La fragmentación fonética peninsular. *Enciclopedia lingüística hispánica I, Suplemento*. Madrid: C.S.I.C.

Alvar, Manuel. 1969. Nuevas notas sobre el español de Yucatán. *Iberoromania* I:159–189.

————. 1986. Modalidades lingüísticas aragonesas. *Lenguas peninsulares y proyección hispánica*, ed. Manuel Alvar, 133–142. Madrid: Instituto de Cooperación Ibero-americana.

————. 1996. Paraguay. *Manual de dialectología hispánica: El español de América*, ed. Manuel Alvar, 196–208. Barcelona: Ariel.

————. 2001. *El español en Paraguay: estudios, encuestas, textos.* Alcalá de Henares, Madrid: Universidad de Alcalá.

Álvarez, Alexandra y Enrique Obediente. 1998. Sociolingüística del español del Caribe: 'virtualidad' de las lenguas semicriollas. *América negra: Panorámica actual de los estudios lingüísticos sobre variedades hispanas, portugesas y criollas*, ed. Matthias Perl y Armin Schwegler, 40–61. Frankfurt/Madrid: Vervuert/Iberoamericana.

Álvarez, Celia. 1991. Code-switching in narrative performance: Social, structural, and pragmatic function in the Puerto Rican speech community of East Harlem. *Sociolinguistics of the Spanish-Speaking World: Iberia, Latin America, United States*, ed. Carol A. Klee y Luis A. Ramos-García, 271–298. Tempe, AZ: Bilingual Press/Editorial Bilingüe.

Álvarez-Cáccamo, Celso. 1989. Variaçom lingüistica e o factor social na Galiza. *Hispanic Linguistics* 2:253–298.

————. 1999. O "galego" frente ao "português", ou a lógica social da diferença. *A lingua e a literatura galegas nos alicerces do Terceiro Rexurdimento (1976–2000)/La llengua i la literatura gallegues als inicis del Tercer Ressorgiment (1976–2000)*, ed. Camilo Fernández, 43–49. Terrassa: Xunta de Galicia/Amics de les Arts i Joventuts musicals de Terrassa/UNED-Terrassa.

————. 2000. Para um modelo do "code-switching" e a alternância de variedades como fenó-menos distintos: dados do discurso galego-português/espanhol na Galiza. *Estudios de Sociolingüística* 1:111–128.

Álvarez-Cáccamo, Celso y Gabriela Prego-Vázquez. 2003. Political cross-discourse: Conversationalization, imaginary networks, and social fields in Galiza. *Pragmatics* 13: 145–162.

Amastae, Jon. 1982. Language shift and maintenance in the Lower Rio Grande Valley of Southern Texas. *Bilingualism and Language Contact: Spanish, English, and Native American Languages*, ed. Florence Barkin, Elizabeth Brandt y Jacob Ornstein-Galicia, 261–77. New York: Teachers College Press.

Ambadiang, Théophile, Isabel García, Marleen Haboud, Azucena Palacios y J. Reynoso. 2004. Norma lingüística y variedades del español. Manuscrito inédito.

Amorrortu, *Estibaliz*. 2000. Linguistic attitudes in the Basque Country: The social acceptance of a new variety. Tesis doctoral, University of Southern California.

Archive of the Indigenous Languages of Latin America. 2006. http://www.ailla.utexas.org/site/la_langs.html. (visitado el 3 de julio de 2006)

Areche, José Antonio de. 1781/1971. Sentencia pronunciada en el Cuzco por el visitador José Antonio de Arece contra José Gabriel Tupac Amaro, su muger, hijos, y demas reos principales de la sublevación, 15-V-1781. *La rebelión de Túpac Amaru, vol. 2. Colección documental de la independencia del Perú*, ed. Carlos Daniel Valcarcel, 765–773. Lima: Comisión Nacional de Sesquicentenario de la Independencia del Perú.

Ávila-Jiménez, Bárbara. 1995. A sociolinguistic analysis of a change in progress: Pronominal overtness in Puerto Rican Spanish. *Cornell Working Papers in Linguistics* 13: 25–47.

———. 1996. Subject pronoun expression in Puerto Rican Spanish: A sociolinguistic, morphological, and discourse analysis. Tesis doctoral, Cornell University.

Ayer, George. 1971. Language and attitudes of the Spanish-speaking youth of the Southwestern United States. *Applications of Linguistics: Selected Papers of the Second International Congress of Applied Linguistics*, ed. G. Perren y J. Trim, 115–120. Cambridge: Cambridge University Press.

Backus, Ad. 2004. Convergence as a mechanism of language change. *Bilingualism: Language and Cognition* 7:179–181.

Badia, Antoni M. 1962. *Gramática catalana*, tomo 1. Madrid: Gredos.

Baily, Samuel L. 1999. *Immigrants in the lands of promise*. Ithaca, NY: Cornell University Press.

Baker, Philip. 1990. Off target. *Journal of Pidgin and Creole Languages* 5:107–119.

Bakhtin, M.M. 1981. *The dialogic imagination: Four essays*. Ed. Michael Holquist, trad. Caryl Emerson y Michael Holquist. Austin: University of Texas Press.

Barrera Vásquez, Alfredo. 1937. Mayismos y voces mayas en el español de Yucatán. *Investigaciones lingüísticas* 4:9–35.

———. 1943. La lengua maya y su influencia en el español de Yucatán. *Yikal Maya Than— Revista de literatura maya*, año IV, t. IV, núm. 44:79, 92–95.

———. 1980. *Estudios lingüísticos. Obras completas. Tomo I*. Mérida: Fondo Editorial de Yucatán.

Barrios, Graciela. 1996. Marcadores lingüísticos de etnicidad. *International Journal of the Sociology of Language* 117:81–98.

Barrios, Graciela y Beatriz Gabbiani. 1998. La españolización de los dialectos portugueses del Uruguay. Un estudio léxico. En *Estudios humanísticos en memoria a Guido Zannier*, ed. Guido Zannier, Graciela Barrios, Alcides Beretta Curi y Mario Dotta, 49–69. Montevideo: Universidad de la República.

Barrutia, Richard y Armin Schwegler. 1994. *Fonética y fonología españolas: teoría y práctica*. New York: Wiley.

Bastardas, Albert. 1989. Sobre el 'bilingüisme passiu': canvi i persisténcia dels compartaments lingüistics. *Revista de Catalunya* 31:43–54.

Bayley, Robert y Lucinda Pease-Álvarez. 1997. Null pronoun variation in Mexican-descent children's narrative discourse. *Language Variation and Change* 9:349–371.

Benet, Josep. 1978. *Catalunya sota el règim franquista*. Barcelona: Editorial Blume.

Benmaman, Virginia. 2000. The Spanish speaker + interpreter services = Equal access to the judicial system: Is the equation accurate? *Research on Spanish in the United States: Linguistic Issues and Challenges*, ed. Ana Roca, 82–94. Somerville, MA: Cascadilla Press.

Bentivoglio, Paola. 1983. Topic continuity and discontinuity in discourse: a study of spoken Latin American Spanish. *Topic continuity in discourse: a quantitative cross-language study*, ed. Talmy Givón, 255–312. Amsterdam: Benjamins.

Berk-Seligson, Susan. 1987. The intersection of testimony styles in interpreted judicial proceedings: Pragmatic alterations in Spanish testimony. *Linguistics* 25:1010–1047.

———. 1989. The role of register in the bilingual courtroom: Evaluative reactions to interpreted testimony. *International Journal of the Sociology of Language* 79:79–91.

———. 1990. *The Bilingual Courtroom: Court Interpreters in the Judicial Process*. Chicago: University of Chicago Press.

Beswick, Jaine E. 1998. Observacións sobre as actitudes e os comportamentos relativos ós cambios de código en Santiago de Compostela. Real Academia Galega, *Cadernos de lingua* 18:53–78.

———. 2007. *Regional nationalism in Spain. Language use and ethnic identity in Galicia.* Clevedon: Multilingual Matters.

Bickerton, Derek. 1981. *Roots of Language.* Ann Arbor, MI: Karoma.

———. 1984. The language bioprogram hypothesis. *Behaviorial and Brain Sciences* 7: 173–188.

———. 1988. Creole languages and the bioprogram. *Linguistics: the Cambridge survey. Vol. II: Linguistic theory: extensions and implications,* ed. Frederick J. Newmeyer, 268–284. Cambridge: Cambridge University Press.

Bills, Garland. 2005. Las comunidades lingüísticas y el mantenimiento del español en Estados Unidos. *Contactos y contextos lingüísticos: El español en los Estados Unidos y en contacto con otras lenguas,* ed. Luis A. Ortiz-López y Manel Lacorte, 55–83. Frankfurt/Madrid: Vervuert/Iberoamericana.

Bills, Garland y Neddy Vigil. 1999. Ashes to ashes: The historical basis for dialect variation in New Mexican Spanish. *Romance Philology* 53:43–67.

Blake, Robert. 1981. Some empirically based observations on adult usage of the subjunctive in Mexico City. *Current Research in Romance Languages,* ed. James Lantolf y Gregory Stone, 13–22. Bloomington, IN: Indiana University Linguistics Club.

Blancpain, Jean-Pierre. 1987. *Los alemanes en Chile 1816–1945,* 4ª edición. Santiago: Ediciones Pedagógicas Chilenas.

Blas Arroyo, José Luis. 1998. Efectos del cambio de código en los medios de comunicación audiovisuales: Análisis del discurso bilingüe español-catalán. *Iberoromania* 48: 38–65.

———. 1999. *Lenguas en contacto: Consecuencias lingüísticas del bilingüismo social en las comunidades de habla del este peninsular.* Frankfurt/Madrid: Vervuert/Iberoamericana.

———. 2000. *Gramáticas en contacto: Un modelo de análisis variacionista para la desambiguación de los fenómenos de contacto en el discurso bilingüe catalán-español.* Munich: Lincom Europa.

———. 2002. Introducción a los fenómenos del contacto de lenguas en las comunidades de habla castellonenses. *Estudios sobre lengua y sociedad,* ed. José Luis Blas Arroyo, Manuela Casanova Ávalos, Santiago Fortuño Llorens, Margarita Porcar Miralles, 155–168. Castelló: Publicacions de la Universitat Jaume I.

———. 2005. *Sociolingüística del español.* Madrid: Cátedra.

Blas Arroyo, José Luis y Deborah Tricker. 2000. Principles of variationism for disambiguating language contact phenomena: The case of lone Spanish nouns in Catalan discourse. *Language Variation and Change* 12:103–140.

Bloomfield, Leonard. 1933. *Language.* New York: Henry Holt.

Blum-Kulka, Shoshana. 1982. Learning to say what you mean in a second language: a study of the speech act performance of learners of Hebrew as a second language. *Applied Linguistics* 3:29–56.

Bortoni-Ricardo, Stella Maris. 1985. *The urbanization of rural dialect speakers.* Cambridge: Cambridge University Press.

Boswell, Thomas. 2000. Demographic changes in Florida and their importance for effective educational policies and practices. *Research on Spanish in the United States: Linguistic Issues and Challenges*, ed. Ana Roca, 406–431. Somerville, MA: Cascadilla Press.

Boyd-Bowman, Peter. 1952. La pérdida de vocales átonas en la altiplanicie mexicana. *Nueva Revista de Filología Hispánica* VI:138–140.

———. 1956. Regional origins of the earliest Spanish colonists of America. *Publications of the Modern Language Association of America (PMLA)* 71:1152–1172.

———. 1963. La emigración peninsular a América 1520–1539. *Historia Mexicana* 13: 165–192.

———. 1964. *Indice geobiográfico de 40,000 pobladores españoles de América en el siglo SXVI, 1492–1519, vol. 1.* Bogotá: Instituto Caro y Cuervo.

———. 1968a. *Indice geobiográfico de 40,000 pobladores españoles de América en el siglo SXVI, 1492–1519, vol. 2.* México: Editorial Jus.

———. 1968b. Regional origins of Spanish colonists of America, 1540–1559. *Buffalo Studies* 4:3–26.

———. 1972. La emigración española a América: 1540–1579. *Studia hispanica in honorem R. Lapesa, vol. 2*, 123–147. Madrid: Gredos.

———. 1975. A sample of sixteenth century 'Caribbean' Spanish phonology. *1974 Colloquium on Spanish and Portuguese Linguistics*, ed. William G. Milan, John J. Staczek y Juan C. Zamora, 1–11. Washington, DC: Georgetown University Press.

Brown, Penélope y Stephen C. Levinson. 1978. Universals in language usage: politeness phenomena. *Questions and Politeness: Strategies in Social Interaction*, ed. Esther N. Goody, 60–288. Cambridge: Cambridge University Press.

Bustamante, Isabel. 1991. El presente perfecto o pretérito perfecto compuesto en el español quiteño. *Lexis* XV:195–231.

Bustamante-López, Isabel y Mercedes Niño-Murcia. 1995. Impositive speech acts in northern Andean Spanish: a pragmatic description. *Hispania* 78:885–97.

Cabrera, Luis. 1935. The key to the Mexican chaos. *Renascent Mexico*, ed. Hubert Herring y Herbert Weinstock, 11–29. New York: Covici, Friede.

Cabrera, Lydia. 1969. *El monte*. Miami: Ediciones C.R.

———. 1970. *La sociedad secreta Abakuá*. Miami: Ediciones C.R.

Calsamiglia, Helena y Amparo Tuson. 1984. Use of languages and code switching in groups of youths in a barri of Barcelona: Communicative norms in spontaneous speech. *International Journal of the Sociology of Language* 47:105–121.

Calvo, Julio. 1995. El castellano andino y la crónica de Guamán Poma. *Actas del I Congreso de Historia de la lengua española en América y España*, ed. María Teresa Echenique Elizondo, Milagros Aleza Izquierdo, María José Martínez Alcalde y Juan P. Sánchez Méndez., 31–9. Valencia: Universidad de Valencia.

Camacho, José, Liliana Paredes y Liliana Sánchez. 1997a. Null objects in bilingual Andean Spanish. *Proceedings of the Annual Boston University Conference on Language Development*, ed. Elizabeth Hughes, Mary Hughes y Annabel Greenhill, 56–66. Somerville, ME: Cascadilla Press.

Camayd-Freixas, Erik. 2000. Sociolinguistic categorization of Spanish-English false cognates for court interpreting services. *Research on Spanish in the United States: Linguistic Issues and Challenges*, ed. Ana Roca, 95–109. Somerville, MA: Cascadilla Press.

Cameron, Richard. 1992. Pronominal and null subject variation in Spanish: Constraints, dialects, and functional compensation. Tesis doctoral, University of Pennsylvania.

Campbell, Lyle. 1997. *American Indian languages: the historical linguistics of Native America.* Oxford: Oxford University Press.

Cancellier, Antonella. 1996. *Lenguas en contacto: italiano y español en el Río de la Plata.* Padova: Unipress.

Canellada de Zamora, María Josefa y Alonso Zamora Vicente. 1960. Vocales caducas en el español de México. *Nueva Revista de Filología Hispánica* XIV:221–241.

Canfield, D. Lincoln. 1934. *Spanish literature in Mexican languages as a source for the study of Spanish pronunciation.* New York: Instituto de las Españas en los Estados Unidos.

Caravedo, Rocío. 1996a. Perú. *Manual de dialectología hispánica. El español de América*, ed. Manuel Alvar, 152–168. Barcelona: Ariel.

———. 1996b. Variedades en contacto: propuestas para una investigación del español del Perú. *Signo y Seña* (Buenos Aires) 6:493–511.

———. 1999. *Lingüística del corpus: cuestiones teórico-metodológicas aplicadas al español.* Salamanca: Ediciones Universidad de Salamanca.

Cardozo, Efraím. 1959. *Historiografía paraguaya.* México, D.F.: Instituto Panamericano de Geografía e Historia.

Carvalho, Ana María. 1998. The social distribution of Uruguayan Portuguese in a Bilingual Border Town. Tesis doctoral, University of California at Berkeley.

———. 2003a. Rumo a uma definição uruguaio. *Revista Internacional de Lingüística Iberoamericana* 2:135–159.

———. 2003b. The sociolinguistic distribution of (lh) in Uruguayan Portuguese: A case of dialectal diffusion. *Selected Papers from the 5th Hispanic Linguistics Symposium*, ed. Silvina Montrul y Francisco Ordóñez, 30–44. Somerville: Cascadilla Press.

———. 2004. I speak like the guys on TV: palatalization and the urbanization of Uruguayan Portuguese. *Language Variation and Change* 16:127–151.

———. 2006a. Nominal Number Marking in a Variety of Spanish in Contact with Portuguese. *Selected Papers of the 8th Hispanic Linguistics Symposium*, ed. Timothy L. Face y Carol A. Klee, 154–166. Somerville: Cascadilla Press. También en www.lingref.com/cpp/hls/8/index.html.

———. 2006b. Spanish (s) aspiration as a prestige marker on the Uruguayan-Brazilian border. *Spanish in Context* 3:85–114.

Casesnoves Ferrer, Raquel y David Sankoff. 2004. The Valencian revival: why usage lags behind competence. *Language in Society* 33:1–31.

Cashman, Holly R. 2001. Doing being bilingual: language maintenance, language shift, and conversational codeswitching in Southwest Detroit. Tesis doctoral, University of Michigan.

———. 2003. Red social y bilingüismo (inglés/ español) en Detroit, Michigan. *Revista Internacional de Lingüística Iberoamericana* 2:59–78.

———. 2007. An overview of linguistic politeness in the Spanish of the United States. *Research on Politeness in the Spanish-Speaking World*, ed. María Elena Placencia y Carmen García, 119–137. Mahwah, NJ: Lawrence Erlbaum.

Cassano, Paul V. 1971a. Substratum hypotheses concerning the Spanish of Paraguay. *Neophilologus* 55:41–44.

———. 1971b. The attribution of vocalic nasalization in Paraguayan Spanish to Guaraní influence. *Romance Notes* 13:190–192.

———. 1972. La [b] del español del Paraguay en posición inicial. *Revue Romane* 7: 186–188.

———. 1973. The substrat theory in relation to the bilingualism of Paraguay: problems and findings. *Anthropological Linguistics* 15:406–426.

———. 1977. Influencia del maya en la fonología del español de Yucatán. *Anuario de Letras* 15:95–113.

Castellanos, María Bianet. 2003. Gustos and gender: Yucatec Maya migration to the Mexican Riviera. Tesis doctoral, Universidad de Michigan.

Castillo, Isidro. 1965. *México y su revolución educativa*. México D.F.: Academia Mexicana de la Educación.

Castro, Max, MarvinDunn, Guillermo Grenier y Alex Stepick. 2003. *This land is our land: Immigrants and power in Miami*. Berkeley, CA: University of California Press.

Cenoz, Jasone y Josu Perales. 2001. The Basque-speaking communities. *Multilingualism in Spain: Sociolinguistic and psycholinguistic aspects of linguistic minority groups*, ed. M. Teresa Turell, 91–109. Clevedon, UK: Multilingual Matters.

Cerrón-Palomino, Rodolfo. 1987. Multilingüismo y política idiomática en el Perú. *Allpanchis* 19:17–44.

———. 1989a. Aspectos sociolingüísticos y pedagógicos de la motosidad en el Perú. *Temas de lingüística amerindia*, ed. Rodolfo Cerrón-Palomino y Gustavo Solís Fonseca, 153–180. Lima: Concytec.

———. 1989b. Language policy in Peru: a historical overview. *International Journal of the Sociology of Language* 77:11–33.

———. 1995. Guamán Poma redivivo o el castellano rural andino. *Lenguas en contacto en Hispanoamérica*, ed. Klaus Zimmerman, 161–192. Frankfurt/Madrid: Vervuert/ Iberoamericana.

———. 2003. *Castellano andino: aspectos sociolingüísticos, pedagógicos y gramaticales*. Lima: Pontificia Universidad Católica del Perú.

Chaston, John. 1991. Imperfect progressive usage patterns in the speech of Mexican American bilinguals from Texas. *Sociolinguistics of the Spanish-Speaking World: Iberia, Latin America, United States*, ed. Carol A. Klee y Luis A. Ramos-García, 299–311. Tempe, AZ: Bilingual Press/Editorial Bilingüe.

Chaudenson, Robert. 1979. *Les créoles français*. Paris: Fernand Nathan.

———. 1992. *Des îsles, des homes, des langues. Langues creoles—cultures creoles*. Paris: L'Harmattan.

Choi, Jinny K. 1998. Language in contact: a morphosyntactic analysis of Paraguayan Spanish from a historical and sociolinguistic perspective. Tesis doctoral, Georgetown University.

———. 2000. [-Person] direct object drop: the genetic cause of a syntactic feature in Paraguayan Spanish. *Hispania* 83:531–543.

———. 2001. The genesis of voy en el mercado: the preposition en with direccional verbs in Paraguayan Spanish. *Word* 52:181–196.

———. 2003. Language attitudes and the future of bilingualism: the case of Paraguay. *International Journal of Bilingual Education and Bilingualism* 6:81–94.

———. 2004. La planificación lingüística y la revaloración del guaraní en el Paraguay: Comparación, evaluación e implicación. *Language Problems & Language Planning* 28: 241–59.

Clyne, Michael. 2003. *Dynamics of language contact*. Cambridge: Cambridge University Press.

Coetsem, Frans van. 1988. *Loan phonology and the two transfer types in language contact*. Dordrecht: Foris.

————. 2000. *A general and unified theory of the transmission process in language contact.* Heidelberg: Winter.

Cohen, Andrew D. 1974. The Culver City Immersion Program: How does summer recess affect Spanish speaking ability. *Language Learning* 24:55–68.

Colantoni, Laura. 2004. La huella del italiano persiste en el español de la Argentina. *Portal informativo sobre la lengua castellana.* www.unidadenladiversidad.com/historico/actualidad/actualidad_ant/2004/mayo_2004/actualidad_0505004.htm (visitado el 27 de octubre de 2006).

Colantoni, Laura y Jorge Gurlekian. 2004. Convergence and intonation: historical evidence from Buenos Aires Spanish. *Bilingualism* 7:107–119.

Coles, Felice. 2005. Isleños and Cubans: The affinity of dialect. *Contactos y contextos lingüísticos: El español en los Estados Unidos y en contacto con otras lenguas,* ed. Luis A. Ortiz-López y Manel Lacorte, 131–139. Frankfurt/Madrid: Vervuert/Iberoamericana.

Company Company, Concepción. 2005. Frecuencia de uso y contacto lingüístico en sintaxis: artículo definido + posesivo en el español americano. *Spanish in Context* 2:131–156.

Coronel, María Amalia. 1995a. Aspectos sociolingüísticos del español de Catamarca Capital, Argentina. Tesis doctoral, Temple University.

————. 1995b. Variación palatal en Catamarca, Argentina. *Missouri Philological Association* 20:44–52.

Cortés-Conde, Florencia. 1996. Is Bilingualism Possible in an Immigrational Setting? *Spanish in Contact,* ed. Ana Roca y John Jensen, 113–122. MA: Cascadilla Press.

Curtin, Philip D. 1969. *Atlantic slave trade: a census.* Madison: University of Wisconsin Press.

De Bot, Kees. 1992. A bilingual production model: Levelt's 'speaking' model adapted. *Applied Linguistics* 13:1–24.

De Jongh, Elena y Ana Roca. 1991. Interpreting Spanish codes in Southern Florida: The preparation of court interpreters. *Sociolinguistics of the Spanish-Speaking World: Iberia, Latin America, United States,* ed. Carol A. Klee y Luis A. Ramos-García, 349–358. Tempe, AZ: Bilingual Press/Editorial Bilingüe.

De la Torre, Miguel. 2003. *La lucha for Cuba. Religion and politics on the streets of Miami.* University of California Press, Berkeley.

Del Castillo Mathieu, Nicolas. 1984. El léxico negro-africano en San Basilio de Palenque. *Thesaurus* 39:80–169.

Del Valle, José. 2000. Monoglossic policies for a heteroglossic culture: misinterpreted multilingualism in modern Galicia. *Language & Communication* 20:105–132.

————. 2005. La lengua, patria común: política lingüística, política exterior y el postnacionalismo hispánico. *Studies on Ibero-Romance linguistics,* ed. Ralph J Penny, Roger Wright y Peter T Ricketts, 391–415. Newark, Delaware: Juan de la Cuesta.

————. 2007. La lengua, patria común: la *hispanofonía* y el nacionalismo panhispánico. *La lengua, ¿patria común? Ideas e ideologías del español,* ed. José del Valle, 31–56. Frankfurt/ Madrid: Vervuert/ Iberoamericana.

Dellepiane, Antonio. 1967. *El idioma del delito y diccionario lunfardo-español.* Buenos Aires: Compañía General Fabril.

DeMello, George. 2002. Leísmo in contemporary Spanish American educated speech. *Linguistics* 40:261–283.

Dieck, Marianne. 2000. *La negación en palenquero*. Frankfurt/Madrid: Vervuert/ Iberoamericana.

Dirección General de Estadística, Encuestas y Censos (Paraguay). 2002. Cuadro P09: Paraguay: Población de 5 años y más de edad por área urbana-rural y sexo, según idioma/s que hablan las personas, 2002. *Paraguay: Resultados finales. Censo nacional de población y viviendas, año 2002, total país*. www.dgeec.gov.py/Publicaciones/Biblioteca/ Web%20Paraguay%20Total%20Pais/P09%20total.pdf.

Dominguez, Manuel. 1894. El idioma guaraní. *El Pueblo* (Asunción, Paraguay), 19 de noviembre, 1894. Citado en Cardozo 1959, 82.

Douglas, Kendra Lynne. 2004. Uruguayan Portuguese in Artigas: Tri-dimensionality of Transitional Local Varieties in Contact with Spanish and Portuguese Standards. Tesis doctoral, University of Wisconsin-Madison.

Doyle, Hope N. 1995. Attitudes toward bilingualism among youths in Barcelona. *Catalan Review* IX:173–197.

Echeverria, Begoña. 2003. Schooling, language and identity in the Basque Autonomous Community. *Anthropology and Education Quarterly* 34:351–372.

———. 2005. Language attitudes in San Sebastian: The Basque vernacular as challenge to Spanish language hegemony. *Journal of Multilingual and Multicultural Development* 26:249–264.

Eilers, Rebecca, D. Kimbrough Oller y Alan B. Cobo-Lewis. 2002. Bilingualism and cultural assimilation in Miami Hispanic children. *Language and Literacy in Bilingual Children*, ed. D. Kimbrough Oller y Rebecca Eilers, 43–63. Clevedon, UK: Multilingual Matters.

Elías-Olivares, Lucía. 1976. Ways of speaking in a Chicano community: A sociolinguistic approach. Tesis doctoral, University of Texas at Austin.

Elizaincín, Adolfo. 1979. *Algunas precisiones sobre los dialectos portugueses en Uruguay*. Montevideo: Universidad de la República.

———. 1992a. *Dialectos en contacto: español y portugués en España y América*. Montevideo, Uruguay: Arca.

———. 1992b. El español actual en el Uruguay. *Historia y presente del español de América*, ed. César Hernández Alonso, 759–774. Pabecal: Junta de Castilla y León

———. 1995. Personal pronouns for inanimate entities in Uruguayuan Spanish in contact with Portuguese. *Spanish in four continents*, ed. Carmen Silva-Corvalán, 117–131. Washington DC: Georgetown University Press.

———. 2004. Las fronteras del español con el portugués en América. *Revista internacional de lingüística iberoamericana* 4:105–118.

Elizaincín, Adolfo y Graciela Barrios. 1989. Algunas características del español rural uruguayo: primera aproximación. *Iberoromania* 30:63–69.

Elizaincín, Adolfo y Luis Behares. 1980/1981. Variabilidad morfosintáctica de los dialectos portugueses del Uruguay. *Boletín de Filología* XXXI:401–418.

Elizaincín, Adolfo, Luis Behares y Graciela Barrios. 1987. *Nos Falemo brasilero. Dialectos portugueses en Uruguay*. Montevideo: Amesur.

Ellis, Rod. 1994. *The study of second language acquisition*. Oxford: Oxford University Press.

Escobar, Alberto. 1978. *Variaciones sociolingüísticas del castellano en el Perú*. Lima: Instituto de Estudios Peruanos.

Escobar, Ana María. 1988. *Hacia una tipología del bilingüismo en el Perú*. Lima: Instituto de Estudios Peruanos.

———. 1990. *Los bilingües y el castellano en el Perú*. Lima: Instituto de Estudios Peruanos.

———. 1997. Contrastive and innovative uses of the present perfect and the preterite in Spanish in contact with Quechua. *Hispania* 80:859–870.

———. 2000. *Contacto social y lingüístico: el español en contacto con el quechua en el Perú*. Lima: Pontificia Universidad Católica del Perú.

———. 2001. Contact features in colonial Peruvian Spanish. *International Journal of the Sociology of Language* 149:79–93.

Espinosa, Aurelio. 1909. Studies in New Mexican Spanish. Part I: Phonology. *University of New Mexico Bulletin: Language Series* 1–2:47–162.

———. 1911a. Studies in New Mexican Spanish. Part II: Morphology. *Revue de Dialectologie Romane* 3:251–286.

———. 1911b. *The Spanish Language in New Mexico and Southern Colorado*. Santa Fe: Historical Society of New Mexico.

———. 1912. Studies in New Mexican Spanish. Part II: Morphology. *Revue de Dialectologie Romane* 4:241–256.

———. 1913. Studies in New Mexican Spanish. Part II: Morphology. *Revue de Dialectologie Romane* 5:142–172.

———. 1914–15. Studies in New Mexican Spanish. Part III: The English Elements. *Revue de Dialectologie Romane* 6:241–317.

———. 1930. *Estudios sobre el español de Nuevo Méjico. Parte I: Fonética*. Biblioteca de dialectología hispanoamericana. Universidad de Buenos Aires.

———. 1946. *Estudios sobre el español de Nuevo Méjico. Parte II: Morfología*. Biblioteca de dialectología hispanoamericana. Universidad de Buenos Aires.

———. 1975 [publicado originalmente en 1917]. Speech Mixture in New Mexico: The influence of the English language on New Mexican Spanish. *El lenguaje de los chicanos*, ed. Eduardo Hernández-Chávez, Andrew Cohen y Anthony Beltramo, 99–114. Arlington, VA: Center for Applied Linguistics.

Etxebarria Arostegui, Maitena. 1985. *Sociolingüística urbana. El habla de Bilbao*. Salamanca: Universidad de Salamanca.

Etxenique Elizondo, María Teresa. 1987. *Historia lingüística vasco-románica, segunda edición*. Madrid: Paraninfo.

Faginas Souto, Sandra. 2001. A interferencia fonética no español da Coruña: a vocal [o] tónica. *Actas do I Simposio Internacional sobre o Bilingüismo* 686–698. Vigo: Universidad de Vigo.

Fairclough, Marta. 2005. La adquisición del dialecto estándar: Un estudio longitudinal del discurso hipotético en el español de Houston. *Contactos y contextos lingüísticos: El español en los Estados Unidos y en contacto con otras lenguas*, ed. Luis A. Ortiz-López y Manel Lacorte, 161–172. Frankfurt/Madrid: Vervuert/Iberoamericana.

Farr, Marcia. 2006. *Rancheros in Chicagoacán: Language and identity in a transnational community*. Austin: University of Texas Press.

Farr, Marcia y Elías Domínguez Barajas. 2005. *Mexicanos* in Chicago: language ideology and identity. *Building on strength: language and literacy in latino families and communities*, ed. Ana Celia Zentella, 4659. New York: Teacher's College Press of Columbia University.

Farriss, Nancy M. 1984. *Maya society under colonial rule: the collective enterprise of survival.* Princeton, N.J.: Princeton University Press.

Ferguson, Charles. 1959. Diglossia. *Word* 1:325–340.

———. 1971. Absence of copula and the notion of simplicity: a study of normal speech, baby talk, foreign talk and pidgins. *Pidginization and creolization of languages*, ed. Dell Hymes, 141–150. Cambridge: Cambridge University Press.

———. 1982. Simplified registers and linguistics theory. *Exceptional language and linguistics*, ed. Loraine K. Obler y Lise Menn, 49–66. New York: Academic.

Fernández-Ferreiro, Manuel y Fernando Ramallo, eds. 2002. *Sociolinguistics in Galicia: Views on diversity, a diversity of views.* Vigo: Servicio de Publicacións, Universidade de Vigo.

Fernández, Mauro. 2001. ¿Por qué el chabacano? *Estudios de Sociolingüística* 2:i–xii.

Fernández Ordóñez, Inés. 1994. Isoglosas internas del castellano: el sistema referencial del pronombre átono de tercera persona. *Revista de filología española* 74:71–125.

———. 2001. Hacia una dialectología histórica: reflexiones sobre la historia del leísmo, el laísmo y el loísmo. *Boletín de la Real Academia Española* 81:389–464.

Fernández Rodríguez, Mauro. 2000. Entre castellano y portugués: La identidad lingüística del gallego. *Identidades lingüísticas en la España autonómica*, ed. Georg Bossong y Francisco Báez de Aguilar González, 81–105. Frankfurt/Madrid: Vervuert/Iberoamericana.

Fernández Ulloa, Teresa. 1996. Particularidades del castellano del País Vasco. *Revista de Lingüística Teórica y Aplicada* 34:95–120.

———. 2004. Influencias morfosintácticas de la lengua vasca en el castellano actual: orden de elementos, condicional por subjuntivo y pronombres complemento átonos de tercera persona. Comunicación presentada a I Jornadas de Lingüística Vasco-Románica (Eusko Ikaskuntza), Bilbao.

Ferrol, Orlando. 1982. *La cuestión del origen y de la formación del papiamento.* Universidad de las Antillas Neerlandesas: La Haya-Smits Drukkers-Uitgevers BV.

Fishman, Joshua. 1967. Bilingualism with and without diglossia; diglossia with and without bilingualism. *Journal of Social Issues* 23:29–38.

Fishman, Joshua, Robert Cooper y Roxana Ma. 1971. *Bilingualism in the Barrio.* Bloomington, IN: Indiana University, Research Center for the Language Sciences.

Flores Farfán, José Antonio. 1998. On the Spanish of the Nahuas. *Hispanic Linguistics* 10: 1–41.

———. 2008. México. *El español en América: Contactos lingüísticos en Hispanoamérica*, ed. Azucena Palacios, 33–56. Barcelona: Ariel.

Flores-Ferrán, Nydia. 2004. Spanish subject personal pronoun use in New York City Puerto Ricans: Can we rest the case of English contact? *Language Variation and Change* 16:49–73.

Floyd, Mary Beth. 1978. Verb usage in Southwest Spanish: A review. *The Bilingual Review/ La Revista Bilingüe* 5:76–90.

Fontanella de Weinberg, María Beatriz. 1978. Algunos aspectos de la asimilación lingüística de la población inmigratoria en la Argentina. *International Journal of the Sociology of Language* 18:5–36.

———. 1979. *La asimilación lingüística de los inmigrantes. Mantenimiento y cambio en el sudoeste bonaerense.* Bahía Blanca: Universidad Nacional del Sur.

――――. 1980. Español del Caribe: ¿Rasgos peninsulares, contacto lingüístico o innovación? *Lingüística española actual* II:189–201.

――――. 1987a. Variedades lingüísticas usadas por la población negra rioplatense. *Anuario de lingüística hispánica* (Valladolid) 3:55–66.

――――. 1987b. *El español bonaerense: cuatro siglos de evolución lingüística (1580–1980)*. Buenos Aires: Hachette.

――――. 1992. *El español de América*. Madrid: Mapfre.

Forman, Michael. 1972. Zamboangueño texts with gramatical análisis. Tesis doctoral, Cornell University.

Fradd, Sandra H. 1996. *The economic impact of Spanish-language proficiency in Metropolitan Miami*. Miami: Greater Miami Chamber of Commerce y The Cuban American National Council, Inc.

Frake, Charles. 1971. Lexical origins and semantic structure in Philippine creole Spanish. *Pidginization and creolization of languages*, ed. Dell Hymes, 223–242. Cambridge: Cambridge University Press.

――――. 1980. Zamboangueño verb expressions. *Language and cultural description, essays by Charles O. Frake*, ed. Anwar S. Dill, 277–310. Stanford: Stanford University Press.

Francis, Susana. 1960. *Habla y literatura popular en la antigua capital chiapaneca*. México, D.F.: Instituto Nacional Indigenista.

Friedemann, Nina S. de y Carlos Patiño Rosselli. 1983. *Lengua y sociedad en el Palenque de San Basilio*. Bogotá: Instituto Caro y Cuervo.

Fuentes Guerra y Armin Schwegler. 2005. *Lengua y ritos del Palo Monte Mayombe: dioses cubanos y sus fuentes africanas*. Frankfurt/Madrid: Vervuert/Iberoamericana.

Galindo Solé, Mireia. 2003. Language contact phenomena in Catalonia: The influence of Catalan in spoken Castilian. *Selected Proceedings of the First Workshop on Spanish Sociolinguistics*, ed. Lotfi Sayahi, 18–29. Somerville, MA: Cascadilla.

García, Constantino. 1976. Interferencias lingüísticas entre gallego y castellano. *Revista de la Sociedad Española de Lingüística* 6.2:327–343.

García, Erica C. y Ricardo L. Otheguy. 1983. Being polite in Ecuador. *Lengua* 61:103–132.

García, Mary Ellen. 1982. Syntactic variation in verb phrases of motion in U.S.-Mexican Spanish. *Spanish in the United States: Sociolinguistic Aspects*, ed. Jon Amastae y Lucía Elías-Olivares, 82–92. New York: Cambridge University Press.

――――. 1995. 'En los sábados', 'en la mañana', 'en veces': A look at 'en' in the Spanish of San Antonio. *Spanish in Four Continents: Studies in Language Contact and Bilingualism*, ed. Carmen Silva-Corvalán, 196–213. Washington, DC: Georgetown University Press.

――――. 1998. Gender marking in a dialect of Southwest Spanish. *Southwest Journal of Linguistics* 17:49–58.

――――. 2003. Speaking Spanish in Los Angeles and San Antonio: Who, where, when, why. *Southwest Journal of Linguistics* 22:1–21.

García Fajardo, Josefina. 1984. *Fonética del español de Valladolid*, Yucatán. México, D.F.: Universidad Nacional Autónoma de México.

García Tesoro, Ana Isabel. 2002. El español en contacto con lenguas mayas: Guatemala. *El indigenismo americano III*, ed. Azucena Palacios y Ana Isabel García, 31–58. Anejo nº XLVIII de la Revista *Cuadernos de Filología*. Valencia: Universitat de València.

————. 2008. Guatemala. *El español en América: Contactos lingüísticos en Hispanoamérica*, ed. Azucena Palacios, 95–117. Barcelona: Ariel.

Gimeno Menéndez, Francisco y María Victoria Gimeno Menéndez. 2003. *El desplazamiento lingüístico del español por el inglés*. Madrid: Catédra.

Givón, Talmy. 1983. Topic continuity in discourse: An introduction *Topic continuity in discourse: A quantitative cross-language study*, ed. Talmy Givón, 1–42. Amsterdam: John Benjamins.

Godenzzi, Juan Carlos. 1987. *Lengua, cultura y región*. Cusco: Centro de Estudios Rurales Andinos Bartolomé de las Casas.

————. 1991. Variantes sociolectales de español en el espacio andino de Puno, Perú. *Sociolinguistics of the Spanish-speaking world: Iberia, Latin America, the United States*, ed. Carol A. Klee y Luis A. Ramos-García, 182–206. Tempe, AZ: Bilingual Press.

Goffman, Erving. 1979. Footing. *Semiotica* 25.1–29.

Gómez, Rosario. 2003. Sociolinguistic correlations in the Spanish spoken in the Andean region of Ecuador in the speech of the younger generation. Tesis doctoral, Universidad de Toronto.

Gómez Capuz, Juan. 2000. *Anglicismos léxicos en el español coloquial*. Cádiz, Spain: Servicio de Publicaciones de la Universidad de Cádiz.

Gómez Molina, José. 2002. Lenguas en contacto y actitudes lingüísticas en la comunidad valenciana. *Estudios sobre lengua y sociedad*, ed. José Luis Blas Arroyo, Manuela Casanova Ávalos, Santiago Fortuño Llorens, Margarita Porcar Miralles, 53–86. Castelló: Publicacions de la Universitat Jaume I.

Gómez Torrego, Leonardo. 2002. *Nuevo manual de español correcto II: morfología y sintaxis*. Madrid: Arco/Libros.

González, Norma. 2001. *I am my language: Discourses of women and children in the Borderlands*. Tucson: University of Arizona Press.

Goodman, Morris. 1987. The Portuguese element in the American creoles. *Pidgin and creole languages, essays in memory of John E. Reinecke*, ed. Glenn G. Gilbert, 361–405. Honolulu: University Hawaii Press.

Granda, Germán de. 1968. *Transculturación e interferencia lingüística en el Puerto Rico contemporáneo (1898–1969)*. Bogotá: Instituto Caro y Cuervo.

————. 1971. Algunos datos sobre la pervivencia del criollo en Cuba. *Boletín de la Real Academia Española* 51:481–491.

————. 1975. Planteamientos y necesidades actuales de los estudios lingüísticos afrohispano-americanos. *Anuario de Letras* 12:53–82.

————. 1978. *Estudios lingüísticos hispánicos, afrohispánicos y criollos*. Madrid: Gredos.

————. 1979. Calcos sintácticos del guaraní en el español del Paraguay. *Nueva Revista de Filología Hispánica* 28:267–286.

————. 1980. Algunos rasgos fonéticos del español paraguayo atribuibles a interferencia guaraní. *Revista española de lingüística* 10:339–349.

————. 1982. Observaciones sobre la fonética del español en el Paraguay. *Anuario de Letras* XX:145–194.

————. 1984. Fenómenos de interferencia fonética del fang sobre el español de Guinea Ecuatorial: consonantismo. *Anuario de Lingüística Hispánica* 1:95–114.

————. 1985. *Estudios de lingüística afro-románica*. Valladolid: Universidad de Valladolid.

————. 1987. Situación actual de los estudios lingüísticos afrohispanoamericanos. *Thesaurus* 31:481–501.

————. 1988a. *Lingüística e historia: Temas afro-hispánicos*. Valladolid: Universidad de Valladolid.

————. 1988b. Los esclavos de Chocó. Su procedencia africana (s. XVIII) y su posible incidencia lingüística en el español del área. *Thesaurus* 43:65–80.

————. 1988c. *Sociedad, historia y lengua en el Paraguay*. Bogotá: Instituto Caro y Cuervo.

————. 1991a. De nuevo sobre la causación múltiple en el español de América. (A propósito de dos rasgos morfosintácticos del español paraguayo. *El español en tres mundos: retenciones y contactos lingüísticos en América y África*, 41–54. Valladolid: Universidad de Valladolid.

————. 1991b. *El español en tres mundos. Retenciones y contactos lingüísticos en América y África*. Valladolid: Universidad de Valladolid.

————. 1994. *Español de América, español de África y hablas criollas hispánicas: cambios, contactos y contextos*. Madrid: Editorial Gredos.

————. 1995. El influjo de las lenguas indoamericanas sobre el español. Un modelo interpretativo sociohistórico de variantes areales de contacto lingüístico. *Revista Andina* 1: 173–198.

————. 1996. Interferencia y convergencia sintáctica e isogramatismo amplio en el español paraguayo. *International Journal of the Sociology of Language* 117:63–80.

————. 1998. Estudios sobre el español caribeño. *América negra: panorámica actual de los estudios lingüísticos sobre variedades hispanas, portuguesas y criollas*, ed. Matthias Perl y Armin Schwegler, 62–69. Frankfurt/Madrid: Vervuert/Iberoamericana.

————. 1999. *Español y lenguas indoamericanas en hispanoamérica: estructuras, situaciones y transferencias*. Valladolid: Universidad de Valladolid.

————. 2001. Procesos de estandarización revertida en la configuración histórica del español americano: el caso del espacio surandino. *International Journal of the Sociology of Language* 149:95–118.

Green, Katherine. 1997. Non-standard Dominican Spanish: evidence of partial restructuring. Tesis doctoral, City University of New York.

Greenberg, Joseph. 1960. A quantitative approach to the morphological typology of languages. *International Journal of American Linguistics* 26:178–184.

————. 1966. Some universals of grammar with particular reference to the order of meaningful elements. *Universals of Language, Second Edition*, ed. J. Greenberg, 73–113. Cambridge, MA: MIT Press.

Greenfield, Lawrence y Joshua A. Fishman. 1971. Situational measures of normative language views of person, place and topic among Puerto Rican bilinguals. *Bilingualism in the Barrio*, ed. Joshua A. Fishman, Robert Cooper, Roxana Ma, 233–251. The Hague: Mouton.

Grenier, Guillermo y Lisandro Pérez. 2003. *The legacy of exile: Cubans in the United States*. Boston: Allyn & Bacon.

Grosjean, François. 1982. *Life with two languages*. Cambridge, MA: Harvard University Press.

————. 1998. Studying bilinguals: methodological and conceptual issues. *Bilingualism, language and cognition* 1:131–149.

Gutiérrez, Manuel. 1994. Simplification, transfer and convergence in Chicano Spanish. *The Bilingual Review/La Revista Bilingüe* 19:111–121.

————. 1995. On the future of the future tense in the Spanish of the Southwest. *Spanish in*

Four Continents: Studies in Language Contact and Bilingualism, ed. Carmen Silva-Corvalán, 214–226. Washington, DC: Georgetown University Press.

———. 1996. Tendencias y alternancias en la expresión de condicionalidad en el español hablado en Houston. *Hispania* 79:567–577.

Gutiérrez Azopardo, Ildefonso. 1980. *Historia del negro en Colombia*. Bogotá: Nueva América.

Gutiérrez-Rivas, Carolina. 2007. Variación pragmática de los cubanos y cubanoamericanos en Miami. El efecto de género y generación en el uso de estructuras discursivas. Tesis doctoral, Universidad de Florida.

Gynan, Shaw N. 1998a. Attitudinal dimensions of Guaraní-Spanish bilingualism in Paraguay. *Southwest Journal of Linguistics* 17:35–59.

———. 1998b. Migration patterns and language maintenance in Paraguay. *Journal of Sociolinguistics* 2:259–270.

———. 1998c. El reto de la diglosia para la planificación lingüística en el Paraguay. *Hispanic Linguistics* 10:42–83.

———. 2007a. Language policy and planning in Paraguay. *Language planning and policy in Latin America, vol. 1: Ecuador, Mexico and Paraguay*, ed. Richard B. Baldauf Jr. y Robert B. Kaplan, 218–283. Clevedon: Multilingual Matters.

———. 2007b. The language situation in Paraguay: an update. *Language planning and policy in Latin America, vol. 1: Ecuador, Mexico and Paraguay*, ed. Richard B. Baldauf Jr. y Robert B. Kaplan, 284–301. Clevedon: Multilingual Matters.

Haboud, Marleen. 1998. *Quichua y castellano en los Andes ecuatorianos: los efectos de un contacto prolongado*. Quito: Abya-Yala.

Hall, Robert Anderson. 1966. *Pidgin and creole languages*. Ithaca: Cornell University Press.

Hammond, Robert. 1996. Helebiduntasuna Euskadin: el bilingüismo en el País Vasco. *Spanish in Contact: Issues in Bilingualism*, ed. Ana Roca y John B. Jensen, 1–11. Somerville, MA: Cascadilla Press.

Hancock, Ian. 1971. A survey of the pidgins and creoles of the world. *Pidginization and creolization of languages*, ed. Dell Hymes, 509–523. Cambridge: Cambridge University Press.

Hardman de Bautista, Martha J. 1982. Imperial languages of Peru. *Language of inequality*, ed. Nessa Wolfson y Joan Manes, 182–193. Philadelphia, PA: University of Pennsylvania Press.

Haugen, Einar. 1950a. Problems of bilingualism. *Lingua* 2:271–290.

———. 1950b. The analysis of linguistic borrowing. *Language* 26:210–231.

———. 1953. *The Norwegian language in America: a study of bilingual behavior*. Bloomington, IN: Indiana University Press.

Heath, Shirley Brice. 1972a. *Telling tongues*. New York: Teachers College Press.

———. 1972b. *La política del lenguaje en México: de la colonia a la nación*. México D.F.: Instituto Nacional Indigenista.

Heath, Shirley Brice y Richard Laprade. 1982. Castilian colonization and indigenous languages: The cases of Quechua and Aimara. *Language spread*, ed. Robert L. Cooper, 118–147. Bloomington, IN: Indiana University Press.

Heine, Bernd y Tania Kuteva. 2003. On contact-induced grammaticalization. *Studies in Language* 27:529–572.

————. 2005. *Language contact and grammatical change*. Cambridge: Cambridge University Press.

————. 2008. Constraints on contact-induced linguistic change. *Journal of Language Contact—Thema* 2:57–90. www.jlc-journal.org (visitado el 26 de mayo 2008).

Henríquez Ureña, Pedro. 1921. Observaciones sobre el español de América. *Revista de Filología Española* 8:357–390.

————. 1932. *Sobre el problema del andalucismo dialectal de América*. Buenos Aires: Hernando.

————. 1938. Mutaciones articulatorias en el habla popular. *El español en México, los Estados Unidos y la América Central*, ed. Pedro Henríquez Ureña y E. C. Hills, 329–379. Buenos Aires: Universidad de Buenos Aires.

Hensey, Frederick Gerald. 1972. *The sociolinguistics of the Brazilian-Uruguayan border*. The Hague: Mouton.

————. 1984. Uruguayan Portuguese as interlanguage and interlect. *Language in the Americas: Proceedings of the Ninth PILEI Symposium*, ed. Donald F. Solá, 148–160. Ithaca, NY: Language Policy Research Program, Latin American Studies Program, Cornell University.

Hermida, Carme. 2001. The Galician speech community. *Multilingualism in Spain: Sociolinguistic and psycholinguistic aspects of linguistic minority groups*, ed. M. Teresa Turell, 110–140. Clevedon, UK: Multilingual Matters.

Hernández Alonso, César. 1996. Castilla la Vieja. *Manual de dialectología hispánica. El español de España*, ed. Manuel Alvar, 197–212. Barcelona: Ariel.

Herrero, Joaquín S. J. 1969. Apuntes del castellano hablado en Bolivia. *Boletín de filología española* XXX–XXXI:37–43.

Hidalgo, Margarita. 1993. The dialectics of Spanish language loyalty and maintenance on the US-Mexico border: A two-generation study. *Spanish in the United States: Linguistic Contact and Diversity*, ed. Ana Roca y John M. Lipski, 47–73. Berlin: Mouton de Gruyter.

————. 1994. Bilingual education, nationalism and ethnicity in Mexico: from theory to practice, *Language Problems and Language Planning* 18:185–207.

————. 2001. Sociolinguistic stratification in New Spain. *International Journal of the Sociology of Language* 149:55–78.

Hipperdinger, Yolanda Haydée. 1991. Aspectos sociolingüísticos del bilingüismo alemán-español de los alemanes del Volga de Coronel Suárez. *Lengua e inmigración. Mantenimiento y cambio de lenguas inmigratorias*, ed. María Beatriz Fontanella de Weinberg, Mercedes Blanco de Margo, Yolanda Hipperdinger, Elizabeth Rigatuso, Silvia Suardiaz de Antollini, Ana Virkel de Sandler, 63–86. Bahía Blanca: Universidad Nacional del Sur.

————. 1992. Observaciones sobre el español hablado en una comunidad bilingüe del sudoeste bonaerense: los alemanes del Volga. *Estudios sobre el español de la Argentina I*, ed. M.B. Fontanella de Weinberg, Patricia Vallejos de Llobet y Yolanda Hipperdinger, 47–61. Bahía Blanca: Universidad Nacional del Sur.

————. 1996. Interferencia fónica del alemán sobre el español en una situación de contacto lingüístico. *Estudios sobre el español de la Argentina* (Bahía Blanca: Universidad Nacional del Sur) *IV*:173–195.

————. 2001. *Integración y adaptación de transferencias léxicas: contribución al estudio del contacto lingüístico en español bonarerense*. Bahía Blanca: Universidad Nacional del Sur.

Hipperdinger, Yolanda Haydée y Elizabeth M. Rigatuso. 1996. Dos comunidades inmigratorias conservadoras en el sudoeste bonaerense: dinamarqueses y alemanes del Volga. *International Journal of the Sociology of Language* 117:39–61.

Holm, John A. 2000. *An introduction to pidgins and creoles*. Cambridge, UK: Cambridge University Press.

———. 2001. Chabacano versus related creoles: (socio-)linguistic affinities and differences. *Estudios de sociolingüística* 2(2):69–93.

———. 2004. *Languages in contact: the partial restructuring of vernaculars*. Cambridge, UK: Cambridge University Press.

Hornberger, Nancy H. y Serafín M. Coronel-Molina. 2004. Quechua language shift, maintenance, and revitalization in the Andes; the case for language planning. *International Journal of the Sociology of Language* 167:9–67.

Hualde, José Ignacio y Armin Schwegler. 2008. Intonation in Palenquero. *Journal of Pidgin and Creole Languages* 23:1–31.

Hudson, Alan, Eduardo Hernández-Chávez y Garland D. Bills. 1995. The many faces of language maintenance: Spanish language claiming in five southwestern states. *Spanish in four continents: Studies in language contact and bilingualism*, ed. Carmen Silva-Corvalán, 165–183. Washington, DC: Georgetown University Press.

Hundley, James E. 1986. The effect of two phonological processes on syllable structure in Peruvian Spanish. *Hispania* 69:665–668.

Hurley, Joni Kay. 1995a. The impact of Quichua on verb forms used in Spanish requests in Otavalo, Ecuador. *Spanish in four continents: Studies in language contact and bilingualism*, ed. Carmen Silva-Corvalán, 39–51. Washington, DC: Georgetown University Press.

———. 1995b. Pragmatics in a language contact situation: verb forms used in requests in Ecuadorian Spanish. *Hispanic Linguistics* 6/7:225–264.

Hurtado, Luz Marcela. 2001. La variable expresión del sujeto en el español de los colombianos y colombo-americanos residentes en el condado de Miami-Dade. Tesis doctoral, University of Florida.

———. 2002. El mantenimiento del español en Miami-Dade, Florida. *Litterae* 11:148–170.

———. 2005. Condicionamientos sintáctico-semánticos de la expresión del sujeto en el español colombiano. *Hispania* 88:335–348.

Hymes, Dell. 1971. *Pidginization and creolization of languages*. Cambridge: Cambridge University Press.

Instituto Nacional de Estadística. 2007. Estimaciones de la población actual de España calculadas a partir del censo de 2001. http://www.ine.es/inebmenu/mnu_cifraspob.htm (visitado en julio de 2007).

Instituto Nacional de Estadística e Informática. 1997. *Perú, compendio estadístico*. Lima: Instituto Nacional de Estadística e Informática.

———. 2007. Censo de 1993: La distribucción del quechua en el Perú. http://www.inei.gob.pe/ (visitado en julio de 2007).

Instituto Nacional de Estadística, Geografía e Informática (INEGI) de México. 2001. *XII Censo General de Población y Vivienda, 2000. Tablulados Básicos*. México, D.F.: Aguascalientes, Ags. Accesible en la siguiente página: http://www.inegi.gob.mx/est/contenidos/espanol/rutinas/ept.asp?t=mlen10&c=3337.

————. 2005. *Conteo de Población y Vivienda, 2005.* http://www.inegi.gob.mx/est/contenidos/espanol/rutinas/ept.asp?t=mlen02&c=3327.

Iribarren-Argaiz, Mary Carmen. 1998. Influencia del vascuence en los cambios fonológicos del castellano. *Romance Quarterly* 45:3–34.

Itier, César. 1995. Quechua y cultura en el Cuzco del siglo XVIII. *Del Siglo de oro al siglo de las luces: lenguaje y sociedad en los Andes del siglo XVIII,* ed. César Itier, 89–111. Cuzco, Perú: Centro de Estudios Regionales Andinos 'Bartolomé de las Casas'.

Jakobson, Román. 1938/1962. Sur la théorie des affinités phonologiques des langues. *Selected writings,* vol. 1: 234–246. The Hague: Mouton. Reimpreso de *Actes du Quatrième Congrès Internationale de Linguistes,* 48–59. Copenhaugen: Einar Munksgaard.

Jaramillo, June. 1995a. The passive legitimization of Spanish. A macrosociolinguistic study of a quasi-border: Tucson, Arizona. *International Journal of the Sociology of Language* 114:67–91.

————. 1995b. Social variation in personal address etiquette. *Hispanic Linguistics* 6/7: 191–224.

Jarvis, Scott y Terence Odlin. 2000. Morphological type, spatial reference and language transfer. *Studies in Second Language Acquisition* 22:535–556.

Jung, Ingrid. 1987. Acerca de la política lingüística, bilingüismo y biculturalidad y educación. *Allpanchis* 29/30:65–103.

Jungemann, Fredrick. 1955. *La teoría del substrato y los dialectos hispanorromances y gascones.* Madrid: Gredos.

Kany, Charles 1945. *American-Spanish syntax.* Chicago: University of Chicago Press.

Kaufman, Terrence. 1994a. The native languages of Meso-America. *Atlas of the world's languages,* ed. Christopher Moseley y R.E. Asher, 34–41. London: Routledge.

————. 1994b. The native languages of South America. *Atlas of the world's languages,* ed. Christopher Moseley y R.E. Asher, 46–76. London: Routledge.

Keniston, Hayward B. 1937. *The syntax of Castilian prose.* Chicago: University of Chicago Press.

Kerbrat-Orecchioni, C. 1992. *Les interactions verbales, Vol. II.* Paris: Armando Colin.

King, Kendall A. 2001. *Language revitalization processes and prospects: Quichua in the Ecuadorian Andes.* Clevedon: Multilingual Matters.

King, Ruth. 2000. *The lexical basis of grammatical borrowing: A Prince Edward Island French Case Study.* Amsterdam: John Benjamins.

Klee, Carol A. 1987. Differential language usage patterns by males and females in a rural community in the Rio Grande Valley. *Language and Language Use,* ed. Terrell Morgan, James Lee y Bill VanPatten, 125–145. Lanham, MD: University Press of America.

————. 1989. The acquisition of clitic pronouns in the Spanish interlanguage of Quechua speakers: A contrastive case study. *Hispania* 72:402–408.

————. 1990. Spanish-Quechua language contact: The clitic pronoun system in Andean Spanish. *Word* 41:35–46.

————. 1991. Spanish in contact with Quechua: Linguistic norms in the Andes. Presentado en el *XII Symposium on Spanish and Portuguese Bilingualism,* Florida International University.

————. 1996. The Spanish of the Peruvian Andes: The influence of Quechua on Spanish language structure. *Spanish in contact: Issues in bilingualism,* ed. John B. Jensen y Ana Roca, 73–91. Somerville, MA: Cascadilla Press.

————. 2001. Historical perspectives on Spanish-Quechua language contact in Peru. *Southwest Journal of Linguistics* 20 (1):167–181.

————. 2009. Migration and globalization: their effects on contact varieties of Latin American Spanish. *Español en los Estados Unidos y en otros contextos: Cuestiones sociolingüísticas, políticas y pedagógicas*, eds. Manel Lacorte y Jennifer Leeman, 39–66. Frankfurt/Madrid: Vervuert/Iberoamericana.

Klee, Carol A. y Rocío Caravedo. 2005. Contact-induced language change in Lima, Peru: The case of clitic pronouns. *Selected Proceedings of the 7th Hispanic Linguistics Symposium*, ed. David Eddington, 12–21. Somerville, MA: Cascadilla Proceedings Project. www.lingref.com, document #1082.

Klee, Carol A. y Rocío Caravedo. 2006. Andean Spanish and the Spanish of Lima: Linguistic variation and change in a contact situation. *Globalisation and language in the Spanish-speaking world*, ed. Clare Mar-Molinero y Miranda Stewart, 94–113. Palgrave Macmillan Publishers.

Klee, Carol A. y Alicia Ocampo. 1995. The expression of past reference in Spanish narratives of Spanish/Quechua bilingual speakers. *Spanish in four continents: Studies in language contact and bilingualism,* ed. Carmen Silva-Corvalán, 52–70. Washington, DC: Georgetown University Press.

Klein, Flora. 1979. Factores sociales en algunas diferencias lingüísticas en Castilla la Vieja. *Papers: Revista de Sociología* 11:45–64.

————. 1980. A quantitative study of syntactic and pragmatic indications of change in the Spanish of bilinguals in the US. *Locating Language in Time and Space*, ed. William Labov, 69–82. New York: Academic Press.

Klein-Andreu, Flora. 2000. *Variación actual y evolución histórica: los clíticos le/s, la/s, lo/s.* Munich, Germany: Lincom Europa.

Koike, Dale. 1987. Code switching in the bilingual Chicano narrative. *Hispania* 70:148–154.

Korkostegi, María Jesús. 1992. *Pío Baroja y la Gramática. Estudio específico del leísmo, laísmo y loísmo y la duplicación de objetos.* San Sebastián: Mundaiz.

Krivoshein de Canese, Natalia y Graziella Corvalán. 1987. *El español del Paraguay: en contacto con el guaraní.* Asunción: Centro Paraguayo de Estudios Sociológicos.

Kroll, Judith y Annette M. B. de Groot. 1997. Lexical and conceptual memory in the bilingual. *Tutorials in bilingualism: psycholinguistic perspectives*, ed. A. de Groot y J. Kroll, 169–200. Mahwah, NJ: Lawrence Erlbaum.

Kroll, Judith y Annette M. B. de Groot, eds. 2005. *Handbook of bilingualism: Psycholinguistic approaches.* Oxford: Oxford University Press.

Labov, William. 1972. *Sociolinguistic Patterns.* Philadelphia: University of Pennsylvania Press.

————. 2007. Transmission and diffusion. *Language* 83:344–387.

Lafford, Barbara y Joseph Collentine. 1987. Lexical and grammatical access errors in the speech of intermediate/advanced students of Spanish. *Lenguas Modernas* 14:87–112.

Lambert, Wallace, R. C. Hodgson, R. C. Gardner y S. Fillenbaum. 1960. Evaluational reactions to spoken languages. *Journal of Abnormal and Social Psychology* 60:44–51.

Lambert, Wallace y Donald M. Taylor. 1996. Language in the lives of ethnic minorities: Cuban American families in Miami. *Applied Linguistics* 17:477–500.

Lamboy, Edwin. 2004. *Caribbean Spanish in the Metropolis: Spanish Language among Cubans, Dominicans and Puerto Ricans in the New York City Area.* New York: Routledge.

Landa, Alazne. 1993a. Conditions on null objects in Basque Spanish and their relation to leísmo and clitic doubling. Tesis doctoral, University of Southern California, Los Angeles.

———. 1993b. Los objetos nulos determinados del español del País Vasco. *Lingüística* 5: 131–146.

Landa, Alazne y Jon Franco. 1996. Two issues in null objects in Basque Spanish: Morphological decoding and grammatical permeability. *Grammatical Theory and Romance Languages*, ed. Karen Zagona, 159–168. Amsterdam: John Benjamins.

Lapesa, Rafael. 1980. *Historia de la lengua española*, octava edición. Madrid: Gredos.

Lastra, Yolanda. 1997. El contacto ente el español y las lenguas indígenas de México. *Trabajos de sociolingüística hispánica*, ed. Francisco Moreno Fernández, 9–25. Alcalá: Universidad de Alcalá.

Lavandera, Beatriz. 1978. The variable components in bilingual performance. *International dimensions of bilingual education,* ed. James E. Alatis, 391–409. Washington, DC: Georgetown University Press.

———. 1984. *Variación y significado*. Buenos Aires: Hachette.

Lee, Tae Yoon. 1997. *Morfosintaxis amerindias en el español americano*. Madrid: Ediciones Clásicas.

Lefebvre, Claire. 1985. Grammaires en contact: Définition et perspectives de recherché. *Revue québécoise de Linguistique* 14:11–47.

———. 1986. Relexification in creole genesis revisted: the case of Haitian creole. *Substrata vs. univerals in creole genesis*, ed. Pieter Muysken y Norval V. Smith, 279–300. Amsterdam: John Benjamins.

———. 1993. The role of relexification and syntactic analysis in Haitian creole: methodological aspects of a research program. *Africanisms in Afro-American language varieties*, ed. Salikoko S. Mufwene, 254–279. Athens: University of Georgia Press.

Lefebvre, Claire y John Lumsden. 1994. Creole studies in generative linguistics. Paper presented at the MIT Symposium on the Role of Relexification in Creole Genesis: The Case for Haitian Creole. Citado en Singler, 1996.

Lema Labadie D'Arce, Rosa. 1991. La estructura *se lo dijeron por su papá* del español yucateco. ¿Simplemente transportación de la sintaxis maya al español? *El español de América, Actas del III Congreso Internacional de El español de América*, ed. César Hernández Alonso y ál., 1279–1285. Valladolid: Junta de Castilla y León, Consejería de Cultura y Turismo.

Lenz, Rodolfo. 1928. *El papiamento: la lengua criolla de Curazao.* Santiago de Chile: Balcells y Co.

———. 1940. *El español en Chile. Biblioteca de dialectología hispanoamericana VI.* Buenos Aires: Universidad e Buenos Aires.

Linton, April. 2004. A critical mass model of bilingualism among U.S. born Hispanics. *Social Forces* 83:279–314.

Lipski, John M. 1985. *The Spanish of Ecuatorial Guinea: The dialect of Malabo and its implications for Spanish dialectology.* Türbingen: Niemeyer.

———. 1990a. Aspects of Ecuadorian vowel reduction. *Hispanic Linguistics* 4:1–19.

———. 1990b. *El español de Malabo: procesos fonéticos/fonológicos e implicaciones dialectológicas.* Madrid-Malabo: Centro Cultural Hispano-Guineano.

———. 1990c. *The language of the Isleños: Vestigial Spanish in Louisiana.* Baton Rouge: Louisiana State University Press.

———. 1992. Pidgin English usage in Equatorial Guinea (Fernando Poo). *English World Wide* 13:33–57.

———. 1993a. *On the non-creole basis for Afro-Caribbean Spanish. Research Paper Series No. 24.* Albuquerque, NM: Latin American Institute, University of New Mexico.

———. 1993b. Creoloid phenomena in the Spanish of transitional bilinguals. *Spanish in the United States: Linguistic contact and diversity*, ed. Ana Roca y John M. Lipski, 155–182. Berlin: Mouton de Gruyter.

———. 1994. *Latin American Spanish.* New York: Longman.

———. 1996a. *El español de América.* Madrid: Ediciones Cátedra.

———. 1996b. Patterns of pronominal evolution in Cuban-American bilinguals. *Spanish in Contact: Issues in Bilingualism*, ed. Ana Roca, 159–186. Somerville, MA: Cascadilla Press.

———. 2000a. Back to zero or ahead to 2001? Issues and challenges in US Spanish research. *Research on Spanish in the United States: Linguistic issues and challenges*, ed. Ana Roca, 1–41. Somerville, MA: Cascadilla Press.

———. 2000b. The linguistic situation of Central Americans. *New Immigrants in the United States*, ed. Sandra McKay y Sau-ling Cynthia Wong, 189–214. Cambridge University Press.

———. 2000c. The Spanish of Equatorial Guinea: Research on la hispanidad's best-kept secret. *Afro-Hispanic Review* 19:11–38.

———. 2001. When does 'Spanish' become 'creole' and vice versa?: the case of Chabacano (Phillipine Creole Spanish). Keynote lecture, University of Texas at Austin. http://www.personal.psu.edu/faculty/j/m/jml34/Chabacano.PDF (visitado el 5 de septiembre 2007).

———. 2005a. *A history of Afro-Hispanic language.* NY: Cambridge University Press.

———. 2005b. El español en el mundo: Frutos del último siglo de contactos lingüísticos. *Contactos y contextos lingüísticos: El español en los Estados Unidos y en contacto con otras lenguas*, ed. Luis A. Ortiz López y Manel Lacorte, 29–54. Frankfurt/Madrid: Vervuert/Iberoamericana.

———. 2005c. Code-switching or borrowing? No sé *so* no puedo decir, *you know.* Selected *proceedings of the Second Workshop on Spanish Sociolinguistics*, ed. Lotfi Sayahi y Maurice Westmoreland, 1–15. Somerville, MA: Cascadilla Proceedings Project.

———. 2006. Too close for comfort? The Genesis of Portuñol/Portunhol. *Selected Proceedings of the 8th Hispanic Linguistics Symposium*, ed. Timothy L. Face y Carol A. Klee, 1–22. Somerville, MA: Cascadilla Proceedings Project. http://www.lingref.com/cpp/hls/8/paper1251.pdf.

———. 2007. Afro-Yungueño speech: the long-lost "black Spanish". *Spanish in Context* 4: 1–43.

———. 2008. *Afro-Bolivian Spanish.* Frankfurt/Madrid: Vervuert/Iberoamericana.

———. s. f. The Spanish language of Equatorial Guinea: Research on la hispanidad's best-kept secret. http://www.personal.psu.edu/jml34/eg.pdf (visitado el 7 de julio 2005).

Lleal, Coloma. 1990. *La formación de las lenguas romances peninsulares.* Barcelona: Barcanova.

Lloyd, Paul M. 1987. *From Latin to Spanish, Vol. I: Historical Phonology and Morphology of the Spanish Language.* Philadelphia, PA: American Philosophical Society.

Lockhart, James. 1991. *Nahuas and Spaniards: postconquest central Mexican history and philology.* Stanford, CA: Stanford University Press.

————. 1992. *The Nahuas after the conquest. A social and cultural history of the Indians of central Mexico, sixteenth through eighteenth cenuries.* Stanford, CA: Stanford University Press.

Lope Blanch, Juan. 1963. En torno a las vocales caedizas del español mexicano. *Nueva Revista de Filología Hispánica* XVII:1–19.

————. 1967. La influencia del sustrato en la fonética del español de México. *Nueva Revista de Filología Hispánica* L:145–61.

————. 1968. *El español de América.* Madrid: Ediciones Alcalá.

————. 1980. La interferencia lingüística: un ejemplo del español yucateco. *Thesaurus* 35: 80–97.

————. 1986. En torno a la influencia de las lenguas indoamericanas sobre el español. *Actas del II Congreso sobre el español de América,* ed. José D. Moreno de Alba. 65–75. México D.F.: Facultad de Filosofía y Letras, Universidad Nacional Autónoma de México.

————. 1987. *Estudios sobre el español de Yucatán.* México D.F.: Universidad Nacional Autónoma de México.

————. 1996. México. *Manual de dialectología hispánica,* ed. Manuel Alvar, 81–89. Barcelona: Editorial Ariel.

López, Luis Enrique. 1996. Donde el zapato aprieta: tendencias y desafíos de la educación bilingüe en el Perú. *Revista Andina* 2:295–342.

López García, Ángel. 1985a. *El rumor de los desarraigados: conflicto de lenguas en la Península Ibérica.* Barcelona: Anagrama.

————. 1985b. Algunas concordancias gramaticales entre el castellano y euskera. *Philologica Hispaniensia in Honorem Manuel Alvar,* Vol. 2, 391–405. Madrid: Gredos.

López Laguerre, María. 1997. *El bilingüismo en Puerto Rico.* San Juan, Puerto Rico: Editorial Espuela.

López Morales, Humberto. 1971. *Estudios sobre el español de Cuba.* New York: Las Américas.

————. 1980. Sobre la pretendida existencia y pervivencia del 'criollo' cubano. *Anuario de Letras* 18:85–116.

————. 1998. *La aventura del español en América.* Madrid: Espasa Calpe.

————. 2003. *Los cubanos de Miami: lengua y sociedad.* Miami: Ediciones Universal.

————. 2006. *La globalización del léxico hispánico.* Madrid: Espasa Calpe.

Lozano, Anthony G. 1975. Syntactic borrowing in Spanish from Quechua: The noun phrase. *Lingüística e indigenismo moderno de América. Actas y memorias del XXXIX congreso internacional de americanistas,* ed. Rosalía Avalos de Matos y Rogger Ravines, 297–305. Lima, Perú: Instituto de Estudios Peruanos.

Luján, Marta, Liliana Minaya y David Sankoff. 1984. The Universal Consistency Hypothesis and the prediction of word order acquisition stages in the speech of bilingual children. *Language* 60:343–371.

Lynch, Andrew. 1999. The subjunctive in Miami Cuban Spanish: bilingualism, contact, and language variability. Tesis doctoral, University of Minnesota, Minneapolis.

————. 2000. Spanish-speaking Miami in sociolinguistic perspective: bilingualism, recontact, and language maintenance among the Cuban-origin population. *Research on Spanish in the United States,* ed. Ana Roca, 271–283. Somerville, MA: Cascadilla Press.

————. 2003a. The relationship between second and heritage language acquisition: Notes on research and theory building. *Heritage Language Journal* 1. www.international.ucla.edu/lrc/hlj.

————. 2003b. Toward a theory of heritage language acquisition: Spanish in the United States. *Mi lengua: Spanish as a heritage language in the United States*, eds. Ana Roca y María Cecilia Colombi, 25–50. Washington, DC: Georgetown University Press.

————. 2008. The linguistic similarities of Spanish heritage and second language learners. *Foreign Language Annals* 41:203–232.

————. En prensa a. Expression of cultural standing in Miami Cuban Spanish: An analysis of discourse about Castro and Cuba. *Revista Internacional de Lingüística Iberoamericana.*

————. En prensa b. A sociolinguistic analysis of final */s/* in Miami Cuban Spanish. *Language Sciences.* Disponible en http://dx.doi.org/10.1016/j.langsci.2008.08.002.

Maduro, Antoine J. 1953. Ensayo pa yega na un ortografia uniforme pa nos Papiamentu. Curaçao: Drukkerij Scherpenheuvel.

Malkiel, Yakov. 1983. Multiple versus simple causation in linguistic change. *From particular to general linguistics: Selected essays, 1965–1978*, ed. Yakov Malkiel, 251–268. Amsterdam: John Benjamins.

Malmberg, Bertil. 1947. *Notas sobre la fonética del español en el Paraguay.* Lund: Gleerup.

————. 1950. *Études sur la phonetique de l'espagnol parté en Argentine.* Lund: CWK Gleerup.

Manley, Marilyn S. 2007. Cross-linguistic influence of the Cuzco Quechua epistemic system on Andean Spanish. *Spanish in contact: Policy, social and linguistic inquiries,* ed. Kim Potowski y Richard Cameron, 191–209. Philadelphia: John Benjamins.

Mannheim, Bruce. 1984. Una nación acorralada: Southern Peruvian Quechua language planning and politics in historical perspective. *Language in Society* 13:291–309.

————. 1991. *The language of the Inca since the European invasion.* Austin: University of Texas Press.

Marrocco, Mary Anne. 1972. The Spanish of Corpus Christi, Texas. Tesis doctoral, University of Illinois, Urbana-Champaign.

Martín, E. Herminia. 1976. Un caso de interferencia en el español paceño. *Filología* XVII–XVIII:119–130.

————. 1981. Data source in La Paz Spanish verb tenses. *The Aymara language in its social and cultural context,* ed. M. J. Hardman, 205–206. Gainesville: University Presses of Florida.

Martin, Laura. 1978. Mayan influence in Guatemalan Spanish: a research outline and test case. *Papers in Mayan linguistics,* ed. Nora C. England, 106–126. Columbia, MO: University of Missouri Press.

————. 1985. *Una mi tacita de café*: the indefinite article in Guatemalan Spanish. *Hispania* 68:383–387.

Martinet, André. 1951. The unvoicing of Old Spanish sibilants. *Romance Philology* 5:133–156.

Matluck, Joseph. 1951. *La pronunciación en el español del valle de México.* México, D.F.: Universidad Nacional Autónoma de México.

Maurer, Philippe. 1998. El papiamentu de Curazao. *América negra: Panorámica actual de los estudios lingüísticos sobre variedades hispanas, portugesas y criollas,* ed. Matthias Perl y Armin Schwegler, 139–217. Frankfurt/Madrid: Vervuert/Iberoamericana.

McCaa, Robert. 2001. El poblamiento de México: de sus orígenes a la Revolución. *La Población de México: Tendencias y perspectivas sociodemográficas hacia el siglo XXI,* ed. José Gómez León Cruces y Cecilia Rabell Romero, 33–77. México: Consejo Nacional de Población y Fondo de Cultura Económico.

McCullough, Robert y Devin Jenkins. 2005. Out with the old, in with the new? Recent trends in Spanish language use in Colorado. *Southwest Journal of Linguistics* 24:91–110.

McMahon, April. 2004. Prosodic change and language contact. *Bilingualism: Language and Cognition* 7:121–123.

McWhorter, John. 1998. Identifying the creole prototype: vindicating a typological change. *Language* 74:788–818.

———. 2000. *The Missing Spanish Creoles: Recovering the Birth of Plantation Contact Languages*. Berkeley, CA: University of California Press.

———. 2007. *Language interrupted*. Oxford: Oxford University Press.

Megenney, William W. 1993. Elementos criollo-portugueses en el español dominicano. *Montalbán* 25:149–171.

Meliá, Bartomeu. 1974. Hacia una tercera lengua en el Paraguay. *Estudios paraguayos* 2 (2): 31–71.

———. 1992. *La lengua guaraní del Paraguay*. Madrid: Editorial Mapfre.

Mendieta, Eva. 1994. Índices de mantenimiento del español en el noroeste de Indiana. *Southwest Journal of Linguistics* 13:71–83.

———. 1997. Actitudes y creencias lingüísticas en la comunidad hispana del noroeste de Indiana. *Hispanic Linguistics* 9:257–300.

———. 1999. *El préstamo en el español de los Estados Unidos*. New York: Peter Lang.

Mendoza, Aída y Liliana Minaya. 1975. Variantes regionales: su consideración en la enseñanza del castellano. *Aportes para la enseñanza del lenguaje*, ed. Javier Badillo, 63–81. Lima: Instituto Nacional de Investigación y Desarrollo de la Educación.

Menéndez Pidal, Ramón. 1962. *En torno a la lengua vasca*. Buenos Aires: Espasa-Calpe.

———. 1964. *Orígenes del español: Estado lingüístico de la Península Ibérica hasta el siglo XI*, 5ª ed. Madrid: Espasa-Calpe.

Meo-Zilio, Giovanni. 1964. El 'cocoliche' rioplatense. *Boletín de Filología* 16:61–119.

———. 1993. The acquisition of a second Romance language by immigrants in Latin America. *Trends in Romance Linguistics and Philology*, ed. Rebecca Posner y John N. Green, 559–590. Berlin: Mouton de Gruyter.

Meo-Zilio, Giovanni y Ettore Rossi. 1970. *El elemento italiano en el habla de Buenos Aires y Montevideo*. Firenze: Valmartina Editore in Firenze.

Merino, Barbara. 1983. Language loss in bilingual Chicano children. *Journal of Applied Developmental Psychology* 4:277–294.

Michnowicz, James Casimir. 2006a. Linguistic and social variables in Yucatan Spanish. Tesis doctoral, Pennsylvania State University.

———. 2006b. Final –m in Yucatan Spanish. *New Perspectives on Romance Linguistics*, ed. Jean-Pierre Y. Montreuil, 155–166. Amsterdam: John Bejamins.

Monacci, Gustavo A. 1979. *La colectividad británica en Bahía Blanca*. Bahía Blanca: Universidad Nacional del Sur.

Monteagudo, Henrique, ed. 1995. *Estudios de sociolingüística galega. Sobre a norma do galego culto*. Vigo: Editorial Galaxia.

———. 1999. *Historia social da lingua galega: idioma, sociedade e cultura a través do tempo*. Vigo: Editorial Galaxia.

Monteagudo, Henrique y Antón Santamarina. 1993. Galician and Castilian in contact: historical, social, and linguistic aspects. *Trends in Romance Linguistics and Philology, Volume 5: Bilingualism and linguistic conflict in Romance*, ed. Rebecca Posner y John N. Green, 117–173. Berlin: Mouton de Gruyter.

Montoya, Rodrigo. 1985. El factor étnico y el desarrollo. Conference presentation at the Seminario Nacional *Hacia una estrategia de desarrollo para la sierra del Perú*. Cuzco. Citado en Godenzzi, 1987.

Montrul, Silvina. 2004. Convergent outcomes in second language acquisition and first language loss. *First Language Attrition*, ed. Monika S. Schmid, 25980. Amsterdam: John Benjamins.

———. 2005. Second language acquisition and first language loss in adult early bilinguals: Exploring some differences and similarities. *Second Language Research*, 21: 199–249.

———. 2006. Incomplete acquisition as a feature of L2 and bilingual grammars. *Inquiries in Language Development*, Roumyana Slabakova, Silvina Montrul, Philippe Prévost y Lydia White, 33559. Amsterdam: John Benjamins.

Mora, Marie, Daniel Villa y Alberto Dávila. 2005. Language maintenance among the children of immigrants: A comparison of border states with other regions of the U.S. *Southwest Journal of Linguistics* 24:127–144.

Moreno Fernández, Francisco. 1998. *Principios de sociolingüística y sociología del lenguaje*. Barcelona: Editorial Ariel.

Morínigo, Marcos Augusto. 1931. *Hispanismos en el guaraní*. Buenos Aires: Talleres S.A. Casa J. Peuser, Ltda.

———. 2005. Indagaciones sobre el lunfardo y la lunfardía. *El lunfardo*, ed. Arturo Berenguer Carisomo, Francisco P. Laplaza, Marcos Augusto Morínigo, 67–109. Buenos Aires: Academia Porteña del Lunfardo.

Mougeon, Raymond y Édouard Beniak. 1991. *Linguistic consequences of language contact and restriction: The case of French in Ontario, Canada*. Oxford: Clarendon Press.

Mougeon, Raymond, Terry Nadasdi y Katherine Rehner. 2005. Contact-induced linguistic innovations on the continuum of language use: the case of French in Ontario. *Bilngualism: Language and Cognition* 8:99–115.

Mufwene, Salikoko S. 1994. On decreolization: The case of Gullah. *Language and the social construction of identity in creole situations*, ed. Marcyliena Morgan, 63–99. Los Angeles: Center for Afro-American Studies, UCLA.

———. 2001. *The ecology of language evolution*. Cambridge: Cambridge University Press.

Muysken, Pieter. 1984. The Spanish that Quechua speakers learn: L2 learning as norm-governed behavior. *Second languages: a crosslinguistic perspective*, ed. Roger W. Andersen, 101–119. Rowley, MA: Newbury House.

———. 2000. *Bilingual speech*. Cambridge: Cambridge University Press.

———. 2005. A modular approach to sociolinguistic variation in syntax: the gerund in Ecuadorian Spanish. *Syntactic variation*, ed. Leonie Elise Alexandra Cornips y Karen P Corrigan, 31–53. Amsterdam: John Benjamins.

Myers-Scotton, Carol. 1993. *Duelling languages: Grammatical structure in code-switching*. Oxford: Oxford University Press.

———. 2002. *Contact linguistics: Bilingual grammars and grammatical outcomes*. Oxford: Oxford University Press.

Myers-Scotton, Carol y Janice L. Jake. 1995. Matching lemmas in a bilingual language competence model: evidence from intrasentential code-switching. *Linguistics* 33: 981–1024.

Nash, Rose. 1970. Spanglish: Language contact in Puerto Rico. *American Speech* 45: 223–233.

Nebrija, Antonio de. 1492/1980. *Gramática de la lengua castellana.* Edición crítica de Antonio Quilis. Madrid: Editora Nacional.

Nijman, Jan. 1997. Globalization to a Latin beat: The Miami growth machine. *Annals of the American Academy of Political and Social Science* 551:16477.

Niño-Murcia, Mercedes. 1992. El futuro sintético en el español norandino: caso de mandato atenuado. *Hispania* 75:705–713.

———. 1995. The gerund in the Spanish of the north Andean region. *Spanish in four continents: Studies in language contact and bilingualism,* ed. Carmen Silva-Corvalán, 83–100. Washington, DC: Georgetown University Press.

Nueva Constitución Política del Perú. 1979. Lima, Peru.

Nussbaum, Luci y Amparo Tuson Valls. 1995. The ins and outs of conversation in Catalonia. *Catalan Review* IX:199–221.

Obediente Sosa, Enrique. 2007. *Biografía de una lengua. Nacimiento, desarrollo y expansión del español.* Mérida, Venezuela: Consejo de Publicaciones, Universidad de los Andes.

O'Rourke, Erin. 2004. Peak placement in two regional varieties of Peruvian Spanish intonation. *Contemporary approaches to Romance linguistics (LSRL 33),* ed. Julie Auger, J. Clancy Clements y Barbara Vance, 321–341. Amsterdam: John Benjamins.

———. 2005. Intonation and language contact: a case study of two varieties of Peruvian Spanish. Tesis doctoral, University of Illinois at Urbana-Champaign.

Ocampo, Francisco. 1990. El subjuntivo en tres generaciones de hablantes bilingües. *Spanish in the United States: Sociolinguistic issues,* ed. John Bergen, 39–48. Washington, DC: Georgetown University Press.

———. 1994. The word order of two-constituent constructions in spoken Spanish. *Word order in discourse,* ed. Pamela Downing y Michael Noonan, 429–451. Amsterdam: John Benjamins.

Ocampo, Francisco y Carol A. Klee. 1995. Spanish OV/VO word order variation in Spanish/ Quechua bilingual speakers. *Spanish in four continents: Studies in language contact and bilingualism,* ed. Carmen Silva-Corvalán, 71–82. Washington, DC: Georgetown University Press.

Odlin, Terrence. 1989. *Language transfer.* Cambridge: Cambridge University Press.

Oficina de Censos de Estados Unidos. 2000. State and County Quick Facts. http://quickfacts .census.gov/qfd/ (visitado en junio de 2007).

———. 2001. The Hispanic Population: 2000. http://www.census.gov/prod/2001pubs/ c2kbr01–3.pdf (visitado en junio de 2007).

———. 2002. Current Population Survey. Percent distribution of Hispanics by type: 2002. www.census.gov/population/www/socdemo/hispanic/ho02.html (visitado en junio de 2007).

———. 2003a. The Foreign-born Population: 2000. http://www.census.gov/prod/2003pubs/ c2kbr-34.pdf (visitado en junio de 2007).

———. 2003b. Language use and English-speaking ability from Census 2000. http://www .census.gov/prod/2003pubs/c2kbr-29.pdf, p. 9 (visitado en junio de 2007).

———. 2004. We the people: Hispanics in the United States. http://www.census.gov/prod/ 2004pubs/censr-18.pdf (visitado en junio de 2007).

———. 2005. American Community Survey. http://www.census.gov/acs/ (visitado en junio de 2007).

———. 2006. American Community Survey. Tabla B03001 'Hispanic or Latino origin by specific origin'. www.census.gov.

Orozco, Rafael. 2005. Distribution of future time forms in Northern Colombian Spanish. *Selected Proceedings of the Seventh Hispanic Linguistics Symposium*, ed. David Eddington, 56–65. Somerville, MA: Cascadilla.

Ortiz, Fernando. 1940. *Contrapunteo cubano del y el azúcar*. La Habana: Jesús Montero.

Ortiz López, Luis A. 1998. *Huellas etno-sociolingüísticas bozales y afrocubanos*. Frankfurt/ Madrid: Vervuert/Iberoamericana.

———. 2000. 'Proyecto para formar un ciudadano bilingüe': política lingüística y el español en Puerto Rico. *Research on Spanish in the United States: Linguistic Issues and Challenges*, ed. Ana Roca, 390–405. Somerville, MA: Cascadilla Press.

Otheguy, Ricardo. 1973. The Spanish Caribbean: A creole perspective. *New ways of analyzing variation in English*, ed. Charles-James Bailey y Roger Shuy, 323–339. Washington, DC: Georgetown University.

———. 1993. A reconsideration of the notion of loan translation in the analysis of U.S. Spanish. *Spanish in the United States: Linguistic contact and diversity*, ed. Ana Roca y John M. Lipski, 21–45. Berlin: Mouton de Gruyter.

———. 2003. Las piedras nerudianas se tiran al norte: meditaciones lingüísticas sobre Nueva York. *Ínsula* 679–80:13–19.

———. 2005. Avances en el Proyecto CUNY sobre el español en Nueva York: Variación, cambio e identidad en el uso variable del pronombre sujeto en seis comunidades hispanohablantes de la Gran Manzana. Trabajo presentado en el Congreso sobre el español en los Estados Unidos, Universidad de Illinois, Chicago, 26 marzo 2005.

Otheguy, Ricardo y Ofelia García. 1988. Diffusion of lexical innovations in the Spanish of Cuban Americans. *Research Issues and Problems in United States Spanish: Latin American and Southwestern Varieties*, ed. Jacob Ornstein-Galicia, George K Green, Dennis J Bixler-Márquez, 203–237. Brownsville, TX: Pan American University.

Otheguy, Ricardo, Ofelia García y Mariela Fernández. 1989. Transferring, switching and modeling in West New York Spanish: An intergenerational study. *International Journal of the Sociology of Language* 79:41–52.

Otheguy, Ricardo, Ofelia García y Ana Roca. 2000. Speaking in Cuban: The language of Cuban Americans. *New Immigrants in the United States*, ed. Sandra McKay, Sau-ling Cynthia Wong, 165–188. Cambridge University Press.

Otheguy, Ricardo y Ana Celia Zentella. 2007. Apuntes preliminares sobre el contacto lingüístico y dialectal en el uso pronominal del español en Nueva York. *Spanish in contact: policy, social and linguistic inquiries*, ed. Kim Potowski y Richard Cameron, 275–295. Amsterdam/Philadelphia: John Benjamins.

Otheguy, Ricardo, Ana Celia Zentella y David Livert. 2007. Language and dialect contact in Spanish in New York: Toward the formation of a speech community. *Language* 83: 770–802.

Palacios Alcaine, Azucena. 1998. Variación sintáctica en el sistema pronominal del español paraguayo: la elisión de pronombres objeto. *Anuario de Lingüística Hispánica* 14: 431–454.

———. 1999. *Introducción a la lengua y cultura guaraníes*. Valencia: Instituto Valenciano de Lenguas y Culturas Amerindias, Universitat de València.

———. 2000. El sistema pronominal del español paraguayo: un caso de contacto de lenguas. *Teoría y práctica del contacto: El español de América en el candelero*, ed. Julio Calvo, 123–143. Frankfurt/Madrid: Vervuert/Iberoamericana.

———. 2002. Leísmo y loísmo en el español ecuatoriano: el sistema pronominal del español andino. *Homenaje al Dr. Luis Jaime Cisneros, vol. I*, 389–408. Lima: Pontificia Universidad Católica del Perú.

———. 2004. Artículo indefinido + posesivo + nombre con valor discursivo en Centroamérica. *Signo y Seña* 13:185–214.

———. 2005a. Aspectos teóricos y metodológicos del contacto de lenguas: el sistema pronominal del español en áreas de contacto con lenguas amerindias. *El español en América: aspectos teóricos, particularidades, contactos*, ed. Volker Noll, Klaus Zimmermann e Ingrid Neumann-Holzschuh, 63–92. Frankfurt/Madrid: Vervuert/Iberoamericana.

———. 2005b. La influencia del quicha en el español andino ecuatoriano. *Variedades lingüísticas y lenguas en contacto en el mundo de habla hispana*, ed. Carmen Ferrero y Nilsa Lasso-Von Lang, 44–52. Bloomington, IN: AuthorHouse.

Paradis, Michel. 2004. *A neurolinguistic theory of bilingualism*. Amsterdam: John Benjamins.

Paredes, Liliana. 1996. The Spanish continuum in Peruvian bilingual Spanish speakers: a study of verbal clitics. Tesis doctoral, University of Southern California.

Parodi, Claudia. 2001. Contacto de dialectos y lenguas en el Nuevo Mundo: La vernacularización del español en América. *International Journal of the Sociology of Language* 14:33–53.

———. 2006. The indianization of Spaniards in New Spain. *Mexican indigenous languages at the dawn of the twenty-first century*, ed. Margarita Hidalgo, 29–52. Berlin: Mouton de Gruyter.

Pato Maldonado, Enrique. 2002. La estructura posesiva *una mi amiga* en el español de Guatemala. *El indigenismo americano III*, ed. Azucena Palacios y Ana Isabel García, 121–154. Anejo n° XLVIII de la Revista *Cuadernos de Filología*. Valencia: Universitat de València.

Pavlenko, Aneta. 2006. *Bilingual minds: Emotional experience, expression and representation*. Clevedon, UK: Multilingual Matters.

Pease-Álvarez, Lucinda, Kenji Hakuta y Robert Bayley. 1996. Spanish language proficiency and language use in a California Mexicano community. *Southwest Journal of Linguistics* 15:137–151.

Pedraza, Pedro. 1985. Language Maintenance among New York Puerto Ricans. *Spanish language use and public life in the USA*, ed. Lucía Elías-Olivares, Elizabeth A. Leone, René Cisneros y John Gutiérrez, 59–71. Berlin: Mouton.

———. 1987. *An ethnographic analysis of language use in the Puerto Rican community of East Harlem*. Language Policy Task Force Working Paper 12. New York: Centro de Estudios Puertorriqueños.

Pedraza, Pedro, John Attinasi y Gerard Hoffman. 1980. Rethinking diglossia. *Theory in bilingual education*, ed. Raymond V. Padilla, 75–97. Ypsilanti: Eastern Michigan University.

Penny, Ralph. 1972. The reemergence of /f/ as a phoneme of Castilian. *Zeitschrift für Romanische Philologie* 88:463–482.

———. 1976. The convergence of B, V and -P- in the Peninsula: A reappraisal. *Medieval Hispanic Studies Presented to Rita Hamilton*, ed. A.D. Deyermond, 149–159. London: Tamesis Books.

———. 1993. *Gramática histórica del español*. Traducción de José Ignacio Pérez Pascual y María Eugenia Pérez Pascual. Barcelona: Editorial Ariel.

———. 2004. *Variación y cambio en español*. Madrid: Gredos.

Peña, Susana. 2004. 'Pájaration' and transculturation: Language and meaning in Miami's Cuban American gay worlds. *Speaking in queer tongues: Globalization and gay language*, ed. William Leap y Tom Boellstorff, 231-50. Urbana, IL: University of Illinois Press.

Perl, Matthias. 1990. A reevaluation of the importance of early pidgin/creole Portuguese. *Journal of Pidgin and Creole Languages* 5:125-130.

———. 1998. Introducción. *América negra: panorámica actual de los estudios lingüísticos sobre variedades hispanas, portuguesas y criollas*, ed. Matthias Perl y Armin Schwegler 1-24. Frankfurt/Madrid: Vervuert/Iberoamericana.

Pew Hispanic Center. 2006. Research report: The size and characteristics of the unauthorized migrant population in the U.S. http://pewhispanic.org/files/reports/61.pdf (visitado en agosto de 2007).

Pfaff, Carol. 1982. Constraints on language mixing: Intrasentential code-switching and borrowing in Spanish/English. *Spanish in the United States: Sociolinguistic Aspects*, ed. Jon Amastae y Lucía Elías-Olivares, 264-297. Cambridge: Cambridge University Press.

Phillips, Robert. 1967. Los Angeles Spanish: A descriptive analysis. Tesis doctoral, University of Wisconsin, Madison.

Plann, Susan. 1976. The Spanish immersion program: Towards native-like proficiency in a classroom dialect? Tesis de maestría, University of California, Los Angeles.

Podestá, José J. 1930/2003. *Medio siglo de farándula*. Buenos Aires: Galerna e Instituto Nacional del Teatro.

Pollán, Celia. 2001. The expression of pragmatic values by means of verbal morphology: A variationist study. *Language Variation and Change* 13:59-89.

Poplack, Shana. 1981. The notion of the plural in Puerto Rican Spanish: competing constraints on (s) deletion. *Locating language in time and space*, ed. William Labov, 55-67. New York: Academic Press.

———. 1982. Sometimes I'll start a sentence in Spanish y termino en español: Toward a typology of code-switching. *Spanish in the United States: Sociolinguistic Aspects*, ed. Jon Amastae y Lucía Elías-Olivares, 230-263. Cambridge: Cambridge University Press.

———. 1988. Contrasting patterns of code-switching in two communities. *Code-switching: anthropological and sociolinguistic perspectives*, ed. Monica Heller, 215-244. The Hague: Mouton de Gruyter.

Porcar Miralles, Margarita. 2002. Algunas consideraciones históricas sobre el contacto de las lenguas española y catalana. *Estudios sobre lengua y sociedad*, ed. José Luis Blas Arroyo, Manuela Casanova Ávalos, Santiago Fortuño Llorens y Margarita Porcar Miralles, 189-200. Castelló: Publicacions de la Universitat Jaume I.

Portes, Alejandro y Richard Schauffler. 1996. Language and the second generation: Bilingualism yesterday and today. *The new second generation*, ed. Alejandro Portes, 8-29. New York: Russell Sage Foundation.

Portillo Mayorga, María Rosario y Teresa Fernández Ulloa. 2003. Causas de la sustitución del subjuntivo por otras formas verbales: ejemplo de su uso en universitarios bilingües y monolingües del País Vasco y Cantabria. *Aprendizaje y uso del español como lengua materna*, ed. María Rosario Portillo Mayorga, 185-211. Universidad de León.

Posner, Rebecca. 1996. *The Romance Languages*. Cambridge: Cambridge University Press.

Potowski, Kim. 2003. Spanish language shift in Chicago. *Southwest Journal of Linguistics* 23:87–116.

Pousada, Alicia y Shana Poplack. 1982. No case for convergence: The Puerto Rican verb system in a language contact situation. *Bilingual Education for Hispanic Students in the United States*, ed. Joshua A. Fishman y Gary D. Keller, 207–237. New York: Teachers' College Press.

Pozzi-Escot, Inés. 1972. El castellano en el Perú: norma culta nacional versus norma culta regional. *El reto del multillingüismo en el Perú*, ed. Alberto Escobar, 125–142. Lima: Instituto de Estudios Peruanos.

———. 1973. *Apuntes sobre el castellano de Ayacucho. Documento de Trabajo No. 21*. Lima: Centro de Investigación de Lingüística Aplicada, Universidad Nacional Mayor de San Marcos.

———. 1975. Norma culta y normas regionales del castellano en relación con la enseñanza. *Lingüística e indigenismo moderno en América*, ed. Congreso Internacional de Americanistas, 321–330. Lima: Instituto de Estudios Peruanos.

———. 1987. La incomunicación verbal en el Perú. *Allpanchis* 29/30:45–63.

———. 1984. El castellano como segunda lengua en el Perú. *Cielo Abierto* 10:37–46.

Pradilla, Miquel Ángel. 2001. The Catalan-speaking communities. *Multilingualism in Spain: Sociolinguistic and psycholinguistic aspects of linguistic minority groups*, ed. M. Teresa Turell, 58–90. Clevedon, UK: Multilingual Matters.

Prince, Ellen. 1988. On pragmatic change: The borrowing of discourse functions. *Journal of Pragmatics* 12:505–518.

Quant, Inés A. de y José Miguel Irigoyen. 1980. *Interferencia guaraní en la morfosintaxis y léxico del español substandard de Resistencia*. Resistencia, Argentina: Facultad de Humanidades, Universidad del Nordeste.

Quilis, Antonio, Margarita Cantarero, María José Albalá y Rafael Guerra. 1985. *Los pronombres le, la, lo y sus plurales en la lengua española hablada en Madrid*. Madrid: Consejo Superior de Investigaciones Científicas.

Rabanal, Manuel. 1967. *Hablas hispánicas: Temas gallegos y leoneses*. Madrid: Ediciones Alcalá.

Real Academia Española. 2001. *Diccionario de la lengua española—Vigésima segunda edición*. http://buscon.rae.es/drael/ (visitado el 19 de junio de 2007).

Resnick, Melvyn. 1981. *Introducción a la historia de la lengua española*. Washington, DC: Georgetown University Press.

Ricento, Thomas. 1995. A brief history of language restrictionism in the United States. *Official English? No!*, ed. Susan J. Dicker, 7–17 Washington, DC: TESOL.

Rickford, John R. y John McWhorter. 1997. Language contact and language generation: pidgins and creoles. *The handbook of sociolinguistics*, ed. Florian Coulmas, 238–256. Oxford: Blackwell Publishers.

Ridruejo, Emilio. 1975. 'Cantaría' por 'cantara' en La Rioja. *Revista Berceo* 89:123–134. Logroño: Instituto de Estudios Riojanos.

———. 1991. Cantaría por cantara en el español de Buenos Aires. A propósito de una interpretación sociolingüística. *El español de América. Actas del III Congreso Internacional de el Español de América, 1193–1201*. Valladolid: Junta de Castilla y León, Consejería de Cultura y Turismo.

Rigatuso, Elizabeth. 1991. Algunos aspectos de mantenimiento y cambio de lengua en la colectividad dinamarquesa de la Provincia de Buenos Aires. *Lengua e inmigración*.

Mantenimiento y cambio de lenguas inmigratorias, ed. María Beatriz Fontanella de Weinberg, Mercedes Blanco de Margo, Yolanda Hipperdinger, Elizabeth Rigatuso, Silvia Suardiaz de Antollini, Ana Virkel de Sandler, 87–111. Bahía Blanca: Universidad Nacional del Sur.

Ringe, Donald, Tandy Warnow y Anne Taylor. 2002. Indo-European and computational cladistics. *Transactions of the Philological Society* 100:59–129.

Rivarola, José Luis. 1985. *Lengua, comunicación e historia del Perú*. Lima: Editorial Lumen.

———. 1989. Bilingüismo histórico y español andino. *Actas del IX Congreso de la Asociación Internacional de Hispanistas*, ed. Sebastián Neumeister, 153–163. Frankfurt/Madrid: Vervuert/Iberoamericana.

———. 1990. *La formación lingüística de Hispanoamérica*. Lima: Pontífica Universidad Católica del Perú.

———. 1992. Aproximación histórica al español del Perú. *Historia y presente del español de América*, ed. César Hernández Alonso, 697–717. Junta de Castilla y León: Pabecal.

———. 1995. Aproximación histórica a los contactos de lenguas en el Perú. *Lenguas en contacto en Hispanomérica*, ed. Klaus Zimmermann, 135–160. Frankfurt/Madrid: Vervuert/Iberoamericana.

Rivera-Mills, Susana. 2000. Intraethnic attitudes among Hispanics in a northern California community. *Research on Spanish in the United States: Linguistic Issues and Challenges*, ed. Ana Roca, 377–389. Somerville, MA: Cascadilla Press.

Roca, Ana. 1999. *Nuevos mundos. Cuaderno para estudiantes bilingües*. New York: John Wiley & Sons.

Rodríguez, Francisco. 1998. *Conflito lingüístico e ideoloxía na Galiza*. 4.ª ed. Santiago de Compostela: Laiovento.

Rodríguez Garrido, J. A. 1982. Sobre el uso del posesivo redundante en el español del Perú. *Lexis* 6:117–123.

Rohlfs, Gerhard. 1966. *Grammatica storica Della lengua italiana e dei suoi dialetti I: Fonetica*. Traducción de Salvatore Persichino. Torino, Italia: Giulio Einaudi.

Romaine, Suzanne. 1995. *Bilingualism*. Oxford: Blackwell.

Rona, José Pedro. 1959. *El "dialecto fronterizo" del norte del Uruguay*. Comunicación presentada al "IV Coloquio Internacional de Estudos Luso-Brasileiros.

———. 1963. La frontera lingüística entre el portugués y el español en el norte del Uruguay. *Veritas* (Porto Alegre: PUC) 2.:201–221.

———. 1965. *El dialecto « fronterizo » del norte del Uruguay*, Montevideo, Universidad de la República.

Ross, L. Ronald. 1975. La lengua castellana en San Luis, Colorado. Tesis doctoral, University of Colorado, Boulder.

Rubin, Joan. 1968. *National bilingualism in Paraguay*. The Hague: Mouton.

———. 1974. *Bilingüismo nacional en el Paraguay*. México, D.F.: Instituto Indeigenista Interamericano.

Rumbaut, Rubén G., Douglas S. Massey y Frank D. Bean. 2006. Linguistic life expectancies: Immigrant language retention in southern California. *Population and Development Review* 32:448–460.

Ruzickova, Elena. 1998. Face, face threatening acts and politeness in Cuban Spanish. Tesis doctoral, University of Pittsburgh.

Said-Mohand, Aixa. 2006. A sociolinguistic study of the discourse markers como, entonces, and tú sabes in the speech of US Hispanic bilinguals. Tesis doctoral, University of Florida.

———. 2007. Aproximación sociolingüística del marcador del discurso *tú sabes* en el habla de jóvenes bilingües estadounidenses. *Southwest Journal of Linguistics* 26:67–93.

———. 2008. Aproximación sociolingüística al uso de *entonces* en el habla de jóvenes bilingües estadounidenses. *Sociolinguistic Studies* 2:97–130.

Sánchez, Liliana 1998. Why do bilingual Spanish and Spanish in contact varieties drop definite objects? *Proceedings of GALA '97, Conference on Knowledge and Representations*, ed. Antonella Sorace, Caroline Heycock y Richard Shillcock, 148–153. Edinburgh: University of Edinburgh.

———. 2003. *Quechua-Spanish bilingualism. Interference and convergence in functional categories*. Amsterdam: John Benjamins.

———. 2004. Functional convergence in the tense, evidentiality and aspectual systems of Quechua-Spanish bilinguals. *Bilingualism: Language and Cognition* 7:147–162.

Sánchez, Rosaura. 1972. Nuestra circunstancia lingüística. *El Grito* 6:45–74.

———. 1983/1994. *Chicano Discourse: Socio-historic perspectives*. Houston: Arte Público Press.

Sánchez, Tara. 2002. The interacting influences of Spanish and English on the Creole Papiamentu. *Linguistics* 8:1–14.

Sankoff, Gillian. 2002. Linguistic outcomes of language contact. *The handbook of language variation and change*, ed. J.K. Chambers, Peter Trudgill y Natalie Schilling-Estes, 638–668. Oxford: Blackwell.

Santa Ana, Otto y Claudia Parodi. 1998. Modeling the speech community: Configuration and variable types in the Mexican Spanish setting. *Language in Society* 27:23–51.

Schecter, Sandra y Robert Bayley. 2002. *Language as cultural practice: Mexicanos en el Norte*. Mahwah, NJ: Lawrence Erlbaum.

Scherre, M. Marta P. 2001. Major linguistic patterns in noun phrase agreement in Brazilian Portuguese. *Cinquanta 'anni di recerche linguistiche: problemi, resultati e prospettive per il terzo millennio. Atti del IX Conbegno Internazionale di Linguisti*, ed. Roda Bianca Finazzi y Paola Tornaghi, 461–473. Alessandria: Edizioni dell'Orso.

Schulman, Charles. 1993. No hablo inglés: Court interpretation as a major obstacle to fairness for non-English-speaking defendants. *Vanderbilt Law Review* 46:175–196.

Schumacher de Peña, Gertrud. 1980. El pasado en español andino de Puno/Perú. *Romanica europaea et americana: Festschrift für Harri Meier*, ed. Hans Dieter Bork et ál., 553–558. Bonn: Bouvier Verlang Herbert Grundmann.

Schweda Nicholson, Nancy. 1991. Policy-making for Spanish court interpretation services. *Sociolinguistics of the Spanish-Speaking World: Iberia, Latin America, United States*, ed. Carol A. Klee y Luis A. Ramos-García, 329–348. Tempe, AZ: Bilingual Press/ Editorial Bilingüe.

Schwegler, Armin. 1991a. Negation in Palenquero: synchrony. *Journal of Pidgin and Creole Languages* 6:165–214.

———. 1991b. El habla cotidiana de Chocó (Colombia). *América Negra* 2:85–119.

———. 1991c. Predicate negation in contemporary Brazilian Portuguese—A linguistic change in progress. *Orbis* 34:187–214.

———. 1996a. La doble negación dominicana y la génesis del español caribeño. *Hispanic Linguistics* 8:247–315.

———. 1996b. *"Chi ma nkongo": lengua y rito ancestrales en El Palenque de San Basilio (Colombia)*. 2 vols. Frankfurt/Madrid: Vervuert/Iberoamericana.

———. 1996c. Lenguas criollas en Hispanoamérica y la contribución africana al español de América. *Signo y seña* 6:295–346.

———. 1998. El palenquero. *América negra: Panorámica actual de los estudios lingüísticos sobre variedades hispanas, portugesas y criollas*, ed. Matthias Perl y Armin Schwegler, 21891. Frankfurt/Madrid: Vervuert/Iberoamericana.

———. 1999. Monogenesis revisited: The Spanish perspective. *Creole genesis, discourse and attitudes: Studies celebrating Charlene Sato*, ed. John Rickford y Suzanne Romaine, 23562. Amsterdam: John Benjamins.

———. 2002a. On the (African) origins of Palenquero subject pronouns. *Diachronica* 19: 273–332.

———. 2002b. Review of John H. McWhorter. *The missing Spanish creoles: Recovering the birth of plantation contact languages*. Berkeley, Los Angeles, & London: University of California Press, 2000. *Language in Society* 31: 113–121.

———. 2003. Einige Antworten der Kreolistik an die Hispanistik. *Portugiesisch in der Diaspora. Vorträge zum 4. Deutschen Lusitanistentag an der Universität Mainz (2001)*, ed. Dieter Messner y Matthias Perl, 22–42. Germersheim: CELA (Centro de Estudios Latinoamericanos).

———. 2006. *Bozal* Spanish: Captivating new evidence from a contemporary source (Afro-Cuban "Palo Monte"). *Studies in Contact Linguistics: Essays in Honor of Glenn G. Gilbert*, ed. Janet Fuller y Linda L. Thornburg, 71–101. New York: Peter Lang.

———. 2007a. A fresh consensus in the making: Plural *MA* and bare nouns in Palenquero. *Language contact and language change in the Caribbean and beyond—Lenguas en contacto y cambio lingüístico en el Caribe y más allá*, ed. Wiltrud Mihatsch y Monika Sokol, 59–75. Frankfurt: Peter Lang.

———. 2007b. Weighing the evidence once more: On the (still) disputed origins of the Palenquero pronoun *ele* 'he, she, they'. Ponencia presentada en el Congreso Anual de la Society for Pidgin and Creole Linguistics/Linguistic Society of America, Anaheim, CA.

Schwegler, Armin y Juergen Kempff. 2007. *Fonética y fonología españolas*. Hoboken, NJ: John Wiley & Sons.

Schwegler, Armin y Thomas Morton. 2003. Vernacular Spanish in a microcosm: Kateyano en El Palenque de San Basilio (Colombia). *Revista Internacional de Lingüística Iberoamericana* 1:97–159.

Schwenter, Scott A. 2006. Null Objects across South America. *Selected Proceedings of the 8th Hispanic Linguistics Symposium*, ed. Timothy L. Face y Carol A. Klee, 23–36. Somerville, MA: Cascadilla Proceedings Project. www.lingref.com, documento 1252.

Scott Shenk, Petra. 2007. 'I'm Mexican, remember?' Constructing ethnic identities via authenticating discourse. *Journal of Sociolinguistics* 11:194–220.

Seco, Manuel. 1986. *Diccionario de dudas y dificultades de la lengua española*. Madrid: Espasa-Calpe.

Sherzer, Joel. 1991. A richness of voices. *America in 1492: The world of the Indian peoples before the arrival of Columbus*, ed. Alvin M. Josephy, Jr., 251–275. New York: Knopf.

Silva-Corvalán, Carmen. 1984. The social profile of a syntactic-semantic variable: three verb forms in Old Castile. *Hispania* 67:594–601.

———. 1994a. *Language contact and change. Spanish in Los Angeles*. Oxford: Oxford University Press.

———. 1994b. The gradual loss of mood distinctions in Los Angeles Spanish. *Language Variation and Change* 6:255–272.

———. 2001. *Sociolingüística y pragmática del español*. Washington, DC: Georgetown University Press.

———. 2003. El español en Los Ángeles: aspectos morfosintácticos. *Ínsula* 679–680:19–25.

———. 2006. El español de Los Ángeles: ¿adquisición incompleta o desgaste lingüístico? *Estudios sociolingüísticos del español de España y América*, ed. Ana Mª Cestero, I. Molina y F. Paredes, 12138. Madrid: Arco Libros.

———. 2008. The limits of convergence in language contact. *Journal of Language Contact—Thema* 2:214–224. www.jlc-journal.org (visitado el 26 de mayo de 2008).

Silva-Corvalán, Carmen y Noelia Sánchez-Walker. 2007. Subjects in early dual language development: A case study of a Spanish-English bilingual child. *Spanish in contact: policy, social and linguistic inquiries*, ed. Kim Potowski y Richard Cameron, 3–22. Amsterdam/Philadelphia: John Benjamins.

Silva-Corvalán, Carmen y Tracy Terrell. 1989. Notas sobre la expresión de futuridad en el español del Caribe. *Hispanic Linguistics* 2:191–208.

Sinner, Carsten. 2004. *El castellano de Cataluña: Estudio empírico de aspectos léxicos, morfosintácticos, pragmáticos y metalingüísticos*. Türbingen: Max Niemeyer Verlag.

Singler, John Victor. 1996. Theories of creole genesis, sociohistorical considerations, and the evaluation of evidence: The case of Haitian Creole and the relexification hypothesis. *Journal of Pidgin and Creole Languages* 11:185–230.

Smead, Robert. 2000. Phrasal calques in Chicano Spanish: Linguistic or cultural innovation? *Research on Spanish in the United States: Linguistic Issues and Challenges*, ed. Ana Roca, 162–172. Somerville, MA: Cascadilla Press.

Solà, J. 1987. *Questions controvertides de sintaxi catalana*. Barcelona: Edicions 62.

Solé, Yolanda. 1977. Continuidad/descontinuidad idiomática en el español tejano. *The Bilingual Review/La Revista Bilingüe* 4:189–199.

———. 1991. The Guaraní-Spanish situation. *The Georgetown Journal of Languages and Linguistics* 2:297–348.

———. 2001. *Valores comunicativos y emblemáticos del español y del guaraní*. Bogotá: Instituto Caro y Cuervo.

Soto Andión, Xosé y Ana Vidal Meixón. 2005. Sobre actitudes y usos lingüísticos en dos municipios interiores de Galicia. *Revue Romane* 40:177–198.

Spears, Arthur. 1982. The Black English semi-auxiliary come. *Language* 58:850–872.

Stavans, Ilán. 2000. *Spanglish para millones*. Madrid: Casa de América.

———. 2003. *Spanglish: The making of a new American language*. New York: Rayo.

Stratford, Billie Dale. 1989. Structure and use of Altiplano Spanish. Tesis doctoral, University of Florida, Gainesville.

———. 1991. Altiplano Spanish tense. *Sociolinguistics of Spanish: Iberia, Latin America, and the United States*, ed. Carol A. Klee y Luis A. Ramos-García, 163–181. Tucson, AZ: The Bilingual Review Press.

Suárez, Víctor. 1979. *El español que se habla en Yucatán*. Mérida: Universidad de Yucatán.

Sueiro Justel, Joaquín. 2007. Historia de la lingüística española en Filipinas (1580–1898). Segunda edición. Lugo: Editorial Axac.

Suñer, Margarita y María Yépez. 1988. Null definite objects in Quiteño. *Linguistic Inquiry* 19:511–519.

Symeonidis, Haralambos. 2005a. Aspectos sintácticos en el habla popular románico de la zona guaranítica. *El español de América: aspectos teóricos, particularidades, contactos*, ed. Volker Noll, Klaus Zimmermann, Ingrid Neumann-Holzschuh, 235–248. Frankfurt/Madrid: Vervuert/Iberoamericana.

———. 2005b. El uso de las preposiciones con los verbos de movimiento en el castellano de la zona guaranítica. *Sprache in Iberoamerika. Zum 65. Geburtstag von Wolf Dietrich*, ed. Volker Noll y Haralambos Symeonidis, 243–259. Hamburg, Buske.

Teruggi, Mario E. 1978. *Panorama del lunfardo: génesis y esencia de las hablas coloquiales urbanas*, 2.ª edición ampliada y corregida. Buenos Aires: Editorial Sudamericana.

Teschner, Richard. 1995. Beachheads, islands, and conduits: Spanish monolingualism and bilingualism in El Paso, Texas. *International Journal of the Sociology of Language* 114:93–105.

Thomason, Sarah G. 2001. *Language contact*. Washington, DC: Georgetown University Press.

———. 2008. Social and linguistic factors as predictors of contact-induced change. *Journal of Language Contact—Thema* 2:42–56. www.jlc-journal.org (visitado el 26 de mayo de 2008).

Thomason, Sarah G. y Terrence Kaufman. 1988. *Language contact, creolization, and genetic linguistics*. Berkley, CA: University of California Press.

Thon, Sonia. 1989. The glottal stop in the Spanish spoken in Corrientes, Argentina. *Hispanic Linguistics* 3:199–218.

Thun, Harald. 2000. O português americano fora do Brasil. *Estudos de geolingüística do português americano*, ed. Eberhard Gärtner, Christine Hundt y Axel Schönberger, 185–227. Frankfurt am Main: TFM.

Thun, Harald, Fred Boller, Andreas Harder y Johanne Peemöller. 2000. *Atlas lingüístico diatópico y diastrático del Uruguay-Norte (ADDU)*. Kiel: Westensee.

Thun, Harald, María Gloria Pereira Jacquet, Andreas Harder, Martín Ramírez Machuca y Johanne Peemöller. 2002. *Atlas lingüístico guaraní-románico: sociología (ALGR-S). Tomo I: Comentarios; Tomo II: Mapas*. Kiel: Westensee-Verlag.

Torero, Alfredo. 1983. La familia lingüística quechua. *América Latina en sus lenguas indígenas*, ed. Bernard Pottier, 61–92. Caracas: Monte Avila.

Toribio, Almeida Jacqueline. 2000a. 'Nosotros somos dominicanos': Language and self-definition among Dominicans. *Research on Spanish in the United States: Linguistic Issues and Challenges*, ed. Ana Roca, 252–270. Somerville, MA: Cascadilla Press.

———. 2000b. 'Once upon a time en un lugar muy lejano . . . ' Spanish-English codeswitching across fairy tale narratives. *Research on Spanish in the United States: Linguistic Issues and Challenges*, ed. Ana Roca, 184–203. Somerville, MA: Cascadilla Press.

Torres, Lourdes. 1997. *Puerto Rican Discourse: A Sociolinguistic Study of a New York Suburb*. Mahwah, NJ: Lawrence Erlbaum Associates.

———. 2002. Bilingual Discourse Markers in Puerto Rican Spanish. *Language in Society* 31:65–83.

Torres Cacoullos, Rena. 2000. *Grammaticization, synchronic variation and language contact. A study of Spanish progressive –ndo constructions*. Amsterdam: John Benjamins.

Torres Cacoullos, Rena y Jessi Elana Aaron. 2003. Bare English-origin nouns in Spanish:

Rates, constraints, and discourse functions. *Language Variation and Change* 15: 289–328.

Toscano Mateus, Humberto. 1953. *El español de Ecuador. Revista de Filología Española, Anejo 61.* Madrid: Consejo Superior de Investigaciones Superiores.

Trinch, Shonna. 2003. *Latinas' Narratives of Domestic Abuse: Discrepant versions of violence.* Amsterdam: John Benjamins.

Turell, M. Teresa. ed. 2001 *Multilingualism in Spain: sociolinguistic and psycholinguistic aspects of linguistic minority groups.* Clevedon, UK: Multilingual Matters.

Tuten, Donald N. 2003.*Koineization in medieval Spanish.* Berlin: Mouton de Gruyter.

Urrutia Cárdenas, Hernán. 1995. Morphosyntactic features in the Spanish of the Basque Country. *Spanish in Four Continents: Studies in Language Contact and Bilingualism*, ed. Carmen Silva-Corvalán, 243–259. Washington, DC: Georgetown University Press.

———. 2002. Bilingüismo y educación en la comunidad autónoma vasca. *Estudios sobre lengua y sociedad*, ed. José Luis Blas Arroyo, Manuela Casanova Ávalos, Santiago Fortuño Llorens, Margarita Porcar Miralles, 17–51. Castelló: Publicacions de la Universitat Jaume I.

Urrutia Cárdenas, Hernán y Teresa Fernández Ulloa. 1997. Supresión del clítico acusativo de tercera persona en español: América y País Vasco. *Boletín de Filología de la Universidad de Chile* 36:287–336.

Usher de Herreros, Beatriz. 1976. Castellano paraguayo. Notas para una gramática contrastiva castellano-guaraní. *Suplemento Antropológico* XI, no 1–2:29–123.

Valdés, Guadalupe. 1976/1982. Social interaction and code-switching patterns: A case study of Spanish/English alternation. *Spanish in the United States: Sociolinguistic Aspects*, ed. Jon Amastae y Lucía Elías-Olivares, 209–229. Cambridge: Cambridge University Press.

Valdés, Guadalupe y Richard Figueroa. 1994. *Bilingualism and testing: a special case of bias.* Norwood, MJ: Ablex.

Valdés, Guadalupe, Joshua A. Fishman, Rebecca Chávez y William Pérez. 2006. *Developing minority language resources: The case of Spanish in California.* Clevedon, UK: Multilingual Matters.

Valdés, Guadalupe y Michelle Geoffrion-Vinci. 1998. Chicano Spanish: The problem of the 'underdeveloped' code in bilingual repertoires. *Modern Language Journal* 82: 473–501.

Valdez Salas, María Luz. 2002. Clitics in the speech of monolingual Andean Spanish speakers. Tesis doctoral, University of Pittsburgh.

Vann, Robert. 1995. Constructing Catalanism: Motion verbs, demonstratives, and locatives in the Spanish of Barcelona. *Catalan Review* IX:253–274.

———. 1998. Aspects of Spanish deictic expressions in Barcelona: A quantitative examination. *Language Variation and Change* 10:263–288.

Veidmark, Ronald Ross y Jeanina Uaman Aguiar. 1991. La desaparición del subjuntivo español y sus implicaciones para el cambio lingüístico. *Revista de Filología y Lingüística de la Universidad de Costa Rica* 17:193–202.

Veny, J. 1978. *Els Parlars.* Barcelona: Dopesa.

Vidal de Battini, Berta Elena. 1964. *El español de la Argentina.* Buenos Aires: Consejo Nacional de Educación.

Villa, Daniel y Jennifer Villa. 2005. Language instrumentality in southern New Mexico: implications for the loss of Spanish in the Southwest. *Southwest Journal of Linguistics* 24:169–184.

Von Gleich, Utta. (1994). Language spread policy: the case of Quechua in the Andean republics of Bolivia, Ecuador, and Peru. *International Journal of the Sociology of Language* 107:77–113.

Wagner, Max Leopold. 1927. El supuesto anadalucismo de América y la teoría climatológica. *Revista de Filología Española* 14:20–32

———. 1941. *Historische Lautlehre des Sardischen*. Halle: Max Niemeyer.

Walsh, Thomas. 1985. The historical origin of syllable-final aspirated /s/ in dialectal Spanish. *Journal of Hispanic Philology* 9:231–246.

Washabaugh, William y Sidney Greenfield. 1983. The development of Atlantic creole languages. *The Social Context of Creolization*, ed. Ellen B Woolford, William Washabaugh, 106–119. Ann Arbor, MI: Karoma.

Wei, Li. 1994. *Three generations, two languages, one family: Language choice and language shift in a Chinese community in Britain*. Clevedon, UK: Multilingual Matters.

Weinreich, Uriel. 1953. *Languages in contact*. The Hague: Mouton.

Whinnom, Keith. 1956. *Spanish contact vernaculars in the Philippines*. Hong Kong: Hong Kong University.

———. 1965. The origin of European-based pidgins and creoles. *Orbis* 14:509–527.

———. 1971. Linguistic Hybridization and the "special case" of pidgins and creoles. *Pidginization and creolization of languages*, ed. Dell Hymes, 91–115. Cambridge: Cambridge University Press.

Winford, Donald. 2003a. Creole formation and second language acquisition. http://www.ling .ohio-state.edu/~dwinford/recent_papers.htm (visitado el 27 de agosto de 2004).

———. 2003b. *Introduction to contact linguistics*. Oxford: Blackwell.

———. 2005. Contact-induced changes. *Diachronica* 22:373–427.

———. 2007. Some issues in the study of language contact. *Journal of Language Contact— Thema* 1:22–40. www.jlc-journal.org (visitado el 21 de enero de 2008).

Woolard, Kathryn. 1989. *Double talk: bilingualism and the politics of ethnicity in Catalonia*. Stanford, CA: Stanford University Press.

———. 2003. 'We don't speak Catalan because we are marginalized': ethnic and class meanings of language in Barcelona. *Language and social identity*, ed. Richard Blot, 85–103. Westport, CT: Praeger.

Wright, Roger. 2002. *A sociophilological study of late Latin*. Turnhout: Brepols.

———. 2005. Convergence and divergence in world languages: Spanish, Latin, and English. *Studies on Ibero-Romance linguistics*, ed. Ralph J Penny, Roger Wright y Peter T Ricketts, 445–457. Newark, Delaware: Juan de la Cuesta.

Yager, Kent. 1989. La –m bilabial en posición final absoluta en el español hablado en Mérida, Yucatán (México). *Nueva Revista de Filología Hispánica* XXXVII:83–94.

Yáñez, Rosa H. 1990. The complimenting speech act among Chicano women. *Spanish in the United States: Sociolinguistic issues*, ed, John J. Bergen, 79–85. Washington DC: Georgetown University Press.

Yépez, María Victoria. 1986. Direct object clitics in Quiteño Spanish. Tesis de M.A. Cornell University.

Yúdice, George. 2003. *The expediency of culture: uses of culture in the global era*. Durham, NC: Duke University Press.

Zajícová, Lenka. 2005. Las variables sociales y las perspectivas del guaraní en el contacto con el castellano. *Actas del XIV Congreso Internacional de la Asociación de Lingüística y Filología de la América Latina (CD-rom)*, ed. Alba Valencia E. Monterrey, México: ALFAL.

Zamora, Juan y Jorge Guitart. 1982. *Dialectología hispanoamericana*. Salamanca: Almar.

Zárate, Mikel. 1976. *Influencias del vascuence en la lengua castellana a través de un estudio del elemento vasco en el habla coloquial del Chorierri-Gran Bilbao*. Bilbao: Gran Enciclopedia Vasca.

Zavala, Virginia. 2001. Borrowing evidential functions from Quechua: the role of *pues* as a discourse marker in Andean Spanish. *Journal of Pragmatics* 33:999–1023.

Zentella, Ana Celia. 1990. Lexical leveling in four New York City Spanish dialects: linguistic and social factors. *Hispania* 73:1094–1105.

———. 1997. *Growing Up Bilingual*. Malden, MA: Blackwell Publishers.

———. 2000. Puerto Ricans in the United States. *New Immigrants in the United States*, ed. Sandra McKay y Sau-ling Cynthia Wong, 137–164. Cambridge University Press.

———. 2003. 'José, can you see?': Latin@ responses to racist discourse. *Bilingual Games*, ed. Doris Sommer, 52–66. New York: Palgrave Press.

Zobl, Helmut. 1983. L1 acquisition, age of L2 acquisition, and the learning of word order. *Language transfer in language learning*, ed. Susan Gass y Larry Selinker, 205–221. Rowley, MA: Newbury House.

Zúñiga, Madeleine. 1987. El reto de la educación intercultural y bilingüe en el sur del Perú. *Allpanchis* 29/30:331–346.

Índice

CPSIA information can be obtained
at www.ICGtesting.com
Printed in the USA
BVHW080848100620
581102BV00001B/109